川田　進著

東チベットの宗教空間

中国共産党の宗教政策と社会変容

現代宗教文化研究叢書
004

北海道大学出版会

目次

凡　例

一、四川、青海、甘粛、雲南各省チベット人居住地区の州・県・鎮・郷など、チベット語由来の地名には、原則として漢語表記にルビ（主にカム地方のチベット語に基づく）を振り、（　）内にワイリーを示した。

【例】徳格《デルゲ》県（sde dge）

二、チベット自治区の地名は、カナ表記を優先した。

【例】チャムド（昌都、chab mdo）

三、寺院の名称は、原則としてカナ表記を優先し、（　）内に漢語表記、ワイリー、所在地の省と県を示した。

【例】ペリ（白利）寺（be ri dgon pa　四川省甘孜県）

四、チベット人の名前は、原則としてカナ表記を優先し、（　）内にワイリー、漢語表記、生没年を示した。

【例】ポンダ・トウジェ（spang mda' rdo rje、邦達多吉、一九〇六―七四）

五、固有名詞の中でチベット語音やワイリーが調査不明のものは漢語表記に留め、ワイリーを付さなかった。

【例】沢爾多傑、格勒得沙共和国

六、本文中の（　）には、原語表記、語句の解説、補足説明を入れた。

七、引用文、引用語句内の〔　〕は、筆者による補足である。

八、トゥルクは「化身ラマ」と表記した。ただし、中国共産党や中国政府の文書や法規を引用・要約する際には、原文に基づき「活仏」を用いた。中国共産党の宗教政策の中でしばしば用いられる「愛国活仏」の用語は、そのまま使用した。

九、原則として「チベット人」「漢人」の呼称を使用した。ただし、甘孜チベット族自治州など行政区画の表記及び中華民族・民族区域自治の説明の際には「チベット族」や「チノー族」等を使用した。香港・マカオ・台湾・外国在住の信徒は、「華人信徒」と表記した。

一〇、原則として「チベット語」「漢語」の表記を用い、「中国語」は使用しなかった。

一一、本書におけるチベットと東チベットの概念については、序章第五節を参照いただきたい。

序　章　問題の所在と研究の視座

一　「チベット問題」と中国地域研究

チベットと言えば、多くの人が中華人民共和国のチベット自治区とダライ・ラマ十四世（一九三五―）を連想する。区都のラサはチベット仏教の聖地であり、長らくチベットの政治・宗教・経済の中心であった。ラサは二十世紀初に僧侶の河口慧海（一八六六―一九四五）や多田等観（一八九〇―一九六七）が修行した場所として、日本人にもなじみが深い。ダライ・ラマの居城であるポタラ宮が一九九四年に世界文化遺産に登録された頃から、内外の観光客が空路を利用して「神の土地」と呼ばれるラサを目指した。そして二〇〇六年青海チベット鉄道の開通後、天空列車は観光客のみならず商人や軍人、そして大量の物資をチベット高原へ運び入れた。個人の訪問者がインターネットを通じて発信するラサの情報は飛躍的に増加し、異空間としてのチベット、異文化としての民族と宗教に世界的な関心が高まりつつある。

筆者は一九九八年十二月に初めてラサを訪問した時、宗教都市が持つ歴史と文化の重みに深い感銘を受けたが、

図 0-1　ロプサン・センゲ主席大臣(左)とダライ・ラマ 14 世(右)

宗教活動は躍動感に欠けるという印象を持った。一九五九年ダライ・ラマ十四世のインド亡命後、五十数年にわたり主不在が続くポタラ宮は、解決の糸口を見いだせない「チベット問題」の象徴でもある。[1]

　チベット問題を考える上で最も重要な日は、亡命の引き金となった事件が発生した三月十日である。一九五九年以降、この日はチベット人にとって、民族蜂起を讃えると同時に民族の悲哀と苦悩を確認するための記念日となった。一九五九年三月十日、ダライ・ラマが中国人民解放軍文工団の演劇鑑賞に招待されると、漢人が「誘拐する」「毒殺する」といった噂が流れ、夏の離宮ノルブリンカを取り囲んだチベット民衆と中国部隊との間で大きな衝突が発生した[Dalai Lama XIV 1997 : 138][西蔵自治区党史資料徴集委員会他 一九九五b：一八]。混乱が続く中、ダライ・ラマは三月十七日にラサを逃れてインドへ向かい、チベットの自由と独立の回復を求めて亡命政府を樹立した。

　二〇一一年八月八日に亡命政府の主席大臣(首相)に就任したロプサン・センゲ(blo bzang seng ge、一九六八―)は、「独立ではなく高度な自治を求める」という従来の中道路線を継承する考えを表明したが、中国共産党との交渉は進展が見られない。[2] 高度な自治の中には、信教・言論・言語・教育などの自由も含まれている。チベットの僧や民衆が中国側に最も強く求めている信教の自由は、「チベット問題」の核心でもある。

　インドのチベット亡命政府で新首相就任式が行われた八月八日、筆者は四川省阿壩《アバ》チベット族チャン族自治州の阿壩県(rnga ba)に滞在していた。東チベットの阿壩県では、銃を携えた多数の武装警察部隊や公安局員がゲルク派のキルティ寺を包囲し、街頭ではチベット人による新首相祝賀行事や中国当局への抗議行動が発生することを警戒していた（第九章で詳述）。この時期、おそらくラサでも同様の厳戒態勢が敷かれたことであろう。

ただし、中国国内のチベット人居住地区全体が、常に軍警の弾圧に怯えているわけではない。同年七月三十一日、筆者は阿壩県から直線距離で約三百キロメートル離れた四川省甘孜《カンゼ》チベット族自治州（dkar mdzes）白玉《ペユル》県（dpal yul）のヤチェン修行地で、高僧アチュウ・ラマの葬儀を観察した（第六章で詳述）。葬儀に参列した数百人の漢人の出家者や在家信徒の集団は、チベット仏教が広範な信徒を獲得しつつあることを物語っていた。八月四日、阿壩県から南西約百五十キロメートルに位置するラルン五明仏学院（四川省色達県）では、漢人信徒がチベット人の師僧から熱心に指導を受ける場面を確認した。仏学院のケンポ・ソダジは、今、中国社会で最も注目度が高いチベット仏教の高僧である。彼が漢人読者に向けて著した『苦才是人生』（苦しみこそが人生）等の自己啓発書は、二〇一二年に、空前のベストセラーとなった（第七章で詳述）。

本書は東チベットという地理的空間を「宗教と政治」「宗教と社会」という視点から論じた地域研究の成果である。地域の固有性のみを強調した東チベット地域研究ではなく、他の領域との相関性も視野に入れた点で、筆者は中国地域研究であると考えている。他の領域とは、長期短期を問わず東チベットで宗教活動を実践している漢人の出家者や在家信徒の存在である。彼らは東チベットの宗教空間が持つ独自性を中国地域研究の中に位置づける上で重要な役割を果たしている。地域研究とは現実世界が抱える諸課題に対する学術研究を通じたアプローチである［山本 二〇一二：一八―二七］。本書は中国とチベットが共有する宗教空間に現れた多面的な信仰の動向を分析することを通して、チベット問題解決の糸口を探ることを念頭に置いた。

地域研究を支える研究手法は、現地での聞き取り調査と文献調査である。文献は現地調査の中で掘り起こした内部発行資料や漢人信徒の組織がインターネット上に掲げた各種文書、そして現地の政府が発行した政府公告等を重要視した。その結果、政治学・歴史学・宗教学といった伝統的な学問分野が対象にしづらかった事例を多数拾い上げることができた。ただし、一個人が収集した情報やデータに限界があることを自覚しておかねばならない。

中国共産党とチベット亡命政府の対立が深まり着地点を見いだせない状況が続く中、筆者はどちらか一方の主張のみに賛同する考えは持っていない。筆者が本書で最も訴えたいことは、東チベットにおける宗教信仰の現場には、両者のプロパガンダと相容れない状況も存在していることである。多くの漢人信徒を獲得し多層化し始めた東チベットの宗教空間を、中国共産党の宗教政策という視点から読み解きその特質を浮き彫りにすることが本書の目的である。宗教政策は党の指導者が交代すれば方針に変更が生じるため一様ではない。中華人民共和国における宗教活動の変化は、宗教者や宗教組織が中国共産党の宗教政策に対処してきた結果でもある。

二　東チベットへの関心

チベット亡命政府と中国共産党の政治的対立、そこから派生する宗教問題を考える上で、ラサの政治・宗教・経済等の動向やインドのダラムサラ（チベット亡命政府所在地）と北京の関係を分析することが重要なのは言うまでもない。各国の政府、報道機関、研究者、そして宗教界がラサの動向を注視している。ただし、蓮華の峰々に抱かれたチベット高原は、チベット自治区に隣接する四川省・青海省・甘粛省・雲南省の一部地域にまで連なっている。高原の東部にもチベット人が居住し、ゲルク派のラプラン（拉卜楞）寺（甘粛省夏河県）、ニンマ派のカトク（嘎托）寺（四川省白玉県）等、チベット仏教各宗派の主要寺院がいくつも設置されている。ダライ・ラマ十四世の出生地も、現在の青海省平安県（チベットのアムド地方）である。

中華人民共和国は「中国人民政治協商会議共同綱領」（一九四九年）、「民族区域自治実施要綱」（一九五二年）、「中華人民共和国憲法」（一九五四年）等に基づき、この四省内に甘孜チベット族自治州等、十のチベット族自治州（チャン族、モンゴル族との併記を含む）を設置した[3]。

中央チベットと東チベットは、チベット人が居住している点は同じであるが、東チベットは歴代ダライ・ラマ政権の支配が必ずしも十分に及ばなかった地域である[4]。一九三九年、国民政府が東チベットに西康省を設置した際、金沙江《ディチュ》の東部一帯には、主に地方軍閥の支配の下で、土司（現地のチベット人有力者）、僧院という複数の権力が存在していた。本書が扱う東チベットは、当時、この軍閥が実質支配していた領域とほぼ重なる。筆者が東チベットの宗教状況を考察する際、最も重視したのはその中の四川省甘孜チベット族自治州と阿壩チベット族チャン族自治州である（以下、甘孜州、阿壩州と略す）。

中国共産党の宗教政策を考える場合、チベット自治区と四川省内のチベット人居住地区では党と政府の対応が異なる事例が確認される。例えば、漢人の僧尼や信徒がチベット自治区内の僧院で修行することは厳しく規制されているが、四川省甘孜州のラルン五明仏学院やヤチェン修行地では主に一九九〇年代以降、事実上黙認されてきた。そして、東チベット一帯で大きな影響力を持つラルン五明仏学院のジグメ・プンツォ学院長は、一九九〇年合法的にインドを訪問し、亡命中のニンマ派ペーノー・リンポチェ（pad nor rin po che、ペマ・ノルブ、pad ma nor bu、一九三二―二〇〇九）やダライ・ラマ十四世（ゲルク派）と宗教上の交流を行ったが、帰国後直ちに政治問題に発展することはなかった。ただし、二〇〇〇年から〇一年に粛正事件に発展したことは第五章で説明する。

ペユル（白玉）寺（四川省白玉県）の座主ペーノー・リンポチェは、亡命後もインドから優秀な教師と多額の資金を地元に送り、ペユル寺の再建や仏学院の開学に尽力し、ペユル寺への一時帰還も支障なく実現した。カトク寺のニンマ派高僧ロガ・リンポチェ（ロトゥ・テンペー・ジェンツェン、blo gros bstan pa'i rgyal mtshan、一九五二―）は、台湾で精力的に弘法活動を行ったが政府は特に問題視しなかった。中国共産党は寺院定員制や愛国主義教育の実施等、チベット地区における宗教統制を強めていることは確かであるが、東チベットではニンマ派の活動に対して比較的緩やかな宗教管理が行われていることも事実である。とりわけ筆者は一万人を超す出家者と在家信徒を抱える二大活動拠点（ラルン五明仏学院とヤチェン修行地）に注目してきた。

三　ラルン五明仏学院を目指す漢人信徒

筆者は一九九一年以降二十数年間、東チベット各地に赴き、「宗教と政治」「宗教と社会」の関係を観察し調査してきた。一九九〇年代前半は、主に青海省や甘粛省のチベット人居住地区を調査対象とした。この地域はチベット人と中国共産党との政治的な緊張があまり強くなく、外国人の訪問はスムーズであったが、当時チベット仏教を信仰する漢人信徒と出会ったことは一度もなかった。

本書が最も力を注いだ四川省甘孜州へ足を踏み入れたのは一九九七年十二月が最初である。長距離バスで成都市を出発し、康定県（dar mdo）、道孚《タウ》県（rta'u）を経て炉霍《ダンゴ》県（brag 'go）へと向かった。この時、炉霍行のバスの中で、私は五十歳代と思われる漢人の男性と席を隣り合わせた。彼は重慶から来た在家の仏教徒であり、これから「ラルンのジンメイ先生に会いに行く」と言っていた。私たちは炉霍で下車した後、個人食堂で水餃子を食べ身体を温めながら雑談を続けた。彼はジンメイ先生の写真を私に見せ、明朝タクシーで丸一日かけてラルンへ行き、修行の相談を行うと語った。翌朝、私は彼を含めて三人の漢人信徒を乗せた軽ワゴン車をバスターミナル付近で見送った。彼は執拗に私をラルンに誘ったが断った。海抜約三千三百メートルに位置する炉霍の年末の早朝は、零下十五度の凍てつく寒さであった。暖房のない宿に泊まり、身も心も冷えきっていた私は、厳寒の町からさらに奥地を目指す漢人の気持ちを理解できなかった。その後、炉霍の町を散策しながら雑貨屋や食堂をのぞくと、車中の男が持っていた僧の写真がいくつもの店で飾られていた。雑貨屋の主人に尋ねると、ラルン五明仏学院のジグメ・プンツォという高僧だとわかった。ラルンは東チベットの聖地であり、大きな法会が開かれる時は数万人の僧俗が集まるという。炉霍を経由してラルンへ向かう漢人信徒は少なくないと教わった。しかし、私はその当時、ラルンという地名も仏学院と高僧の存在も全く知らなかった。雑貨屋の主人と話していると、ジグメの漢語表記は「晋美」(Jinmei)であり、「ジンメイ先生」とジグメ・プンツォが同一人物であることがわかった。これが私と仏学院との最初の出会いである。

そして二〇〇一年春、台湾のあるウェブサイト上で、ラルン五明仏学院に関するニュースを読んだ。政府が仏学院の規模を縮小する目的で僧坊を撤去し、台湾人信徒を放逐したという内容であった。その時、四年前の炉霍での一件を思い出し、気になった私は十二月に仏学院へと向かった。学院長は成都で療養中であり面会は叶わなかったが、東チベットの奥地で漢人信徒が真剣にチベット仏教と向き合っている姿を目撃して、私は大きな衝撃を受けたことを今も忘れることができない。そして、チベット人僧侶の話から、白玉県のヤチェンにも漢人信徒が多数いることがわかった。その後、インターネット上で情報収集を行い、二〇〇三年七月にヤチェン修行地を探し当てることができた。ラルンの谷あいとヤチェンの草原に広がる壮大な僧坊群、そして熱心な漢人信徒の存在は、その後私の心をとらえて放さなかった。

漢人信徒はこの地域で大きな影響力を持つチベット仏教の高僧に師事する人たちである。ただし、その高僧はダライ・ラマ十四世ではない。なぜこれほど多くの漢人信徒が東チベットに集まってきたのか。チベット人はなぜ都会からやって来た漢人を排除しないのか。現地調査を重ねるうちに、私はチベット亡命政府と中国共産党が対立する構図に収まりきらない宗教状況が、東チベットに存在していることに気づいた。つまり、中国のチベット人居住地区全域は、共産党の統治機構の中で厳しい監視下に置かれているが、東チベットには甘孜州を中心に、チベット自治区と明らかに異なる宗教活動の潮流が確認できた。ただし、その潮の流れは常に一定ではなく、共産党の宗教政策に左右されているのである。

私が調査対象とした甘孜州とその周辺地域は、中国共産党に対する抵抗の火種を抱えた「政治的に敏感な地域」と呼ばれている。「二〇〇八年チベット騒乱」では、僧や民衆が州内各地で「チベット独立」や「ダライ・ラマの早期帰還」を訴えるスローガンを叫び、ビラを撒いたと言われている。騒乱の際、中国国内のチベット人居住地区の中で、甘孜州は最も激しい抗議活動が繰り広げられた地域である(第九章で詳述)。

一九二一年に結成された中国共産党が東チベットに足跡を残したのは、一九三五年から三六年、つまり中国工農紅軍による長征の途上であった。毛沢東、周恩来、朱徳、張国燾といった共産党の幹部が、その時東チベットを通過した(第二章で詳述)。やがて、一九四九年に中華人民共和国が成立し、東チベット各地が共産党の支配下に入ってすでに六十数年が経過した。政治が宗教を激しく揺さぶる間に、宗教活動の潮目は幾度か変化した。本書はこれまで語られることが少なかった東チベットの宗教空間を、中国共産党の宗教政策を縦軸に、僧院や漢人・華人信徒の動向を横軸に設定して読み解いていく。

四　チベット仏教概説

チベット仏教を信仰する地域は、大きく次の三つに分けられる［奥山 二〇一二a］［奥山 二〇一二b］。

(1)チベット高原（現在の中国チベット自治区、四川省、青海省、甘粛省、雲南省のチベット人居住地区等）
(2)モンゴル（モンゴル国、中国内モンゴル自治区等）
(3)ヒマラヤ（ブータン、インドのシッキムとラダック、ネパールの北部等）

チベット高原とヒマラヤ山脈では、海抜三千メートルから四千五百メートルの高地にチベット人は暮らしている。寒冷で極度に乾燥した厳しい自然環境の中で、チベット仏教はラマ（師僧）への絶対帰依、化身ラマ制度等「豊かで個性的な宗教文化」と、顕教と密教を融合させた「緻密で壮大な学問の体系」を育んできた。

チベットには仏教以前からの伝統の流れをくむボン（ポン）教という宗教もある。ボン教はチベット仏教から中観派の哲学や戒律の影響を受け、逆にボン教は儀礼のスタイルや占い等の面でチベット仏教に影響を与えてきた。ボン教の経典にはカ（カンギュルに相当）とカテン（テンギュルに相当）があり、教学の中心地はインド北部のメンリ僧院である。

チベット仏教には、日本仏教とも共通する大乗の教えが多く含まれている。仏教伝来の時期は、日本は六世紀の飛鳥時代、チベットは七世紀ソンツェン・ガムポ（srong btsan sgam po）王の時代とされている。古代チベット王国（吐蕃、七世紀初から九世紀中頃）を建てたと言われるソンツェン・ガムポ王は、唐から文成公主を、ネパールからティツン王女を娶り、中国とインドの文化をチベットに導入した（ただし、王国の設立とソンツェン・ガムポ王の関係については不明な点が多い）。二人の王妃は熱心な仏教徒であり、ラサのトゥルナン（大昭）寺（gtsug lag khang）には文成公主請来の釈迦牟尼像が収められている。

日本の仏教は漢訳経典に基づくが、チベット仏教はインドのサンスクリットの原典をチベット語に逐語訳したものを使用する。現在サンスクリットの経典の大半が失われているため、チベット語の経典はインド大乗仏教の系譜を遡るための貴重な文献と言える。チベット仏教は顕教と密教の双方の体系をあわせ持ち、学理と信仰をともに重視している。総合的な仏教学を支えるのは、律と経を収めたカンギュル（bka' gyur、仏説部）、論を収めたテンギュル（bstan 'gyur、論疏部）である。これらを集成したいわゆるチベット大蔵経の中には、「法華経」や「維摩経」等、日本の仏教で広く使われる経典も含まれている。

日本の密教は「大日経」や「金剛頂経」に代表されるインド中期の密教に基礎を置き、天台宗や真言宗など特定の宗派のみで修行が行われている。一方、チベット密教はインド後期の無上瑜伽《むじょうゆが》タントラを重視し、悟りを開く手段として多くの宗派の修行に取り入れられている。そして、漢訳されなかった経典を多数所有している。

チベット仏教にはサキャ派、カギュ派、ニンマ派、ゲルク派と呼ばれる四大宗派が存在する。これらは十一世紀頃始まった仏教復興運動の中から誕生した。現在最も規模が大きいのはゲルク派である。学僧ツォンカパ（tsong kha pa）が開いたゲルク派は、戒律を厳格に守ることを重視しており、顕教をしっかり修めた後に密教修行に入ることを定めている。

チベット語で僧院はゴンパ（dgon pa）、化身ラマはトゥルク（sprul sku）、高僧はリンポチェ（rin po che）、僧侶はタパ（grwa pa）、尼僧はアネ（a ne）と呼ばれている。ゲルク派の場合、僧尼は出身地別の学寮に入り、読み書きの基本を学びつつ、掃除や食事など僧院の生活を支える。チベット仏教の中でもゲルク派の教義は論理的な要素が強く、僧は「同一性と差異性」「原因と結果」といった抽象的な概念を素材とした問答の訓練を通して、仏教の基本概念と基本命題を学ぶ。そして、学堂の教師から学問の訓練を受け、すべての教育課程を学び最終的な問答の試験に合格した修学僧には、ゲシェ（dge bshes）と呼ばれるチベット仏教学博士が授けられる。

チベット仏教には、高僧の死後お告げや占い、遺品の識別等を頼りに幼児を探し出し、高僧の地位を継承させて英才教育を行い、宗派や僧院のシステムを維持する化身ラマ（転生ラマ）制度がある。十三世紀にこの制度を最初に採用したのは、カルマ・カギュ派である。その後ゲルク派もこの制度を導入し、ダライ・ラマやパンチェン・ラマの転生制度を定着させていった。漢語では「活仏」(huofo)と表現されることが多いが、「活仏」は転生しない高僧も含んでいるため曖昧な概念である。二〇〇七年に中国政府が化身ラマの即位を認定する規則(「蔵伝仏教活仏転世管理辦法」)を作り、管理を強化している。第二章で論じるゲダ五世は、ゲルク派ペリ(白利)寺の化身ラマである。第五世の圓寂後、第六世が甘孜県に居住している。

現在チベット高原の大部分は中華人民共和国の領土となっている。一九五〇年中国共産党は、チベットを英米帝国主義から解放する目的で軍隊を派遣した。その後、共産党は僧院の解体や土地改革を中心とする「民主改革」、伝統文化や宗教活動を批判する「文化大革命」を発動した結果、多数のチベット仏教寺院が破壊され、宗教活動は壊滅的な被害を受けた(第三章で詳述)。東チベットで強行された民主改革の動向は、ダライ・ラマ十四世のインドへの亡命(一九五九年)を間接的に招くことにつながった。

文化大革命終結後、中国共産党は宗教政策の転換を行い、チベット仏教寺院の再建を支援し、宗教活動の再開を許可した(第一章で詳述)。この政策変化の中で、ラルン五明仏学院とヤチェン修行地が誕生した。ただし、多くの僧院では高僧が不在であり、高度な学問と修行の維持が危ぶまれている。一方、ダライ・ラマ十四世は亡命後、世界各地でチベット仏教の存続と非暴力思想を訴える活動を続けており、欧米を中心に支持者を増やしている。アメリカの俳優リチャード・ギアもその一人であり、チベット問題の啓発活動に尽力している。インドや欧米に亡命した高僧が弟子を持ち、財団や基金を作って支援を呼びかける動きも活発である(5)。

五　「チベット」「チベット人」「漢人」「華人」

本書における「チベット」と「チベット人」の呼称について説明する。

チベット人による伝統的な国土区分は中央部のウーツァン(dbus gtsang、中央チベット)、東南部のカム(khams、東チベット)、東北部のアムド(a mdo、東北チベット)に分類される。本書が扱うのはカム全域とアムドの一部である。一九六五年チベット自治区成立後、中国政府はチベット自治区を中心部、四川・青海・甘粛・雲南各省のチベット人居住地区を周縁部と見なしてきたが、歴史的区分と現行の行政区画は完全には一致していない。チベット自治区チャムド(昌都)地区、ナクチュ(那曲)地区東部、ニンティ(林芝)地区東部は歴史的にカムに属しているからである。

現在中国政府が用いる漢語表記の「西蔵」は、チベット自治区のみを指している。これは「西蔵自治区」の略称という理由の他に、ダライ・ラマ十四世が提唱してきた「大チベット」におけるる高度な自治権獲得」要求を排除するという政治的事情も含まれている(6)。「大チベット」はチベット自治区及び隣接する四省のチベット人居住地区を含む地理的概念であり、中国共産党は「大蔵区」という呼称を用いている[王貴・喜饒尼瑪・唐家衛 一九九五：一一三]。したがって、本書が主に扱う四川省内のチベット人居住地区の場合、中国共産党は「西蔵」ではなく、「四川蔵区」(「蔵」はチベットの意)という呼称を用いて区別している。

カムのチベット人や漢人信徒は、現行行政区画に関係なく周縁部を含むチベット人居住地区全体、いわゆる「大チベット」を漢語で「蔵地」、主に沿海部や内陸に広がる漢人居住地区を「漢地」と呼び区別することもある。

一方、日本では主に明治以後、「西蔵」と「チベット」の呼称が使われてきたが、現在は「チベット」が一般的である。日本語の「チベット」はネパールやブータン等を含めたチベット人居住区域全体、中国領内のチベット人居住地域、チベット自治区等、具体的にどの領域を指しているのかわかりづらい。そこで本書では中国領内のチベット人居住地区全体を「チベット」、カムとアムドを合わせた領域を「東チベット」と呼ぶことにする。

図 0-2　チベット略図

次に「チベット人」の呼称について説明する。中華人民共和国政府は「民族識別工作」という国家による民族認定作業を実施し、一九六四年第二回人口センサス調査までにチベット族を含む五十三の少数民族を認定した。その後、ロッパ（珞巴）族（一九六五年）とチノー（基諾）族（一九七九年）を追加認定した。「チベット族」という呼称は建国後の民族政策の中で生まれたものであり、「中華民族を構成する一員」という政治的要素の強い概念でもあるため、本書では「チベット族」ではなく「チベット人」の呼称を用いる。ただし「甘孜チベット族自治州」等、行政区画の名称及び「中華民族」という政治的概念を説明する際は「チベット族」を用いる。同じ理由で「漢族」は「漢人」と呼び、「中国人」は用いない。本書では香港・マカオ・台湾の住民は「華人」と呼び区別する。第七章で論じる台湾やシンガポール在住の信徒は「華人信徒」と呼ぶ。

言語は「漢語」「チベット語」を用い、「中国語」は使わない。チベット語固有名詞のカタカナ表記は、現地カムの発音を最大限採用した。原音不明の場合は漢語表記のままに留めた。必要に応じてワイリー方式も併記した。

六　政府系文献資料の特徴と限界

東チベットは中国共産党の宗教政策、チベット政策と関係の深い地域である。ここには中国共産党の軍事行動が残した二つの道、つまり「紅軍長征の道」（一九三五年—三六年、主に第四方面軍）と「チベット解放の道」（一九五〇年、第十八軍北路先遣部隊）が刻まれている。前者は中国工農紅軍が国民党軍の大規模包囲戦に耐えきれず、疲弊しながら一万二千キロメートルを敗走した大移動である。後者はチベットを「イギリスを中心とした帝国主義の支配から解放する」という名目で、中国共産党が強行した軍事進攻のルートを指している。

筆者が東チベットを研究対象とした理由は、そこに残された中国共産党と毛沢東の足跡であった。二十世紀における中国とチベットの関係を考える際、東チベットで展開された軍事活動を無視することはできない。この二つの道が重なり交差する一帯が、現在の四川省甘孜州であり、本書が重きを置く地域である。そして二つの軍事行動は、共産党がチベット仏教の高僧ゲダ五世を戦略的に利用したという共通点を持っている（第二章で詳述）。

四川省甘孜州（一九五五年設置）及び前身の西康省（一九三九年—五五年）の基本状況を把握するための文献は、地方政府及び関連機関が編纂した地方誌や文史資料が中心である。例として甘孜県に関する政府系の文献を以下に掲げる。

(1)『甘孜県志』〔甘孜県志編纂委員会　一九九九〕
(2)『甘孜県志続編』〔甘孜県志編纂委員会　二〇〇二〕

(3)『甘孜州志』(上・中・下)〔甘孜州志編纂委員会　一九九七〕
(4)『四川省甘孜蔵族自治州文史資料選輯』〔中国人民政治協商会議四川省甘孜蔵族自治州委員会　一九八二〕
(5)『甘孜蔵族自治州概況』〔《甘孜蔵族自治州概況》編写組　一九八六〕
(6)『甘孜蔵族自治州概況(改訂版)』〔《甘孜蔵族自治州概況》編写組・《甘孜蔵族自治州概況》修訂本編写組　二〇〇九〕
(7)『中国共産党甘孜州歴史大事記』〔中共甘孜州委党史研究室　二〇〇四〕
(8)『甘孜新跨越』〔堯斯丹編　二〇〇七〕
(9)『甘孜史話』〔辛玉昌編　二〇一二〕

一連の資料には党・政府・軍・公安・経済・交通・教育・宗教・大事記等、多方面にわたり詳細な情報が掲載されているが、中国共産党にとって不都合な情報は含まれていないため、実際の宗教状況や問題点を把握するには適さない。各種文献に記述された宗教活動、宗教政策、宗教紛争の情報は共産党の判断で取捨選択されたものであるが、共産党と政府の基本方針を理解する上では有用である。

具体例を示す。(6)の『甘孜蔵族自治州概況(改訂版)』は政府系資料として比較的新しいものである。中国共産党の軍事行動に二度「貢献した」ゲダ五世の功績は、「甘孜における紅軍長征」「人民解放軍チベット進軍への支援」の項目で重点的に記述されている。ただし、これは共産党の歴史観に基づいた記述であり、「ゲダは本当に共産党を支援したのか」「ゲダと朱徳の会談記録は存在するのか」等、軍事機密に属する事実関係を把握することは難しい。一方、同書はチベット問題の複雑さを示す「テンジン・デレク事件」には全く触れていない。

七　「テンジン・デレク事件」と漢語資料

テンジン・デレク(bstan 'dzin bde legs、丹増徳勒、一九五〇—)は、甘孜州理塘《リタン》県(li thang)や雅江県(nyag chu kha)を中心に大きな影響力を持つ高僧である。学校や老人施設の設立、孤児や遊牧民への生活支援に力を注いだことでも知られている。二〇〇二年四月、テンジン・デレクは連続爆破事件に関与した容疑で公安当局に逮捕された(7)。テンジン・デレクとダライ・ラマ十四世との交流が問題視されたと筆者は考える。テンジン・デレクはインドに滞在中(一九八二年—八七年)、一九八三年にダライ・ラマ自身によって化身ラマと認定された。帰国後、刑法により「国家分裂活動に関与する宗教者」と見なされ、当局の厳しい監視を受けることとなった。第五章で論じるラルン五明仏学院のジグメ・プンツォ学院長が、一九九〇年にダライ・ラマ十四世と交流したことが、後に仏学院の粛正事件を招いたことと根は同じである。

テンジン・デレクは二〇〇二年に死刑判決を受けたが、欧米の政府や議会、人権団体が中国共産党の人権政策、宗教政策、裁判制度を厳しく批判したこともあり、二〇〇五年に終身刑に減刑された(8)。彼は二〇一四年現在も獄中にある。この事件が理塘県をはじめ甘孜州南部の僧侶や信徒に投げかけた波紋と心理的な動揺は大きく、二〇〇七年八月理塘県の競馬祭のステージでは、遊牧民のロンギュ・アダックが「テンジン・デレクの早期解放」を訴えて逮捕された(ロンギュ・アダック事件、第九章で詳述)。

ゲダ五世の実像、そしてテンジン・デレク事件発生の原因と真相を探るには、政府系公刊資料に頼るだけでは解決しない。同時に、インターネット上に掲載された各種情報は、ニュースソースの確認と真偽の見極めを慎重に行わなければならないが、主に漢人信徒が書き残した東チベットの宗教状況に関する記録の中には極めて資料的価値の高いものもある。

とりわけ「ニンマ・インフォメーション」(寧瑪資訊)は、漢人信徒がサイト上に構築したチベット仏教ニンマ派の宗教空間であり、ラルン五明仏学院やヤチェン修行地をはじめ、東チベットの僧院や高僧に関する詳細な情報が掲載された。その後、組織内部のトラブルにより、二〇〇八年頃閉鎖され現在に至っている。

筆者がインターネットで情報収集を始めたのは一九九六年であるが、東チベットの宗教状況と宗教政策について、ネット検索を通じて研究面の収穫が得られたのは概ね二〇〇〇年以降であった。本書で用いたネット上の資料の大半は、プリントアウトして手元に残している。東チベットの宗教状況に関して言えば、チベット語の文献は極めて少なく、ニンマ・インフォメーションのような漢人信徒の組織が作成した漢語資料が豊富な情報を蓄積してきた。いくつか例を示す。

(1)「色達県喇栄寺五明仏学院簡介」(http://www.nmzx.com/nmcl/wmfx.htm 二〇〇三年九月十日閲覧)
(2)『心中燃起的時代明灯』〔色達喇栄五明仏学院 二〇〇七a〕
(3)『増信妙薬——救護主・成就自在降陽龍朶加参心要略伝』〔亜青寺 二〇〇二〕
(4)『洛噶法王如意宝簡介』〔寧瑪巴噶陀仏学会(出版年不明)〕
(5)『中国共産党甘孜州歴史大事記』〔中共甘孜州委党史研究室 二〇〇四〕

図 0-3　服役中のテンジン・デレク

東チベットの実情を知り、情報不足を補うには、自ら各地を実際に歩いて宗教状況を調査し、掲示された政府公告を確認し、現地で宗教組織や漢人信徒が発行した資料（多くは内部発行、非売品）を収集することが最も確実な方法であった。

⑴はニンマ・インフォメーションのウェブサイトに掲げられたラルン五明仏学院設立認可当時の教育課程や学制を示した詳細な資料である。⑵は同じく仏学院、⑶はヤチェン修行地、⑷はカトク寺の高僧ロガ・リンポチェに関する文献と図版の資料集であり、各々の漢人信徒組織が作成した漢語資料である。⑵と⑶の資料は両拠点の発展過程を知る上で第一級の資料である。⑸は中国共産党甘孜州委員会が作成発行した公式記録である。⑵—⑸はすべて非売品であり、チベット語版は存在しない。

八　現地調査の障害と調査拠点の設定

一九九一年に筆者は初めてアムド（東北チベット）を訪れた。場所は青海省湟中県のクンブム（塔爾）寺（sku 'bum）であった。クンブム寺はチベット仏教ゲルク派の名刹であり、ダライ・ラマ十四世の長兄であるタクツェル・リンポチェ（stag 'tsher rin po che、トゥプテン・ジグメ・ノルブ、thub bstan 'jig med nor bu、一九二二—二〇〇八）がかつて僧院の責任者を務めたことでも知られている。当時、日本国内でクンブム寺の映像や文献を探すのは一苦労であり、NHKテレビ番組「大黄河1　遥かなる河源に立つ」（一九八六年四月十三日放映）が紹介したクンブム寺の映像は貴重な情報源であった。直接クンブム寺を訪問したことにより、高僧の動向など、テレビ番組の内容とは異なる宗教状況を確認することができた上、新たな資料をいくつも入手することができた。それ以後、毎年八月または十二月に、チベット自治区に隣接する四川省、青海省、甘粛省、雲南省内のチベット人居住地区を精力的に歩いてきた。

日本では甘孜州を含むチベット高原東部の宗教状況及び宗教政策に関するまとまった研究及び現地調査の実施例は極めて少ない。別所裕介はアムドの青海省チベット地区を対象に、開発・観光・環境・信仰に関する現地調査を行っている。阿部治平（元青海師範大学教員）は青海省西寧市で日本語教師を務めながら、アムドの宗教・民俗・農業に関する調査を手がけた。デルゲ印経院（第三章、第四章）に関しては、中西純一（映像作家）他の調査報告が公刊されているが、政治と宗教の関係への言及はない。小林亮介は清代から民国時期にかけての東チベットの歴史と政治に関する研究を行っている。北原奈央は二〇〇八年以降、甘孜州・阿壩州にて遊動民社会と宗教状況の関係を調査した。その他、複数の日本人言語学者がカムやアムドで方言調査を実施しているが、日本人研究者による東チベットの宗教政策に関する現地調査は報告されていない。欧米ではデビッド・ジェルマーノ（バージニア大学）が一九九〇年以降複数回、ティム・ジョンソン（アメリカのジャーナリスト）が二〇〇九年に甘孜州色達県で調査を行ったが、外国人による甘孜州宗教調査は概ね未開拓の状況にある。

外国人による現地調査が進展しない理由は、地理的な要因と現地の政治情勢である。甘孜州は海抜三千から四千メートルに位置し、四川省成都市より陸路で八百から千キロメートルの移動を必要とする。主要な道路は険しい峡谷沿いにあり、常に落石と土砂崩れの危険がつきまとう。隣の県へ移動するには、五千メートル近い峠を越えなければならない。峠付近は八月でも降雪により、車輌の通行が困難になることがある。身体的なリスク（高度障害、気管支疾患、心臓への負担、狂犬病、ペスト）に加え、精神的な苦痛（情緒不安、不眠）も伴う。血中酸素濃度の低下は、頭痛、嘔吐、めまい、食欲不振、集中力の低下等の症状を引き起こし、最悪の場合、脳や肺のトラブルにより死に至ることもある。冬季は最低気温が零下二十度まで下がることも珍しくない。

甘孜州内の各県が外国人に開放されたのは一九九〇年代である（各県により異なる）。仏教信仰の篤い土地柄であり、僧侶や民衆と公安当局の衝突が多発する地域であるため、対外開放後も外国人の訪問はしばしば厳しい制限を受けてきた。中国における宗教活動の指針を定めた法令「宗教事務条例」（二〇〇四年）の第四条には、「宗教団体、宗教活動拠点、宗教事務は外国勢力の支配を受けない」と記されている。現地の公安当局はこの条文を都合よく解釈し、外国人観光客の寺院訪問や外国人研究者の現地調査を制限することがある。西洋人が撮影した写真やビデオのデータが消去され、強制退去を命じられた場面に出くわしたこともある。東チベットにおける宗教調査は、常にいくつもの困難と隣り合わせた過酷なものである。

しかし、困難な環境がしだいに筆者の足腰と精神を鍛えていった。筆者は若さに任せて、一九九一年から二〇〇〇年までの十年間に東チベット四省の主要地点を調査し、政治と宗教の全体像を把握する努力を行った(9)。二〇〇一年以降、研究テーマを「四川省甘孜州における中国共産党の宗教政策」に絞り、以下の調査拠点で複数回の調査を行う一方、現地で文献資料、映像資料、政府公告を精力的に収集した。

(1)ラルン五明仏学院（色達県）　計六回調査
二〇〇一年十二月、二〇〇四年八月、二〇〇七年八月、二〇一〇年八月、二〇一一年八月、二〇一二年八月
(2)ヤチェン修行地（白玉県）　計六回調査
二〇〇三年八月、二〇〇五年八月、二〇〇七年八月、二〇一〇年八月、二〇一一年八月、二〇一二年八月
(3)デルゲ印経院（徳格県）　計二回調査
二〇〇三年八月、二〇一〇年八月
(4)ゲダ五世と中国共産党の統一戦線活動（甘孜県）　計三回調査
二〇〇三年八月、二〇〇五年八月、二〇一〇年八月
(5)青海省玉樹県　計三回調査
一九九七年八月、二〇〇九年八月、二〇一三年八月

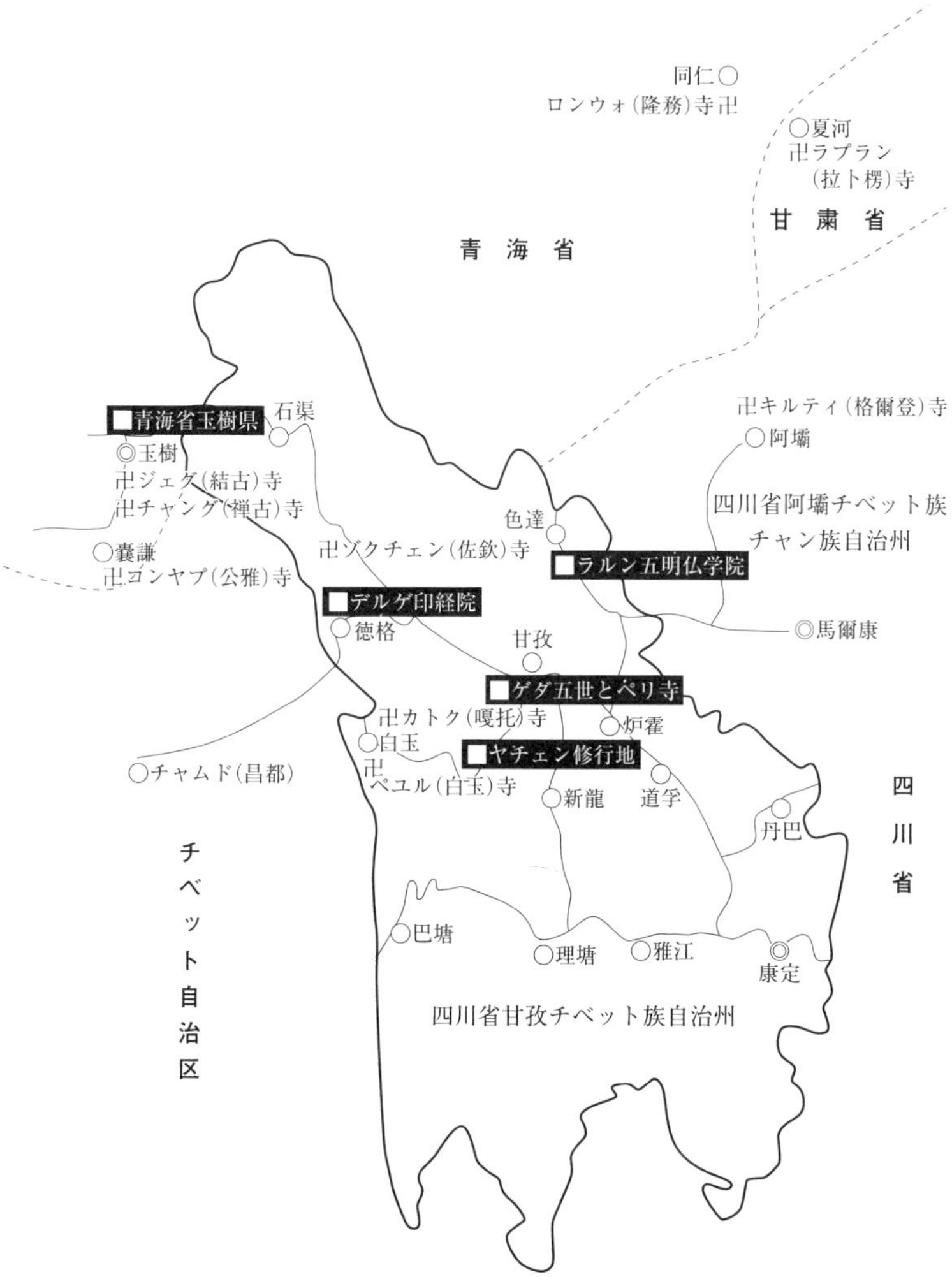

図 0-4　甘孜州地図と調査拠点

九　調査方法

これらの現地調査は筆者が単独で実施したものであり、中国の研究機関や地方政府に連携や協力を求めたことはない（二〇一二年八月のみ日本人研究者と同行）。大学を含む政府系機関との共同研究は、自由な行動を束縛し、調査場所や調査内容の制限につながるからである。そして、質問紙調査も実施しなかった。アンケート方式により人々の意識や行動の特徴をつかむ意義は認めるが、中国政府は外国人が少数民族地区で宗教活動に関与する（調査も含む）ことを嫌うため、質問紙を用いた量的調査を行うことは不可能であり、当初から想定していなかった。仮に四川省甘孜州内の大学で質問紙調査を実行した場合、学生の大半は政府が求める模範的な回答を行うことは明らかである。街頭や僧院内でアンケートを行えば、警察とのトラブルに発展することは避けられない。

筆者が重視した方法は、聞き取り調査と短期の参与観察である。被調査者は高僧、一般僧尼、漢人信徒、華人信徒が中心である。高僧への謁見と取材は、「外国の客人」という立場で秘書役の僧や家人に申し込み、多くの場合許可された。ラルン五明仏学院のテンジン・ジャンツォ副学院長、ヤチェン修行地のアチュウ・ラマとアソン・リンポチェ、デルゲ印経院のツェワン・ジメ院長、ペリ寺のゲダ六世から直接宗教活動や宗教政策の実態について話を伺えたことは大きな意義があると考える。ただし、彼らは宗教者として指導的立場にあり慎重に言葉を選んでいるため、時に言外の意味をくみ取らなければならないこともある。

高僧、一般僧尼、漢人信徒、現地の協力者から聞き取りを行う際、先ず調査者が「訪問した目的」や「日本人から見たチベット仏教への関心」等について説明した後、雑談や苦労話を交えながら、相手に質問を投げかけていった。日本は仏教を重んじる国であり、東チベットの高僧が日本を訪問した例を伝えると、五人に一人の割合で筆者の質問に応じてくれた。ただし、政治と宗教に関する質問や個人の立ち入った話を持ちかけると、三人の内二人は会話を遮った。政治的な話題について、チベット人は日本での報道を期待して積極的に語ることもあったが、大半の者が口を閉ざした。聞き取り調査で使用する言語は主に漢語であり、相手によっては英語を併用することもあった。

チベット人に漢語で質問する場合、日本やインドの宗教状況を紹介することで相手に利益を与える工夫を行った。相手の氏名を尋ねることはせず、履歴や生育歴に関する質問は、不信感を抱かれるため極力行わなかった。筆者はチベット仏教の信仰者ではないが、日本から来た「在家信徒」と誤解されることが多く、その誤解は調査の際の潤滑油となった。漢人信徒への質問の柱は「信仰の動機」「職業」「家族との関係」「情報の入手方法」であり、他の質問は相手により異なった。調査を行う時の問題点は、内容の記述と分析に共感的態度と客観性を両立させることが難しいことであった。

聞き取り調査の際、録音と録画は一切行わなかった。理由は仮に筆者と公安当局との間でトラブルが発生した場合、被調査者や情報提供者に大きな不利益をもたらすからである。調査から得られた個人情報の保護については最大限の配慮を行った。フィールドノートは一九九〇年代にA６判（文庫本サイズ）を、二〇〇〇年以降はA７判（トランプサイズ）を使用した。聞き取りの途中でメモを取ることはせず、重要な情報であっても単語と短文のみノートに記し、出国手続を終えた後、記憶をたどり補足した。本書で紹介した聞き取りの事例は、本人が特定されないように注意を払った。

その他、個人宿や個人商店の主人、タクシー運転手やバスの乗客から寺院や高僧の情報、政治的な緊張状況、宗教指導者の家族の紹介といった情報提供や便宜を受けることもあった。そこから得られた情報は、現地の理解に大いに役立った。四川省の康定県と阿壩県、青海省の同仁県と玉樹県では、モスクを訪問した際にイスラム教の指導者や管理職から、現地の宗教事情及びイスラム教徒と仏教徒の関係について話を聞くことを試みた。イスラム教徒の目から見たチベット仏教の現状と問題点は、チベット仏教徒への聞き取り調査を補完する役割を果たした。

ヤチェン修行地では高僧宅や高僧の侍者宅に泊まり込み、宗教活動の現場で短期の参与観察を行った。高僧が訪問者に対して行う会話や対応、侍者の職務内容を客人の立場でつぶさに観察する機会に恵まれたことは望外の幸せであった。二〇一一年七月―八月にヤチェン修行地主宰者アチュウ・ラマの葬儀に参列し、各地から弔問に来た高僧の行動を間近で見ることができた。高僧が漢人信徒を対象に行う講義を聴講し、瞑想会に参加し、信徒の共同食堂を利用することで、漢人信徒から率直な話を聞くことができた。ラルン五明仏学院ではチベット人の僧坊に宿泊を依頼し、一日の修行生活や個人指導の場面に立ち会わせていただくこともできた。

図0-5　アチュウ・ラマ侍者宅に宿泊(ヤチェン修行地，2003年7月筆者撮影)

私立大学で授業と通常業務に従事しながら海外調査に出かける機会は年に一回か二回である。調査期間は二週間、ヤチェン修行地やラルン五明仏学院に滞在する日数は毎回平均三日間である。ヤチェンの場合、日本を発って四日目に到着するため、一度の調査で訪問可能な拠点は二ヶ所か三ヶ所である。毎回時間の制約と向き合いながらの短期調査と参与観察であるが、訪問調査を重ねることで、過去の見聞と解釈に修正を加えていった。

一〇　本書の構成

(1)第一章「中国共産党の宗教政策――毛沢東から胡錦濤まで」

中国共産党の宗教観はマルクス・レーニン主義に基づいている。ただし、共産党は社会主義時期においては、宗教が長期間存在することを認めている。第一章は共産党の宗教観と党員に課された制約、政府の宗教事務の特徴を確認した後、毛沢東、鄧小平、江沢民、胡錦濤が主導した宗教政策とチベット政策を俯瞰する。宗教政策については、党大会、統一戦線工作会議、全国宗教会議の文献を使用する。チベットにおける宗教政策については、計五回開催されたチベット工作座談会の「紀要」及び関係する「中共中央文件」を検討する。

(2)第二章「「愛国活仏」ゲダ五世の虚実と軍の宗教政策」

ゲダ五世はチベット仏教ペリ寺の化身ラマである。中国共産党はゲダ五世を党の政策を支援した「英雄的」宗教指導者と高く評価している。本章ではゲダ五世を共産党の軍事行動と統一戦線活動のキーパーソンと位置づけ、活動の目的と人物像の虚実を政府系資料とロバート・フォード（チベット政府に雇用されたイギリス人）の回顧録から検証する。そして、共産党がゲダ五世を利用して愛国主義教育と統一戦線活動を展開する理由を導き出す。

(3)第三章「民主改革・文化大革命時期のデルゲ印経院」

デルゲ印経院は、チベット仏教の経典印刷用の版木を所蔵する「知の保管庫」である。一七二九年の開設以来、高度な伝統技術を脈々と受け継いできた。中華人民共和国建国後、甘孜州内の仏教寺院や宗教施設はことごとく破壊されたが、印経院は破壊の標的とされながらも実際の被害は小さかった。誰がどのような方法で、民主改革と文化大革命という宗教破壊運動から印経院を守ったのであろうか。本章は前半でデルゲ印経院の歴史と役割を土司制度の視点から概観する。後半は二人の党委員会書記チェンラウとヤンリン・ドジェに着目し、印経院保護の謎に隠された中国共産党のチベット政策を明らかにする。そして、二〇〇三年の現地調査と二〇一〇年に実施した関係者へのインタビューから、印経院を舞台にした北京と東チベットの政治の連携を解明する。

⑷第四章「文化大革命後のデルゲ印経院と統一戦線活動」

中国共産党は一九七八年第十一期三中全会にて、文化大革命を清算し、改革開放路線の推進へと舵を切った。そして、鄧小平を核とした党指導部は、階級闘争から経済建設へと指導方針を転換した。本章では党の路線変更が甘孜州内の宗教政策と宗教活動にどのような変化をもたらしたのかを検証する。先ず甘孜州の宗教復興の状況を「中共中央一九八二年十九号文件」との関連から考える。次にデルゲ印経院が文化大革命終結後、早急に活動を再開し修復作業を進めた理由を、チベット亡命政府の徳格《デルゲ》県視察（一九七九年、一九八〇年）とパンチェン・ラマ十世の甘孜州訪問（一九八六年）という統一戦線活動の事例から明らかにする。当時の甘孜州の動向を知るための資料として、『中国共産党甘孜州歴史大事記』とチベット工作座談会の「紀要」がある。これら政府系資料に記された宗教政策から、甘孜州の宗教動向と党中央の対外的な戦略を読み解く。

⑸第五章「ラルン五明仏学院粛正事件」

ラルン五明仏学院は、一九八〇年に高僧ジグメ・プンツォが開いたチベット仏教の教育機関である。学僧は一万数千人を数え、チベット文化圏で最大規模の仏学院である。本章は二〇〇〇年から〇一年に発生した仏学院への粛正事件の原因と経過を解明する。そして宗教政策における宗教教育機関の位置づけを考える。その際、現地調査で発見した二通の政府文書（二〇〇一年）、仏学院が内部発行したジグメ・プンツォの評伝を手掛かりとする。そして、複数回の現地調査とテンジン・ジャンツォ副学院長へのインタビュー（二〇〇一年、二〇〇四年）を踏まえて、党中央の権力移行(総書記の交代)時期に発生した粛正事件を多面的に浮き彫りにする。

(6)第六章「ヤチェン修行地の支配構造と宗教ＮＧＯ」

ヤチェンは一九八五年にアチュウ・ラマという高僧が開いた修行地である。僧、尼僧、漢人・華人信徒より構成され、総数は一万数千人に達する。修行地の構造を論じる際、マックス・ウェーバーのカリスマ論から見たアチュウ・ラマ像、チベット仏教の化身ラマと師資相承制度を用いる。そして、大規模宗教コミュニティが存続可能な理由、アメリカや香港の宗教ＮＧＯと華人信徒が支える修行地運営資金の仕組みを宗教政策との関連から明らかにする。これまでヤチェン修行地の存在が明らかにされなかったのは、遠隔地かつ高地に位置し多数の野犬が生息するという悪条件が、外国人研究者を遠ざけてきたからである。

(7)第七章「漢人・華人信徒の信仰とスピリチュアリティ」

現在、東チベットの宗教空間を論じる際、漢人・華人信徒の存在を無視することはできない。彼らが目指す二大聖地はラルン五明仏学院とヤチェン修行地、そして新たにカトク寺やゾクチェン(佐欽)寺(四川省徳格県)が注目を集めている。筆者は漢人信徒を「仏教教義の理解を重視するグループ」と「瞑想を通じたスピリチュアリティを重視するグループ」に分け、漢人・華人の精神世界とチベット仏教の関係を明らかにする。そして、ニンマ・インフォメーション(寧瑪資訊)や華人信徒によるチベット仏教支援活動と宗教公益事業の実態を胡錦濤時期の宗教政策を軸に分析する。

(8)第八章「ラルン五明仏学院の震災救援と宗教の公益活動」

二〇一〇年四月、青海省のチベット人居住地区で大震災が発生した。ラルン五明仏学院の高僧ケンポ・ソダジは即座に救援隊を派遣し、医療と不明者捜索を中心とした支援活動を展開した。本章は救援隊に参加した漢人信徒の手記に基づき、活動の内容と現地で生じた問題点を明らかにする。過去に大規模な粛正を受けた仏学院が、政府から救援活動を称讃された理由を胡錦濤政権の「宗教と和諧」政策から考える。そして、宗教とソーシャル・キャピタル、草の根NGOという視点から、仏学院の信徒グループが行った社会貢献活動の意義と限界を問う。

(9)第九章「二〇〇八年チベット騒乱」の構造と東チベットの動向」

二〇〇八年三月、チベット自治区のラサで大規模な騒乱が発生した。僧侶や民衆が治安部隊と衝突する場面がテレビニュースで繰り返し流されたことは記憶に新しい。「二〇〇八年チベット騒乱」(以下「騒乱」と略す)は一般に「三月十日チベット自治区ラサにおける僧侶の抗議行動から始まった」と言われている。加茂具樹他編著『党国体制の現在』、柴田哲雄『中国民主化・民族運動の現在』、興梠一郎『中国』も同様の見解を出している。一方、唯色(オーセル)『鼠年雪獅吼』は東チベットの騒乱発生状況に言及し、貴重な資料を発表している。筆者は「騒乱」を「二〇〇八年ラサ騒乱」と「二〇〇八年東チベット騒乱」に分け、両者の発生状況を比較検討する。そして現地調査の成果とその後の騒乱の状況を踏まえて、「東チベット騒乱」の起点が「二・二一同仁事件」であることを提起する。更に、宗教的主張を含む抗議活動を「デモ法」「刑法」との関連で検討する。中国の政府系研究者は「騒乱」の発生原因を「ダライ集団の分裂活動」と断定しているが、筆者は二十年間の現地調査をもとに「チベット問題」が内包する高僧の不在、情報通信環境の変化といった負の側面も検討する。

二　本研究の意義

中国において共産党の宗教政策を研究する際、研究の自由は存在しない。第一章で詳しく紹介するが、毛沢東、鄧小平、江沢民、胡錦濤それぞれの指導者が示した政策に沿った研究のみが認められている。現在であれば、江沢民の「四原則」と胡錦濤の「宗教と和諧」政策が基本であり、チベット政策においては第五回チベット工作座談会での決定事項を踏まえた研究が行われている。中国人研究者が行う宗教政策の研究とは、言葉を換えれば党の宗教政策の宣伝活動である。したがって、共産党の見解に疑問を抱いたり、異論を唱えたりすることは不可能であり、チベット亡命政府の見解はすべて否定しなければならない。

中国で出版された中国共産党の宗教政策、チベット政策に関する先行研究を例に説明する。

(1)『当代中国的統一戦線』(上・下)〔中共中央統一戦線工作部 二〇〇六〕
(2)『当代中国的宗教工作』(上・下)〔赤耐編 一九九九〕
(3)『中国共産党的宗教政策研究』〔何虎生 二〇〇四〕
(4)『中国共産党的宗教政策』〔任傑 二〇〇七〕
(5)『蔵伝仏教愛国主義教育工作読本』〔朱暁明編 二〇〇七〕
(6)『西部現代化境域中的四川少数民族宗教問題研究』〔閔麗他 二〇〇八〕
(7)『西蔵宗教工作概説』〔曹自強・李徳成 二〇〇八〕
(8)『経略西蔵――新中国西蔵工作60年』〔王小彬 二〇〇九〕
(9)『中国的宗教問題和宗教政策』〔王作安 二〇一〇〕

(1)―(9)は中国共産党の統一戦線工作部及び政府の宗教事務局の指導の下、党の宗教政策と政府の宗教管理の理論と実際を紹介し、党・政府とチベット仏教を含む五大宗教組織の「良好」な関係を国内外に宣伝することを目的としている。(3)と(4)は江沢民時期と胡錦濤時期の宗教政策に基づいた研究書であるが、東チベットに関する記述はない。(5)は祖国分裂活動とチベット仏教の社会主義社会への適応という視点から、チベット仏教寺院における愛国主義教育の内容を論じている。(6)は四川省少数民族地区が抱える民族問題や宗教問題を経済開発の側面から論じ、主に開発の意義を讃えた内容である。経済開発とは江沢民政権が二〇〇〇年にスタートさせた西部大開発政策を指しており、道路や空港建設等インフラ整備に関しては一定の成果が認められた。経済開発が地域の発展に貢献したことは確かであるが、直接宗教問題の解決に結びついたわけではない。同書はこの地域で宗教紛争が発生する原因や経済開発がもたらした弊害には触れていない。(8)は共産党のチベット政策に関する研究書であり、宗教政策の変遷にも言及している。(9)は国家宗教事務局が胡錦濤時期の宗教政策をまとめたものである。

筆者は、この中で(3)(4)(6)(8)(9)に注目している。著者の何虎生(中国人民大学)、任傑(四川省政府)、閔麗(四川大学)、王小彬(中国蔵学研究中心)、王作安(国家宗教事務局)は、いずれも政府系研究機関に所属する研究者や高官である。中国では宗教政策研究に従事する者の多くが党や政府の研究機関、公安関係や治安関係部署に籍を置いているため、研究者個人の立場で自主的な研究活動や調査を行い、成果を発表することは許されない。党の政策を公に批判することも許されていない。例えばラルン五明仏学院における宗教施設や僧坊の撤去、高僧の身柄拘束、尼僧の放逐、宗教活動の制限といった事例を、信教の自由や基本的人権の視点から論じることはできない。「チベット人居住地区における宗教政策」という研究テーマは、中国国内では「政治的に敏感な課題」と考えられており、党と政府の指導下で慎重に行うことが求められる。軍事行動に関する内容を含む場合は、人民解放軍の指導と連携も必要となる。それゆえ、宗教政策が抱える問題点、矛盾点、宗教組織への引き締め政策等に関する調査や研究を行うことができるのは外国人研究者のみと言える。

「チベットにおける政治と宗教」をテーマにした研究に関して、中国人研究者は大きな制約と不自由の中で限定的な研究に従事せざるをえないが、外国人研究者は中国の国内事情を前に禁欲的になる必要はない。筆者は文献資料と現地調査で得られた事実を記述し、慎重な分析と冷静な解釈を行うことが、現地の宗教状況の改善とチベット問題解決の糸口を見つけることにつながると確信している。

（1）チベット問題に関しては［チベット亡命政府情報・国際関係省 二〇〇〇］、［外文出版社 一九五九］、［松本 一九九六］を参照した。松本の著書には東チベットにおける民主改革に関する記述がある。

（2）「主席大臣（カロン・ティパ）、ロブサン・センゲ博士による就任演説」、ダライ・ラマ法王日本代表部事務所（http://www.tibethouse.jp/news_release/2011/110818_InauguralSpeech.html 二〇一三年八月十九日閲覧）。

（3）四川省甘孜チベット族自治州、四川省阿壩チベット族チャン族自治州、青海省玉樹チベット族自治州、青海省海南チベット族自治州、青海省黄南チベット族自治州、青海省海北チベット族自治州、青海省果洛チベット族自治州、青海省海西モンゴル族チベット族自治州、甘粛省甘南チベット族自治州、雲南省迪慶チベット族自治州。

（4）十九世紀後半など、ダライ・ラマ政権が支配を強めた時期もあるが、こうした東チベット支配をめぐる経緯については［小林 二〇〇八］に詳しい。

（5）リチャード・ギアのチベット支援活動は［石濱 二〇一〇b：一五七―一五九］を参照いただきたい。インドに亡命した高僧、欧米で布教に尽力した高僧の活動は［小野田 二〇一〇：二三七―二六二］、［田中 二〇〇〇］に詳しい。

（6）前主席大臣サムドン・リンポチェは「ダライ・ラマ法王は口頭でも文書においても「大チベット」という言葉を使っていない」「中国政府が作った造語である」と語っている（二〇〇九年八月二十七日、ニューデリーにおける円卓会議）。ダライ・ラマ法王日本代表部事務所（http://www.tibethouse.jp/cta/greater_tibet.html#02 二〇一三年八月二十日閲覧）。

（7）「中国、東チベットでまた別の精神的指導者を逮捕」（二〇〇二年四月十六日）、ダライ・ラマ法王日本代表部事務所（http://www.tibethouse.jp/news_release/2002/Tenzin_Delek_Rinpoche_Apr16_2002.html 二〇〇八年一月十九日閲覧）。「テンジン・デレク・リンポチェ、「爆破事件」の罪で拘束」（二〇〇二年五月五日、TINチベット・インフォメーション・ネットワーク）、ダライ・ラマ法王日本代表部事務所（http://www.tibethouse.jp/news_release/2002/bombing_charge_May05_2002.html 二〇〇八年一月十九日閲覧）。

（8）「トゥルク・テンジン・デレクおよびロプサン・トントゥプ関連ニュース」、ダライ・ラマ法王日本代表部事務所（http://www.tibethouse.jp/news_release/2007/070731_tdr.html 二〇〇八年一月十九日閲覧）。

(9) これまでの調査時期(「八月」と記す中には一部七月末からのものもある)と調査場所を以下に示す。

(1)一九九一年八月　青海省湟中県、西寧市
(2)一九九二年八月　甘粛省夏河県、臨夏県
(3)一九九三年八月　四川省理県、紅原県
(4)一九九五年十二月　雲南省中甸県
(5)一九九六年十二月　甘粛省碌曲県、夏河県、青海省同仁県
(6)一九九七年八月　青海省玉樹県、共和県、貴徳県、平安県
(7)一九九七年十二月　四川省炉霍県、道孚県、康定県
(8)一九九八年十二月　チベット自治区ラサ市
(9)一九九九年十二月　四川省松潘県、若爾蓋県、紅原県、阿壩県
(10)二〇〇〇年十二月　四川省甘孜県、新龍県
(11)二〇〇一年八月　四川省理塘県、郷城県、稲城県、雲南省中甸県
(12)二〇〇一年十二月　四川省色達県、馬爾康県
(13)二〇〇二年十二月　四川省康定県
(14)二〇〇三年八月　四川省徳格県、白玉県、甘孜県
(15)二〇〇四年八月　四川省色達県、馬爾康県
(16)二〇〇五年八月　四川省白玉県、甘孜県、新龍県
(17)二〇〇七年八月　四川省白玉県、甘孜県、色達県
(18)二〇〇八年八月　青海省達日県、班瑪県、甘徳県、瑪沁県、同徳県、沢庫県、河南県、同仁県、循化県
(19)二〇〇九年八月　四川省康定県、甘孜県、石渠県、徳格県、青海省玉樹県、瑪多県、西寧市、平安県
(20)二〇一〇年八月　四川省康定県、甘孜県、白玉県、徳格県、色達県、馬爾康県
(21)二〇一一年八月　四川省康定県、甘孜県、白玉県、色達県、阿壩県
(22)二〇一二年八月　四川省甘孜県、白玉県、色達県、馬爾康県
(23)二〇一三年八月　青海省玉樹県、嚢謙県、雑多県、西寧市

(24) 二〇一四年八月　甘粛省瑪曲県、夏河県、碌曲県、臨夏県

(25) 二〇一四年十月　雲南省香格里拉県、徳欽県

第一章　中国共産党の宗教政策
――毛沢東から胡錦濤まで

一　はじめに

一―一　中国五大宗教と先行研究

中国共産党の宗教政策を論じる際、必ず「中国五大宗教」という概念が登場する。五大宗教とは仏教、道教、イスラム教、カトリック、プロテスタントを指している。本書で論じるチベット仏教は、五大宗教の仏教の中に含まれている。五大宗教には、中国共産党が定めた「正しい」活動を行う「自由」が認められている。影響力の弱い正教会、土着の要素が強い各地の民間信仰、オロチョン（主に黒龍江省、内モンゴル自治区に居住）のシャーマニズムといった少数民族の生活に密着した信仰は、五大宗教の枠外にある。

中国共産党の宗教政策に関して、中華人民共和国における先行研究と研究の限界については序章に示したとおりである。ここでは日本の先行研究を掲げる。

図1-1　中国五大宗教が法輪功を批判するポスター

(1)『中国共産党の宗教政策』〔中濃 一九五八〕
中濃教篤《なかのうきょうとく》（一九二四—二〇〇三）は日蓮宗の僧侶である。一九五七年中国仏教協会の招請で中国を訪問した。無神論と信仰の自由、中国仏教協会等の愛国宗教組織、愛国と愛教問題、チベット人居住地区における宗教政策等を中心にすえ、中国共産党の宗教政策を日本に知らせるための広報活動という性格を持っている。中濃は一九五九年にも訪中し、毛沢東、周恩来、パンチェン・ラマ十世と面会した〔現代宗教研究所 二〇〇四：四二二〕。

(2)『現代中国の仏教』〔末木・曹 一九九六〕
文化大革命終結後の宗教政策を論じる上で基本文献となる「中共中央一九八二年十九号文件」の概略を研究書として最初に示したが、他の重要「文件」への言及はない。中国仏教協会の組織構成と活動内容について詳細な紹介がなされている。

(3)「モダニティと「宗教」の創出」〔足羽 二〇〇三〕
二十世紀中国の宗教空間を中華民国期の仏教改革運動、文化大革命後の仏教復興状況というテーマから論じている。五大宗教、邪教、「中共中央一九八二年十九号文件」「愛国愛教」に関する記述がある。

(4)『宗教が分かれば中国が分かる』〔清水勝彦 二〇〇八a〕
新聞記者の目から一九九四年から二〇〇七年までの中国の宗教事情を報告したものである。

(5)『現代中国の信教の自由——研究と資料』〔土屋 二〇〇九〕
中国共産党の宗教政策と政府の宗教管理を法学研究の分野から詳細に論じている。「中共中央一九八二年十九号文件」「中共中央一九九一年六号文件」、党員の信仰問題、邪教対策等、文化大革命後の宗教法令研究として最も内容が充実している。化身ラマの転生問題にも触れている。

(6)「現代中国における宗教と信仰の諸相」〔川口 二〇一三〕

文化人類学のフィールドワークを通して、現代中国における宗教の諸相を浮き彫りにする手法と意義を論じている。

(7)「活仏転生をめぐる論争――チベット問題に於ける「宗教」概念について」〔広池 一九九八〕

(8)「チベットの活仏と中国の宗教政策」〔広池 二〇〇二〕

(9)「活仏転世の政治学――改革開放期中国共産党の宗教政策」〔広池 二〇〇四〕

(7)―(9)は活仏(化身ラマ)転生という視点から中国共産党の宗教政策と国家宗教事務局の宗教管理を論じたものである。パンチェン・ラマ十世の転生、十三世紀以降モンゴル帝国から元朝と清朝におけるチベット仏教政策等が詳細に論じられている。

中国共産党の宗教政策は一貫してマルクス主義宗教観に基づき、各政治指導者は前指導者の方針を継承しつつも独自色を打ち出す努力を行っている。そこで本章は東チベットの宗教空間を論じる際の指標として、毛沢東、鄧小平、江沢民、胡錦濤各時期の時代背景と宗教政策・チベット政策の内容を概観する。共産党の宗教政策の変化は、政府の宗教管理にも影響を与え変化を促す。これまでの日本における研究は党と政府の役割を明確にすることなく、曖昧な姿勢で論じることが多かった。

本章では党の宗教政策と政府の宗教管理、党のマルクス主義宗教観、統一戦線活動、愛国宗教組織、党員の信仰問題、公民に対する信教の自由、党のチベット政策を中心に論じる。党のチベット政策の中にはチベット仏教に対する重要な宗教政策が含まれているため、本章で同時に扱うこととする。その際、党中央の各種文件と政府の宗教法規、チベット政策の方針を示すチベット工作座談会の議事録等を材料とする。

一－二　中国共産党の統一戦線工作部と中国人民政治協商会議

宗教政策を管轄する部署は中国共産党中央の統一戦線工作部（以下、統戦部と略す）である。統一戦線活動とは共産党外の勢力と交渉を行い味方につける戦略を指す。統戦部の具体的な任務は、宗教と民族に関する政策の決定、香港・マカオ・台湾との連携、民主諸党派や華僑との協力関係の構築等である。チベット関連では、チベット亡命政府との交渉、国内チベット人居住地区への経済支援政策の決定、チベット仏教管理の指針策定にあたっている。

統一戦線活動を支える重要な組織が中国人民政治協商会議である。会議の委員には共産党、民主諸党派、学術、スポーツ、帰国華僑の他に五大宗教組織や各少数民族の幹部等が選出される。党と政府の政策を議論し助言を行う組織であるが、実際は形骸化している。

チベット仏教からは、パクパラ・ゲレク・ナムギェル（phags pa lha dge legs rnam rgyal、帕巴拉・格列朗傑、一九四〇―）が第十二期全国委員会（二〇一三年）の副主席に、中国政府が認定したパンチェン・ラマ十一世が常務委員に選出されている。彼らのように共産党の宗教政策に協力する任務を担う宗教関係者は、一般に「愛国宗教人士」と見なされ、チベット仏教の高僧は「愛国活仏」と呼ばれている。人民政治協商会議は直轄市や省・県といった地方の行政区分にも設置されており、第二章で触れるゲダ六世は甘孜県の人民政治協商会議で幹部を務めている。

一―三　政府の国家宗教事務局と愛国宗教組織

国家宗教事務局（一九九八年に国務院宗教事務局から改称）は国務院（内閣に相当）直属の組織であり、宗教関連の条例や規定の整備、公民の宗教活動の管理、宗教組織が運営する学校の認可、宗教界における愛国主義教育の推進等の業務を行っている。宗教政策を策定するのは中国共産党の統戦部であり、国家宗教事務局は宗教管理の実務を担当している。第五章で論じるラルン五明仏学院の設立を認可したのは四川省の宗教事務局である。

国家宗教事務局の管轄下には宗教文化出版社（北京）と中国宗教雑誌社（北京）がある。出版社は宗教政策と理論、中国五大宗教の関連書を発行し、雑誌社は月刊『中国宗教』（一九九五年創刊）を通じて宗教政策を紹介し、五大宗教の動向を報告している。

胡錦濤時期に出版された宗教政策関連の書籍や雑誌は、「中国の特色ある社会主義」の建設と宗教活動の展開、

図 1-2　『中国五大宗教論和諧』宗教文化出版社，2010 年

図 1-3　『中国宗教』2013 年第 6 期，中国宗教雑誌社

表 1-1　愛国宗教組織

宗　教	愛国宗教組織	創設年
仏　教	中国仏教協会	1953
道　教	中国道教協会	1957
イスラム教	中国イスラム協会	1953
カトリック	中国天主教愛国会	1957
	中国天主教主教団	1980
	中国天主教教務委員会（1984 年解散）	1980
プロテスタント	中国基督教三自愛国運動委員会	1954
	中国基督教協会	1980

王作安『中国的宗教問題和宗教政策』宗教文化出版社，2010 年より作成。

「和諧（調和のとれた）社会」の構築に貢献する宗教政策の分析と宗教活動の紹介が主たる内容である。民間信仰は、宗教事務局の管轄外と考えられている。

五大宗教はそれぞれが全国規模の愛国宗教組織（愛国宗教団体）を有している［王作安 二〇一〇：三〇五］。いずれも中華人民共和国成立後に、共産党の統一戦線活動の一環として作られた組織であり、党と政府の指導の下で活動を行っている。中国政府認定のパンチェン・ラマ十一世は中国仏教協会副会長の一人であり、党・政府とチベット仏教徒を結ぶ架け橋の役割を担う愛国的宗教指導者である。中国仏教協会の基本姿勢は、「愛国愛教」つまり党や政府と協力関係を築き、法令を遵守し、社会主義の建設に貢献する活動を行うことである[1]。同時に、一九五〇年代から七〇年代に破壊された寺院の再建や修復の支援にも力を入れている[2]。世界宗教者平和会議や世界仏教徒大会に代表を派遣し、海外の仏教組織との交流も積極的である。七つの愛国宗教組織（表1-1）の指導者は、党や政府と「良好」な関係を築き、宗教活動の自由の幅が狭まらないよう懸命に努力しているが、一般の信徒は冷ややかな目で見る者も多い。

二　違法宗教と邪教

二―一　気功集団「法輪功」事件

一九九九年四月二十五日、気功集団「法輪功」のメンバー約一万人が、北京市中心部の中南海（中国共産党や政府本部の所在地、要人の居住区域を指す）付近で坐り込みなどの示威行動を行った。目的は政府への抗議活動で逮捕された仲間の釈放と活動の自由を要求することであった。法輪功の組織力と動員力、そしてインターネットや電子メールを駆使した情報伝達力は、当時の江沢民国家主席を中心とした指導部に大きな衝撃を与えた。これが法輪功事件の発端であった(3)。

法輪功の創始者である李洪志（一九五一―）は、吉林省出身で現在アメリカ在住。一九八四年に気功活動を開始し、一九八九年に「真・善・忍」を理念に掲げた法輪功を組織した。事件当時の会員数は七千万人とも言われており、人数の点では六千百万人の中国共産党員（当時）を上回っていた。会員の主体は中年女性や年配者であるが、党・政府や解放軍の関係者も一定数含まれていた点で外国メディアも注目した。中国では共産党員は原則として無神論者であらねばならないからである。

法輪功が急速に会員数を伸ばした一九九〇年代は、赤字の国有企業を解体し民営化に転換した時期でもある。政府が進めた大胆な経済改革の過程で、中高年労働者は早期退職を迫られ、専門知識を持たない若年労働者は余剰人員となり職を失った。失業問題の深刻化により大衆は先行きに不安を抱き、宗教・祈禱・星占い・風水・気功などに関心を強めていった。とりわけ気功ブームを拡大させた原因の一つは医療制度改革にある。国有企業では家族も退職者も医療の大半は公費負担であったが、経済改革後は医療費が高騰し個人負担も増加した。庶民が「カネがなければ病気にもなれない」と嘆く中、法輪功は「気功を学べば医者いらず、薬いらず」と宣伝した。生活の不安と政府への不信が広がる中、気功という中国古来の健康法が中高年層の心のすきまに入り込んできたのである。社会が大きく変容し、人々はしだいに孤立し他者との絆を失っていく中、法輪功は気功の修練を通じて他者との交流を促し、個人と社会のつながりを自覚させる働きを有していたからこそ大規模集団へと急成長したのである。

二―二　邪教取締法の制定

それでは、中国共産党は法輪功を宗教組織と見なしていたのであろうか。北京での坐り込み事件から三ヶ月後、当局は法輪功を社会の安定と団結を乱す非合法組織と認定し、共産党員に活動の参加を禁止する通達を出した（一九九九年七月）。その後も政府は「反法輪功」・「反邪教」キャンペーンを展開し、全国人民代表大会（国会に相当）は「邪教組織の取り締まり、邪教活動の防止・処罰に関する決定」（十月三十日）を採択した〔《懲治〝法輪功〟邪教組織適用法律手冊》編委会　一九九九〕[4]。内容はいわゆる「反カルト法」であり、法輪功の取り締まりを目的としたものである。政府はその後、迷信を利用して人心を乱したとして、法輪功を

図 1-4　青少年向きに作られた反邪教読本

「反邪教」キャンペーンに利用していった。取締法制定の背景には、海外からの「人権無視」「宗教弾圧」という批判をかわし、法的根拠を明確にする目的があったと解釈できる。中国最高人民法院（最高裁に相当）が示した「罰則規定」には、「邪教組織による国家分裂・政権転覆の画策と実行に対する刑罰」、邪教犯罪として「国家機関・企業への攻撃」「違法な集会・デモ・公共の場所の占有」「邪教宣伝出版物の発行」等が明示された。

国家宗教事務局の王作安局長が著作の中で、「邪教は宗教ではない」〔王作安 二〇一〇：三八七〕と断定しているように、中国で公式に活動が許されているのはあくまでも五大宗教である。したがって、新興宗教及び邪教は共産党が考える「宗教」の概念には当てはまらない。一九九九年に中国共産党の機関紙『人民日報』は、法輪功を邪教として論じたが、実は政府は法輪功を正式に邪教とは認定していない(5)。つまり政府の邪教認定には不透明な点があり、党と政府に「敵対する」姿勢を示した宗教的要素を持つ組織に「邪教」のレッテルを貼ることで、取り締まりの口実に利用しているのである。

法輪功の教えには仏教や道教の要素が含まれていることは確かであるが、法輪功側は「気功集団であり、宗教団体ではない」と主張している。しかし、政府は法輪功を五大宗教には含まれない違法宗教組織と見なし、「反邪教」キャンペーンに利用したのである。法輪功が宗教組織であるか否かは議論が分かれるが、筆者は法輪功を新興宗教の要素が強い気功集団と考えている。

三　マルクス主義宗教観と党員の宗教信仰問題

三―一　東チベットで出会った党員

中国共産党員は二〇一二年末の時点で約八五一三万人を数える（党中央組織部によるデータ）(6)。中国では党員は公の身分であり、行政機関、企業、軍隊など各分野で就職や昇進に有利な反面、信仰は不許可といった制約が課される。筆者は過去に四川省甘孜州のラルン五明仏学院やゾクチェン寺、カトク寺でチベット仏教を信仰する共産党員数人と出会ったことがある（ゾクチェン寺とカトク寺はペユル寺、シェチェン寺、ミンドルリン寺、ドルジェタク寺と合わせてニンマ派六大寺院を構成する名刹）。いずれも二十代から三十代の漢人在家信徒である。聞き取り調査から得られた三人の貴重な意見を紹介する。

【党員A】「共産党員は無神論者であらねばならないという党の鉄則はあくまでも建前にすぎず、信仰を持つ党員は身近に複数いる」（男、漢人、ゾクチェン寺、二〇〇九年七月三十一日）

【党員B】「むしろ信仰を持つことで、人民に服務する党員としての自覚を意識できた」（女、漢人、ラルン五明仏学院、二〇一一年八月六日）

【党員C】「社会人としても党員としても責任は果たしているつもりだ。職務上、宗教信仰を公言するつもりはないが、自責の念に駆られたことはない」（女、漢人、カトク寺、二〇〇七年七月三十一日）

男性は自分の意志で入党し、女性二人は職場の推薦で入党したとのこと。彼らと対話を重ねて感じたことは、共産党員が信仰を持つことを恥ずべきではないという確固たる信念であった。

三―二　宗教信仰を持つ党員への対処方法

筆者が過去に聞き取り調査を実施した際、党員であることを否定した者の中に党員が含まれる例は少なくないと感じた。一九九一年に党中央組織部が「中国共産党員の宗教信仰問題を適切に解決することに関する通知」(以下「通知」と略す)を出したことが、事態の深刻さを物語っている〔中共中央組織部　一九九一〕。「通知」は信仰を持つ党員を四種類に区分し、対処方法を示している(表1-2)。東チベットで出会った漢人信徒の党員は、最も軽い「レベル4」に相当すると思われる。「通知」は「一般的な宗教活動に参加しているが、党の路線・方針・政策を実行し、党のために積極的に活動し、党の紀律に従うことができる」党員に対しては、「粘り強く(無神論)教育を行い、宗教の束縛から解放されるよう援助を行う」必要があると定めている〔中共中央組織部　一九九一：二〇五―二〇七〕。

一九九一年の「通知」から二十年余を経た現在も、党員の宗教信仰問題は解決に至っていない。そのことは二〇一一年に、党中央委員会が発行する政治理論誌『求是』(二〇一一年第二十四期)が「共産党員は宗教を信仰してはならない」と題する論文を掲載したことからも明らかである。筆者の朱維群(一九四七―)は、宗教政策を管轄する党中央統戦部の副部長である。朱は党員の中に宗教信仰を有する者、特定の宗教指導者と個人的な関係を結ぶ者が増加しており、「党員の信仰を解禁すべきだ」という声が党内に存在することも認めている。しかし、それでもなお「共産党員は無神論者であらねばならぬ」という党の鉄則を堅持する必要性と意義を強調した〔朱維群　二〇一一：二五―二八〕。

無神論の原則は、毛沢東の時代から鄧小平、江沢民へと継承されており、胡錦濤も二〇〇六年全国統戦部の会議にて、「われわれ中国共産党員は無神論者であり、いかなる宗教も信仰しない」という党の立場を力説した［胡錦濤 二〇〇六：五九］。

ただし、チベットやウイグルといった「全民信教」という特色を持つ地区では、少数民族の党員に無神論を強制するのではなく、宗教的要素を持つ冠婚葬祭や伝統行事への参加を許可するといった例外規定を設けることで、政治的な衝突と摩擦を回避している。このことは共産党中央の複数の文献に明記されている［中共中央 一九八二：六六―六八］［中共中央組織部 一九九一：二〇五―二〇六］［中共中央・国務院 一九九一：二二一］。東チベットにおいて、大多数のチベット人共産党員は信仰を有していると考えるのが自然であり、彼らは党員と仏教徒という二つの顔を適宜使い分けているのが実情である。

表 1-2　宗教信仰を持つ党員への対処方法

党員の信仰状況	対処方法
1. 国家統一と民族団結を破壊する党員	除籍処分
2. 共産主義の信念を喪失した党員	教育措置または離党または除名
3. 共産主義の信念が揺らぐ党員	教育措置または離党
4. 党の政策を実行し，紀律に従う党員	教育措置

中国共産党第十八回全国代表大会（以下、党大会と略す）で採択された「中国共産党規約」（二〇一二年十一月十四日）には、「中国共産党はマルクス・レーニン主義、毛沢東思想、鄧小平理論、「三つの代表」の重要な思想及び科学的発展観を自らの行動指針とする」と記されている。中国共産党が掲げる無神論の宗教観は、マルクス・レーニン主義に基づいている。レーニンは「宗教は民衆の阿片である。――このマルクスの格言は、宗教の問題におけるマルクス主義の世界観全体のかなめ石である」と語っている［レーニン 一九六四：三九二―三九三］。中国共産党はこれまで一貫して、宗教をアヘンにたとえたマルクス主義宗教観は、「宗教問題における理論上の指導的地位にある」と規定してきた［龔学増 一九九〇：四五］。

現在、中国共産党の宗教政策において、マルクス主義宗教観を明示している文献は、「中共中央一九八二年十九号文件」である。以下に引用する〔中共中央 一九八二：五五〕。

「人類の歴史において、宗教は最終的には消滅すべきものである」

「社会主義制度の建設と経済・文化の相応の発展とともに、宗教はまたたくまに消滅するという考え方は非現実的である」

共産党員と宗教信仰の関係については、次のように規定されている〔中共中央 一九八二：六六〕。

「党の宗教信仰の自由政策は、わが国の公民に対して言うのであって、共産党員には適用されない」

一九八〇年代以降、党の宗教政策と政府の宗教管理を支えてきた国家宗教事務局局長の王作安（一九五八―）は、「中共中央一九八二年十九号文件」は「マルクス主義宗教観の中国化」であり、その内容と意義は三十周年を経た現在も有効であると語っている〔王作安 二〇一二〕。「中国共産党はマルクス主義宗教観を堅持する。そしてわが国の社会と宗教状況の発展と変化に基づき、実際の問題を解決することを中心とする」という考えを示した上で、中国はドイツやロシアと社会背景が異なり、中華人民共和国建国後、宗教をめぐる社会状況が大きく変化したことを踏まえ、「現在、激しく宗教批判を行う必要はない」と言い切っている〔王作安 二〇一〇：七一、七四〕。つまり、「マルクス主義宗教観の中国化」とは、中国共産党が「中国の特色ある社会主義」を実現する上で宗教の存在と意義を認め、中国の五大宗教が抱える具体的な問題に積極的に対処していく姿勢を示している。

四　中国共産党の宗教政策と二つの「中共中央文件」

文化大革命終結後から現在に至るまでの中国共産党の宗教政策を論じる上で、重要な文書が二篇ある。先に述べた鄧小平時期の「中共中央一九八二年十九号文件」と江沢民時期の「中共中央一九九一年六号文件」である。以下、党中央が発した二つの文書の内容を考察する。

(1) 「中共中央一九八二年十九号文件」(一九八二年三月三十一日) 中共中央「わが国の社会主義時期の宗教問題に関する基本観点及び基本政策」

一九六六年に毛沢東の主導で発動された文化大革命は、一九七六年毛沢東の死去と江青ら「四人組」の逮捕によって幕を閉じた。一九七八年に「歴史的な転換」とも言われる党第十一期三中全会が開催され、階級闘争から経済建設に軸足を移す「脱文革路線」が決定的なものになった。一九八一年には「建国以来の党の若干の歴史問題に関する決議」が採択されたことにより、文化大革命は公式に否定され、毛沢東の歴史評価は「功績が第一、誤りは第二」と下された。こうして鄧小平(一九〇四—九七)が徐々に実権を掌握する中で発表された「中共中央一九八二年十九号文件」は、党の宗教政策における脱文革宣言であると言える。そして、この通達は現在の習近平政権の宗教政策にも引き継がれている。習近平総書記が誕生した二〇一二年第十八回党大会の開催に合わせて、「十九号文件」通達三十周年の意義が確認されたことがその証拠である〔詹石窗 二〇一三、他〕(7)。

「十九号文件」全十二章(章題なし)の骨子を以下に示す。

1　マルクス主義宗教観を理解し、社会主義時期における中国の宗教状況を把握する
2　多宗教国家が直面する宗教問題の複雑性を理解する
3　文化大革命など政治の左傾化による宗教弾圧を反省し、党の宗教政策を再確認する
4　無神論者である党員と信仰の自由を持つ公民の立場の違いを明確にする
5　宗教活動従事者は法令遵守と民族団結を行い、統一戦線活動を活発化させる

6　政府の宗教事務機関は宗教活動拠点を整備し、宗教団体の健全な運営を促す
7　愛国宗教組織八団体の役割を確認し、財務管理の透明化をはかる
8　愛国的宗教人士を養成し、宗教教育機関を運営する政策を強化する
9　党の宗教政策の原則を確認し、少数民族の党員が宗教的要素を持つ伝統的活動に参加する際には配慮を行う
10　正常な宗教活動を維持し、違法な宗教活動を処罰する
11　宗教活動における外国の影響を排除し、外国人や華僑による献金の管理方法を定める
12　党の宗教に対する統率的指導の重要性を確認し、マルクス主義宗教研究を推進する

(2)　「中共中央一九九一年六号文件」(一九九一年二月五日)中共中央・国務院「宗教政策を一層確実に進める上での若干の問題に関する通知」

一九八九年、リベラルな指導者として人気の高かった胡耀邦(一九一五—八九)総書記が他界後、彼の追悼集会を契機に知識人や学生たちが民主化要求運動を展開した(第二次天安門事件)。しかし、最終的に党の武力弾圧により、民主主義の芽は摘まれてしまった。チベット自治区のラサでは、一九八七年に僧や民衆による抗議活動が活発になり、二年後の一九八九年に自治区党書記の胡錦濤が戒厳令を敷き徹底的に弾圧を行った。同じく一九八九年、東西冷戦の象徴的存在であったベルリンの壁が崩壊し、やがて東欧革命の進展と西側諸国による経済制裁により、中国は国際的に孤立へと追い込まれていった。そのような状況下で、鄧小平の抜擢により、趙紫陽(一九一九—二〇〇五)に代わり上海で党と政府の実務経験を積んだ江沢民(一九二六—)が共産党総書記に就任した。

「中共中央一九九一年六号文件」が前文の中で、「中共中央一九八二年十九号文件」を「宗教活動を指導する重要文献」と位置づけている点は重要である。つまり、鄧小平の宗教政策を継承した上で、江沢民の宗教観を加え

た内容となった。全六章のタイトルは次のとおりである。

1　宗教信仰の自由政策を全面的に正しく徹底して実行する（「十九号文件」第四章を継承）

2　法により宗教事務の管理を行う（追加）

3　愛国宗教組織の役割をしっかり果たす（「十九号文件」第七章を継承）

4　宗教を利用した犯罪行為を断固として打ちのめす（「十九号文件」第十章・第十一章を継承）

5　宗教管理機関を整備し、宗教管理担当幹部の養成を強化する（追加）

6　宗教管理に対する党の指導を強化する（「十九号文件」第四章・第五章を継承発展）

第二章と第五章では、「法による宗教事務の管理」「宗教管理機関の整備」「宗教管理担当幹部の養成強化」が新たに追加された。そして、第六章では、党中央組織部の「通知」（一九九一年一月二十八日）を受け、宗教信仰を有する党員への対処方法が明記された。「中共中央一九九一年六号文件」は法による管理と外国からの影響の排除に主眼を置いている点に特徴がある。チベット騒乱（一九八七年—八九年）や東欧革命を教訓に、宗教管理関連法を整備することで宗教活動への管理を強化し、外国との連携を断ち切るのが江沢民の狙いであった。

五　中国政府の宗教管理と公民の信教の自由

中国共産党は党員が信仰を持つことを禁止しているが、社会主義時期の中国において宗教は長期に存在し、公民が信仰を持ち宗教活動に参加する自由を認めている。公民が信教の自由を有することは、「中華人民共和国憲法」の中で定められている。該当する文言を以下に掲げる。

(1)中国人民政治協商会議共同綱領（一九四九年九月二十九日）
第五条　中華人民共和国の人民は思想、言論、出版、集会、結社、通信、身体、居住、移転、宗教信仰及び示威行進の自由権を持つ。
第五十三条　各少数民族はその言語と文字を発展させ、風俗習慣と宗教信仰を保持あるいは改革する自由を持つ。
(2)中華人民共和国憲法（一九五四年採択）
第八十八条　中華人民共和国の公民は宗教信仰の自由を持つ。
(3)中華人民共和国憲法（一九七五年採択）
第二十八条　公民は言論、通信、出版、集会、結社、行進、デモ、ストライキの自由を持ち、宗教を信仰する自由と宗教を信仰せず無神論を宣伝する自由を持つ。
(4)中華人民共和国憲法（一九七八年採択）
第四十六条　公民は宗教を信仰する自由と宗教を信仰せず無神論を宣伝する自由を持つ。
(5)中華人民共和国憲法（一九八二年採択）
第三十六条　中華人民共和国の公民は、宗教信仰の自由を有する。

いかなる国家機関、社会団体、個人も公民に宗教を信仰することまたは宗教を信仰しないことを強制してはならず、宗教を信仰する公民と宗教を信仰しない公民を差別してはならない。

国家は正常な宗教活動を保護する。何人も宗教を利用して社会秩序を破壊したり、公民の身体や健康に害を与えたり、国家の教育制度を妨害する活動をしてはならない。

宗教団体及び宗教事務は、外国勢力の支配を受けない。

一九四九年中華人民共和国建国の前夜に開催された中国人民政治協商会議は、統一戦線的な機構であった。中国共産党の他に中国国民党革命委員会や民主同盟が参加し、国家体制としては暫定的なものであったため、「共同綱領」は臨時憲法の役割を担っていた。「憲法」(一九七五年)と「憲法」(一九七八年)には、「宗教を信仰せず無神論を宣伝する自由を持つ」という文言がある。無神論の宣伝を行うのは共産党と共産党員である。文化大革命は有神論を否定し、宗教信仰を持つ少数民族の党員を激しく非難した。「憲法」(一九七八年)の信教の自由に関しては、文化大革命の余波が色濃く残っていたことがわかる。

「憲法」(一九八二年)が抱える問題点の一つは、「正常な宗教活動」の具体的な内容である。中華人民共和国は中国共産党が指導する国家である以上、正常な宗教活動とは、党が許容する範囲内の活動と考えられる。「中共中央一九八二年十九号文件」には、「宗教を利用して、党の統率的指導と社会主義制度に反対すること」は許されないと記されている。このことは土屋英雄がすでに指摘しており、憲法上の意味内容は明確でなく、いかなる活動が該当するかは「憲法より下位の法令および党の政策によって決められている」[土屋 二〇〇九：四〇]。

もう一つの問題点は「外国勢力の支配」である。中国国内において、チベット亡命政府やバチカンとの協力と連携が疑われる宗教活動は、「国家の統一」を脅かす「不正常」な「反党」行為と見なされてしまう。現在、中国国内のチベット人居住地区では、内心における信仰の自由は認められている。一方、宗教的行為の自由は、党と政府が軍警を利用して外国勢力の支配を排除し、治安維持を優先させる過剰な警備を実施しているため大きな制約を受けている。宗教上の結社の自由は実質的には認められていないと言える。

中国では公民と人民の概念は区別されている。「公民」は法律の概念であり、人民より広い範囲を指している。「人民」は「敵」に対応する政治概念であり、社会主義時期においては、社会主義建設及び国家の統一を擁護する者を意味する。したがって、チベット人僧侶は公安当局に外国勢力との関係を疑われた場合、公民が享受する宗教活動の自由を制限されることになる。

六　毛沢東時期の宗教政策とチベット政策

ここで論じる毛沢東（一八九三―一九七六）の時代とは、彼が中国共産党内の実権を把握した遵義会議（一九三五年）から死去までを指している。毛沢東がチベット人とチベット仏教に出会ったのは長征の途上であった。国民党との戦いの中で、劣勢の共産党は江西ソビエト区を放棄し、八万数千人の部隊を率いて西方への敗走を余儀なくされた。毛沢東が率いる第一方面軍は、一九三五年にチベット高原の東端に入り北上した。しかし、部隊が大河や雪山、湿原を越えるのは容易でなく、高地特有の乾燥と低酸素に悩まされ、極度の食糧不足に直面した。紅軍兵士が食糧及び通訳、道案内を求めて村へ入ると、チベット人は言葉の通じない侵入者に容赦なく襲いかかった。毛沢東は長征の過程で、政治面と軍事面でしだいに共産党の指導権を握っていったが、チベット地区での寒冷な気候、餓え、そして言葉の通じない異民族と格闘した恐怖は、彼にとって大きなトラウマとなって残ったに相違ない。

長征時期のチベット地区における党の宗教政策を支えたのは軍隊であった。第四方面軍の朱徳（一八八六―一九七六）は、ペリ寺の高僧ゲダ五世を説得し食糧の確保に成功した。張国燾（一八九七―一九七九）は東チベット各地に博巴《ボバ》政府（チベット人自治政府、博巴（波巴）はチベット人を示すチベット語「プバ」の音写）を作り、自らが構想していた西北連邦政府に組み込む目論見であった[8]。博巴政府の「政治綱領」は、第七条の中で信教の自由とチベット仏教の保護を謳った［中共中央統戦部　一九九一：四九六］。しかし、朱徳も張国燾も当時、宗教を部隊の維持と党内闘争に利用したにすぎなかった。二人の紅軍幹部による宗教を利用した統一戦線活動は第二章で詳しく論じる。

中華人民共和国成立の翌年、毛沢東は第二野戦軍第十八軍にチベット進攻を命じた。イギリスを中心とした帝国主義の支配からチベットを解放することを名目に、共産党がチベットの領土を支配することが目的であった。朱徳は再びゲダ五世と連携し、彼をチベット解放の使者としてラサへ向かわせ、ダライ・ラマ十四世の説得にあたるよう依頼したが、失敗に終わった。一九五一年、共産党は北京で、チベット側の代表アポ・ガワン・ジグメと「中央人民政府とチベット地方政府のチベット平和解放に関する協議」（略称「十七ヶ条協定」）を強引に締結した［《解放西蔵史》編委会 二〇〇八：一六〇―一六三］。第四条でダライ・ラマの地位と職権の維持を確認し、第五条でパンチェン・ラマの地位と職権の維持を確認した。そして、第七条には「中国人民政治協商会議共同綱領が規定する宗教信仰の自由を実行する」と記されたが、協議は共産党が主導権を握っていたため、これらの約束は実体を伴わない空疎なものであった。

やがて東チベットでは一九五六年に民主改革が強行され、寺院が持っていた経済活動の特権と財産、そして宗教活動の自由が奪われた。中国政府とチベット武装組織の間で激しい武力闘争が展開される中、多数の寺院が破壊され、僧侶は寺院からの退去または還俗を強制された。東チベットでは一九五八年まで両者の衝突が続いたことにより、社会基盤は崩壊し甚大な被害が発生した。一方、毛沢東はダライ・ラマがこれまで支配してきた中央チベットでの民主改革は時期を遅らせ慎重に準備するよう指示を出していた［中共中央 一九五六：一八二―一八四］。しかし、東チベットでの武力衝突の余波がラサに達し騒乱に発展する中、一九五九年三月ダライ・ラマ十四世はインドへの亡命を決行した。ラサのみならず東チベットの寺院では、影響力を持つ化身ラマが、側近を伴い相次いでインドへ逃れていった。一方、もう一人の高僧パンチェン・ラマ十世（一九三八―八九）は中国に留まり、共産党の統一戦線活動に従事することを余儀なくされた。

毛沢東が「連合政府論」（一九四五年第七回党大会の政治報告）の中に書いているように、建国以前の中国共産党は、少数民族の自決権と分離権を認め、連邦国家を構想していた。しかし、長征の過程で毛沢東は張国燾の連邦政府構想を否定し、少数民族の政権樹立に否定的な態度をとった。その後、中華人民共和国建国に伴い、自決権と連邦構想は破棄され、「共同綱領」（一九四九年）と「憲法」（一九五四年）の民族政策に基づき、少数民族が集住する地区では民族区域自治制度が実行された。その結果、一九六五年中央チベットにチベット自治区が成立した。その頃、東チベットでは、一九五〇年金沙江東岸に設立された西康省チベット族自治区が一九五五年に廃止され、甘孜チベット族自治州に改められ四川省に吸収された。

一九六六年に始まった文化大革命では、伝統文化を破壊する「四旧打破」の嵐が吹き荒れ、党の統一戦線活動と政府の宗教事務は一旦その機能を停止した。亡命したダライ・ラマ十四世の他、中国に留まったパンチェン・ラマ十世、そして多数の高僧が民衆や紅衛兵によって激しく批判された。チベット自治区ラサにおける文化大革命の状況は、二〇〇六年台湾で出版された写真集『殺劫』（大塊文化出版社）で知ることができる。民主改革、文化大革命時期における宗教政策は、デルゲ印経院の事例を用いて第三章で論じる。

七　鄧小平時期の宗教政策とチベット政策

一九七六年一月に周恩来（一八九八―一九七六）総理が死去した三ヶ月後、天安門広場で周恩来を追悼しつつ、暗に文化大革命を主導した江青ら「四人組」指導部を批判する運動が展開された。この第一次天安門事件で、毛沢東は鄧小平を事件の黒幕と見なし、すべての役職を解任して失脚に追い込んだ。続いて九月に毛沢東が死去する

図 1-5　北京でパンチェン・ラマ 10 世（右）と乾杯する鄧小平（左）（1959 年 5 月 15 日）

と、「四人組」は逮捕され、毛沢東に後継者として指名された華国鋒（一九二一―二〇〇八）が党、軍、政府の全権を掌握した。ところが、政権基盤の弱い華国鋒はまたたくまに失脚し、その後、一九七七年七月に復活した鄧小平が大胆に新しい国作りの方針を打ち出し始めた。

鄧小平時期における共産党の宗教政策とチベット政策を考える上で、重要な文献が三つある。「中共中央一九八〇年三十一号文件」（一九八〇年四月七日）、「中共中央一九八四年六号文件」（一九八四年四月一日）、もう一つは先に紹介した「中共中央一九八二年十九号文件」（一九八二年三月三十一日）である。その内、一九八〇年と一九八四年の「文件」は第一回、第二回のチベット工作座談会「紀要」に該当する。中国共産党のチベット政策を考える上で、チベット工作座談会は重要な方針策定の場であり、座談会での宗教政策の議論は党の統一戦線活動に反映される。

(1)　第一回チベット工作座談会（一九八〇年）

一九八〇年三月十四日、十五日に、中国共産党中央書記処総書記の胡耀邦が北京で開催した会議である。鄧小平は一九七八年十二月の共産党第十一期三中全会で主導権を握り、毛沢東の革命路線から決別し、近代化建設路線への転換を決定した。第一回座談会はこの決定を受けて、毛沢東が主導した文化大革命の誤った政策を否定し、党の新たなチベット政策を確認した。「紀要」全五章の中に記された宗教政策の骨子を以下に掲げる［中共中央 一九八〇：三〇五―三一二〕。

1　信仰を持つ大衆の正しい宗教生活を尊重する
2　宗教活動の管理を強化し、宗教を利用した違法活動に断固反対する
3　信仰を持つ大衆を団結させるために、現存する寺院を保護し修築する
4　仏教学や経典研究に造詣の深い僧を知識人として処遇し、チベット文化を継承発展させる
5　還俗者が寺院への復帰を望む場合は、必要な援助を行う
6　散逸し被害を受けた文物や経典を回収し保護する
7　思想に優れ法を守る青年僧を育成し、生産、学習、宗教活動に従事させる
8　青年僧が宗教の特権を振りかざし、政治に関与することを禁止する
9　民族と宗教分野の愛国的指導者を団結させ、教育し、革命的愛国的統一戦線を展開する
10　ダライ集団と在外チベット同胞の動向を調査し、両者を区別する
11　国内に留まる亡命者の親族に対して思想政治教育を強化し、子女の教育と就業に配慮する
12　一時帰国した亡命政府視察団を歓待し、革命的愛国的統一戦線の原則を堅持する

宗教政策の特色は、国内の宗教人士とインドのチベット亡命政府関係者を対象とした広範な統一戦線活動の推進であった。10から12の政策は、近い将来ダライ・ラマ十四世が中国へ帰還する可能性があるという鄧小平の判断に基づいている(9)。「ダライ集団」は中国共産党のチベット亡命政府に対する蔑称である。

座談会の前年にあたる一九七九年三月十二日、鄧小平は亡命政府視察団のギャロ・トゥンドゥプ（rgya lo don 'grub、ダライ・ラマ十四世の次兄）と公式に面会し、「国内問題」として協議することを伝えた。座談会が提出した宗教政策の内容は、この一連の動向を踏まえたものである。一九八〇年五月、胡耀邦は座談会の成果を携えて、万

里（国務院副総理、一九一六―）とともにラサを視察し、チベット自治区の民族自治権の確認、漢人幹部の帰還、チベット人幹部の登用拡大、経済支援の増額などを伝え、チベットに一時の「自由な空気」をもたらした［王小彬 二〇〇九：二三二］。この時、胡耀邦はラサの立ち後れた経済と生活の実情を目の当たりにして、早期の改善を約束した。そしてチベット人幹部の積極的登用、漢人幹部のチベット語学習、教育の重視等を幹部会議で提案しラサを離れた［西蔵自治区党史資料徴集委員会 一九九五：二二九―二三〇］(10)。

図1-6 チベット自治区を視察した胡耀邦（右），アポ・ガワン・ジグメ（中央），陰法唐（左）

(2) 第二回チベット工作座談会（一九八四年）

一九八四年二月二十七日から三月二十八日まで北京で開かれた。今回も胡耀邦（党中央委員会総書記）が中心となり、一ヶ月の座談会期間中に七回の講話を行った。その後、座談会の成果は「中共中央一九八四年六号文件」として四月一日に公表された［中共中央 一九八四：三五八―三六九］。

胡耀邦が最も力説したことは、チベットが持つ特殊性（地理的条件、過去の社会背景、チベット人の集住、全民信教）を再認識した後、中国全体との共通性を検討する必要性である。「紀要」に記された宗教政策の具体的な内容を以下にまとめる。

1 宗教界の指導者と親族（インドなど外国在留者も含む）を対象とした広範な愛国的統一戦線活動を強化する

2 「中共中央一九八二年十九号文件」の宣伝と学習を強化する

3　一九八〇年代末までに約二百の寺院の活動を回復させ、簡易な宗教活動地点の設置を認める
4　宗教界に対して法令遵守の教育を強め、宗教指導者や活仏が正しい宗教活動を行う際の合法的権益を保障する
5　宗教界が慈善活動や生態保護などの社会公益事業やサービス事業に関わることを積極的に支持する

第二回座談会は、全体として一九八二年に党が示した宗教政策（「十九号文件」）に対応した内容であると言える。一九八四年の時点では、化身ラマの合法的権益の保障、亡命した宗教者の家族への配慮という踏み込んだ内容を持つ統一戦線活動は、ダライ・ラマ十四世側との和解協議が進展するという期待の表明と読み取れる。胡耀邦の宗教政策は鄧小平の政策を継承しつつ、宗教活動の再開を支援し、活動の幅を広げる穏健な面を備えていた。宗教活動が持つ公益性や生態保護を重視する政策は、後に胡錦濤の時代に具体化していく（第八章で詳述）。今回の座談会終了後、胡啓立（党中央書記処書記、一九二九―）と田紀雲（国務院副総理、一九二九―）がラサを視察し、チベットの実情に基づいた経済建設、農業・牧畜政策の重要性を訴えるレポートを提出した。(11)

一九八〇年代前半、中国共産党のチベット政策は比較的穏やかであったが、後半は中国の都市部を中心に大きな変革の波が起こった。その起点と言われているのが、一九八六年方励之（一九三六―二〇一二）が副学長を務めていた安徽省の科学技術大学での民主化要求運動である。学生運動はまたたくまに多数の大学に飛び火し、各地でデモや集会が持たれた。一九八七年中国共産党政治局拡大会議が開かれると、胡耀邦は民主化要求運動に軟弱な対応をとった責任を問われて総書記の辞任を迫られた。鄧小平は後任としてもう一人の改革派の旗手である趙紫陽を選んだが、趙は一九八九年第二次天安門事件の際、デモを行う学生や労働者への謝罪発言をめぐって鄧小平の怒りを買い、党の全職務を解任された。その後、鄧小平は北京に戒厳令を敷き、武力を用いて学生と労働者を天安門広場から排除した。

八　江沢民時期の宗教政策とチベット政策

一九八九年第二次天安門事件による趙紫陽総書記の失脚後、鄧小平は江沢民を総書記に抜擢した。江沢民は大学で電気や機械工学を学んだ後、一九五〇年代にモスクワの自動車工場で研修を受けた経歴の持ち主である。帰国後は一貫してテクノクラートの道を歩んだ。その後、一九八〇年代に上海市長、上海市党委員会書記を歴任中、「改革開放」政策を支持し、ブルジョア自由化に反対した政治手腕が鄧小平の目にとまったのである。そして、一九九二年の第十二回党大会で総書記の再任が確認された後、鄧小平の権威を借りて社会主義市場経済の導入に力を注いだ。江沢民時期の宗教政策の柱となる重要文献が二つある。先に紹介した「中共中央一九九一年六号文件」と共産党が宗教政策を議論した第十八回全国統一戦線工作会議（一九九三年十一月三日—七日）における江沢民の講話である。

図 1-7　チベット自治区を視察する江沢民（1990 年 7 月）

(1)　江沢民「民族工作と宗教工作を一層重視せよ」（一九九三年十一月七日）

江沢民は全国統一戦線工作会議で、東欧革命やソ連邦の崩壊を教訓に祖国統一と民族団結を堅持する必要性を訴え、宗教政策「三原則」（表1-3）を重視するよう通知した〔江沢民 一九九三：二五二―二五五〕。

党の宗教政策とはマルクス主義宗教観を指しており、党員は宗教を信仰せず、無神論を宣伝する義務を負うと定めている。ただし、党は一方で、公民の信教の自由を保護することを約束している。江沢民は宗教が社会主義時期の中国に長期にわたって存在することを認めた上で、宗教信仰者が持つ積極的な要素を引き出し、社会主義社会への貢献を求めたのである。つまり、宗教組織と信仰者は祖国を愛し、社会主義制度と共産党の指導を守ることを改めて義務付けられたと言える。江沢民は公民の宗教活動の自由を保障する一方で、彼らの活動を制約し管理するための法整備に力を注いだ。

江沢民の時代に作られた宗教事務に関係する主な法律、規定、条例を以下に掲げる。(12)

「中華人民共和国集会游行示威法」（一九八九年十月三十一日）
「宗教社会団体登記管理実施辦法」（一九九一年五月六日）
「宗教活動場所管理条例」（一九九四年一月三十一日）
「中華人民共和国境内外国人宗教活動管理規定」（一九九四年一月三十一日）
「宗教活動場所登記辦法」（一九九四年四月十三日）
「内部資料性出版物管理辦法」（一九九七年十月三十日）
「宗教院校聘用外籍専業人員辦法」（一九九八年十一月十九日）
「全国人民代表大会常務委員会関於取締邪教組織、防範和懲治邪教活動的決定」（一九九九年十月三十日）
「出版管理条例」（二〇〇一年十二月二十五日）

これらは集会やデモ、宗教活動場所、外国人の宗教活動、出版物、カルト対策に関するも

表1-3　江沢民の宗教政策「三原則」(1993年)

1. 党の宗教政策を全面的に正しく徹底して実行する
（「中共中央1991年6号文件」第1章を継承）
2. 法に基づき宗教事務の管理を強化する
（「中共中央1991年6号文件」第2章を継承）
3. 宗教と社会主義社会の適応を積極的に導く（新設）

表 1-4　ダライ・ラマ 14 世の「五項目和平プラン」（1987 年）

1. チベット全土を平和地帯とする
2. 中国人の大量移住政策を中止する
3. チベット人の人権，民主主義，自由を尊重する
4. チベットの環境を回復させ保護する
   チベットで核兵器製造と核廃棄物処理を禁止する
5. 将来のチベットの地位，チベットと中国との関係についての協議を開始する

のである。各種規定や条例は宗教活動の自由を制限する色合いが濃く、宗教事務を管轄する政府側に都合のよい内容と言える。江沢民が早急に法整備を進めた狙いは、自らが掲げた宗教政策「三原則」に基づき違法な活動を摘発するとともに、党と政府が法による宗教事務管理を積極的に行っていることを国内外に示すことであった。

(2) チベットの動向

次に、江沢民時期のチベットの動向を概観する。一九八七年九月、ダライ・ラマ十四世はアメリカ連邦議会で演説を行い、チベットの平和や人権、自由、環境、地位を守ることを中国に要求する「五項目和平プラン」（表1-4）を提示した［チベット亡命政府情報・国際関係省 二〇〇〇：二四—三二］。ダライ・ラマの主張に呼応するかのように、その直後にチベット自治区ラサで、僧や民衆による中国政府への抗議行動が発生した。ラサでは一九八八年三月、一九八九年三月にも抗議行動が繰り返された。ダライ・ラマが亡命する契機となった一九五九年のラサ騒乱は三月十日に起こったため、チベット人にとって毎年三月は、中国共産党に対する積年の不信感が高まりやすい時期である。

そして、一九八九年に歴史が大きく動いた。一月にパンチェン・ラマ十世が、ラサで中国共産党のチベット支配を批判した直後に謎の死を遂げたのである。パンチェン・ラマのラサでの言動については加々美光行が『知られざる祈り——中国の民族問題』の中で述べているが、真相は現在も不明である［加々美 一九九二：二一一—二一三］。そして、十二月にダライ・ラマ十四世がノーベル平和賞を受賞したことを受け、共産党は祖国統一を妨害する分裂主義者として一層激しく非難した。これ以後、チベット亡命政府と中国共産党は、新たな確執の時代に入って

いった。

一九九〇年七月、江沢民は党総書記として自らラサを視察した際、チベット自治区党委員会の胡錦濤(一九四二—)書記が提出した政策「一つの中心、二つの重要事項、三つの確保」(表1-5)に賛同の意思を示した。[13]「政治情勢の安定」と「治安の維持」の項目は、一九八九年のラサ騒乱とノーベル平和賞受賞を意識した対外強硬政策と国内の引き締め政策を強化する決意を表している。胡錦濤のチベット政策はその後、経済活動の活発化を導いたが、同時に公安当局による宗教活動への管理強化を招く結果となった。

鄧小平はチベット亡命政府との交渉を「国内問題」として前向きに捉え、一九八五年にダライ・ラマが一時帰還するという話も浮上していた[王柯 二〇〇五：一九四—一九六]。ところが江沢民は、アメリカやヨーロッパが中国との外交にチベット問題を絡める戦略を内政干渉と見なし、亡命政府及びダライ・ラマの動きを「国外からの祖国分裂活動」として厳しく警戒した。緊迫したチベット情勢は、江沢民と中国共産党に宗教政策・チベット政策の強化と亡命政府との対決姿勢を強めさせることになった。

表1-5 胡錦濤のチベット政策の指針(1990年)

一つの中心	経済建設
二つの重要事項	政治情勢の安定 経済発展
三つの確保	治安の維持 経済の持続的発展 人民の生活水準向上

(3) チベット仏教工作座談会(一九九二年)

一九九二年に党中央統戦部と国務院宗教事務局(現在の国家宗教事務局)は、北京でチベット仏教工作座談会を開催した(八月二十五日—二十八日)。この時、チベット仏教寺院を有するチベット自治区、四川省、青海省、甘粛省、雲南省、内モンゴル自治区から党と政府の宗教政策・宗教管理担当者が招集された。座談会の目的は、一九八七年から八九年に深刻化したラサ騒乱への対応策と「中共中央一九九一年六号文件」の活用を協議することであった。

座談会「紀要」（一九九二年十二月五日）の中から、宗教政策に関する決定事項を以下に示す［中共中央統戦部・国務院宗教事務局 一九九二］。

1 法に基づき宗教活動を行う場所を登録する。今後、活動場所の新設は許可しない
2 寺院に民主管理委員会を設置し、愛国愛教の僧尼を育成する
3 地方の宗教管理部署と寺院は宗教法規・規則を制定する。行政区域を越えた宗教活動を禁止する
4 寺院の財務状況と管理能力に応じて僧尼の定員を定める
5 大規模で活仏の影響力の強い寺院を重点的に管理する
6 僧尼の生産活動、寺院の経済活動と社会公益事業を奨励し、寺院の経済的独立を促す
7 寺院は教育部に登録した学校運営を通じて、地域教育の振興に貢献する
8 活仏の転生は政府の宗教事務部署の指導に従う。国外の個人や組織の関与を禁止する

活動場所の登録、法による管理の徹底、愛国主義教育の実施は「中共中央一九九一年六号文件」の第一、二、三、五、六章と合致した内容である。公益事業の奨励は第二回チベット工作座談会（一九八四年）での決定を受け継いだものである。今回の座談会で新たに提出された方針は、活動区域の制限、寺院定員制、独立した財務運営、そして化身ラマ（活仏）の転生管理である。活動区域の制限と寺院定員制は、ラルン五明仏学院の認可（第五章）とヤチェン修行地の運営（第六章）を考える際に詳しく論じる。化身ラマの問題は、一九八九年に圓寂したパンチェン・ラマ十世の転生を、政府の宗教管理の枠の中に組み込む姿勢の表れである。この会議以後、江沢民政権はチベット政策を引き締めへと転じた。

(4) 第三回チベット工作座談会(一九九四年)

党中央と国務院は一九九四年に北京で第三回チベット工作座談会を開いた(七月二十日―二十三日)。一九八四年の第二回以来実に十年ぶりの開催であり、座談会の成果は「中共中央一九九四年八号文件」として公表された〔中共中央・国務院 一九九四〕。江沢民は講話の中で、胡錦濤が提示したチベット政策の指針「一つの中心、二つの重要事項、三つの確保」を承認した上で、チベットの経済建設をより一層強化することを強調した。

具体的には、チベット自治区のラサへ通じる鉄道の敷設計画と全六十二項目のインフラ整備事業の推進である。江沢民が経済重視を打ち出した背景には、一九九二年に当時八十八歳の鄧小平が南方の上海や深圳、内陸部の武漢等の都市を視察し、経済改革と対外開放を訴えた「南巡講話」の政策(中共中央一九九二年二号文件)を内陸部や国境地帯でも展開するという党中央の決定があった(中共中央一九九二年四号文件)[14]。しかし、大型公共工事の実施は一時的に地元に雇用と収入の増加をもたらしたが、実際は軍事目的や党幹部の実績稼ぎの事業も含まれており、人々が生活の豊かさを実感するには至らなかった。

江沢民は講話の中で、チベット亡命政府との協議内容についても言及している。要点はダライ・ラマ十四世が提案[15]している「大チベット構想」と「高度自治」はチベット独立を目指したものであり認められないが、それ以外の項目は話し合いに応じるという内容である〔江沢民 一九九四:四五七―四六四〕。これは一九九四年七月時点における中国共産党の亡命政府に対する基本姿勢である。

チベットにおける党の宗教政策は、二年前に開かれたチベット仏教工作座談会(一九九二年)で協議された項目を基本的に継承している。追加された事項は、亡命政府と関係を持つ等、「大きな問題を抱えた寺院に対して制裁を科す」ことである。このことと関連して、第三回座談会に出席したチベット自治区党委員会の陳奎元(一九四一―)書記は、寺院と出家者が増加傾向にあり、ラサの党・政府幹部が亡命政府に内通している事例を報告した上で、愛国主義教育の強化、解放軍と武装警察部隊の役割強化を訴えた〔陳奎元 一九九四：二〇一―二一六〕。陳奎元は胡錦濤の後任として自治区党書記に就いた政治家であり、一九九二年から二〇〇〇年まで治安維持や民族政策と宗教政策に辣腕を振るい、江沢民のチベット引き締め政策を支える右腕として働いた[16]。

表1-6　江沢民の新・チベット政策の指針（2001年）

一つの中心	経済建設
二つの重要事項	政治情勢の安定 経済発展
新・三つの確保	経済発展と社会の進歩（変更） 治安維持と国家の安全（変更） 人民の生活水準向上

(5) 第四回チベット工作座談会（二〇〇一年）

二〇〇一年六月二十五日から二十七日まで、党中央と国務院が北京で開催した。座談会の概要は「中共中央二〇〇一年十一号文件」（二〇〇一年七月十三日）として発表された〔中共中央・国務院 二〇〇一〕。二〇〇一年の座談会開催は、チベット解放五十周年の記念事業の一環と位置づけられていた。江沢民は講話の中で、マルクス・レーニン主義、毛沢東思想、鄧小平理論を継承し、新たに「三つの代表」[17]を加えて、チベット政策の指針「一つの中心、二つの重要事項、三つの確保」（二〇〇一年修正版）（表1-6）を推進することを表明した〔江沢民 二〇〇二〕。「三つの代表」は江沢民が提唱し、二〇〇二年第十六回党大会で「中国共産党規約」に明記された指導理論であり、党の存立基盤を従来の労働者階級から広範な人民へと拡大した点に特徴がある。党総書記の退任を翌年に控えた江沢民が、自らの権威を高め、求心力を維持するための戦略であった。

経済政策では、第十期五ヶ年計画の期間中に、青海チベット鉄道（青海省西寧とチベット自治区ラサを結ぶ）の建設を含む百十七項目のチベット支援プロジェクトに三百十二億元を投じる計画を実施し、金融や教育等の優遇政策を講じることを述べた。資源に注目した江沢民の発言から、チベット経済開発の目的の一つは、チベット高原に眠る貴重な鉱物資源の採掘であることがわかる。

対外的には、チベット亡命政府及びアメリカを中心とした中国批判の政治勢力と断固戦う決意を表明した。新たな施策として、インターネットを利用した海外からの反中国キャンペーンに対し、中国もインターネットを重視した宣伝活動を行い、国際世論への訴えを強化することが伝えられた。海外在住のチベット人に対する愛国的統一戦線活動を継続し、二世や三世という若い世代に対する働きかけにも力を注ぐ。外国の研究者や記者のチベット訪問を歓迎する。宗教政策では、愛国主義教育の拠点建設、僧院での愛国主義教育と法令教育の実施が新たに盛り込まれ、法による宗教管理の強化を継続して行うことが確認された。そして、江沢民はチベット解放五十周年を意識して、党のチベット政策に尽力してきた幹部を顕彰する意味で、「老西蔵精神」(チベット進軍、チベット解放の成果を受け継ぐ精神)の継続を訴えて、党と軍への配慮を示した。

座談会開催の翌月、チベット解放五十周年を祝う式典がラサで開かれた(二〇〇一年七月十九日)。一九五一年に中国共産党は、イギリスを中心とした帝国主義からチベットを「解放」したのであるが、式典ではその解放の意義は語られず、経済建設の成果と「ダライ集団」への非難が繰り返されるのみであった。式典で講話を行った人物は、江沢民の後継者として指名されていた胡錦濤国家副主席である。

九　胡錦濤時期の宗教政策とチベット政策

(1) 江沢民「第十六回党大会における報告」(二〇〇二年)と宗教政策「四原則」

二〇〇二年十一月、第十六回党大会にて、総書記が江沢民から胡錦濤へと交代した。ところが、江沢民は中央軍事委員会主席の職に留まり、政治局常務委員(党中央の最高指導部)に自派閥の腹心を入れて院政を敷いた。党大会の報告の中で、江沢民は宗教政策について「党の宗教信仰の自由政策を全面的に貫き、法に基づき宗教事務を管理し、宗教と社会主義社会の適応を積極的に導き、独立自主自営の原則を堅持する」と語った〔江沢民 二〇〇二：三三〕。これは一九九三年に江沢民が「中共中央一九九一年六号文件」に基づいて定めた宗教政策「三原則」に、「独立自主自営の原則」を加えた「四原則」（表1-7）と呼ばれている。「独立自主自営」とは、宗教組織が「外国勢力の影響を排除する」「寺院等の民主管理委員会が運営する」「独立した財政基盤を持つ」ことを指している。胡錦濤時期の宗教政策の特徴は、江沢民の「四原則」を継承することであった。党中央での政治基盤が弱い胡錦濤は、江沢民が掲げた「三つの代表」理論に基づいた宗教政策「四原則」を堅持することを何よりも優先させたのである。

表1-7　江沢民の宗教政策「四原則」（2002年）

1. 宗教信仰の自由
2. 法に基づく宗教事務の管理
3. 独立自主自営
4. 宗教と社会主義社会の適応

二〇〇四年の全国宗教工作座談会（一月四日―六日、北京）において、賈慶林（中国人民政治協商会議全国委員会主席、一九四〇―）は「四原則」（項目の順位に変更あり）の意義と政策の継続性を確認する講話を行った(18)。「四原則」が胡錦濤時期における宗教政策の柱であることは、胡錦濤自身が全国統一戦線工作会議の講話（二〇〇六年七月十日）で語ったことからも明らかである〔胡錦濤 二〇〇六：五五四―五五七〕。「四原則」の堅持は、その後も王作安（国家宗教事務局局長）の著書『中国的宗教問題和宗教政策』〔王作安 二〇一〇〕第五章から第八章、そして『宗教政策法規読本』〔国家宗教事務局政策法規司 二〇一二b〕第一章の中で、党と政府の公式見解としてその内容と意義が繰り返し述べられている。

(2) 胡錦濤政権への外圧

胡錦濤時代のチベット経済政策における最大の成果と言えば、江沢民から受け継いだ青海チベット鉄道の開通

（二〇〇六年）である。鉄道面でのインフラ整備は漢人の移住を促し、経済活動の活発化と広域化をもたらした。中国共産党にとって鉄道は重要な軍事施設でもあるため、チベット亡命政府や海外の支援組織は、治安部隊の大量動員、地下資源の採掘、生態系への悪影響を強く非難した。

胡錦濤政権は宗教政策においても外国からの圧力に頭を悩ませた。序章で紹介したテンジン・デレク事件もその一つである。彼は甘孜州の理塘県や雅江県一帯で影響力を持つ高僧であるが、二〇〇二年四月に連続爆破事件の容疑者として逮捕され、十二月に死刑判決が下された[19]。その後、イタリア、ドイツ、カナダなどの議会や人権擁護団体は中国の司法への批判を行うとともに釈放を求める声明を相次いで出し、甘孜州の政教関係は緊迫した空気に包まれた。二〇〇三年から〇四年にかけて欧米からの抗議の声が強まると、中国政府は二〇〇五年に死刑を終身刑に減ずる判断を示して外圧をかわした。テンジン・デレクは二〇一四年現在も獄中にある。

図1-8　青海チベット鉄道開通の式典に出席した胡錦濤（2006年7月1日）

二〇〇一年七月、モスクワで開かれた国際オリンピック委員会総会は、二〇〇八年五輪の開催地に北京を選んだ。開催の決定には、中国が抱える民族や宗教、人権といった諸問題の解決を促すという期待も込められていた。チベット問題に関しては、その後も中国共産党とチベット亡命政府との協議は断続的に持たれたが、大きな進展は得られなかった。膠着した状態が続く中、五輪開催を翌年に控えた二〇〇七年十月十七日、アメリカ連邦議会はダライ・ラマ十四世にゴールドメダルを授与し栄誉を讃えた。議会の狙いは、両者の対話の進展と中国に宗教政策の改善を促すことであった。同時に、平和と人権問題への関心の高さを国内の有権者にアピールする狙いもあった。授与式には当時のジョージ・W・ブッシュ大統領も出席し、信教の自由が持つ意義を確認した。これに対し中国側は、即座に「内政干渉だ」と猛反発し、対話の扉を閉ざしてしまった。

図 1-9 アメリカ連邦議会ゴールドメダル授与式
(2007 年 10 月 17 日)

(3) 「宗教事務条例」(二〇〇四年)の制定

宗教政策における胡錦濤の成果は、「宗教事務条例」(二〇〇四年十一月三十日)という行政法規の制定であった。これは江沢民が掲げた宗教政策「三原則」(二〇〇二年以降は「四原則」)の中の「法に基づく宗教事務の管理」を具体化したものであり、文化大革命終結後に整備された宗教事務の新たな指針と言える。条例制定の背景には、中国共産党の宗教政策を批判する外圧に対して、法による宗教管理の実行を宣伝する意図もあった。ただし、地方の宗教事務の現場では、中央が定めた法規を地元の実情に合わせて柔軟に運用することもある。全七章の概略を示す。

1 総則(信教の自由、独立自主自営の原則)
2 宗教団体(宗教団体の設立、宗教院校の設立、内部出版物、留学、海外の聖地訪問)
3 宗教活動場所(設立、登記、内部管理、法令遵守、献金、出版物、大規模な活動、塑像建造、商業サービス)
4 宗教教職者(活仏の地位継承、就任と離任、法的保護)
5 宗教財産(土地・家屋・財産の法的保護、社会公益事業、課税減免)

6　法的責任（治安維持、違法行為）
7　附則（内地と香港・マカオ・台湾との宗教交流）

(4)「宗教事務条例」に基づいて制定された宗教規則

「宗教事務条例」制定後、胡錦濤時代に定められたチベット仏教に関係する宗教規則を以下に示す［国家宗教事務局政策法規司 二〇一一b］［国家宗教事務局 二〇一一a］。

「宗教活動場所設立審批和登記辦法」（二〇〇五年四月十四日）
「宗教教職人員備案辦法」（二〇〇六年十二月二十九日）
「宗教活動場所主要教職任職備案辦法」（二〇〇六年十二月二十九日）
「蔵伝仏教活仏転世管理辦法」（二〇〇七年七月十八日）
「宗教院校設立辦法」（二〇〇七年八月一日）
「蔵伝仏教教職人員資格認定辦法」（二〇一〇年一月十日）
「宗教活動場所財務監督管理辦法（試行）」（二〇一〇年一月十一日）
「蔵伝仏教寺院管理辦法」（二〇一〇年九月三十日）
「蔵伝仏教寺廟主要教職任職辦法」（二〇一一年十一月三日）

宗教活動場所、宗教学校、教職員に関する規則は「宗教事務条例」を補完する役割を果たしている。チベット仏教にとって重要なのは、「活仏の転生」と「寺院管理」という新たな規則が制定されたことである。前者については、先に紹介したチベット仏教工作座談会（一九九二年）でも議論されている。その当時は一九八九年に圓寂したパンチェン・ラマ十世の転生を想定していたと思われる。二〇〇七年制定の転生規則は、影響力の大きな化身ラマの転生は国家宗教事務局及び国務院の承認が必要である（第五条）と定めていることから、近い将来に予想されるダライ・ラマ十四世の転生を政府が管理することを確認したと言える。一九九五年にチベット亡命政府と中国政府がそれぞれ認定した二人の「パンチェン・ラマ十一世問題」が未解決の中、国内外のチベット仏教徒は、中国政府による一方的な法の圧力に不安を覚える者も少なくない。化身ラマの政府承認制度については、政府がすべての転生に口をはさんでいるわけではなく、地域の政教関係の実情に合わせて巧みに処理されている。後者の寺院管理の規則は、僧院の財務力や収容能力により定員を定め（第十五条）、僧院に年二回登録僧名簿の提出を求めた（第十七条）点が注目される。

二〇一〇年以降の規則制定は、東チベットを中心に二〇〇九年以降も騒乱が断続的に発生している状況への対応である。胡錦濤政権によるチベット仏教を対象とした管理規則の制定は、江沢民の宗教政策「四原則」の継承発展と宗教統制の強化、そして海外への広報活動という役割を担っている。「宗教事務条例」のチベット仏教への適用については、『蔵伝仏教事務法規規章制度匯編』〔国家宗教事務局 二〇一二a〕にまとめられている[20]。

（5）第十七回党大会（二〇〇七年）と胡錦濤の「科学的発展観」

二〇〇七年十月、総書記就任から五年目を迎えた胡錦濤が、第十七回党大会で政治報告を行い、自らが提唱した政治理念「科学的発展観」（経済、社会、環境等、バランスのとれた発展を目指す路線）を中国経済や社会の発展に寄与する重要な指導方針と位置づけた。そして科学的発展観を貫徹するために、社会主義下の「和諧（調和のとれた）社会」を築くことが必要だと述べた。その背景には、急速な経済成長が収入、社会保障、教育の格差を拡大させている社会の現状を見つめ、経済発展最優先の路線を修正する政策転換がうかがえる。その具体策の一つが宗教政策にも表れており、報告の中で「党の宗教活動に関する基本方針を全面的に実施し、宗教界の指導者と信者に経済と社会の発展を促す上での積極的な役割を発揮させる」と主張した。
和諧社会における宗教の役割は、党規約の「総則」に「党の宗教活動基本方針を全面的に貫徹し、信者たちと結束して経済と社会の発展のために貢献する」という文言として盛り込まれた。これは、江沢民が一九九三年に発表した宗教政策「三原則」の中に含まれる「宗教信仰者が持つ積極的な要素を活用する」という方針を、胡錦濤が「宗教の和諧社会への貢献」を重視するという方針へと発展させたと考えられる（第八章で詳述）。この「宗教と和諧」政策は、「マルクス主義宗教観の中国化」の応用であると言える。

⑹　第五回チベット工作座談会（二〇一〇年）

二〇一〇年一月十八日―二十日に北京で開催された[21]。第四回座談会以降の九年間に、「二〇〇八年チベット騒乱」が起こり、僧や民衆は宗教活動の自由やダライ・ラマ十四世の早期帰還実現を求めて大規模かつ断続的な抗議行動を起こした。ラサのみならず、四川省チベット人居住地区における激しい抗議活動は、北京五輪開催を控えた胡錦濤政権に大きな打撃を与えた。党中央はチベット問題発生の原因を「ダライ集団の祖国分裂活動」に求める政治姿勢を守りつつも、チベットが抱える多様な問題への対応を迫られていた。座談会に出席した張慶黎（一九五一―）チベット自治区党委員会書記が雑誌『求是』に発表した論説から、胡錦濤の「科学的発展観」を踏まえたチベット政策が明らかになった［張慶黎 二〇一〇：一五―一七］[22]。その骨格を以下に示す（表1-8）。

⑴「六つの重要」
チベットを「国家の安全、生態系、資源、農産物、民族文化、観光」という六つの視点から重視する。
⑵「四つの堅持、一つの中心、二つの重要事項、四つの確保」
新たに「四つの堅持」が追加され、「三つの確保」が「四つの確保」に改められた。「四つの堅持」はこれまで

表1-8　チベット政策の指針(2010年)

六つの重要	国家安全の防壁 生態系の保持 資源備蓄基地 高原の特色を持つ農産物の拠点 中華民族の目的を持つ文化の保護 観光の拠点
四つの堅持	中国共産党の指導 社会主義制度の堅持 民族区域自治制度の堅持 中国とチベットの特色ある発展の路線
一つの中心	経済建設
二つの重要事項	政治情勢の安定 経済発展
四つの確保	経済発展と社会の進歩 治安維持と国家の安全 人民の生活水準向上 良好な生態環境
五つの擁護	社会の安定 社会主義法律と制度 人民大衆の根本的な利益 祖国統一 民族の団結

下線の項目は宗教政策と関連あり。

の党のチベット政策の柱である。「確保」の四つ目は、「六つの重要」と関連する「良好な生態環境」である。生態系への着目は、胡耀邦が中心となった第二回チベット工作座談会(一九八四年)の成果を発展させたものであり、胡耀邦と胡錦濤は中国共産主義青年団(党が指導する青年組織)出身という共通の経歴を持っていることも関係している。鉱物資源の採掘、森林破壊、野生動物の乱獲、大型ダムの建設等が進むにつれ、チベット高原の生態系に異変が生じている現状に警鐘を鳴らすと同時に、資源採掘に反対する地元住民と海外に向けた政治的なメッセージの発信と考えられる。

(3)「五つの擁護」

チベット独立運動、インドのチベット亡命政府、人権擁護を訴える西側諸国の動向を踏まえた党のチベット政策、民族政策、宗教政策を総括した内容である。

今回のチベット政策は毛沢東、鄧小平、江沢民の成果を継承しつつ胡錦濤が発展させたものである。とりわけ、「生態系の保持」「資源備蓄」「高原の農産物」「観光」を重視する方針には、胡錦濤の「科学的発展観」が投影されている。表1-8の下線を引いた項目は、宗教政策と関連するものである。「中華民族」とは、中華人民共和国

表 1-9　第1回―第5回チベット工作座談会

座談会	開催年	指導者	チベット政策，宗教政策の特色
第1回	1980	鄧小平 胡耀邦	毛沢東路線の否定，正しい宗教活動の復興を支援
第2回	1984	鄧小平 胡耀邦	チベットの特殊性を考慮した支援，自由化の模索 「中共中央1982年19号文件」の堅持，公益活動の推進
第3回	1994	江沢民	「一つの中心，二つの重要事項，三つの確保」，管理強化
第4回	2001	江沢民	新「三つの確保」政策
第5回	2010	胡錦濤	「六つの重要」「四つの堅持」「四つの確保」「五つの擁護」

の漢族とすべての少数民族を統合した政治的概念である。チベット政策の中で中華民族を強調することは、チベットの民族や宗教を尊重するのではなく、チベットの特質を中華民族の中で矮小化する効果がある。共産党の指導と社会主義の堅持は、マルクス主義宗教観と江沢民が唱えた「宗教と社会主義社会の適応」に通じる。同時に、胡錦濤は宗教が持つ公益性を中心とした積極的要素を社会主義社会で発揮することも期待している。国家の安全、治安維持、祖国統一は「宗教を利用したダライ集団の祖国分裂活動」への対抗策である。寺院を対象とした観光政策、文物保護政策の推進は、公安や消防、共産党工作組の寺院常駐を伴うため、僧俗の反発と宗教活動の弱体化を招くことが予想される。

今回の座談会では、第三回・第四回と同様にチベットの更なる経済成長を促すために、チベット担当の幹部と専門家を派遣し、多額の資金を投じて支援を行うことを約束した。とりわけ四川省チベット地区が抱える飲料水、道路、電気、就職、通信、教育、医療といった課題を二〇二〇年までに解決することを強調した。四川省への支援政策を特記した理由は、二〇〇八年以降の騒乱多発地区であることを考慮した結果であると筆者は考える。

(7)「宗教と和諧」政策

胡錦濤の科学的発展観を宗教政策に適用したのが「宗教と和諧」政策である。国家宗教事務局の王作安局長は「宗教と和諧という社会資源を掘り起こせ」とい

表1-10　胡錦濤の「宗教と和諧」政策（2010年）

1. 宗教内部の和諧（前提）
2. 宗教間の和諧（基礎）
3. 宗教と社会の和諧（根本）
4. 政教関係の和諧（要所）

うスローガンを打ち出し、宗教が内包している慈悲や慈愛、友愛、正義といった要素を和諧社会構築に積極的に活用せよと号令した〔国家宗教事務局宗教研究中心 二〇一〇：二一―一二〕。「宗教と和諧」政策（表1-10）は四段階に分かれ、「法令を遵守する」「宗教の狂信主義と極端主義を防止する」「宗教を利用して人権や民主を論じることを禁止する」という方針を重視している〔国家宗教局党組理論学習中心組 二〇一〇：三八一―三九二〕。この方針は「宗教事務条例」の理念に裏付けされたものであり、チベット亡命政府や欧米のチベット支援組織からの干渉と批判をかわす意図も含んでいる。

政策の具体例として、貧困扶助、災害救助、身体障害者や高齢者への援助、僻地での教育支援、ボランティア医療などが期待されており、江沢民式の過度な宗教管理政策を調整した内容となっている。そして、一定の基準を満たしたチベット仏教寺院は、「和諧寺院」に認定される〔国家宗教事務局 二〇〇九：四〇五―四一二〕。二〇一二年六月から中国国内のチベット人居住地区全体で、「和諧寺院」創建キャンペーンがスタートした[23]。並行して、宗教活動における法令遵守を啓発する活動が始まり、二〇一二年から毎年六月を寺院や教会における法令学習の強化月間に指定することも決まった〔国家宗教事務局 二〇一二b：四〇一―四〇四〕。

「和諧寺院」とは「宗教と和諧」政策に協力的な「模範的寺院」と言い換えることもできる。四川省チベット地区では、二〇一三年十二月に四川省党委員会と統戦部が九十五のチベット仏教寺院を「和諧寺院」として顕彰した[24]。これは各寺院の社会貢献活動に対する評価ではなく、今後共産党と連携して「祖国統一」「法令遵守」「民族団結」に取り組む姿勢を表明させることを意図した愛国主義教育の一環である。管理当局は今後、「和諧寺院」の制定とコンピューターを用いた僧尼の戸籍管理を結びつけていく計画を進めている〔普日哇・完瑪冷智 二〇一二：二四〇―二四一〕。

「和諧寺院」のルーツは、「宗教活動場所管理条例」（一九九四年）制定後、つまり江沢民の時代に中国イスラム協会が始めた「模範清真寺」（模範的モスク）の選出運動に求められる。「愛国愛教」を掲げ、党の宗教政策と政府の宗教管理に協力的なモスクであることをムスリム自らが認める活動を応用したのである。二〇〇九年以降、中国イスラム協会は「宗教と和諧」政策に沿う形で、「和諧清真寺」創設運動を展開している[25]。例えば新疆ウイグル自治区のモスクには「愛国愛教」を実現した「平安寺院」の表示板が掲げられている。ただし、チベット仏教の場合は、寺院の自発的な行動ではなく、あくまでも宗教政策を管轄する共産党の統一戦線活動の側からの押し付けである。

図 1-10　四川省チベット仏教「和諧寺院」の模範的管理者として表彰された僧侶たち（2013 年）

一〇　胡錦濤から習近平へ

二〇一二年十一月、第十八回党大会が開かれ指導部が大きく交代した。二〇〇二年十一月以降、胡錦濤総書記が率いた十年間で、中国の経済は大きく飛躍し、国際社会で存在感を高めた。ＧＤＰ（国内総生産）は十二兆元から四十七兆元へと約四倍の伸びを示し、都市部では多くの住民が豊かさを実感した。一方で、急速な経済成長は収入や教育、社会保障の格差を生み出し、深刻な環境汚染や社会不安を招く結果となった。調和のとれた社会を目指した胡錦濤の理念は実現には至らず、開発と成長が優先され、政治改革は後回しに終わった。

胡錦濤は党大会の活動報告（十一月八日）で、二〇二〇年までにGDPと国民一人あたりの収入を二〇一〇年比で倍増させるとの目標を掲げた。そして、自らが提唱した政治理論「科学的発展観」を、毛沢東思想や鄧小平理論と並ぶ党の行動指針とすると宣言した［胡錦濤 二〇一二：一―五三］。五年前に「中国共産党規約」に追加された「宗教の社会貢献活動」を重視する政策は、二〇一二年の「中国共産党規約」にも引き継がれた［中共中央 二〇一二：六九］。

十一月十五日、中国共産党は習近平（一九五三―）を総書記とする新指導部を承認した。習近平が早急に取り組まねばならない課題の一つは、社会全体に広がる政治腐敗と汚職に対する大胆な改革である。胡錦濤政権の下で、党や政府の高官、国営企業の幹部による汚職や権力乱用が蔓延し、各地で暴動や抗議デモが相次いでいる。胡錦濤は退任時の活動報告で、「政治腐敗が党や国家の滅亡を招く」と強い危機感を表明した。習近平も総書記就任の会見で、汚職や不正蓄財など反腐敗への取り組みを一層強化する決意を述べた。

胡錦濤時代に見られた顕著な社会変化の一つは、政府と市民がインターネットや携帯電話という新たな情報手段を手に入れたことである。地方政府は頻繁にショートメールを利用して、「愛国精神」「デモ禁止」「不正撲滅」などのメッセージを市民に伝えてきた。市民の側はブログや「微博《ウェイボ》」（中国版ツイッター）、「微信《ウェイシン》」（中国版ライン）を通じて、宗教活動の連絡を行うことも可能になった。個人の意見を発信し、必要な情報を共有することが、多様な価値観を育みつつある。市民のネット活動が盛んになるにつれ、政府は不都合な情報を制限し、ネットポリス（網警）を動員して政府批判に向かう言論を統制してきたが、大量の情報は検閲の網をすり抜けてしまう勢いを持っている。

公安当局は少数民族に関する情報や宗教組織の活動内容にも目を光らせており、自由な意見表明や活動への締め付けは依然厳しい。中国政府が公認している宗教団体の信徒すら情報伝達の際、書類の画像化や隠語の使用という対策を講じることも珍しくない。そして、習近平政権発足後も東チベットでは、焼身抗議が多発している。政権基盤の弱い習近平が、国際社会の関心が高いチベット問題で柔軟姿勢を見せることは考えにくく、治安部隊を動員して厳しい姿勢で臨むことが予想される。

習近平の父は元国務院副総理の習仲勲（一九一三―二〇〇二）である。習仲勲は党中央で宗教政策や民族政策を中心とした統一戦線活動に従事していたことで知られる。「中共中央一九八二年十九号文件」の策定と継承にも尽力し、イスラム教やキリスト教の指導者との連携にも力を注いだ。改革派の胡耀邦を支えたことでも知られている。図1-11は北京に中国チベット語系高級仏学院が創設（一九八七年）された際の写真であり、統一戦線活動を通じてパンチェン・ラマ十世と親交が深かったことを示している。二〇一三年は習仲勲の生誕百周年にあたるため、党中央は雑誌『中国宗教』を用いて「習仲勲の宗教政策への貢献」を積極的に顕彰している。[26] その狙いはチベットやウイグルに対して強硬姿勢を貫く習近平政権に、父親の持つソフトでリベラルなイメージを付与することにほかならない。

図1-11　習仲勲の統一戦線活動を顕彰するキャンペーン（2013年）

中国共産党のチベット政策と宗教政策は統一戦線活動の中に位置づけられる。その基本方針はチベットに経済開発を促し、チベット仏教を社会主義社会に適応させることである。ただし、第一回から第五回のチベット工作座談会における議論の内容と結論は、国内外の社会情勢を踏まえて決定したものである。党中央の総書記が交代すれば、党のチベット政策と宗教政策にも修正が加えられ、前指導者の功績を踏襲しつつ新たな指導者は各政策に独自色を盛り込んでいく。習近平政権は、第一期目は胡錦濤の「宗教と和諧」政策を継続し、第十九回党大会(二〇一七年)を経た第二期目に新たな宗教政策を打ち出すことが予想される。第二章以降、東チベットの四川省甘孜州及び隣接地区に焦点をあて、共産党の宗教政策の変化がもたらした宗教状況と社会の変容を追っていく。

(1)［澤井 二〇一三］は寧夏回族自治区における中国共産党の宗教政策及び中国ムスリムにおける「愛国愛教」の事例を論じている。

(2) 中国仏教協会の公式サイトには、現在チベット仏教寺院数約三千、僧尼約十二万人と記されている。「中国仏教協会簡介」(http://www.chinabuddhism.com.cn/js/jj/2012-04-20/869.html 二〇一四年三月十一日閲覧)。

(3) 一九九九年法輪功事件については［莫邦富 一九九九］、［角間 一九九九］、［浜 二〇〇〇a］、［浜 二〇〇〇b］、［磯部 二〇〇一］、［志賀 二〇〇二］、［坂田 二〇〇二］が詳しい。［志賀 二〇〇二］は香港における法輪功の動向を論じたものである。その他［ウチラルト 二〇一二］は、河南省における気功師の神格化現象を現代中国の宗教と信仰の問題から論じている。

(4)《懲治“法輪功”邪教組織適用法律手冊》編委会 一九九九］は以下の関連文書を収録している。「中華人民共和国民政部関於取締法輪大法研究会的決定」(一九九九年七月二十二日)、「中華人民共和国公安部通告」(一九九九年七月二十二日)、「中共中央関於共産党員不准修煉“法輪大法”的通知」(一九九九年七月十九日)、「全国人民代表大会常務委員会関於取締邪教組織、防範和懲治邪教活動的決定」(一九九九年十月三十日)、「最高人民法院、最高人民検察院、関於辦理組織和利用邪教組織犯罪案件具体応用法律若干問題的解釈」(一九九九年十月八日、九日)。

(5)『人民日報』(一九九九年十月二十七日)が「“法輪功”就是邪教」という記事を掲載している。中国政府は法輪功を「反邪教」キャンペーンに利用しているが、邪教には認定していない。中央辦公庁、国務院辦公庁の文書で確認された邪教組織は呼喊派、門徒会、全範囲教会、霊霊教、新約教会、観音法門、主神教である。公安部が認定した組織は被立王、統一教、三班仆人派、霊仙真仏宗、天父的児女、達米宣教会、世界以利亜福音宣教会である。「現已認定的邪教組織情况」(http://www.

china21.org/docs/CONFI-MPS-CHINESE.htm 二〇一三年二月二十一日閲覧)。

(6)「截至去年底中共党員人数為八五一二・七万名」、新華網二〇一三年六月三十日(http://news.sina.com.cn/c/2013-06-30/150627537053.shtml 二〇一三年九月九日閲覧)。

(7)『宗教学研究』二〇一三年第一期が、「中共中央一九八二年十九号文件」通達三十周年を記念した小特集を組んだ。掲載された論考は［詹石窗 二〇一三］、［毛勝 二〇一三］、［潘顕一 二〇一三］、［楊光文 二〇一三］である。

(8)［毛里 一九九八］、［松本 一九九九］を参照。

(9) 一九七八年十二月、第十一期三中全会の直後、鄧小平はアメリカのAP通信記者の取材で、「ダライ・ラマ十四世は帰還可能」と答えた［王小彬 二〇〇九：二二九］。

(10) 第一回チベット工作座談会、胡耀邦のラサ視察とチベット政策については［加々美 一九九二：一〇—一二］に記述がある。

(11)「胡啓立、田紀雲同志赴西蔵調査研究的報告」(「中共中央一九八四年二十二号文件」十月二十三日)。レポートの要点は「一個解放、両個為主、両個長期不変、両個転変」であり、第二回チベット工作座談会「紀要」の内容を補足する文献と位置づけられた［王小彬 二〇〇九：二四四］。

(12) 宗教法規全般に関しては［国家宗教事務局政策法規司 二〇一一b］を、チベット仏教に関する宗教法規は［国家宗教事務局 二〇一一a］を参照した。日本における研究には［土屋 二〇〇九］がある。

(13) 一九九〇年七月十一日—十八日、中国共産党チベット自治区第四次代表大会の報告「団結全区　各族人民、堅持党的基本路線、為実現西蔵長治久安和繁栄進歩而奮闘」の中で発表された［西蔵自治区党史資料徴集委員会 一九九五：三七一—三七二］。

(14) 中共中央一九九二年二号文件「鄧小平在武昌、深圳、珠海、上海等地的談話要点」。中共中央一九九二年四号文件「関於加快改革、拡大開放、力争経済更好更快地上一個新台階的意見」。

(15) 一九八七年九月二十一日アメリカで提案した「五項目和平プラン」、一九八八年フランスで提案した「ストラスブール提案」を指す。

(16) 陳奎元のチベット政策については、大川謙作が陳の著作に基づいて論じている［大川 二〇一三］。村上大輔も陳奎元の反ダライ・ラマキャンペーンに言及している［村上 二〇〇九：一八九］

（17）「三つの代表」は江沢民が二〇〇〇年に発表した思想である。中国共産党は、「中国の先進的な社会生産力の発展の要求」「中国の先進的文化の前進の方向」「中国の最も広範な人民の根本的利益」を代表すべきであると定めた。
（18）「全国宗教工作座談会在京召開」（http://www.tibetinfor.com.cn/zt/zt2002004311135931.htm 二〇一三年三月三日閲覧）。
（19）テンジン・デレク事件の経緯はダライ・ラマ法王日本代表部事務所のウェブサイトに資料が掲載されている（http://www.tibethouse.jp/news_release/2002/020803_ttd.html 二〇一三年九月十二日閲覧）。
（20）「宗教事務条例」に関連する宗教法規文集と解釈書には、[国家宗教事務局政策法規司 二〇一二a]、[国家宗教事務局政策法規司 二〇一二b]、[国家宗教事務局政策法規司 二〇一二c]、[国家宗教事務局宗教研究中心 二〇一二]、[国家宗教事務局辦公室 二〇一二] 等がある。
（21）「中共中央国務院在北京召開第五次西藏工作座談会」（二〇一〇年一月二十二日）（http://www.gov.cn/ldhd/2010-01/22/content_1517549.htm 二〇一三年三月三日閲覧）。
（22）座談会の内容に関して異なる整理方法もある。例えば王春焕（西藏社会科学院馬克思主義理論研究所）「数字〝解読〟中央第五次西藏工作座談会精神」（二〇一〇年二月三日）、西藏自治区社会科学院（http://www.xzass.org/html/news1135.html 二〇一四年二月二十一日閲覧）。
（23）「西藏四川等五省（区）開展和諧寺廟創建活動」（二〇一二年六月六日）（http://www.lijiannet.com/2012-06-06/news_12000235571.html 二〇一三年三月六日閲覧）。
（24）「四川省召開蔵伝仏教寺廟管理長効機制建設暨文明和諧寺廟創建活動表彰会議」（二〇一三年十二月十日）、中共四川省統戦部（http://www.sctyzx.gov.cn/web/detail.asp?id=322 二〇一四年二月二十一日閲覧）。
（25）「開展創建〝和諧清真寺〟活動的倡議書」（二〇〇九年六月十八日）、中国伊斯蘭教協会（http://www.chinaislam.net.cn/cms/news/xhxw/201208/31-4730.html 二〇一三年九月十二日閲覧）。
（26）『中国宗教』二〇一三年第十期には、習仲勲と宗教政策の特集が組まれている。[王作安 二〇一三]、[国家宗教事務局宗教研究中心 二〇一三]、[学誠他 二〇一三] が収められている。

第二章　「愛国活仏」ゲダ五世の虚実と軍の宗教政策

一　はじめに

一―一　問題の所在

四川省成都市内の古書店で購入した『四川統一戦線人物録』の中に、ゲダ五世（dge rtag rin po che、格達、一九〇三―五〇）というチベット仏教ゲルク派の高僧の項目がある〔中共四川省委統戦部　一九九三：二五七〕。「統一戦線」とは、中国共産党が敵を倒すために党外の勢力を味方に取り込む基本戦略である。統一戦線という用語から戦争や軍事活動をイメージしがちであるが、統一戦線の対象と方法は歴史時期により異なる。共産党はこれまで中国国民党革命委員会等の民主諸党派、少数民族の実力者、宗教組織の指導者に重点を置いてきた。『北京統一戦線工作手冊』〔劉先伝・張俊明主編　二〇〇七〕によれば、現在は対象範囲を拡大しており、共産党外の知識人、民間の企業家、香港・マカオ・台湾の同胞も含まれている。共産党の統一戦線活動は、柔道の寝技のごとく攻撃と防御をあわせ持つ巧みな戦術である。

図 2-1　ペリ寺(2010 年 8 月筆者撮影)

図 2-2　ゲダ 5 世(右)と朱徳(左)の塑像(2003 年 8 月筆者撮影)

中国共産党と軍部は、国民党とイギリスを中心とした帝国主義勢力を打倒するために、ゲダ五世に対して積極的に統一戦線活動を仕掛けていった。彼は数奇な運命にもてあそばれた高僧であり、その実像は紅いベールに包まれており不明な点が多い。

ゲダ五世は、現在の四川省甘孜県に生まれ、幼くしてペリ（白利）寺（be ri dgon pa、四川省甘孜県）の化身ラマに認定された。ラサのガンデン（甘丹）寺（dga' ldan dgon pa）でゲシェ（チベット仏教学博士に相当）の学位を取得しているが、チベット仏教史に名を残した僧ではない。一方、紅軍長征史やチベット革命史には、中国共産党の軍事活動を援護した「英雄的」宗教者として、その功績がしっかりと刻まれている。筆者はゲダ五世と中国共産党の接点は二つあると考える。一つは長征時期における紅軍と朱徳への支援活動（一九三六年）、もう一つはチベット解放政策における共産党の使者としての役割である（一九五〇年）。

図2-2はゲダ五世の故郷に設置された塑像である。右が主役のゲダ五世、左は紅軍を率いて後に「建軍の父」と呼ばれた脇役の朱徳である。台座には江沢民の筆で「朱徳総司令と五世ゲダ活仏」と彫り込まれている。この

塑像が公開された一九九九年当時、江沢民国家主席は党と軍と政府の権力を握り、各方面に大きな影響力を発揮していた。江沢民はなぜ朱徳に脇役を演じさせてまで、ゲダ五世の「功績」を讃えたのであろうか。

塑像は現在、「朱徳総司令とゲダ五世記念館」（四川省甘孜県）に飾られている。[1]筆者が最初に訪問した二〇〇三年八月、記念館の門は固く閉ざされていた。管理人は「鍵はゲダの縁者が所持している。見学するには甘孜県旅游局（観光局）の紹介状と縁者の許可が必要だ」と教えてくれた。記念館は閉館同然であり、重いシャッターを上げて中へ入ると、案の定、巨大な塑像はほこりをかぶっていた。台座に置かれたチベットの聖なる白い布カタとヤク（チベット牛）の頭蓋骨が、ゲダ五世の魂をひっそりと鎮めていた。互いに向き合う両者の姿はぎこちなく、強い政治臭を放っていた。ゲダは目に見えぬ紅い布で中国共産党としっかり幾重にも結びつけられていたからだ。紅い布をたぐり寄せたのはゲダ自身なのか、それとも共産党が強引に巻き付けたのか。

ゲダ五世の死から約三十年後、一九八〇年代に中国共産党は政治的意図をもって「愛国活仏」「中華民族の英雄」として彼をよみがえらせた。筆者は「中国共産党のチベット政策と宗教政策を考える上で、ゲダ五世は最も重要な高僧である」「党の軍事活動に貢献したゲダ像は虚構の要素が強い」と考えている。本章では、死後に形作られたゲダ五世像の分析を通して、チベット仏教の高僧を利用した共産党と軍隊による統一戦線活動と宗教政策の目的と方法を明らかにする。[2]そして、江沢民時期の宗教政策におけるゲダ五世とゲダ六世の位置づけを考える。

用いる資料は中華人民共和国建国後に発行された政府系資料、作家のルポルタージュ、テレビドラマ、ゲダ「殺害」犯の秘密を知るイギリス人無線技師ロバート・フォードの回顧録等である。筆者は甘孜県にて、これまでゲダに関する三回の現地調査を行った。

（1）「朱徳総司令とゲダ五世記念館」調査（二〇〇三年）

(2)ゲダ六世自宅訪問及びインタビュー（二〇〇五年）

(3)「ペリ寺ゲダ活仏記念室」調査（二〇一〇年）

ゲダとはチベット仏教ゲルク派に属する化身ラマの名跡である。化身（転生）とは、ラマ（師僧）の死後、幼児に意識を転移させることで名跡を継がせ、衆生を救済し続ける制度であり、カルマ・カギュ派が確立した後ゲルク派にも伝わった。化身ラマをチベット語では「トゥルク」と言い、漢語では一般に「活仏」と表現する。ただし「トゥルク」と「活仏」は同義ではない。漢語の「活仏」は「化身ラマ」と「高僧への敬称」をあわせ持つ曖昧な概念であるため、本章では「ゲダ五世」「ゲダ六世」の呼称を用いることにする。ゲダは漢語では一般に「格達活仏」（Geda huofo）と表記されている。(3)

一―二　先行研究と関連文献

主に文化大革命終結後に公表されたゲダ五世に関する資料は、すべて中国共産党及び政府系研究者が作成したものであり、彼の従者や縁者の意見は反映されていない。現在中国では党の主張に沿ったゲダ五世像を紹介することは可能であるが、批判や反論を目的とした論文を発表することは許されない。つまりゲダ五世は共産党のチベット政策や統一戦線活動の分野でのみ研究対象となりえる。仏教理論や教義研究におけるゲダ五世の研究は、国内外に存在しない。

ゲダ五世と中国共産党の関係を論じた外国人による先行研究は確認できない。以下に掲げる資料は、本章を論じる上で重要な関連資料である。

(1)『チベットの旅』〔秋岡　一九七七〕

(2)『チベット――その歴史と現代』〔島田　一九七八〕
(3) *The Making of Modern Tibet*〔Grunfeld 1996〕
(4)『もうひとつのチベット現代史――プンツォク＝ワンギェルの夢と革命の生涯』〔阿部　二〇〇六〕
(5)『中国民族政策の研究――清末から一九四五年までの「民族論」を中心に』〔松本　一九九九〕
(6)「「解放」とは何か――「チベット解放」からみた一考察」〔平野　二〇〇一〕
(7)「解放のレトリック――チベット・社会主義・民族をめぐる政治的言語の研究」〔大川　二〇〇一〕

(1)と(2)は一九七七年にチベット自治区のラサを訪問した記録であり、(1)には天宝（サンジェー・イェシェ、中国共産党チベット人高級幹部）が語るゲダ五世の英雄譚とその死因が紹介されている。(3)と(4)にはゲダ五世の死とイギリス人フォードに関する記述がある。(5)は中国民族政策の中で博巴《ボバ》政府（博巴人民共和国）の役割を論じているが、ゲダ五世への言及はない。(6)と(7)はチベット「解放」の概念を詳細に検討した論文であり、本章でゲダ五世とチベット解放政策の関係を論じる際の重要な論文である。

(8)『十八軍先遣偵察科進蔵紀実』〔王貴・黄道群　二〇〇一〕
(9)『西蔵歴史地位辨』〔王貴・喜饒尼瑪・唐家衛　一九九五〕
(10)『西蔵文史資料選輯16　拉魯家族及本人経歴』〔拉魯・次旺多吉　一九九五〕
(11)『中国共産党西蔵政策研究』〔王小彬　二〇一三〕

(8)―(11)は中国共産党のチベット政策に関する公式見解を収めている。(8)(9)は一九五〇年チベット解放政策に直接関わった軍幹部とチベット人研究者の著作であり、中国共産党がゲダ五世を政治的に利用した理由が記されている。(10)は元チベット政府の要人、後に共産党の愛国人士となった人物の証言であり、ゲダ五世の殺害を政治面と軍事面から読み解く際に不可欠な資料である。(11)は政府系研究者による学術書であり、フォードの回顧録への評価とゲダ五世の死因に対する見解を示している。ゲダの死去から六十余年を経た今、中国の研究者がゲダの死因に言及することが可能になったことは特筆に値する。

一-三　各種評伝

中国政府が関与したゲダ五世の評伝は多数存在するが、筆者が重要視するのは以下の十篇である。

(a)「為西蔵和平解放献身的甘孜格達活仏」〔来作中　一九八四〕
(b)「為西蔵和平解放而献身的格達活仏」〔周錫銀　一九八四〕
(c)「格達」『四川統一戦線人物録』〔中共四川省委統戦部　一九九三〕
(d)「格達」『歴代蔵族名人伝』〔曽国慶・郭衛平　一九九六〕
(e)「格達活仏」『四川少数民族紅軍伝』〔周錫銀　一九九六〕
(f)「格達活仏」『甘孜県志』〔甘孜県志編纂委員会　一九九九〕
(g)『格達活仏』〔鄧珠拉姆　一九九九〕
(h)『朱徳与格達活仏』((g)の改訂版)〔仁真朗加他　二〇〇六〕
(i)「功烈永垂民族史——紀念五世格達活仏誕辰百周年」〔劉延東　二〇〇四〕
(j)『格達活仏』〔張芳輝　二〇〇五〕

(g)は小学生への愛国主義教育を目的とした絵本であり、初版と改訂版(h)の間でゲダ五世の死に関する記述が異なる。(i)の劉延東(一九四五—)は党中央統戦部部長(当時)であり、共産党の正式見解が読み取れる資料である。(j)はテレビドラマ「格達活仏」のシナリオの材源となった小説である。一部フィクションも加えられているが、概ね共産党が主張する事実に則した政治小説である。(a)から(j)に共通する点は、中国共産党及び軍事行動への貢献に記述の重点が置かれていることである。筆者が最も注目する資料は(a)であり、調査を行ったのはチベット人学者トゥンドゥプ・ラモ(don grub lha mo、鄧珠拉姆、一九一八―)である。現在広く流布しているゲダ五世の評伝の骨格は、後述する「一九五〇年十二月三日新華社電ニュース」及びトゥンドゥプ・ラモの調査に基づいている。

二　ゲダ五世四十七年の生涯

ゲダ五世の生年は資料(a)(c)が一九〇二年、他は一九〇三年としている。本書では政府系資料(i)に従って一九〇三年とする。ゲダ五世の四十七年間の生涯は大きく三つの時期に分けることができる。以下に中国共産党が公表しているゲダ五世の略伝を示す(資料により若干の異同あり)。

(1)生誕から三十三歳頃までの時期

清朝末期にあたる一九〇三年、甘孜のチベット人農奴の家に生まれた。当時この地域を支配していたのは白利土司(be ri rgyal po)であった(土司とは清朝政府の承認の下、支配地の行政権を持つ有力者)。二歳で村の寺院に預けられ、七歳でペリ寺の化身ラマに選ばれてゲダ五世となった。指導役の僧から学問をたたき込まれ、十七歳でラサにあるゲルク派の総本山ガンデン寺の門をたたき、教義のみならず医学、暦学、文学など多方面の学問を修めた。二十五歳で最高学位ゲシェを取得した後、ペリ寺へ戻った。チベット医学の知識をいかして病人を救い、孤児や老人を寺で養った。少年への識字教育にも力を注ぎ、土木や建築の技術指導も率先して買って出た。ゲダは「慈悲の高僧」として多くの信徒から尊敬を集め、ペリ寺の支持基盤を固めていった。

(2)紅軍長征時期、朱徳との出会い(一九三六年、三十三歳)

一九三六年三月末、長征途上の中国工農紅軍第四方面軍が甘孜に到着した。疲弊した部隊は北上に備えて食糧や燃料の確保に奔走するとともに、中国共産党の宗教政策と民族政策の宣伝活動を行った。ゲダ五世は部隊を率いる朱徳の人柄と共産党の政策に賛同し、紅軍への食糧支援を惜しまなかった。そして共産党の指導の下に設立された博巴政府の指導者にも選ばれた。やがて朱徳は軍を率いて甘孜を発った。

(3)チベット解放時期、党の使者、圓寂(一九五〇年、四十七歳)

一九五〇年、毛沢東はチベット解放を目指し、解放軍をラサへ進攻させた。チベット政府への説得工作に難航した党中央は、朱徳と親交のあったゲダ五世を党の使者としてラサへ向かわせた。途中チャムド(chab mdo、昌都)の町に到着した際、チベット政府はゲダを軟禁し、イギリス人無線技師フォードと結託して殺害した(死因は政府系資料にも諸説あり、後述)。

三　朱徳と紅軍への支援

三―一　紅軍の甘孜到着と宣伝活動

『甘孜県志』によると、第四方面軍紅三十軍が甘孜に到着したのは一九三六年三月三十一日である(図2-3)[甘孜県志編纂委員会 一九九九:一一]。国民党は「共産党が金品や食糧を奪いに来た」「抵抗すれば殺される」という噂を流し、農民たちに恐怖感を植え付けた。第四方面軍を率いる朱徳は、疲弊した四万の兵を休ませ、当面の食糧、燃料、生活物資を調達し出発に備えることを決めた。最も重要な食糧確保には、地元民が尊敬する高僧や土地の支配者である土司に働きかけて力を借りるのが得策であった。

一九三五年に毛沢東は「長征は宣言書であり、長征は宣伝隊であり、長征は種まき機である」という言葉を残した［毛沢東　一九九一：一四九―一五〇］。紅軍は「チベット人の生命と財産を守る」「チベット人の独立を助ける」「仏教寺院を保護する」と訴えて、チベット人の信頼を得る努力を行った［中共中央統戦部　一九九一：四九七―四九八］。部隊は漢語に通じたチベット人を雇い入れ、歌や寸劇を交えて村をねり歩いた。政治スローガンを人目につきやすい岩に刻み、板や竹に書いて川に流したりもした［文化部党史資料徵集工作委員会辦公室　一九九八：一三三―一三四］。宣伝の対象は現地のチベット人だけにとどまらず、紅軍兵士や敵対する国民党兵士にも及んでいた。宣伝活動は医療や衛生など啓蒙的な内容も含み、文字が読めない農民兵や少年兵への識字教育も兼ねていた。ただし、これらはあくまでも共産党による記述であるため、当時の政策内容や行動が美化され誇張されていると考えた方がよい。

図 2-3　甘孜に到着した紅軍

甘孜はチベットと四川を結ぶ茶馬古道の中継地であり、ヒトとモノの他に情報が頻繁に行き交っていた。隊商の耳や目を通じて、共産党の宗教政策や国民党の反共スローガンが各地へ運ばれていったのである。東チベット一帯はダライ・ラマが支配した中央チベットと異なり、漢人に対するアレルギーの比較的弱い地域であった。紅軍の宣伝に啓発を受け、貧困に耐えかねて長征に加わるチベット人もいた。一九三五年、馬爾康《バルカム》（'bar khams、現在の四川省阿壩州州都）で紅軍に入ったサンジェー・イェシェ（sangs rgyas ye shes、桑吉悦希、通名天宝、一九一七―二〇〇八）という十八歳のチベット人青年もその一人であった。彼は後にゲダ五世の運命を左右する政治家になった［王超耀 一九九八：二二一―二二四］。

三―二 朱徳への食糧支援

朱徳は部隊に、「当地の風俗習慣を尊重せよ」「チベット人の所有物は一木一草に至るまで守り抜け」「チベット人が留守の間、勝手に家屋に入るな」といった指示を出し、紅軍の姿勢と方針が高僧と民衆に伝わるのを待った［軍事科学院軍事歴史研究所 二〇〇六：一七五］。ゲダ五世が紅軍への食糧援助に前向きであることを知った朱徳は、甘孜の町から西へ十数キロメートル離れたペリ寺を訪ねた。ゲダは朱徳を歓待し、食糧の調達と通訳の紹介を積極的に行った(4)。両者は九回会談を重ねたと伝えられている(5)。

こうして高僧への統一戦線活動が確認されると、紅軍は張国燾派の陳昌浩（紅軍総政治部主任、一九〇六―六七）が中心となり、カンゼ（甘孜）寺・ペリ寺と「互助条約」を締結し協力関係を結ぶに至った(6)。「条約」の主旨は紅軍がチベット人自治政府の成立を助け、寺院が紅軍への食糧援助を行う、そして互いに「チベットを復興し国民党の蔣介石を滅ぼす政策」（興蕃滅蔣）に協力することであった。「条約」の現物は、一九八五年にゲダの遺品である枕の中から発見されたと言われている(7)。更に甘孜と隣接する徳格《デルゲ》（sde dge）の土司と相互不可侵の協定を結び食糧支援を受けた。紅軍は返礼として武器や弾薬を贈った［中共中央党史研究室第一研究部 一九九六：五〇六］。

東チベットは政治面ではダライ・ラマの統治を受けることはほとんどなく、経済面では四川の漢人社会とつながりの強い地域である。チベット人と漢人が混住し、漢人の中にはチベット語を解しチベット仏教を信仰する者も少なからずいる。財力のある漢人信徒からの布施が、大きな収入源となる寺院もある。二十世紀前半、東チベットの寺院は軍閥や国民党との関係が良好とは言えなかった。高僧や土司の中には国民党と手を結び、経済活動や納税を通じて利権をむさぼる者もいた。ゲダ五世は紅軍の民族政策と宗教政策に触れる中で、軍閥と国民党との違いを感じて食糧支援に踏み切ったという解釈も可能であるが、それを裏付ける証拠は残っていない。

三―三　博巴政府と民族政策・宗教政策

「互助条約」には紅軍が博巴政府の成立を援助することが約束されていた[8]。博巴とはチベット語プバ(bod pa)の音写であり、「チベット人」を意味している。紅軍が甘孜に到着して半月ほど過ぎた一九三六年四月十五日、甘孜県に博巴政府が誕生し、ゲダ五世は副主席に就任した[甘孜県志編纂委員会 一九九九：一二、二五九]。つまり、国民党や軍閥の支配から脱却したチベット人による自治「政府」組織が紅軍の支援で誕生したのである。

図2-4　紅軍がカンゼ寺・ペリ寺と結んだ「互助条約」(朱徳総司令とゲダ5世記念館, 2003年8月筆者撮影)

　この時、紅軍はゲダと博巴政府に二つの役割を期待していた。一つは紅軍への食糧支援、もう一つは農村の青年たちに紅軍への入隊を促すことであった[甘孜県志編纂委員会 一九九九：二七八]。博巴政府に紅軍幹部が指導する騎兵隊が創設された背景には、紅軍への入隊を促すという意図もあったのである[甘孜県志編纂委員会 一九九九：二五九、四四二]。ただし、博巴政府はチベット人自身が血と汗を流して打ち立てたものではなく、紅軍が統一戦線活動の一環としてお膳立てしたにす

図 2-5　甘孜県博巴政府副主席に就任したゲダ５世

図 2-6　張国燾（左）と毛沢東（右）

ぎなかった点に限界が認められる(9)。

この政治劇の脚本を書いたのは、毛沢東と対立した紅軍幹部の張国燾であった。彼は四川を中心に西北連邦政府を作ることを目指しており、軍事方針は朱徳と異なっていた。しかし、各自が当面の課題を解決しチベット人を味方に付けるにはゲダ五世の協力が必要不可欠であるという思惑では一致していた(10)。朱徳と張国燾の勢力が紅軍内でせめぎあう中、結局ゲダは食糧支援と甘孜県博巴政府副主席就任という紅軍の統一戦線活動に巧みに利用されたのである（この時、ゲダが積極的に中国共産党と協力関係を結ぶ意思を持っていたとも考えられるが、詳細は不明）。「互助条約」も博巴政府も結局は、紅軍による紅軍のための作戦にすぎなかった。

朱徳は甘孜を発つ時、ゲダ五世に愛用の軍帽と双眼鏡を贈り、紅軍は必ず甘孜に戻ってくると誓った［甘孜県志編纂委員会 一九九九：一二］。紅軍が去った直後、国民党が博巴政府の関係者や紅軍に協力したチベット人を襲撃するという事件が相次ぎ、チベット人自治政府はまたたくまに崩壊した。博巴政府に関して、日本の研究では松本ますみが著書の中で言及している〔松本　一九九九：二〇八〕。

この博巴人民共和国政府は、エスニック集団が社会進化のどのレベルにあるかを問わず自決権を積極的に支持し、連邦制建設を理想としていた「中国共産党」の指導のもとに建設されたエスニック集団による最初で最後の「人民共和国」であった。

博巴政府は張国燾の西北連邦政府計画に利用されたとする点は本書と同じであるが、松本は「ゲダ五世と博巴政府の関係」、張国燾が指導したもう一つのチベット人自治政府「格勒得沙共和国」(11)（一九三五年十一月成立、格勒得沙はギャロン語でチベット人による政府の意〔周錫銀　一九九六：五八〕）には触れていない。筆者は博巴政府の実態と役割を理解する上で鍵を握る人物はゲダ五世と張国燾であり、格勒得沙共和国の場合は天宝（当時格勒得沙革命党青年部部長、格勒得沙革命青年団中央団部長）と張国燾と考える。

中国の研究では、周錫銀が張国燾路線と博巴政府の関係を詳しく論じている。周は博巴政府の意義を「少数民族自治の実現」「少数民族の尊重」「信教の自由と宗教の保護」「紅軍の北上政策への貢献」「チベット人革命家の育成」という視点からプラスの評価をしつつも、張国燾路線の暴走がもたらしたマイナス面の影響を非難している。例えば「博巴政府は独立した国家である」「博巴自衛軍を創設する」「一九三六年を共和国元年と定める」といった主張を、張国燾の野心に満ちた共産党内の権力闘争の表れと批判している〔周錫銀　一九八五：五一―六六〕。

四　チベット解放政策時期のゲダ五世

四―一　第十八軍北路先遣部隊と老紅軍

一九三六年七月に紅軍は甘孜を離れた。朱徳は別れ際ゲダ五世に「紅軍は十年か十五年後に必ず戻る」と言い残した。それから十数年が経過し中華人民共和国の成立を知ったゲダは、一九五〇年二月、側近と通訳を北京の毛沢東と朱徳のところに遣わせた。そしてチベット人はチベットの早期解放を願っている旨を伝えさせた［中共甘孜州委党史研究室　二〇〇四：五］。ただしこの逸話は一九五〇年中国人民解放軍のチベット進攻後に公表されたものであり、その詳細を裏付ける資料は確認できない。

一九五〇年四月、朱徳の「約束」どおり、十四年後に紅軍は中国人民解放軍に再編され甘孜へ戻ってきた。そして、チベット進軍を命じられた第十八軍北路先遣部隊が甘孜県を解放した（四月二十八日）［王貴・黄道群　二〇〇一：三二］［甘孜県志編纂委員会　一九九九：一四］。この時、先遣部隊を率いたのは呉忠（師団長、一九二一―九〇）と天宝（チベット工作委員会委員）であった。彼らの任務は第十八軍本隊の進軍に備えて、現地の軍事・政治・社会状況の調査、共産党の宗教政策の宣伝、チベット人青年の入隊勧誘、チベット語通訳の雇用、道路整備、燃料や食糧の確保等であった［王貴・黄道群　二〇〇一：三二］［甘孜県志編纂委員会　一九九五：一五］。チベットへの進軍基地を築くには、甘孜で影響力を持つ土司・首領・高僧・豪商との協力関係を築く必要があった。呉忠と天宝が統一戦線活動の対象に選んだのは、当時東チベットの土司の中で最大の権力を握っていた徳格のジャンヤン・ペーモ（Jam dbyangs dpal mo、降央伯姆、一九一三—八八)、玉隆《イルン》(yid lhung)の首領シャゴ・トウデン(bya rgod stobs ldan、夏克刀登、一九〇一—六〇)、芒康《マーカン》(smar khams)の豪商ポンダ・トウジェ(spang mda' rdo rje、邦達多吉、一九〇六—七四)、そしてペリ寺のゲダ五世であった〔王貴・黄道群 二〇〇一：三二〕〔甘孜県志編纂委員会 一九九九：三九—四〇〕。

先遣部隊本部にゲダ五世がやって来たのは五月四日である〔王貴・黄道群 二〇〇一：三二〕〔甘孜県志編纂委員会 一九九九：四三〕。出迎えたのは、李奮(先遣部隊偵察科科長)、呉忠、天宝の三人であり、馬維超(偵察科チベット人幹部)が通訳を務めた。呉忠も天宝もいわゆる「老紅軍」(紅軍経験者)であり、呉忠は第四方面軍の一員として一九三六年に甘孜での駐留を経験しているためゲダを熟知していた(12)。ゲダは「老紅軍」との再会を喜び、ペリ寺に彼らを招いて歓待した。図2-7は第十八軍兵士と語らうゲダの貴重な写真である。

図 2-7　第 18 軍兵士と語らうゲダ 5 世(朱徳総司令とゲダ 5 世記念館，2003 年 8 月筆者撮影)

ある日、呉忠は天宝を伴ってペリ寺を訪ねた。当時先遣部隊にいた顧草萍は、作家暁浩の取材に「活仏は山西八路軍の戦闘図を経堂に掛け、朱徳の写真を大切に持っていた」と当時の様子を語っている〔暁浩 一九九九：七〇—七六〕。二人はペリ寺に一週間泊まり込み、紅軍と朱徳の思い出話に花を咲かせつつ、チベット解放の方策を話し合った。ペリ寺から西へ百数十キロメートルのところに金沙江が流れている。川の西側はチベット政府の支配地であり、守備兵も配置されている。呉忠と天宝は、解放軍が川を越えてチャムドへ向かうにはゲダ五世の力が必要だと考えていた。

四―二　ゲダ五世派遣と交渉条件

先遣部隊にとって最大の難題は、ダライ・ラマ政権に中国共産党による統治と解放軍の駐留を承認させることであった。呉忠はこの重大な任務をゲダ五世に託すことを決めた。漢語を解さないゲダと協議を進めていく上で重要な役割を担ったのは天宝であると筆者は考える。天宝（サンジェー・イェシェ）は現在の四川省馬爾康生まれのチベット人である。天宝という名は延安の中央党校で学んでいた時に毛沢東が授けたものである。彼は十八歳の時紅軍に加わり、張国燾と第四方面軍の指導の下、格勒得沙共和国建設に尽力した経験を持つ。僧侶出身であること、チベット人自治政府の指導者を務めたこと、この二つの共通点はゲダとの交渉を進めていく上で天宝の大きな武器となった。彼は後にチベット自治区党委員会書記など要職を歴任し、党のチベット政策の鍵を握る政治家になった。毛沢東が長征で手に入れた少年は、まさに「天が共産党に授けた宝」となった［王超耀　一九九八：二二―二四］［周錫銀　一九九六：五六―六六］(13)。

甘孜におけるゲダ五世と第十八軍の関係を最も詳細に記した文献は、当時先遣部隊の参謀を務めた王貴と黄道群の共著『十八軍先遣偵察科進蔵紀実』である。中国共産党のチベット解放政策に賛同したゲダは、呉忠と天宝に対して以下の三項目の提案を行った［王貴・黄道群　二〇〇一：四三―四四］。

(1)党の政策に通じた実力者をラサへ派遣すべきである

(2)タージェ（大金）寺（dar rgyas dgon pa、四川省甘孜県）のケンポ（学堂長）を帰省の名目でラサへ派遣するのも一案である

(3)私がラサへ行く方法もあるので任務と身分と交渉条件を知らせてほしい

先遣部隊の李奮はゲダの決意を西南軍区と朱徳に伝えた（五月六日）［西蔵自治区党史資料徴集委員会他　一九九五ａ：八〇］(14)。党中央から党西南局に回答があり、党西南局と党西北局に交渉条件案の再検討を命じた（五月十七日）［西蔵自治区党史資料徴集委員会他　一九九五ａ：七七―七八］(15)。その後、党西南局は天宝と李奮にゲダとの具体的な協議を進めるよう命じた［王貴・黄道群　二〇〇一：四四］。そして、北京の朱徳からゲダへ電報が届いた（六月一日）［西蔵自治区党史資料徴集委員会他　一九九五ａ：八〇］(16)。

天宝を経てゲダへ

来電拝読しました。チベットへ赴き和平交渉にあたられるとのこと、立派な判断をうれしく思います。交渉の条件は天宝より伝えさせます。この件でなにか意見がありましたらおっしゃってください。チベットへ入る名目についても意見をください。いずれにせよ活動しやすいようにいたします。

朱徳　劉伯承　六月一日

六月二日、党西南局は十項目からなる交渉条件をチベット工作委員会に伝えた［西蔵自治区党史資料徴集委員会他　一九九五ａ：八二］(17)。この条件は五月二十九日に党中央が批准したものであり、五月十一日に党西南局が提案した四項目の案やゲダからの要望も取り入れられていた(18)。以下に引用する。

(1)チベット人民は団結して英米帝国主義侵略勢力をチベットから追い出し、チベット人民は中華人民共和国という祖国の大家庭に戻る。

(2)チベット民族区域自治を実施する。

(3)チベットで現在実施されている各種政治制度は現状を維持し一切変更しない。ダライ・ラマ十四世の地位と職権も変更しない。各級の役人にはこれまでどおり職を与える。
(4)宗教の自由を保障し、チベット仏教寺院を保護し、チベット人の宗教信仰と風俗習慣を尊重する。
(5)チベットの現在の軍事制度を変更しない。チベットが保有する軍隊は中華人民共和国国防武装隊の一部とする。
(6)チベット民族の言語と文字、学校教育を発展させる。
(7)チベットの農業・牧畜・工業・商業を発展させ、人民の生活を改善する。
(8)チベットでの各種改革についてはチベット人の意思に基づき、チベット人民とチベット指導者が協議することで解決する。
(9)これまで英米や国民党と組んでいた役人は、英米帝国主義・国民党との関係を断ち切り破壊行為と反抗を行わないならば、すべて現職を維持し過去を不問とする。
(10)中国人民解放軍がチベットに駐留し国防を担当する。人民解放軍は上記政策を遵守する。人民解放軍の経費はすべて中央人民政府が負担する。人民解放軍は公平な商取引を行う。

図2-8　チベット工作委員会が甘孜で開いたチベット人幹部訓練班で講義を行う天宝（右，立っている人物）（1950年）

天宝は直ちにペリ寺へ走り、ゲダに交渉条件を念入りに説明しチベット行を正式に要請した。相談の結果、西南軍政委員会委員兼康定軍事管制委員会副主任の身分で派遣することが決まった。

四―三 チャムドを目指した「勧和団」の軍事行動

こうしてゲダ五世は中国共産党が派遣したチベット解放の使者として、ダライ・ラマ十四世との交渉にあたることになった。使者となることをゲダ自身が本当に望んだのか、党が朱徳との交友関係を利用して説得したのか、真相は不明である。ただし、ゲダは共産党が手配した四人目の使者であることを考えれば、後者がより真相に近いと考えられる〔郝桂堯 二〇〇〇：一〇五―一一三〕。チベット解放の使者は漢語では「勧和団」と呼ばれている。

【一人目】彭徳懐が送り込んだ張竞成（第一野戦軍情報部チベット人偵察員）。一九五〇年五月、商人を装いラサへ入ったが交渉は不調に終わった。

【二人目】劉伯承が送り込んだ志清法師（密悟法師、ラサで学んだ漢人高僧）。チベット軍が守る金沙江の関所を越えられずに失敗した。

【三人目】彭徳懐が再び送り込んだクンブム寺のタクツェル・リンポチェ（ダライ・ラマ十四世の長兄）を中心とする代表団。一九五〇年七月に西寧を出発した。ロンウォ（隆務）寺のシャルツァン七世（sha ru tshang、夏日倉、一九一六―七八）と先霊活仏も同行したが、情報の漏洩や自然条件に阻まれて頓挫した。

彼らはいずれも毛沢東の側近が遣わした使者であったが、ダライ・ラマ十四世と直接交渉するには至らなかった。そして四人目の使者に選ばれたのがゲダ五世であり、白羽の矢を立てたのは紅軍長征を経験した朱徳と劉伯承（一八九二―一九八六）であった。彭徳懐（一八九八―一九七四）、劉伯承、朱徳はいずれも党中央の政治の中枢にいる解放軍幹部であることから、ダライ・ラマへの説得工作を担った各「勧和団」の活動は軍事行動そのものであったと言える。紅軍時期とチベット解放時期はともに、共産党軍が宗教政策の主導権を握り実務を担当していたのである。

五　「勧和団」の挫折と「チベット解放」の概念

五―一　チベット解放とゲダ五世に関連する研究文献

ゲダ五世を中心とした四番目の「勧和団」も結局ラサへ到着することは叶わず、途中のチャムドで挫折を余儀なくされてしまった。甘孜出発からチャムドでの圓寂まで、この一ヶ月余りの行動を検証するための資料は以下の九点である。

(1)「西南軍政委員会委員格達惨遭英帝特務分子毒害身死」〔新華通訊社　一九五九〕
(2)「為西蔵和平解放献身的甘孜格達活仏」〔来作中　一九八四〕
(3)「為西蔵和平解放而献身的格達活仏」〔周錫銀　一九八四〕
(4)『中国共産党統一戦線史（社会主義時期）』〔北京社会主義学院　一九九三〕
(5)「格達」『歴代蔵族名人伝』〔曽国慶・郭衛平　一九九六〕
(6)「格達活仏」『四川少数民族紅軍伝』〔周錫銀　一九九六〕
(7)『西蔵、１９５１年――人民解放軍進蔵実録』〔暁浩　一九九九〕
(8)『曙光従東方昇起――昌都戦役与和平解放西蔵紀実』〔郝桂尭　二〇〇〇〕
(9)*Captured in Tibet*〔Ford 1957〕

(1)はゲダ五世圓寂の原因を三ヶ月後に報じた新華社電の原稿である。「ゲダ一行はチャムドで党のチベット解放政策を宣伝し成果をあげたが、イギリス帝国主義のスパイであるフォードに殺害された」という重要な記述を含んでいる。(2)―(6)は中国共産党の公式報道である(1)を踏まえたものである。(7)と(8)は(1)の見解に基づき、当時のチャムドの政治を紹介しつつ、ゲダとチベット政府の行動を詳細に記したものである。作家によるルポルタージュの形式をとっているが、内容は軍事行動の側面から描かれており、党と軍の意向により創作された作品である。(7)は解放軍のチベット進攻を讃えた作品、(8)はチャムド解放五十周年を記念した作品である（暁浩は筆名、郝桂堯は本名で、同一人物）。(9)は中国共産党によりゲダの殺害犯とされたロバート・フォードの回顧録である。彼は中国共産党とは異なる視点から、一九五〇年当時のチャムドの動向とゲダの圓寂について証言している。この中で(1)の公式報道と(9)の外国人からの反論に注目して話を進める。

五―二　チャムド滞在

ゲダ五世が甘孜を発つ時、呉忠と天宝は護身用にアメリカ式のカービン銃二丁を渡した（七月十日）[19]。チャムドへの途上、ゲダは随所で土司や部族長、高僧に対し中国共産党の宗教政策を訴えた。一行はチベット軍第三団の妨害に遭遇したが、七月二十四日にチャムドに到着した[20]。当時チャムド統治の最高責任者はラル（lha klu tshe dbang rdo rje、拉魯・次旺多吉、一九一四―二〇一一）長官であり、ゲダのチャムド行を許可したのも彼であった［拉魯・次旺多吉 一九九五：一一四］［拉魯・次旺多吉 一九九五：一一二］。ゲダはラルにチベット解放の必要性を説き、三つの条件を伝えた［郝桂堯 二〇〇〇：一一一］。

(1)チベットを中国の領土と承認すること

図 2-9 チベット解放の使者としてラサへ向かうゲダ5世

(2)国境警備は解放軍が行うこと
(3)旧チベット地方政府は帝国主義と一切の関係を絶つこと
チベット政府にとって、ゲダは尊敬すべき高僧であったが、同時に中国共産党が送り込んできた邪魔者にほかならなかった。そこで、チベット政府はラルに三つの指示を与えた［暁浩 一九九九：七四―七五］。
(1)ゲダをラサに行かせてはならない
(2)甘孜に戻してもならない
(3)チャムドで自由に活動させてはならない
チベット政府の策略により、ゲダ一行はチャムドで約一ヶ月間留め置かれることとなった。当時の状況をラルは次のように語っている［拉魯・次旺多吉 一九九五：一一三］。

ゲダ活仏は言った、「もうすでに危険な時期にさしかかっている。進軍を遅らせる期限は一ヶ月しかない。その時が来たらすべて終わりだ」。私は尋ねた、「なぜそれほどまでに解放を急がなければならないのだ」。彼は答えた、「チベット解放は毛主席とスターリンが相談して決めており、ソ連の支持が得られている。チベットを解放するために、ソ連はガス六九という数百台の車輛も支援した。チベットは世界の屋根であり、各国が争奪を繰り広げているので早くチベットを解放しなければならない」。

チャムドへの進軍が決定済みであることを知ったラルは、ゲダにフォードというイギリス人が管理する無線所への転居を勧めた〔拉魯・次旺多吉　一九九五：一一二〕。数日後、フォードは事務所にゲダを招いた際、コーヒーに毒を混ぜて殺害し、証拠隠滅をはかるため遺体を即座に荼毘に付し、従者をラサへ強制連行した。以上は政府系資料が提供した情報である。

五―三　二つの「解放」

ゲダ五世の訃報が先遣部隊から党中央に届くと、毛沢東は甘孜に中央民族訪問団を派遣し、鄧小平は重慶で追悼集会に参加した。劉伯承は「挽聯」（死者を悼む対聯）を送って弔意を表した。先遣部隊も甘孜で部隊葬を実施した〔甘孜県志編纂委員会　一九九九：一一、四三八〕。西康省政府は鄧小平（当時西南軍政委員会副主席）の指示を受け、当時で一千万元もの巨費を葬儀関連の行事に投じた。こうした一連の解放軍の行動は、チベットの民衆とダライ・ラマ政権に対する政治宣伝を目的としたものであった。党と軍が「祖国解放の闘いに殉じたチベットの英雄」を祭ることで、統一戦線活動の成果を讃えたのである。

中国共産党はゲダ五世殺害の犯人はフォードであり、彼はチベット政府が雇用したイギリス人スパイであると認めている。ゲダというチベット平和解放の使者が、イギリス帝国主義の毒牙に倒れてしまった。チベット政府はイギリスと結託して暗殺という卑怯な手段を用いて平和協議の門を閉ざした以上、中国共産党は武力を行使してでもチベット人民をイギリス帝国主義から解放しなければならない。こうしてゲダの殉死とチベット解放を大義名分にして、中国は八月二十六日チャムドへ武力攻撃の号令を発したのである〔西蔵自治区党史資料徴集委員会他　一九九五ａ：八二〕〔中共西蔵自治区委員会党史研究室　二〇〇五：二一、二四〕。

ここで、改めて「チベット解放」という概念について考えてみる。平野聡は中国政治史言説における「解放」

は「国民党支配から共産党支配への移行」を指す〔平野 二〇〇一：三一七〕が、「チベット解放」は「帝国主義からの解放」と「労働人民の願望を実現する解放」の二段階から構成されると説明している〔平野 二〇〇一：三三一―三二四〕。「解放」という言葉には、中国共産党による権力の正当化と歴史認識が込められており、具体的な政治的事件の関連で分析するという平野の主張に異論はない。ゲダ五世が関わった「チベット解放」とは、平野が言う前者の解放、つまり「イギリス帝国主義からの解放」を指している。[21]

同様に大川謙作もチベットが二度解放されたことを指摘し、論証している。「中国共産党は、一度目は民族の解放者として、二度目は階級の解放者としてチベット人の眼前に現れたのであった」〔大川 二〇〇一：一五〇〕。つまり、中国共産党は「帝国主義からの解放」（平野）、「民族の解放」（大川）を達成するために、ゲダ五世をチベット解放の使者に任じたのである。

当時、毛沢東はチベット解放を「経営」という言葉で表現していた。[22] 一九五〇年一月十日に党中央に宛てた電報には次の一文がある〔西蔵自治区党史資料徴集委員会他 一九九五a：五二〕。「チベットを経営するには党の指導機関を作らねばならない。名称と委員の人選は西南局が行い、中央に連絡して批准を得ること」。建国後、党のチベット政策の中心にいた陰法唐（一九二二―）は、「経営とは管理の意味だ」と語っているが、毛沢東が考えていた「経営」とは「武力による占領」を意味している〔暁浩 一九九九：七〕。一九四九年十一月二十三日、彭徳懐に宛てた電報には「チベット問題を解決するには、出兵しないことはありえない」とはっきり書いているからだ〔西蔵自治区党史資料徴集委員会他 一九九五a：四六〕。[23] つまり、一九五〇年における「チベット解放」とは、「帝国主義勢力の追放」を大義名分とした「チベット経営」、つまり「武力による占領」であった。チベットを経営する前提として、イギリス帝国主義をチベット人民の敵と見なし打倒する必要があったのである。この時、共産党が「チベットの敵」として準備したのが、「ゲダ五世に毒を盛ったフォードというスパイ」であった。

六　フォードの回顧録

六‐一　通信員フォード

ゲダ五世の死から三ヶ月余りが経過した十二月三日、北京の新華社が訃報を伝えた［新華通訊社　一九五九：一四〇］(24)。

【新華社北京一九五〇年十二月三日電】遅れて届いたニュースであるが、西南軍政委員会委員兼西康省人民政府副主席ゲダ活仏（チベット人）が、チベットの平和解放に尽力したがために、八月二十二日チャムドでイギリス帝国主義のスパイに毒殺された。スパイのフォードはゲダ活仏を殺害後、遺体を燃やし証拠を隠滅したため、このニュースは最近になって事実が確認された。

中国共産党は犯人をフォードと報じたが、後にフォード自身は回顧録の中で明確に否定している。ロバート・フォードは、元イギリス空軍通信学校教員である。一九五〇年十月、「ゲダを暗殺したイギリスのスパイ」容疑で、チャムドにて解放軍に身柄を拘束された。彼の作品は、裁判が終了し国外追放となった後に著したものである。チベット政府との雇用関係、チャムド通信所での職務内容、ゲダ五世殺害事件の顚末、そして逮捕、尋問から獄中生活までが克明に記されている。イギリス人の目を通して描かれた一九四八年から五〇年までのチベット政府の政治と軍事の動向、チベットと中国の通信事情や政治的緊張関係等は大変貴重な歴史資料である。

回顧録によれば、フォードが通信技師としてチベット政府と雇用契約を結んだのは一九四八年であった。契約期間中は貴族に準じる待遇が与えられ、当時十三歳のダライ・ラマ十四世から直接祝福を受けることも許された。ラサではカクテルを飲み、サンバを踊り、テニスやブリッジを楽しみ、インドから届く新聞も手に入った。フォードはラサで一年近く滞在する間に、チベット政府が管理する通信所を開設した。

一九四九年夏、中国軍の進攻に備えるためチベット高原東部のチャムドに派遣され、新たに通信所を開いた。チャムドとラサの間では、暗号化されたチベット政府の公文書が頻繁にやりとりされるようになった［拉魯・次旺多吉 一九九五：一〇七］。その他、商人たちの通信業務を請け負うこともあった。北京、デリー、ロンドン、モスクワからのラジオ放送を聴き、情報収集を行うことも重要な任務であった。フォードがラサやチャムドで使用した無線機材はアメリカとイギリスから提供されたものであり、必要な部品はインドから購入した。チベットでの発電は一九二〇年代に始まり、技術と設備はイギリスが提供した［周徳倉 二〇〇五：一一八―一二五］。

チベットのメディア史を研究している周徳倉は、著書の中で「フォードが無線を通じてチベット独立を宣言した」［周徳倉 二〇〇五：一二三］と書いているが、事実関係は確認できない。その頃、チベットの早期解放を目指す中国共産党の軍靴の音は着々とチャムドに近づいており、軍事衝突を予感させる緊迫した状況にあった。事実、一九五〇年十月、ゲダ五世殺害後、中国人民解放軍はチャムドへ武力進攻を行った。

北京からの放送は、中国がチベットをイギリス帝国主義の支配から解放する必要性と意義、そして中国共産党が掲げる宗教保護政策を繰り返し訴えた(25)。この時、チャムドではフォードが北京からの放送を傍受していた。彼は同時にラサのチベット政府からの放送も毎日聴いていたが、チベット政府がチベット独立を訴え中国の威嚇に反論した事実はなかったという。フォードの通信所は、チャムドを統治するラル長官の夏の離宮に設置された。

護衛兵、料理人、通信員兼事務員(インド人)を雇って通信所は運営された。ゲダが亡くなったのはこの通信所内だと言われている。

六―二　ゲダ五世の最期

先の新華社電はゲダ五世の死を次のように報じた[新華社通訊　一九五九：一四〇―一四一]。

イギリス帝国主義のスパイであるフォード及び共犯者は、ゲダ活仏を監視しチャムドから離れることを許さなかった。そして八月十三日毒を混ぜた茶を飲ませ、フォードの事務所の階下に軟禁し、従者を近づけなかった。男女の弟子たちが見舞いに来たが、面会は叶わなかった。ゲダ活仏は毒を盛られた後も、ラサの知り合いへ電報を打ちラサ行きの方策を講じようとした。そして「死んでも悔いはない。ラサへ行きダライ・ラマ猊下との謁見を願うばかりだ」と語った。このことが帝国主義のスパイたちの恐れと恨みを引き起こし、彼らは再び毒を盛り、八月二十一日ゲダ活仏は毒を服した。ゲダ委員は毒がまわると、腹と頭が痛み、黄色い液を吐き出し、耳から血と膿が流れ、手足が麻痺した。翌日(八月二十二日)圓寂した。死後全身が黒ずみ、皮膚に触れるとすぐにはがれ落ちた。フォードは犯罪の証拠を隠滅するために、ゲダの遺体を焼却し従者をラサへ移送した。

フォードはゲダをお茶に招いたことを認めており、当時のゲダを次のように語っている。「物腰は穏やかで、慎み深かった」「民衆はゲダが共産党の使者であることを知っていたが、化身ラマとして敬っていた。チベット軍兵士さえも、ゲダに尊崇の念を抱いていた」「ゲダは毎日ラル長官の公邸に通っていたが、ラルはチベット解放を望んでいなかった」。

フォードの記述によると、チャムド滞在中、ゲダの健康状態が急激に悪化し、危篤状態に陥った。その後、ラルは僧院から医師を呼びよせ、薬草による処方を依頼したが、全く効き目はなかった。二十人余りの僧が読経を行い、健康回復を祈念したが、八月二十二日に息を引きとった。そして高僧への葬儀儀礼を無視して、翌日遺体は慌ただしく荼毘に付されてしまった。

一方、ラル長官はゲダの最期を次のように語っている［拉魯・次旺多吉　一九九五：一一四］。

最初は風邪のようであり、その後症状がしだいに重くなっていった。ある日病状が急変し、チャンカルに住んでいた四品官のトガポ氏がすぐにチャムドのダクゴ・ポンラ医師を呼びよせて診察してもらった。診察の結果は「胃腸の激痛」であった。薬の処方を聞いたところ、ゲダ活仏が「薬を持参している」と言い、小さな薬袋から丸薬を取り出して服した。しかし病状は一向に好転せず、その日の夜に息を引きとった。

ラルの証言は一九八〇年代後半から九〇年代前半のものと思われる。一九五九年ダライ・ラマ十四世亡命後、彼は不遇の人生を歩み、文化大革命では激しい批判に見舞われた。文化大革命終結後、中国人民政治協商会議チベット自治区委員会委員となり、一九八三年には副主席に任命され中国共産党の統一戦線活動に従事した［拉魯・次旺多吉　一九九五：一五八］。そのような政治的立場からの証言であるがゆえに、彼が事件の真実を語っているとは考えられない。

六－三　フォードの拘束と撮影記録

チャムド陥落直後の一九五〇年十月二十一日、解放軍はフォードの身柄を拘束し、翌日、拘束場面を再現させて映像を記録した[王貴・黄道群 二〇〇一：九七]。フォードは次のように記している[フォード 一九五九：一四五]。

撮影機が据えつけられ、チベット兵に、昨日取りあげた銃が渡される。彼らが進み出て、改めて銃を渡すところが、映画に取《ママ》られる。それから円陣を作って、笑顔を作るように命じられ、それをまた撮影機が記録する。今度は、携帯機銃を持った二人の兵士にかこまれた私に、カメラが向けられる。それから、いくつかのシークウェンスが撮影される、熱心に中国軍を歓迎する僧侶たち、カーム地方の全軍の降伏文書に署名するヌガボ。

図2-10はチベット民族衣装の上に革のジャンパーを着ているフォードである。彼はチャムドでは貴族に準じる待遇を受けていたため、普段からチベット服を着用していた。その上に革のジャンパーを着ているのは不自然であり、撮影の際、イギリス人であることを目立たせるために解放軍が着用を命じたと考えられる。図2-11も同日に撮影されたものであろう。解放軍の幹部が捕虜となったチベット兵たちに中国共産党の捕虜政策を説明している場面である。最前列中央にフォードが同じ服装で坐らされ、いかにも不満そうなポーズをとらされている。その後、捕虜は一列に並ばされて、ラサへの通行証と現金が手渡され妻子を連れてラサへ帰るように命じられる場面が撮影された[Ford 1957：139]。

図 2-10　解放軍に拘束されたフォード

図 2-11　捕虜政策の説明を受けるフォード

この場面にいた第十八軍先遣部隊参謀の王貴と黄道群は、一五四団の楊軍政委員が僧侶と民衆そして数千人ものチベット軍捕虜を集めて大規模集会を開き、帝国主義のチベット侵略とフォードの罪状を厳しく糾弾したと語っている〔王貴・黄道群 二〇〇一：九七〕。フォードは集会の一場面を次のように書いている〔フォード 一九五九：一四五〕。

彼〔一五四団の楊軍政委員〕はチベット人たちに、中国人が彼らの国を侵した理由を説明し、カンバのガイドが、すこしずつ、これを通訳する。

「私たちは諸君に平和をもたらしに来た。」この言葉は、少なからず一同を驚かせた。「私たちが来たのは、外国の悪魔から諸君を解放するためである。シナ人とチベット人は兄弟だ。一つの民族、一つの国民である。」これもあまり共鳴を起こさせないようだ。俺たちの言葉を話すこともできないじゃないか。「私たちの仲を隔てていたのは、外国人たちだ。諸君を奴隷にして、母なる祖国から離反させたのは、奴らだ。高い鼻と、青い眼と、白い皮膚とで、すぐに見分けがつく。」彼は意味ありげな一瞥を、私の方に送る。「人民解放軍がやって来たのは、奴らを放逐して、諸君を自由にするためである。」

右の引用には、中国共産党のチベット解放の意義がはっきりと語られている。つまり、解放軍がチャムドに進攻した目的は、中国の一部であるチベットをイギリス帝国主義という悪魔から解放するためである。中国にとってフォードはイギリスという悪魔を象徴させる格好の存在であり、大規模集会という舞台でフォードを批判の標的にすることで武力行使の正当性を訴えたのである。

六-四　調査・自白・判決

集会が終了すると、先遣部隊偵察科科長の李奮はフォードをラル長官の屋敷へ連行して尋問を開始した。李奮は解放軍の捕虜政策を説明した後、フォードにスパイの供述を迫ったが彼は無言を貫いたという［王貴・黄道群　二〇〇一：九七］。その後、身柄は重慶の留置所へ移送され、西南軍政委員会が取り調べにあたった［王貴・黄道群　二〇〇一：九八］。先の新華社ニュースが発表されたのはちょうどこの時期である。委員会は先遣部隊から受けた二度の調査報告に基づき事件の詳細を発表したのであるが、その時フォードはまだゲダ五世の殺害を自白していなかった。

ゲダ五世殺害事件の調査を担当した第十八軍の王其梅（政治委員）は、共犯者の名を伏せ、帝国主義と結託した反動分子に毒殺されたと公表すべきだと申し出た［王貴・黄道群　二〇〇一：九六］。解放軍の進攻とチベット解放を円滑に進める上で、フォードを犯人に仕立てる方が好都合であり、チベット政府と住民を敵に回したくないという中国共産党の思惑があったからである。その後、王其梅の調査報告に基づいて新華社発表（一九五〇年十二月三日）が行われ、各種評伝は「王其梅報告」と「新華社ニュース」に依拠して書かれた。解放軍が軍幹部に調査を命じた以上、その内容が党と軍の意向に沿うものとなるのは当然である。新華社は犯人をフォードと断定した報道を行ったが、取り調べにあたった西南軍政委員会はフォードの犯行を裏付けるに足る証拠を握っていなかった。そこで、その後もフォードに対して執拗な自白の強要を行った。回顧録によれば、フォードはイギリス政府のスパイであることもゲダを殺害したことも否認し続けたが、執拗な圧力に耐えかねて虚偽の自白を行うことで出獄の道を探る決意をした。検察が作成した自白調書に署名する場面は、関係者が入念に撮影したと書いている［Ford 1957：219–220］。

チャムドでの逮捕から四年後の一九五四年十二月、裁判所はフォードに判決を下した［Ford 1957：240］。「中華人民共和国へ不法入国した罪」「治安を乱すスパイ活動を行った罪」「チベットで分離主義運動を煽動した罪」「政府官吏の暗殺に関与した罪」により、禁固十年の刑が言い渡されたが、最終的に中国政府の判断で国外追放処分となった。フォードは後に回顧録の中で、ゲダ五世の死について「ゲダが暗殺されたと信じるに十分な理由を持っている。誰が殺したのかも、知っているつもりだ。その人が誰か、永久に発見されないことを祈るばかりである」と書き残した［フォード　一九五九：九一］。

以上のことから、中国共産党はチベット解放政策にフォードを利用したことは明らかであるが、フォードがゲダ五世の殺害犯であるという客観的な証拠はなく、(26)筆者が調べた範囲では、ゲダ五世殺害事件は日本の新聞に報道されていない。その他の証言として、秋岡家栄と島田政雄（『日本と中国』紙代表団）が一九七七年にチベットを訪問した際、天宝（チベット自治区革命委員会副主任）から「犯人はイギリス人のフォードであり、土地の支配階層と結託した」という説明を受けている［秋岡　一九七七：一四二―一四三］。一九五〇年に先遣部隊の一員としてチャムドに入った天宝が、事件はフォードの単独犯ではなく土地の支配階層（ラルと想定される）との共犯であると考えていた点は極めて重要である。

また、阿部治平は著書の中で「フォードにしてみればとんだ濡れ衣である。当時からフォードが殺害したのではないといっていたひとはいる。ガポ＝アワンジグメもそのひとりだ」と書いているが、資料の提示がなく真犯人についての言及もない［阿部　二〇〇六：一六七］。その他、グルンフェルドも著書の中でゲダの死について触れているが、犯人に関する記述はない［Grunfeld 1996：108］。中国チベット学研究センターの王小彬は、フォードが毒殺、ラルが毒殺、病死の三説が考えられることを認め、フォードが殺害したと断定する証拠はないと述べている［王小彬　二〇一三：四一二―四一三］。このことは現在の中国共産党にとって、「チベットを帝国主義勢力から解放した」意義が重要性を失ったことを意味している。

図 2-12　「チベットの真実の光のための国際活動賞」を授与されるフォード(左)

フォードはイギリスに帰国後、一九五七年に政府の外交官として欧米やアフリカに赴任し、同時にチベット支援活動にも尽力した。二〇一三年四月、ダライ・ラマ十四世は彼に「チベットの真実の光のための国際活動賞」を授与したが、同年九月に九十歳で死去した(27)。

七　封印された塑像

本章の冒頭で紹介したゲダ五世と朱徳の塑像を作る話が持ち上がったのは一九

図2-13　朱徳総司令とゲダ5世記念館の展示（2003年8月筆者撮影）

八六年のことである。八月にパンチェン・ラマ十世が甘孜州を視察したことで町にも寺院にも活気があふれていた。その二ヶ月後に甘孜で開かれた「長征勝利五十周年座談会」（一九八六年十月十八日）の席上で、塑像制作の計画が提案された〔甘孜県志編纂委員会 一九九九：二一七〕。構想から十年余りの歳月を経て、塑像と記念館が完成したのは一九九九年であった。制作に携わった四川雕塑芸術院（一九八七年創設）は、プロパガンダ芸術を担う四川省文化庁直属の機関である。一九五〇年に甘孜州の前身である西康省チベット族自治区が創設されたことから考えると、記念館と塑像は甘孜州成立五十周年記念行事の一環と考えられる。そして江沢民国家主席（当時）の揮毫には、長征精神の継承、チベット解放に貢献した「老西蔵精神」の称讃、そして民族団結をアピールする意図が込められている。

筆者が二〇〇三年に記念館を見学した際、内部にはゲダ五世と紅軍に関する写真やパネルが多数展示されていた。具体的には、「紅軍長征路線図」「紅軍甘孜州路線図」「博巴共和国中央政府資料」「博巴甘孜県政府資料」「博巴自衛軍資料」「博巴革命党資料」「紅軍への食糧支援資料」「甘孜老紅軍資料」「甘孜県解放資料」「ゲダ活仏の生涯」（図2-13）等である。かつてゲダが座主を務めたペリ寺内にも「ゲダ活仏記念室」が設置され、政治面や軍事面での貢献を讃える展示がなされていた（図2-14）。筆者が二〇一〇年に見学を申し出た際、寺の管理者は外国人の訪問を歓迎しなかった。

ゲダ五世の縁者や寺の関係者が記念館や記念室の一般公開を望まない理由は、中国共産党が喧伝するゲダ五世の「輝かしい」生涯が実像と大きくかけ離れているからである。反論しようにも死人に口はなく、縁者は政治宣伝の塑像を記念館に封じ込めることで、ゲダの名誉と誇りを守ろうとしているのである。党や政府にとって記念館は統一戦線活動を題材にした愛国主義教育の格好の教材であるが、事実上の「閉館」を黙認しているのは縁者や信徒の反発感情への配慮と言えよう。

ゲダ五世に関しては、遺稿や従者の記録・証言の類が全く公表されていない。ゲダと交流のあった朱徳や劉伯承をはじめとする軍人も彼のことを語った形跡がない。ゲダは中国共産党の宗教政策を確認後、紅軍に食糧を支援したことは事実であると思われる。当時甘孜から徳格一帯におけるタージェ寺との勢力争いが存在したことから、ゲダはペリ寺を守るために共産党と協力関係を結んだと考えることもできるからだ(28)。ただし、チベット解放政策への参画は明らかに共産党の軍事行動であり、宗教者が志願した行動とは考えにくい。よって、「国を愛し党に尽くした進歩的宗教家」というゲダ五世像は、ゲダの死後、共産党によって意図的に作り上げられた虚像の要素が強いと言える。閉ざされたままの記念館と縁者の態度がそのことを雄弁に物語っている。

図2-14　ペリ寺ゲダ活仏記念室の展示(2010年8月筆者撮影)

筆者はゲダ五世の実像を知る政治家はチベット人の天宝であると考える。共産党の軍事目的を達成するためにゲダを説き伏せた天宝は有能な策士であり、朱徳の懐刀であった。チベット解放後、四川省やチベット自治区の要職を歴任し党のチベット政策に辣腕を振るったが、ゲダ五世が関与したチベット解放政策の真相を語ることなく二〇〇八年に逝去した。

八　ゲダ六世と統一戦線活動

八―一　ゲダ五世生誕百周年座談会

二〇〇三年十二月二十五日、四川省成都でゲダ五世生誕百周年を記念した座談会が開かれた[29]。党や政府の幹部が祝辞の中で強調したのは、ゲダ五世と中国共産党の「紅い絆」であった。このことは逆に、政治と宗教をめぐってチベットと中国の間に不安定な状況が存在していることを物語っている。甘孜の人々の記憶に刻まれているのは、共産党に尽くした姿ではなく、慈悲の心で民衆を愛した姿であるはずだ。

座談会でゲダ六世が次のような発言をした[30]。「党の指導の下、甘孜県では民族の融和と経済の発展が実現し、信仰の自由が守られた。各民族は一致団結し、チベット独立に反対すべきである」。六世は席上、心の中では五世の後生を願いつつも、顔には「国を愛し党に尽くす進歩的宗教者」という仮面をつけざるをえなかったのである。宗教活動が党と政府の管理下にある以上、面従腹背も致し方ないことである。仮面の下に隠された苦渋の色が、今の時代を生きる高僧の悲哀を物語っている。

八―二　ゲダ六世訪問

二〇〇五年八月二十四日、筆者はゲダ六世（タシ・ゾンボ、bkra shis bzang po、扎西絨波、一九五二―）の自宅を訪問した（図2-15）。彼はペリ寺を預かる責任者であるが、中国政府の方針で現在は「在家化身ラマ」として妻子と甘孜の町で暮らしてきた。以下は六世へのインタビューを整理したものであり、今回初めて彼の略歴が明らかになった。

一九五二年四川省甘孜県の生まれ。夫人、長男（僧侶）、長女（学生）の四人家族である。四歳でゲダ六世に認定されペリ寺に入ったが、七歳の時、民主改革運動が激しくなり、寺院から切り離されて甘孜の町へ連れてこられた。当時は政治の動向と宗教の関係を理解することはできず、言われるままに寺を追われた。甘孜に来てから強制労働に従事することはなく、もっぱらチベット語や漢語、数学等の学習を行った。文化大革命時期の生活については、今はまだ語ることはできない。文化大革命終結後、中国人民政治協商会議甘孜県委員会の副主席に任命され、県の統一戦線活動の指導者として職責を果たしてきた。インタビューの中で、「現在、甘孜の宗教活動は活発であり、チベット仏教は民族団結と祖国統一に貢献している。ゲダ五世は中国共産党を熱愛した優れた高僧であり、その功績は永く党と民族の歴史に残る」と語った。

図2-15　還俗後のゲダ6世（自宅,2005年8月筆者撮影）

「文化大革命期を語ることはできない」という言葉には、「在家」と「妻帯」に至った経緯に触れたくないという意味が込められている。「在家」も「妻帯」も六世本人の意思ではなく、時の政治情勢が生み出した悲劇である。ペリ寺を中心とした周辺地域に強い影響力を持つ高僧を寺院から切り離し還俗と妻帯を強制することで、「高僧」の影響力と信徒の信仰心を弱めることが政府の狙いであった（ゲダ六世は僧籍を失い俗人となったが、甘孜県一帯では現在も還俗した「化身ラマ」として信仰の対象となっている)。命令に逆らえば反革命のレッテルを貼られ、自分だけではなく周囲の多数の僧侶にも還俗や強制労働という虐待が加えられることは必至であった。訪問した二〇〇五年当時、党中央統戦部の意向でゲダ五世の顕彰活動が盛んに行われていたという事情もあり、六世は政治的に敏感な問題については発言を控えざるをえなかった。筆者は六世宅を訪問する際、文化大革命中のペリ寺の状況と六世の境遇について質問する予定であったが、訪問数日前に夫人が急逝したことを知り、過去の痛みに触れることはできなかった。

中国共産党が六世に与えた統一戦線活動の職務は、中華民族の団結と党の宗教政策を宣伝する重要な役目である。チベット族や漢族という個別の民族を包括した中華民族という概念は、実際は漢族を中心とした極めて政治色の強いものであり、チベット人が中華民族の一員というアイデンティティを持つことは難しく、むしろ反発する気持ちの方が強いと言える。そこで、地域の高僧を統一戦線活動の代表者にすえることで、民族紛争や宗教紛争の発生を未然に防ぎたいという共産党の思惑も見え隠れしている。在家を余儀なくされているゲダ六世であるが、甘孜の信徒たちが今もゲダ五世と六世を敬い慕う気持ちに変わりはない。

九　ゲダ五世と統一戦線活動

九－一　「愛国活仏」への道

二〇〇〇年十一月、甘孜州は成立五十周年を迎えた。政府系雑誌『中国西蔵』(二〇〇〇年第四期)は「成立五十周年特集」を組み、中国共産党が推進した民族区域自治政策、統一戦線活動、宗教政策、経済援助の成果を誉め讃えた(31)。掲載された「朱徳総司令とゲダ五世記念館」開館式典の写真（図2-16）を見ると、正面玄関の上に毛沢東の肖像画が飾られ、チベットの聖なる布カタが添えられている。二〇〇〇年という時期に、しかもチベット人居住地区に新たに毛沢東の肖像画が設置されることは極めて異例である。二〇〇三年に筆者が見学した時は、すでに撤去されていた。

図 2-16 記念館開館の祝賀会（2000 年）

記念館の展示内容は紅軍長征とチベット解放をテーマとした政治的軍事的色彩の濃いものである。そこにチベット進攻を指示した毛沢東を飾ることは、チベット人の神経を逆なでする行為である。記念館に鎮座するゲダ五世像は、あくまでも党のチベット政策を讃美するための飾りなのである。

先の「新華社ニュース」（一九五〇年十二月三日）は、「ゲダ五世は紅軍を助けチベット解放に献身した活仏」と報じているが、中華民族の英雄と見なしているわけではない。一九五〇年代末の民主改革運動から文化大革命時期の間も英雄として扱われることはなかった。筆者が調べた限りでは、ゲダ五世の詳しい履歴が調査され、愛国宗教人士としての事績の原型が作られたのは一九八〇年である。この年は甘孜州成立三十周年にあたる節目の年であり、ゲダ五世圓寂の三ヶ月後に、前身の西康省チベット族自治区が誕生した。州政府は祝賀活動と統一戦線活動の一環として、圓寂から同じく三十年目を迎えたゲダ五世に着目し英雄伝をまとめあげたのである［来作中 一九八四：一七］。

ゲダ活仏は共産党を熱愛し、社会主義の祖国を熱愛し、わが身をもって祖国統一と民族団結のために勇ましく献身した革命功績は、祖国の人民とりわけチベット人民の思想に深く刻まれている。彼はチベット人民や宗教界の傑出した愛国人士と呼ぶにふさわしい。われわれは彼に深い懐旧の情を表す。祖国の人民も永久に彼を慕い懐かしむことであろう。

この文章は四川省統戦部に注目され、四川省哲学社会科学研究部門の優秀賞を受けた。それ以後、四川省では中華民族の英雄としてゲダ五世が統一戦線活動に登場する回数が増えるにつれて、この英雄伝は広く流布し始めた。英雄伝の資料整理にあたったのは政府系のチベット人学者トゥンドゥプ・ラモである。彼女は後に甘孜州五十周年を目前にした一九九九年、英雄ゲダ五世の生涯をわかりやすく絵本にまとめ、愛国主義教育の教科書『格達活仏』［鄧珠拉姆 一九九九］とした。

この英雄伝のゲダ五世像はあくまでも中国共産党の視点から描かれたものである。二〇〇三年八月と二〇〇五年八月に筆者が四川省甘孜県でチベット人十人に実施した聞き取り調査では、七人からゲダ五世は「愛国愛党の活仏だ」という「模範的」な回答を得た。これは中国社会では「政治を語りたくない」という意思表示でもある。残り三人は「武力進攻という目的のために、中国側が秘かに暗殺を実行した」「五世の死は政治的に利用されている」「六世の生き方も時の政治が生んだ悲劇だ」と答えた。ゲダ五世の作られた英雄像は、現在チベット人に受け入れられているとは言い難い。「愛国活仏」とは、「中華民族を団結させる力を持ち、祖国統一と中華振興に貢献する活仏」と言い換えることもできる。筆者はゲダ五世という「愛国活仏」は中国共産党によって作られ利用された「英雄」であり、実像より虚像の要素が勝っていると考える。

九-二　テレビドラマ「格達活仏」「西蔵風雲」

中国では、「英雄」は党や軍の要請に応じて作られるものである。二〇〇五年十二月、中央電視台（テレビ局）は「格達《ゲダ》活仏」という連続ドラマ全二十集を放映した。(32) この作品はチベット自治区成立四十周年（二〇〇五年）及び紅軍長征勝利七十周年（二〇〇六年）を記念した大型企画であり、中国共産党が数年前から周到な準備を重ねてきた自信作であった。ゲダ五世は紅軍長征とチベット解放に尽力した点で二つの祝賀を飾るにふさわしい「英雄」であった。チベットの民衆と紅軍兵士を救い、御仏と中国共産党に仕えたその生涯は、中国共産党によるチベット政策と統一戦線活動の成果を宣伝する格好の題材であった。

「民族団結」「祖国統一」「愛国主義」といった重いテーマをいくつも掲げたこの作品は、「文芸は政治に奉仕する」という中国がこれまで得意としてきた様式を踏まえたものである。近年、中国のテレビ番組は大衆の娯楽として急速に多様化の道を歩み始めたが、その一方で、党が独裁を維持するための有効な装置でもあり続けている。ドラマを企画制作したのは党中央統戦部である。制作の過程で党中央統戦部部長の劉延東は自ら何度も重要な指示を出した。(33)

チベットを題材にしたテレビドラマと言えば、「雪震」「拉薩往事」「文成公主」「西蔵風雲」「塵埃落定」など多数あるが、「格達活仏」の特徴は、中国のテレビドラマ史上初めてチベット仏教の高僧を主人公に設定したことだ。ただし、この作品は宗教活動を扱ったものではなく、あくまでもゲダ五世の政治的軍事的貢献を中国共産党の視点から描いたものである。放映終了直後、北京では作品のＤＶＤが早々に売り切れとなった。(34)「中国共産党に忠誠を誓ったチベット仏教の活仏」という政治色の強い人物設定には、漢人の多くが違和感を抱き、党や軍

図2-18　テレビドラマ「格達活仏」に描かれたフォード（左）とゲダ5世（右）

図2-17　テレビドラマのDVD『格達活仏』（2005年）

の宣伝を目的としたドラマは不評に違いないと思われたが、意外にも北京での評判は上々であった。一方、チベット人からは「ゲダは共産党の宗教政策を妄信している」「民族の団結を強引に押し付けている」という不満の声もインターネット上に続出した。

脚本家の黄志龍と監督の楊韜は、ゲダ五世の人物像を際だたせる目的で悪役ロンカム（隆康）活仏との対比という構図を設定した。ロンカムは実在の諾那活仏（ガラテマ、mgar ra bla ma）［Tutlle 2005：257–258 nn 98, 99］を意識した人物設定である。ドラマは中国共産党との関係を描く上で五つの見せ場「紅軍と朱徳との出会い」「博巴政府の誕生」「紅軍兵士の救出」「中華人民共和国の誕生」「チベット解放の使者」を設けた(35)。図2-18はフォードが無線所内でゲダにコーヒーを出す場面であり、「一九五〇年八月二十二日ゲダ活仏殺害され圓寂」の字幕が出る。ゲダの容態が悪化したのでフォードは薬を勧めるがゲダは断った。作品は殺害にフォードの関与を思わせる描写を用いているが、断定を避けている。

もう一つのテレビドラマ「西蔵《チベット》風雲」（全二十五集）にもゲダ五世が登場している(36)。一九九九年に中央電視台とチベット自治区党委員会宣伝部が共同で制作し、中国共産党の視点からチベット政策の成果を描いた作品である。監督は翟俊傑、脚本は黄志龍他、第十八軍先遣部隊にいた王貴が軍事顧問を務めた。第六集にゲダ五世がチベット解放の使者としてラサを目指す場面がある。チャムドでラル長官の妨害を受け一ヶ月余り足止めされた際、ゲダは「解放軍の進攻までは一ヶ月半の猶予しかない」と語った。チベット政府との和平協議の結果にかかわらず、チベット占領を目的とした進軍は毛沢東の既定方針であったからだ。殺害事件については、ドラマにフォードは登場するがフォードが殺害に関与したとは描かれていない。ゲダの死因については曖昧さを含んだ描写となっている。

九―三　ゲダ五世と愛国主義教育

「ゲダ五世に学び、祖国と宗教を愛する立派な僧尼になろう」、これは二〇〇四年に四川省内のチベット仏教寺院で行われた愛国主義教育のスローガンである[37]。この場合の愛国主義には、「チベットを中華民族の一員として団結させ、チベット亡命政府による分裂主義を批判する」意図が込められている。四川省統戦部と四川省宗教事務局が積極的に運動を推進した背後には、ゲダ五世生誕百周年（二〇〇三年）の祝賀とテレビドラマ「格達活仏」（二〇〇五年）の宣伝活動があった。

図 2-19　テレビドラマのVCD『西蔵風雲』(1999年)

この「ゲダ五世に学べ」運動のキーワードは「民族団結」と「祖国統一」であり、テレビドラマのテーマと一致している。ドラマのロケは甘孜州の各地で行われ、北京や四川省の幹部も次々と視察に訪れた。四川省統戦部はこのキャンペーンを積極的に展開することで、省内の統一戦線活動を活発化させ党中央統戦部との連携を行った。ゲダの出身地である甘孜県では、次のような活動が実施された(38)。

(1)寺院に「ゲダ五世に学べ」運動を指導する組織を作らせた

(2)劉延東(党中央統戦部部長)の講話(チベット語版)を寺院に配布した

(3)甘孜県党委員会はテレビ番組「チベット・漢両民族団結の模範」を制作し放送した

(4)「朱徳総司令とゲダ五世記念館」やペリ寺を活用して、僧尼に愛国主義教育を実施した

図2-20　愛国主義教育の教材として利用されるゲダ5世

こうした政治思想教育を積極的に行う背景には、統戦部と解放軍からの要請、若年僧の社会主義教育強化という事情が存在する。そして江沢民時期に積極的に推進されたゲダ五世顕彰運動の原動力は、宗教政策「三原則」(一九九三年)、「四原則」(二〇〇二年)の中の「宗教と社会主義社会の適応」であった。

一〇　結　論

ゲダ五世は中国共産党によって見いだされ、チベット政策を中心とした統一戦線活動に利用された「英雄」で

第2章関連年表

中国共産党と軍の統一戦線活動，記念行事		ゲダ5世・6世の役割と顕彰活動	
		1903	ゲダ5世誕生
1936	紅軍甘孜に到着，朱徳が北上計画を準備／張国燾，西北連邦政府計画を準備	1936	紅軍へ食糧支援／甘孜県博巴政府副主席就任
1950	第18軍先遣部隊甘孜に到着／チベット解放政策を準備／フォードを逮捕後チベットへ軍事進攻開始	1950	チベット解放の使者となる／ゲダ5世チャムドで死去
		1952	ゲダ6世誕生
1980	甘孜州成立30周年／第1回チベット工作座談会	1980	「ゲダ5世英雄伝」発表
1986	長征勝利50周年座談会	1986	朱徳とゲダ5世の塑像制作計画
1993	江沢民の宗教政策「三原則」	1999	「朱徳総司令とゲダ5世記念館」開館／テレビドラマ「西蔵風雲」放映／愛国主義教材『格達活仏』出版
2000	甘孜州成立50周年		
2003	ゲダ5世生誕100周年記念座談会	2004	「ゲダ5世に学べ」キャンペーン
2005	チベット自治区成立40周年	2005	テレビドラマ「格達活仏」放映／小説『格達活仏』出版
2006	長征勝利70周年	2006	『朱徳与格達活仏』出版

ある。長征時期，毛沢東が共産党内の指導権を徐々に確立していったことは確かであるが，紅軍が敗走を続ける中で，党内の意思決定と指揮系統は極めて不安定であった。不利な戦況に置かれていた共産党は，少数民族地区を無事に乗り切り，反転攻勢の旗を立てるには，宗教の力を利用するのが得策であると考えた。具体的な宗教政策は各部隊が担当し，地元の高僧や支配者と協議を重ねて，敵を味方に付ける作戦が展開された。そして，第四方面軍を率いる朱徳が狙いを定めたのがゲダ五世であった。チベット解放政策において，ダライ・ラマ十四世を説得する軍事的任務を担わされたのもゲダであった。共産党とゲダが良好な関係にあったことを示す客観的な証拠はないが，地元のライバル僧院であるタージェ寺との勢力争いを繰り広げる中で，ペリ寺の座主であるゲダ五世が共産党に接近したとも考えられる。この点については調査を継続する。

中国共産党史において，ゲダ五世は「軍事活動に献身した後，イギリスのスパイに殺害された英雄的宗教者」と位置づけられている。ゲダの人物像は「紅軍長征」と「チベット解放」という軍の統一戦線活動の成果に沿って形作られたものであると筆者は考える。統一戦線活動の主要な任務の一つは宗教政策である。文化大革命終結後、党の実権を握った鄧小平は、第一回チベット工作座談会（一九八〇年）にて、宗教指導者に対する統一戦線活動を重視する方針を打ち出した。そこで党は軍と連携して、朱徳とゲダ五世が向き合う塑像を制作し、党と軍に貢献した愛国的宗教指導者像を視覚化したのである。

その後、「英雄ゲダ五世」は、長征勝利五十周年、甘孜州成立五十周年といった党や軍の記念行事のたびに担ぎ出されて宣伝に利用された。そして江沢民は、一九九九年に開設した「朱徳総司令とゲダ五世記念館」をチベット人とチベット仏教寺院に対する愛国主義教育に活用することを考えた。これは江沢民の宗教政策「三原則」と「四原則」の中の「宗教と社会主義社会の適応」に一致する。二〇〇三年、ゲダ五世生誕百周年記念座談会では、還俗したゲダ六世が五世の残した統一戦線活動の「成果」を引き継ぐことが確認された。二〇〇五年、党中央統戦部は、ゲダ五世の生涯を党と軍の視点から描いた連続テレビドラマ「格達活仏」を制作し全国放映した。このことは、ゲダ五世と六世が、今後も民族団結と祖国統一という共産党の統一戦線活動に奉仕する「愛国活仏」であり続けることを宣言したと言える。

党と軍が描き上げた「ゲダ五世略伝」は虚々実々の皮膜に覆われており、筆者は実像よりも虚像の要素が強いと確信する。現在もゲダ五世の縁者は記念館の公開を拒み、門を固く閉ざしている。甘孜県の党委員会と解放軍部隊がそれを黙認していることが何よりの証拠である。ゲダ五世圓寂から六十数年が経過した今、彼の実像を語る人物はいなくなった。東チベットの僧俗は、悲劇の高僧を政治利用することを誰も望んでいない。

（1）記念館と塑像の写真は［張冠宇主編 二〇〇六：七―八］、［王懐林主編 二〇〇六：九八―九九］にも収録されている。
（2）本章は［川田 二〇〇四a］、［川田 二〇〇六b］、［川田 二〇〇七b］を再構成し加筆したものである。
（3）「化身ラマ」「トゥルク」「活仏」の用語に関しては、［田中 二〇〇〇］、［石濱 二〇〇四b］を参照した。

（4）『甘孜県志』には麦一三四石（一石は百リットルに相当）、豌豆二十二石、馬十五頭、牛十九頭と記されている［甘孜県志編纂委員会　一九九九：四三七］。
（5）暁浩「我所知道的格達活仏和甘孜白利寺」（二〇〇五年十二月八日）、新華網山東頻道（http://sd.xinhuanet.com/life/2005-12/08/content_5769403.htm　二〇〇六年六月一日閲覧）。
（6）「中国紅軍総政治部甘孜喇嘛寺白利喇嘛寺互助条約」（一九三六年四月十二日）。
（7）暁浩「我所知道的格達活仏和甘孜白利寺」（二〇〇五年十二月八日）、新華網山東頻道（二〇〇六年六月一日閲覧）。
（8）博巴政府は近隣の炉霍県や道孚県にも成立し、各県の博巴政府を統合に向けた準備段階として、一九三六年四月下旬に臨時博巴中央政府が組織された。五月一日、徳格・白玉等十六県の代表約七百人が甘孜に集い、博巴人民共和国第一回代表大会が開かれ建国が宣言された。準備委員会委員長は孔薩土司の徳欽翁姆、副委員長は白利土司の貢布汪登、秘書長は甘孜寺の香根活仏である［甘孜県志編纂委員会　一九九九：二五八］。
（9）「政治綱領」には、漢人官僚・国民党・蔣介石の追放（第一条）、土地の没収と分配（第二条）、選挙の実施（第四条）、各民族の政治参加（第五条）、自衛軍の設立（第六条）、信教の自由とチベット仏教の保護（第七条）、商工業の発展（第八条）、農業の改良（第九条）等が謳われている。「波巴第一次全国人民代表大会宣言（摘録）」（一九三六年五月）［中共中央統戦部　一九九一：四九六］。
（10）「道孚・炉霍・甘孜一帯で、われわれは博巴革命政府を打ち立てねばならない。これらは連邦政府の一部となるものだ」。「中華蘇維埃運動発展的前途和我們当前任務」（一九三六年四月一日）［盛仁学　一九八二：五四九］。
（11）［阿壩蔵族羌族自治州文化局　一九九六］には「格勒得沙革命党党章」（一九三六年一月一日）、「格勒得沙共和国国歌」「格勒得沙革命軍練兵歌」「〝格勒得沙〟中央革命政府旧址」が掲載されている。［中共西蔵自治区委員会党史研究室　二〇〇六：一九一―二二］には、天宝の漢語能力、僧侶から紅軍参加、格勒得沙との関係が記されている。
（12）長征時期の呉忠については「呉忠同志生平簡介」、陳勇進「紅軍一少年」［《呉忠追懐録》編写組　一九九三］が詳しい。［王貴・黄道群　二〇〇一：四三］には天宝も長征時期に甘孜に来たと書いているが、詳細は不明である。
（13）「紅軍長征途中曽経建立的両個〝共和国〟」（http://hi.baidu.com/mxh138/blog/item/eed01230b88298a8018ef3.html　二〇〇七年五月十日閲覧）。
（14）「朱徳劉伯承給格達的復電」（一九五〇年六月一日）の注一によると、一九五〇年五月六日、ゲダ五世より朱徳へダライ・ラマ工作に関する電報が送られたとある。
(15)「中央復西南局有関西蔵問題的電報(節録)」(一九五〇年五月十七日)。
(16)「朱徳劉伯承給格達的復電」(一九五〇年六月一日)。
(17)「西南局関於十項条件為和平談判及進軍基礎給西蔵工委的指示」(一九五〇年六月二日)。
(18)朱徳は六月に中国人民政治協商会議(北京)にゲダ五世を招待するため、チベット行きを遅らせる提案を行った。ゲダはチベット解放を優先させる意思を書簡で伝えた[王貴・黄道群 二〇〇一:四四—四五]。書簡には「パンチェン・ラマとダライ・ラマの地位を保全する」「チベット貴族の生命・財産・安全を保障する」「民衆にしっかり広報活動を行い、少数の親英貴族を孤立させる」「チベット青海道路を復旧させ、玉樹ラサ道路を建設する」といった具体的な要望も記されていた。ただし、当時ゲダが親英貴族や道路建設を要望することは現実味に欠けるため、書簡はゲダの意思を尊重しつつも先遣部隊幹部が書いた可能性が高いと思われる。
(19)[来作中 一九八四]及び[暁浩 一九九九:七四]は七月四日、[中共西蔵自治区委員会党史研究室 二〇〇五:二一]は七月十日としている。
(20)[来作中一九八四]は八月五日着としているが、他の資料では七月二十四日となっている。
(21)毛沢東は前者の「チベット解放」の準備を進める中で、一九五〇年一月二日モスクワから党西南局へ「チベット経営」問題に関する電報(「毛沢東関於由西南局籌劃進軍及経営西蔵問題的電報」)を打っている[西蔵自治区党史資料徴集委員会他 一九九五a:四七]。「チベットは人口こそ多くないが、国際的な地位は極めて重要である。われわれは必ず占領して人民民主のチベットに改造しなければならない」。
(22)「毛沢東関於進軍和経営西蔵問題的電報」(一九五〇年一月十日)。
(23)「毛沢東関於解放西蔵問題給彭徳懐的電報」(一九四九年十一月二十三日)。
(24)「西南軍政委員会委員格達惨遭英帝特務分子毒害身死」(一九五〇年十二月三日)。
(25)中国政府がチベット語のラジオ放送(中央人民広播電台)を開始したのは、一九五〇年五月である。毛沢東は党中央統戦部部長の李維漢をチベット語放送の責任者に任命し、チベット解放に向けた政治宣伝活動を重視するよう指示を出した。放送は週三回、午後十一時から一時間、チベットの官僚や貴族を対象にしていた[張小平 二〇〇五:九九—一〇二、三一四][中共中央文献研究室他 二〇〇一:一四]。

(26) 中国側の文献では犯人は次のように記述されている。
(1)フォードが毒殺［新華通訊社　一九五九：一四〇―一四一］［格勒　一九八四：二八六］［来作中　一九八四：一六］［吉柚権　一九九三：一二五―一二六］［師博　一九九三：二二一―二二三］［北京社会主義学院　一九九三：一九―二一］［曽国慶・郭衛平　一九九六：三六六］［郝桂堯　二〇〇〇：一一九―二〇〇］。
(2)フォード及びラルが派遣した医師が毒殺［周錫銀　一九八四：二二］［周錫銀　一九九六：二八一―二九一］。

(27) 「訃報：チベット初の無線通信士ロバート・フォード氏」、ダライ・ラマ法王日本代表部事務所（http://www.tibethouse.jp/news_release/2013/131216_obituary-mr-robert-ford-tibets-first-radio-operator.html　二〇一四年三月十六日閲覧）。

(28) 当時の時代背景については小林亮介氏の教示による（二〇一三年）。

(29) 主催は四川省党委員会統一戦線工作部、四川省宗教事務局、党甘孜州委員会、甘孜州人民政府。座談会の模様は雑誌『中国西蔵』二〇〇四年第二期に掲載され（劉延東「功烈永垂民族史――紀念五世格達活仏誕辰一〇〇周年」）、新聞各紙も一斉に報道した。

(30) 中共中央統一戦線工作部「紀念五世格達活仏誕辰一〇〇周年座談会在蓉召開」（http://www.zytzb.org.cn/zytzbwz/religion/xxdl/80200312170625.htm　二〇〇四年一月九日閲覧）。

(31) 「甘孜蔵族自治州建州五十周年専号」『中国西蔵』二〇〇〇年第四期、三―四一頁。

(32) 二〇〇五年九月に予定されていた放映は十二月に延期となった。政治的に敏感な題材を扱ったドラマであるため、作品構成や事実関係について党や軍の幹部から修正要求が出され、調整に手間取ったと考えられる。過去にトプギェル（多布傑、ゲダ五世役）が初出演したテレビドラマ「布達拉宮秘史」（一九八八年）は放映されることなくお蔵入りとなった。二十世紀のチベットを扱った作品が、中国共産党の政治的立場とチベット亡命政府へのメッセージの両方を含んでいるためである。「専家熱批《格達活仏》：史詩巨制震撼人心」（二〇〇五年十二月五日）（http://ent.sina.com.cn/v/m/2005-12-05/1738918134.html　二〇〇六年六月一日閲覧）。「蔵族演員多布傑：従挖煤工人到表演芸術家」（二〇〇五年十月三十日）（http://info.tibet.cn/news/rwxw/ysrw/t20051030_65982.htm　二〇〇六年七月二十日閲覧）。

(33) 「組図：大手筆譜写西蔵風雲多布吉演一代活仏」（二〇〇五年七月八日）（http://ent.sina.com.cn/v/m/2005-07-08/1806774539.html　二〇〇六年六月一日閲覧）。

(34) ＤＶＤ『格達活仏』北京電視芸術中心音像出版社、二〇〇五年十一月、主演：多布傑、監督：楊韜、総顧問：六世格達活

仏。二〇〇五年十二月、筆者が北京で販売状況を確認した。

(35) 詳細は［川田 二〇〇六b］を参照いただきたい。

(36) VCD『西蔵風雲』中国国際電視総公司、一九九九年。

(37)「四川省深入開展〝向第五世格達活仏学習、争做愛国愛教好僧尼〟活動」(http://www.zytzb.org.cn/dfxx/sichuan/tzdt/80200502250274.htm 二〇〇六年六月一日閲覧)。

(38)「甘孜県深入開展〝向第五世格達活仏学習〟活動」(http://www.zytzb.org.cn/dfxx/sichuan/tzdt/80200502250274.htm 二〇〇六年六月一日閲覧)。

第三章　民主改革・文化大革命時期のデルゲ印経院

一　はじめに

一―一　徳格訪問（二〇〇三年八月）

デルゲ印経院（デルゲ・パルカン、sde dge par khang、徳格印経院）は、四川省甘孜州徳格《デルゲ》県に位置するチベット仏教徒の聖地である。印経院とは経典や各種文献の刻版と印刷を行う工房であり、チベット文化を支える各種版木を所蔵する「知の保管庫」でもある。デルゲ印経院は一七二九年創設以来、刻版、製紙、製墨、印刷等の高度な伝統技術を約二百八十年にわたって脈々と受け継いできた。そして、約三十万枚にも及ぶ版木一枚一枚に、チベット仏教各派の学問とチベットの文化がしっかりと刻み込まれている。

徳格県は四川省成都市から川蔵北路（四川省とチベット自治区を結ぶ幹線道路）を約千キロメートル進んだところにあり、成都から長距離バスを乗り継いで三日を要する。この地に大蔵経の版木が眠る印経院があることは、チベット人と専門家以外には知られていない。筆者は二〇〇三年八月と二〇一〇年八月に徳格県更慶《ゴンチェン》(dgon chen)

図 3-1　デルゲ印経院全景（2003 年 8 月筆者撮影）

鎮を訪問した。印経院は町の中心部から徒歩で五分、丘の中腹に位置している。近隣に住む老若男女の信徒が夜明けとともにやって来て、数珠やマニ車を手に印経院の周囲を何度も巡っている。建物の外壁沿いには真言を刻んだマニ石が多数置かれ、ここが信仰の場でもあることを示している。

　印経院を見学する際、特別な手続は不要である。入館料（二〇〇三年当時二十五元）を支払うと、チベット人ガイドが漢語で案内してくれた。版木の盗難と火災を未然に防ぐ必要上、一般観光客はガイドの指示を無視した勝手な行動は許されない。経典の印刷は主に三階の明るいテラスで行われている。二人の印刷工が向かい合って坐り、一人が版木に墨を塗り、もう一人が紙を敷きローラーをかける。息のあった二人の作業は目にも留まらぬ早技である。版木の運搬係を含めて、彼らは三人一組で一日に二千枚から三千枚を刷り上げる。印刷工は二十歳前後の青年が多く、大半が近郊の農村からやって来た季節労働者である。印経院で働くことは、地元のチベット仏教徒にとってこの上ない功徳であり、農民には貴重な現金収入となる。仏の教えを刻んだ版木のみならず、印刷に使う紙・墨・朱砂のすべてに仏の心が宿るとチベット仏教徒は考えている。版木を洗った水は「厄を払い万病に効く」と言われ、わざわざ持ち帰って服用する者もいる。

　印経院正面の向かい側に建つ管理棟の一階では、版木に文字を刻む作業が行われている。刻字には高い技術と強い忍耐力が要求される。一枚の版木両面に文字を刻むには、熟練工でも丸二日がかりである。厳しい検査に合格した版木だけが、印経院に収められる。刻版の技術は親から子へ伝授され、職人は徳格の他に金沙江を越えた

図 3-2　経典を印刷する印刷工（2003 年 8 月筆者撮影）

図 3-3　版木に文字を刻む職人（2003 年 8 月筆者撮影）

ジョンダ（江達、'jo mda'）からもやって来る。ジョンダはかつてデルゲ土司（sde dge rgyal po）の支配地であったからだ。彼らの優れた技巧はチベット全土から尊敬を集めている。

　ここで、デルゲ印経院の呼称について説明しておく。チベット語では一般に「デルゲ・パルカン」と呼ばれている。「デルゲ」は地名、「パル」はチベット語で「印刷」、「カン」は「建物」、「パルカン」は「経典の印刷工房」「版木の保管庫」を意味する。漢語では一般に「徳格印経院」と呼ばれている。「徳格」は現地のチベット語音「デルゲ」の音写である。

一―二　問題の所在

　一九四九年中華人民共和国建国後、デルゲ印経院は幾度も政治の洗礼を受け苦境に立たされたことがある。とりわけ一九六六年に始まった文化大革命の嵐は、ここ徳格県でも容赦なく吹き荒れた。造反派や紅衛兵は「四旧打破」（四旧とは旧思想・旧文化・旧風俗・旧習慣を指す）のスローガンを掲げて、県内各地の仏教寺院や宗教施設をことごとく破壊していった。ところが、「四旧」の代表格とも言える印経院は破壊の標的とされながらも実際の被害は比較的小さかった。誰がどのような方法で、民主改革と文化大革命という文化破壊運動から印経院を守ったのであろうか。筆者は一九九〇年代半ばよりこの疑問を抱いてきたが、チベット人居住地区では政治と宗教に関連した歴史資料は、これまで大半が非公開であった。しかし、チベット人幹部ヤンリン・ドジェの証言（二〇〇二年）や写真家程徳美の回顧録（二〇〇五年）が公表されたことにより、新たな事実がわかり始めた。そして、徳格住民への聞き取り調査（二〇〇三年）を行い、印経院ツェワン・ジメ院長へのインタビュー（二〇一〇年）が実現したことにより、疑問を解決する糸口が見えてきた。

本章は先ずデルゲ印経院の歴史と役割を土司制度の視点から概観する。次に民主改革（主に一九五六年―五八年）から文化大革命（一九六六年―七六年）の時期に焦点をあて、文献資料と筆者の調査に基づき、デルゲ印経院と土司を利用した中国共産党の宗教政策の実態を明らかにする。[1]

一―二　先行研究と関連文献

デルゲ印経院に関する資料は以下の三種類に分類可能であり、本章は(a)と(b)を対象とする。

(a)印経院の歴史と活動内容に関する研究
(b)中国共産党の宗教政策を中心とした研究
(c)チベット仏教学から見た経典研究と仏教美術研究

先ず(a)に関する先行研究と関連文献等を日本語(1)―(10)と漢語(11)―(21)の順に掲げる。

(1)『チベット』〔多田 一九四二〕
(2)「パルカンについて」〔多田 一九五八〕
(3)『チベット滞在記』〔多田 一九八四〕

(4)「デルゲ取経記」〔武田 一九八四〕
(5)「チベット――デルゲパルカン」〔中西 一九九七〕
(6)「チベット徳格印経院を調査して」〔中西 一九九九〕
(7)「徳格――最後の印経院」〔鎌澤 二〇〇〇a〕
(8)「徳格の印経院」〔鎌澤 二〇〇〇b〕
(9)「デルゲ・パルカン（徳格印経院）とそれを支える土地の人々――チベット大蔵経の木版印刷工房」〔中西 二〇〇一〕
(10)『活きている文化遺産デルゲパルカン――チベット大蔵経木版印刷所の歴史と現在』〔池田・中西・山中 二〇〇三〕
(11)『徳格印経院』〔厳毓祖 一九八二〕
(12)「徳格印経院」『甘孜蔵族自治州史話』〔格勒 一九八四〕
(13)「徳格印経院概述」〔谷川 一九八七〕
(14)「印経院」「土司」『徳格県志』〔四川省徳格県志編纂委員会 一九九五〕
(15)『徳格印経院』〔楊嘉銘 二〇〇〇〕
(16)『雪域康巴文化宝庫――徳格』〔沢爾多傑 二〇〇二〕
(17)『1939年――走進西康』〔孫明経 二〇〇三〕
(18)『定格西康――科考摂影家鏡頭里的抗戦後方』〔孫明経 二〇一〇〕
(19)『徳格印経院』〔沢旺吉美 二〇一〇〕
(20)『VCD徳格巴宮　雪山下的文化宝庫――徳格印経院』〔四川電視音像出版中心 二〇〇〇〕

(21)『ＶＣＤ徳格宝地――康巴文化的発祥地　嶺・格薩爾王故里』〔中国唱片成都公司　二〇〇三〕

多田等観は西本願寺の僧であり、一九二二年ダライ・ラマ十三世からデルゲ版大蔵経を賜り日本へ持ち帰った。(1)―(3)は一九一〇年代、二〇年代のチベットの宗教状況とデルゲ印経院を知るための資料である。(4)は日本の中国文学者が一九八三年に対外未開放の印経院を訪問した記録である。当時院内に診療所があったという証言は注目に値する。(10)は映像作家、言語学者、生物学者による日本で最初の学術書であり、印経院の歴史と活動内容を報告した重要な成果である。中西純一は一九九六年夏に徳格を訪問し、印経院の取材と写真撮影に成功した。その成果は『季刊民族学』に掲載され、大きな反響を呼んだ。中西は印経院を「活きた文化遺産」として保護し存続させる必要性を訴えている。特に地域社会との関係から「信仰の中心、地域のシンボル」「雇用と地域文化の活性化に寄与」「地域の自然を保護し、活用する」「識字教育に寄与」という四つの意義を主張している。

中国側の研究では、(15)はチベット人研究者による印経院研究の最新成果であり、豊富なカラー図版を収録している。(14)は『徳格県志』に掲載された政府系の資料であり説明が詳しい。(17)(18)は映像学者が撮影した一九三〇年代の写真を収めており、歴史的価値が高い。

次に(b)の分野に関する研究と資料について述べる。

(22)「チベット語の興亡と出版物の現状」〔八巻　一九九六〕
(23)「チベット語大蔵経、文革逃れ十万枚――中国四川省・徳格印経院」〔堀江　二〇〇一〕
(24)「徳格印経院――チベット文化を死守」『天梯のくに　チベットは今』〔堀江　二〇〇六〕
(25)『雪域康巴文化宝庫――徳格』〔沢爾多傑　二〇〇二〕
(26)「灑向雪域都是情――訪四川省政協原副主席楊嶺多吉」〔沢仁鄧珠　二〇〇二〕
(27)『高山反応――程氏一家四代的西蔵情結』〔程徳美　二〇〇五〕

(28)「喚醒一段蔵族革命歴史的記憶――紀念巴塘地下党和東蔵民青成立五十周年」〔楊嶺多吉 二〇〇二〕
(29)「雪域香巴拉文化宝庫」〔《西蔵旅游》雑誌社 二〇〇四〕

(22)―(29)は文化大革命時期のデルゲ印経院に言及している論文と報告である。(22)は文化大革命と印経院の関係に言及した日本で最初の報告である。(23)(24)は日本人新聞記者による印経院の取材記事であり、文化大革命時期の文物保護を取材した内容を含んでいる。(26)(28)は文化大革命時期に徳格県党委員会書記を務めた人物の極めて重要な証言であり、周恩来との関連が指摘されている。(27)は文化大革命時期の印経院を観察したカメラマンのルポルタージュである。本章ではこれらの先行研究と関連文献を踏まえ、二人の徳格県党委員会書記と周恩来の関係に注目し、デルゲ印経院における民主改革時期と文化大革命時期の宗教政策を明らかにする。

二　デルゲ土司が開設した印経院

二―一　デルゲ版大蔵経と多田等観

この地を支配したデルゲ一族は六世紀頃に始まり第五十三代まで続いた。「デルゲ」の名は、チベット仏教サキャ派の座主パクパ（phags pa、八思巴、一二三五―八〇）が与えた称号に由来している。十五世紀初、カトク（嘎托寺（ka: thog dgon pa、四川省白玉県）の僧の勧めで、現在の四川省徳格県に居を移し、デルゲを一族の名称とした〔四川省徳格県志編纂委員会 一九九五：四四二―四四三〕。十五世紀中頃、一族の第三十六代目が初代デルゲ土司となり、現在の徳格県更慶鎮を本拠に定めた。土司とは元から清にかけて中国西南部の非漢人地域に存在した官職名である。歴代王朝は各地の首領たちと君臣に似た関係を結び、彼らを土司や土官に任命し、支配地域の統治権を与えた。各王朝は土司制度を通じて、広大な非漢人地域を間接的に支配したのである。(2) 第六代土司はゴンチェン（更慶）寺(dgon chen dgon pa)の建立を命じ、以後歴代土司が宗教面でも大きな指導力を発揮した［四川省徳格県志編纂委員会 一九九五：四四二―四四三、四四六―四四八、五〇一―五〇三］。

デルゲ土司の長い歴史の中で、黄金時代を築いたのが第十二代テンパ・ツェリン(bstan pa tshe ring、一六七八―一七三九)である。領内の民衆を束ねるには、為政者の徳を示し民衆の心をつかむことが何より肝要である。そこで彼はチベット仏教各宗派やボン教の経典を保管する印経院を作ることを決意し、一七二九年にデルゲ印経院の建設を命じた［四川省徳格県志編纂委員会 一九九五：四四六］。領内より千人を超す職人と労働者が集められ、刻版と建築工事に従事した。そして約三十年の歳月を経て、第十五代土司の時に印経院は完成した［四川省徳格県志編纂委員会 一九九五：四二二］。土司の英断と領民の汗が築き上げた印経院は、しだいに僧侶と民衆の間で神聖視されるようになっていった。

所蔵する版木は画版と書版に大別される。一九八〇年以前の旧画版はタンカ、マンダラ、ルンタの三種類である。書版はカンギュル、テンギュル、叢書、文集、総合、大蔵経単行本の六種類に分類される。チベット大蔵経はサンスクリットからチベット語に訳された仏典の一大叢書であり、カンギュル（仏の教えの翻訳）とテンギュル（注釈書の翻訳）に分けられる。デルゲで印刷された大蔵経は、ジャン版、永楽版、万暦版等と区別してデルゲ版大蔵経と呼ばれている［池田・中西・山中 二〇〇三：一二六、

図 3-4 多田等観（ラサのセラ寺）

一五九―一六〇]。

一九二三年、西本願寺から派遣された多田等観が、ダライ・ラマ十三世(一八七六―一九三三)に別れを告げ帰国の途についた。多田は十年前の一九一三年に、ラサでダライ・ラマに謁見し、セラ(色拉)寺(se ra dgon pa)に入っていたのである[多田・山口編 二〇〇五：二五―二六]。その後、インドから送られてくる半年遅れの日本の新聞をチベット語に翻訳し、ダライ・ラマに国際情勢を伝える役目を担った。外の世界を知る窓口となった日本人の弟子に、法王は全幅の信頼を寄せていた。別れ際に法王は親交の印に稀覯本を贈り、当時門外不出とされていたデルゲ版大蔵経を日本へ持ち帰ることを許した[多田 一九八四：九五]。デルゲ版がチベット国外に請来されたのはこれが初めてであった。現在、その大蔵経は東北大学附属図書館が所蔵しており、チベット学と仏教学研究の発展に大きく寄与した。

二―二　リメ運動と東チベット

東チベットには「リメ」(ris med)と呼ばれる宗教運動が確認できる。「リメ」は「党派なし」を意味し、「ダライラマ五世(一六一七―八二)の時代以降、特にデルゲ地方を中核として東部チベットに広く伝播した在地宗教伝統の相互交流」を指す概念である[別所 二〇一二：二〇]。別所裕介は「デルゲ地域は従来中央チベットのダライラマ政権とは一線を画した独立王国であり、デルゲ王の庇護のもとで、中央では地盤を失ったサキャ、カギュ、ニンマの各宗派の伝統が手厚く庇護されてきた」と説明している[別所 二〇一二：二〇]。

一方、マルカンリ・デロシュは「リメ」は「偏見のない広い心でいることや寛容さといった一般的な仏教の理想」を表し、「すべての仏教教義と伝統を包括する」概念であると論じている[Deroche 二〇一二：一六]。つまり、特定の宗派に属してはいるが、他の宗派に敬意を払い交流を持つことを意味している[3]。

このように徳格地方で始まった宗派を超えた宗教庇護の動向はリメ運動と呼ばれており、しだいに東チベット全体に広がりを見せた。デルゲ印経院はこのリメ運動の展開の中で誕生したものである。第五章で論じるラルン五明仏学院、第六章のヤチェン修行地は、チベット仏教のニンマ派を柱としているが、他宗派の学僧と修行者を広く受け入れており、リメ運動の影響が東チベットにおいて現在も受け継がれていることを示している。なお、両拠点については中国共産党の宗教政策への対応とあわせて後述する。

二―三　中国共産党の統一戦線活動

二十世紀に入ると土司制度に大きな転機が訪れた。一九〇九年に趙爾豊（川滇辺務大臣、一八四五―一九一一）が「改土帰流」制度を実施した。これは土司を廃止し流官（科挙試験に合格後、定期的に任地を替える官吏）による直接支配へと転換する政策である。しかし、一九一八年チベット政府は再び土司制度を復活させ、国民党もその後土司の存続を認め、土司制度を巧みに民衆統治に利用した［四川省徳格県志編纂委員会　一九九五：一四―一七、四四五―四四六］。図3-5と図3-6は金陵大学教員の孫明経（一九一一―一九九二）が、国民党時代の一九三九年に徳格で撮影した貴重な写真である。孫が撮影した誕生直後の西康省チベット地区の写真は『定格西康』［孫明経　二〇一〇］に、映像は『DVD世紀長鏡頭』［中国国際電視総公司　二〇〇四］に収められている[4]。

現在中国共産党は土司制度を東チベットの「封建的農奴社会と政教一致による支配を支えた悪」と見なしている［四川省徳格県志編纂委員会　一九九五：四四〇］。しかし、中華人民共和国建国直後、デルゲ土司と印経院を党の管理下へ移す措置をとらなかったため、土司制度は一九五六年まで存続し、印経院は一九五八年八月までデルゲ土司及び院長が実権を握っていた。その理由は中央チベットの早期解放を優先するとともに、共産党への批判を抑え社会の混乱を回避するためであった。

一九五〇年、チベット解放政策を担った第十八軍北路先遣部隊は徳格の有力者を共産党の味方に付けるための統一戦線活動に全力を注いだ。最初に着手したのは、デルゲ土司配下の首領シャゴ・トウデンであった。一九三六年紅軍が博巴《ボバ》政府の成立を主導した際、彼は政府の軍部を統括しており、共産党にとっては頼りになるチベット人であった。一九四〇年代甘孜地区・徳格地区における彼の統率力と経済力は、土司を上回っていたと伝えられている。一九五〇年三月に康定が解放されると、康定軍事管制委員会はシャゴ・トウデンと芒康の豪商ポンダ・トウジェを副主任に命じた[王貴・黄道群 二〇〇一：三八―四〇]。

そして三人目の対象者として、第二十二代土司(摂政)ジャンヤン・ペーモを西康省チベット族自治区政府委員に就任させた[四川省徳格県志編纂委員会 一九九五：二三]。先遣部隊は、土司の権威と体面を保ちつつ地方政府の要職を歴任させることにより、その影響力を巧妙に利用したのである。

図 3-5　第 21 代デルゲ土司ツェワン・ドゥードル(沢汪鄧登)(1939 年)

その後、一九五一年に彼女はチャムド地区解放委員会副主任となり、チベットへの物資輸送を指揮して共産党に協力した。続いて一九五二年九月、西康省チベット族自治区参観団の副団長として北京を訪問し、国慶節の式典に参加した。北京では毛沢東と李維漢(党中央統戦部部長、一八九六―一九八四)、途中重慶では賀龍(西南軍政委員会副主席、一八九六―一九六九)との面会が設定され、共産党を支持する「愛国土司」の役割を演じさせられ

図 3-6　経典を印刷する印刷工(1939 年)

た［四川省徳格県志編纂委員会　一九九五：五二九―五三〇］[5]。

三　甘孜州の民主改革と印経院の閉鎖

三―一　民主改革と印経院閉鎖

印経院はデルゲ土司の権勢を示す象徴であり、土司一族の貴重な収入源でもあった。建国後、土司支配から中国共産党支配へ移行する中で、印経院の今後の運営方法を議論することは共産党にとって緊急の課題であった。土司の地域における尊厳と信徒の宗教心を考えれば、印経院の早急な改革が共産党支配の基盤整備を進めていく上で不利に働くことは間違いなかった。そこで共産党が出した結論は、ゴンチェン寺の僧から選ばれた院長に当面の管理を委ねることであった［四川省徳格県志編纂委員会　一九九五：四三五］。ただし院長による運営が続いたのは一九五八年八月までであり、その後、印経院は経典の印刷と販売を停止せざるをえない事態に追い込まれていった［四川省徳格県志編纂委員会　一九九五：四三五］。民主改革の進展がデルゲ土司から支配権を剥奪し、共産党政権と土司勢力下の僧侶や領民との間で激しい武闘が繰り広げられたからである。

ここで言う民主改革とは、四川省内の民族地区を対象に一九五六年に始まった土地改革を中心とした特権剥奪の闘争である。具体的には土司や首領、寺院などが所有していた土地、政治、経済、宗教、司法などの権限を共産党と人民政府に移管することである。四川省内では、激しい抵抗が予想される甘孜州と涼山彝《イ》族自治州（以下、涼山州と略す）での改革の動向が注目されていた。改革の主要な対象に寺院と高僧が含まれていたため、民主改革は一九五六年から五八年の時期、東チベットにおける共産党の宗教政策という性格もあわせ持っていた。

三―二　民族区域自治と甘孜州

次に、甘孜州における民主改革実施に至る過程を党と政府の文献から説明する。

(1)中国人民政治協商会議共同綱領（一九四九年）

臨時憲法の性格を持つ「共同綱領」には、各少数民族が集居する地区では「民族区域自治を実施する」（第五十一条）、「人民解放軍に参加し、地方人民公安部隊を組織する」（第五十二条）、「宗教信仰を保持あるいは改革する自由を持つ」（第五十三条）とある。この民族区域自治の方針により、中華人民共和国成立後、国民政府が実効支配した西康省内の金沙江以東地域を範囲とする西康省チベット族自治区（一九五〇年十一月）が設置された。

(2)中華人民共和国憲法（一九五四年）

第三条には「各少数民族が集居する地方では地域的自治を実施する。各民族の自治地方は中華人民共和国の不可分の一部である」とあり、「共同綱領」が定めた民族区域自治の方針を受け継いだことがわかる。その後、西康省チベット族自治州（一九五五年三月）に改称後、四川省に組み込まれ、甘孜チベット族自治州（一九五五年十月）となり現在に至っている。行政区画の上ではチベット族自治区、自治州となっているが、土司、首領、寺院を中心とした権力構造は維持されていた。更に、「憲法」の「序言」には、民族地区における「社会主義的改造の問題においては、各民族の発展の特徴に十分な注意を払うであろう」とある。甘孜州における社会主義的改造とは、民主改革の実施を意味している。

三–二　統一戦線工作会議と民主改革

(1)第四回全国統一戦線工作会議(一九五二年七月)

会議では少数民族地区における社会主義的改造をしっかり行うことを決定した。その際、毛沢東の意向により、政府は法令を発し強い態度で改革を宣言することが決まった[中共中央統戦部研究室　一九八八：一二八]。そして、党が少数民族地区で実施してきた政策を総括し、民主改革の基本方針を策定した[中共中央統戦部研究室　一九八八：一二八、一六四—一九二]。具体的には、宗教指導者への統一戦線活動の実施、寺院所有地の保持、民族幹部の活用、党の指導力強化等である。

(2)甘孜州人民委員会の「布告」(一九五六年四月十六日)

統一戦線工作会議での決定と「憲法」(一九五四年)の規定に基づき、甘孜州では一九五六年に民族区域自治の実現を目指した社会主義的改造が本格的に始まった。先ず甘孜州人民委員会が民主改革実施の「布告」を行った[桑吉悦希(天宝)　一九五六：二九〇—二九二]。布告の責任者は、長征の途上で紅軍に加わった甘孜州州長の天宝(サンジェー・イェシェ)である。「布告」に記された宗教政策に関わる事項の要点を以下に示す。

(a)宗教者としっかり協議する
(b)宗教指導者の政治的地位と生活水準を維持する
(c)改革中は寺院所有の耕地を維持する
(d)民衆の借金返済については政府と寺院が協議する

(e)高齢及び身体に障害を持つ僧に対して政府が援助を行う
(f)政府は信教の自由と寺院の制度を保護する
(g)武力による反乱に対しては軍事行動で対処する

チベット人幹部天宝の登用は、「民族幹部を活用せよ」という統一戦線工作会議での毛沢東の指示による。(a)―(f)の項目は、民主改革を強行するにあたって、高僧と協力関係を築くための宣伝材料である。(g)は土地の収奪と配分をめぐって僧や民衆が反旗を翻すことが予想されるため、党の指導を強化し、軍警の力を総動員して鎮圧する姿勢を示したものである。

三―四　党中央からの指示

党中央にとって、四川省甘孜州と涼山州における民主改革の成否は、今後中央チベット(一九六五年に成立するチベット自治区)での改革の行方を占う試金石であった。共産党康定地区委員会の指示により、徳格に民主改革の旗が掲げられたのは、天宝署名の「布告」が発せられる前の一九五六年一月であった。更慶の町で共産党を「支持」する農民や遊牧民約五百人が集められ、民主改革の目的と意義を宣伝する集会が開かれ、民主改革の推進が確認された[四川省徳格県志編纂委員会　一九九五：二五―二六]。翌月、徳格県党工作委員会は民主改革工作隊を組織して各村々へ派遣し、農民たちへの啓蒙活動を開始した[四川省徳格県志編纂委員会　一九九五：二五―二六]。

ところが共産党の強硬姿勢は各地で抵抗にあい、多くの犠牲者を伴う武闘へと発展していった。首領たちは農民兵を総動員して銃刀や弓矢、槍を用いた命がけの抵抗運動を展開した。両者が話し合いで折り合いをつけることは叶わず、闘争と抵抗は鄧柯地区を除く全県で日々激しさを増していった。民主改革工作隊員の殺害、共産党支援者への妨害、混乱に乗じた食糧の強奪、僧兵たちの武闘参加等により事態は更に深刻化していった〔四川省徳格県志編纂委員会 一九九五：三一一、三一八―三二〇〕。情勢の悪化を重く見た党中央は、毛沢東と周恩来が直接指示を出すことで打開策を探った。

(1)毛沢東の指示（一九五六年五月八日）

党中央代表団からの報告によれば、甘孜州を含む東チベットでの反乱発生及びチベット自治区準備委員会の成立（一九五五年）は、ラサの高僧と貴族に大きな衝撃を与えた。ダライ・ラマ十四世は即座に、四川省チベット地区へ代表団の派遣を決定した。甘孜州の動向を憂慮した毛沢東は、「チベット訪問団を歓待し、反乱発生の原因と党の政策を説明せよ」「代表団が望めば、成都と北京へ案内せよ」という指示を出した〔毛沢東 一九五六：三七―三八〕。

(2)周恩来の指示（一九五六年七月二十四日）

周恩来総理は毛沢東の指示を受けて、党中央政治局（七月二十二日）で討論した甘孜州、涼山州に対する方針を発表した。新たに追加された宗教政策を示す。

(a)寺院所有の耕作地、銃の所持、金銭貸し付け業務、民衆の労役制度を維持する

(b)農民が寺院に行う布施に政府は干渉しない

(c)経済的困難を抱えている寺院に対して政府は援助を行う

そして、「改革成功の鍵はチベット人幹部が握っており、反乱への対応は停戦と協議を重視する」という内容であった〔周恩来 一九五六：五二―五六〕。(a)は天宝が「布告」で提案した方針を尊重したものである。

(3)毛沢東の指示（一九五七年三月七日）

甘孜州で民主改革が始まって一年が経過したが、反乱は収束せず混迷の度を深めるばかりであった。四川省党

委員会の報告(三月五日)では、甘孜州内の瀘定県(漢人が主体)では合作化に成功したが、農村地区での進捗状況は四割強であった。改革を終えた寺院に対しては、包囲政策を長期間行い、治安を維持する方針がとられた。そして、「甘孜州での改革を継続し完遂させる」という四川省党委員会の基本方針に、毛沢東は同意した[毛沢東 一九五七：四三―四四]。当時、毛沢東は中央チベットでの民主改革実施は、時期尚早と判断していた。

ここで、デルゲ印経院の話に戻す。その後、徳格の党本部は徳格県平反指揮部を組織し、重慶と成都に解放軍の応援部隊を要請し、地元の公安、民兵、武装工作隊と協力して反乱の鎮圧にあたった。そして、一九六〇年、最後まで抵抗した武闘派の多くは金沙江を渡って現在のチベット自治区内へ逃れ、民主改革は幕を閉じた[四川省徳格県志編纂委員会 一九九五：三〇九、三一一]。双方の犠牲者数は不明だが、解放軍の投入は武装闘争の激しさと犠牲の大きさを何よりも物語っている。徳格県初代党書記の李森も反民主改革の武闘により命を落とした[四川省徳格県志編纂委員会 一九九五：二七―二八、五三〇―五三一]。このような混乱した状況下で印経院が正常な活動を維持することは到底無理であった。血で血を洗う奪権闘争を経て、一九五八年八月、印経院の運営権はデルゲ土司の手から奪われたのである(6)。

ただし、以上の記述は党中央と地方政府が公表した文献資料に基づいており、改革を強行した中国共産党の姿勢と方針を示したものである。党と政府は当時の民主改革の写真を全く公開していないことから、両者が凄絶な死闘を繰り広げたことは想像に難くない。そして、特権を奪われた土司、首領、寺院が書き残した闘争の記録も確認されていない。

三―五　診療所開設とその役割

こうして中国共産党は圧倒的な武力により、徳格での民主改革を終了させた。第二章で紹介したとおり、この混乱のさなか、ペリ寺のゲダ六世は寺を追われ、還俗を強いられたのである。共産党の強引な軍事作戦と高僧への横暴な対応は、政権への極度な不信感を民衆に植え付ける結果となった。そして、土司という地元の為政者が印経院を長期間支配した以上、共産党は今後党書記が印経院を管理するのが当然と考えたのである。

動乱のさなかに印経院を閉鎖した後、徳格県党工作委員会は統戦部（一九五八年成立）と宣伝部（一九五二年成立）に対して、印経院の建物、所蔵する書版と画版、仏像等、文化遺産の全面的な調査を命じた［四川省徳格県志編纂委員会 一九九五：四三五］。不安定な状態が続く中、チベット仏教徒に対して印経院を保護する姿勢を見せることが目的であった。もう一つの狙いは、印経院を舞台にした土司と寺院による支配構造と宗教政策を把握し、関係資料を入手することであった。

調査終了後、当時の党工作委員会第一書記のチェンラウ（mkhyen rab、欽繞）は印経院の版木を封印し、一九五九年一月印経院の内部に五人の医師からなるチベット医学診療所を開設した。五人の医師には、医療行為の他に印経院の建物と版木を管理する任務を与えた［四川省徳格県志編纂委員会 一九九五：二八、四三五］。医療機関ならば、漢人の公安局員や兵士が攻撃することはないと考えたからだ。チェンラウ書記による印経院の封印は、疲弊した民衆の心をこれ以上刺激しないための作戦であった。

印経院が経典の印刷販売を停止したことは、徳格のみならず内外のチベット圏全域の宗教活動に影響を及ぼすこととなった。民主改革の期間中、多数の僧院で経典が焼かれてしまったからである。診療所の開設は、印経院とチベット医学の密接な関係を利用したチベット人の書記による巧みな戦術であった。印経院には多数のチベット医学関係書が収められており、チベット仏教の僧侶の中には医学や薬草学に関する豊富な知識を持つ者が一定数存在し、実際に診療を行う者もいる［四川省徳格県志編纂委員会　一九九五：四二七］。印経院を創設したテンパ・ツェリン自身も叔父から医学の知識を学んだことが知られている［四川省徳格県志編纂委員会　一九九五：三七三］。チベット人の書記が指示した印経院とチベット医学の連携は、結果的に共産党の宗教抑圧政策の暴走をある程度くい止める役割を果たした。

四　文化大革命と印経院

四−一　「四旧打破」と印経院

約二百八十年に及ぶ印経院の歴史の中で、筆者が最も関心を寄せるのは文化大革命時期である。『徳格県志』によれば、この町に文化大革命の狼煙が上がったのは一九六六年七月十五日であった。「大事記」には次のように記されている［四川省徳格県志編纂委員会　一九九五：三二］。

七月十五日、中国共産党徳格県委員会が開いた拡大会議で、ヤンリン・ドジェが「文化大革命」運動の展開に関する文書を伝達し、県内すべての幹部や群衆に政治を重視し毛沢東思想を活用し、「文化大革命」運動に身を投じるよう呼びかけた。

十月、「十六条」を徹底して宣伝し、「破四旧、立新四」運動を展開したことにより、一部の寺院建築や文化財が損害を被った。

ヤンリン・ドジェ（yangs gling rdo rje、楊嶺多吉、一九三一―）は一九六六年七月当時、徳格県党委員会書記の職にあった〔四川省徳格県志編纂委員会 一九九五：二六六〕。八月十八日、北京では軍服姿の毛沢東が天安門の楼閣に立ち、全国から派遣された百万人とも言われる紅衛兵や民衆に接見した。この時、楼上にいた林彪（党中央軍事委員会副主席、一九〇七―七一）は実権派と学術権威の打倒、そして「四旧打破」を呼びかけた。その二ヶ月後の十月、徳格の町を「旧思想、旧文化、旧風俗、旧習慣を打ち壊し、新思想、新文化、新風俗、新習慣を築く」というスローガンが埋め尽くした。「十六条」とは、党中央が一九六六年に採択した「プロレタリア文化大革命に関する決定」を指している。一九六六年末から六七年にかけて、デルゲ土司とつながりの強かったゴンチェン寺、ペープン（八邦）寺（dpal spung dgon pa）、ゾンサ（宗薩）寺（rdzong sar dgon pa）などの名刹はことごとく破壊され、貴重な経典や仏像が略奪された。ペープン寺では、六万枚余りの版木が無残にも焼き払われてしまった〔四川省徳格県志編纂委員会 一九九五：三二一―三二二〕。ところがデルゲ印経院は土司や寺院との密接な関係、版木に刻まれた膨大な知識、学術的価値の高さから見て、「四旧打破」の格好の標的であったはずだが、結果として建物も版木も壁画も軽い被害を受けるに留まった。いったい誰がどのようにして印経院を守ったのであろうか。

四―二　幹部と医師

疑問を解く手掛かりはいくつかある。八巻佳子（チベット現代史研究家）は一九九六年に「チベット語の興亡と出版物の現状」と題する報告の中で、次のように記している〔八巻 一九九六：九〕。

以上は人民共和国成立後の出版状況で、図書の形態は洋装本がほとんどであるが、なかには古来からの版木印刷のものもある。現在、ラサの寺院内でも手刷りが行われている。特に有名なのは四川省甘孜自治州の徳格印経院で一八世紀に建立、現在二一万七〇〇〇個の版木が収蔵され、大蔵経、医学、暦算、文法、声明にわたる世界的にも貴重な文献がある。文革時にチベット族最高幹部が断固として防護したため無事に今日に伝えられたと聞いている。

文化大革命時期の印経院に関する情報が極めて乏しい中、一九九六年に発表された八巻の報告は注目に値する。ただし、「チベット族最高幹部」が誰なのか、また八巻がどの資料に依拠したのかは不明である。もう一つの手掛かりは堀江義人「チベット語大蔵経、文革逃れ十万枚――中国四川省・徳格印経院」である。新聞記者の堀江は二〇〇一年八月に印経院を取材し、文化大革命の状況を報じた〔堀江 二〇〇一：八〕。

中国の長江上流・金沙江のほとりにチベット文化の宝庫といわれる徳格印経院（デルゲ・バルコン）がある。チベット仏教の経典を集めた大蔵経の古い版木、壁画、塑像など貴重な文物が、文化大革命の破壊を奇跡的に逃れて大量に保存されている。〔中略〕

チベット仏教への厚い信仰が文革の被害を最小限に食い止めた。印経院の医師は狂気を装って裸で門前をうろつき、紅衛兵を寄せ付けなかった。県党書記は批判を浴びながらも文物保護の証明書を振りかざし、体を張って守ったという。

堀江の取材から、医師と書記による懸命の努力が印経院を守ったことがわかる。堀江は後に著書『天梯のくに　チベットは今』の中で、「ヤンリンドジ書記は紅衛兵が乱入しようとした時、文物保護の証明書を振りかざし、体を張って阻止した」と書いている。医師は一九五九年印経院内に開設された診療所のチベット人医師であり、著書でその医師のことに触れている〔堀江　二〇〇六：二六五〕。

文革が始まり、だれもいなくなった印経院に一人残り、気がふれた風を装った。いつも素っ裸で、院の玄関にいたので、紅衛兵は気味悪がって踏み込もうとしなかったという。

近所の人たちも毎日、バター茶やツァンパ、肉を届けて支えた。こうして彼は数年を過ごし、文革が終わろうとする時に亡くなった。青海省ジェクンド（玉樹）出身というだけで、名前はわからない。

八巻が言う「チベット族最高幹部」とは、堀江の「ヤンリンドジ書記」を指すと推測できる。文化大革命の勃発時、徳格の党書記はチベット人のヤンリン・ドジェであったからだ（一九六三年十二月―一九六七年一月）〔四川省徳格県志編纂委員会　一九九五：二六六〕。しかし、一九六七年一月、造反派が徳格の支配権を握った結果、ヤンリン・ドジェは身柄を拘束された。三年後の一九七〇年五月、中国共産党徳格県革命核心領導小組が実権を握り、軍人の劉振亜（一九七〇年六月―八月）と許湘池（一九七〇年八月―一九七一年六月）が県のリーダーとなり、徳格は混乱の様相を色濃くしていった〔四川省徳格県志編纂委員会　一九九五：二六六〕。

五　現地調査（二〇〇三年八月）

二〇〇三年八月、筆者は初めて徳格を訪れた。県の中心地である更慶の町は、十五分も歩けば一回りできるほどの大きさである。谷あいに開けた狭い町は、ホテルや商業施設の建設ラッシュであり、木造の伝統的な民家はほぼ姿を消し、古都の風情に似つかわしくない鉄筋コンクリートの建物ばかりが目立っていた。徳格にまで押し寄せた開発の波は、民主改革と文化大革命が残した動乱の痕跡を町から消し去っていたが、当時を知る人々の記憶は失われていなかった。筆者が徳格を訪問した目的は、文化大革命初期における印経院の状況を知る手掛かりをつかむことであり、滞在中に以下の内容で聞き取り調査を行った。

図3-7　徳格中心部に混在する新旧の町並み
（2003年8月筆者撮影）

【調査日時】二〇〇三年八月二十五日、二十六日

【質問事項】⑴印経院を破壊活動から守ったのは誰か

⑵紅衛兵は版木を略奪したのか

【対象者】五十歳代前後と思われるチベット人

質問⑴は八巻「チベット族最高幹部」、堀江「党書記」「医師」という情報を念頭に置いて行った。対象者を五十歳代に絞ったのは、それ以下の若い年代では当時の政治状況を把握しているとは言い難く、六十歳代

以上の者は漢語の理解力に著しく欠けることが多いからである。チベット人に限定した理由は、漢人は文化大革命終結後に商売を目的に他の地域から移住してきた者が大半を占めるからである。合計三十五人に口頭で質問を行ったが、回答が得られたのは質問(1)二十人、(2)十人であった。

予想どおり調査は難航した。理由は彼らの漢語能力の低さ、加えて「文化大革命」や「中国共産党」という言葉への過敏な反応である。質問(1)で「毛沢東」「中国共産党」と回答した十一人、そして「知らない」という回答に共通するのは、「政治を語りたくない」「面倒なトラブルに巻き込まれたくない」という思いである。「毛沢東や中国共産党がチベット文化の誇りである印経院の価値を理解し、わざわざ破壊の対象から除外した」というニュアンスはほとんど感じられなかった。このような「模範的」な回答は自己保身の表れであるが、同時に血なまぐさい時代と政治への痛烈な批判にも感じられた。文化大革命の勃発から四十数年の時を経た今も、彼らのわだかまりは解けていない。ヤンリン・ドジェと答えた三人に対しては、「彼がどのような方法で印経院を守ったのか」という質問を行ったが返答はなかった。

表3-1　徳格での聞き取り調査結果

質問事項(1)回答	人数	質問事項(2)回答	人数
毛沢東	6人	版木の略奪を見た	7人
中国共産党	5人	版木の焼却を見た	3人
チベット人医師	3人	不明・無回答	25人
ゴンチェン寺の僧侶	3人		
ヤンリン・ドジェ書記	3人		
不明・無回答	15人		

質問事項(1)(2)の内容は本文参照。

質問(2)については、「紅衛兵が略奪した」という回答が三人、「略奪者の詳細は不明」が四人であった。版木が焼却される場面を見たという回答は三人あったが、内二人は記憶が不鮮明であった。

六　ヤンリン・ドジェ書記と周恩来総理

六―一　ヤンリン・ドジェの文化大革命体験談

これまでヤンリン・ドジェと印経院の関係は断片的な情報しか得られなかったが、『四川蔵学研究』五に、ヤンリン・ドジェの文化大革命体験談［楊嶺多吉 二〇〇二］が掲載されたことにより、具体的な状況の一部が明らかになった。

図3-8　ヤンリン・ドジェ

ヤンリン・ドジェが徳格県党委員会書記に就任したのは一九六三年十二月であった。書記在任中に文化大革命が勃発し、一九六七年一月に造反派が台頭して、党委員会から指導権を奪い取るという事態が発生した。ヤンリン・ドジェは即座に書記を解任され、「資本主義の道を歩む実権派」(「走資派」)という罪名をかぶせられた。昼は顔に墨を塗り、黒いカードを首にかけ、三角帽をかぶった姿で批判闘争大会に引きずり出された。夜は当時「牛小屋」(「牛棚」)と呼ばれた収容施設で自己批判文を書かされる毎日が続いた［沢仁鄧珠 二〇〇二：二三一―二四］。

印経院が「四旧打破」の対象となっていることを知った書記は、獄中から造反派と軍の代表に印経院の学術的価値を訴え、破壊の標的から外すよう懇願したが、到底聞き入れてもらえなかった。逆に「封建主義、資本主義、修正主義の代理人」「反動分子」の罪名を着せられ、更に厳しい批判にさらされた。そこで意を決した書記は、印経院の危機と保護を訴える嘆願書を書いて靴底に隠した。ある日食事を届けに来た妻に、修理の依頼を装って靴をそっと手渡した。書記が一縷の望みを託した相手は周恩来総理であった。嘆願書は夫人から天津にいる妹の手を経て、無事総理に届けられた。事態を重く見た周恩来は直ちに印経院を保護するよう指示を発し、書記の願いは叶えられた［沢仁鄧珠 二〇〇二：二三一―二四］。

ヤンリン・ドジェは、当時人口わずか四万人余りの徳格県党書記にすぎなかったが、獄中から総理に直訴したことで、チベット人の貴重な文化遺産が窮地を脱することができた。当時書記が党中央にパイプを持っていたことを考慮すれば、この逸話は中国共産党が宗教政策・民族政策を宣伝する目的で作った美談とは言い切れないと筆者は考える。

六―二　東チベット民主青年同盟のパイプ

ヤンリン・ドジェの経歴を考える上で最も重要な点は、東チベット民主青年同盟（東蔵民主青年同盟、一九四九年九月成立、以下「同盟」と略す）を通じた中国共産党との関係である。ヤンリン・ドジェによると、同盟は中国共産党康蔵辺地工作委員会（通称巴塘地下党、一九四九年八月成立）が指導した組織であり、巴塘《バタン》に本部が、理塘《リタン》と徳格《デルゲ》に支部が置かれていた。主要な構成員はプンツォク・ワンゲル（phun tshogs dbang rgyal、平措汪傑、一九二二―二〇一四）(7)、ガワン・ケゾン（ngag dbang skal bzang、昂旺格桑）、シャゴ・トウデン、ゴンボ・ツェリン（mgon po tshe ring、恭布沢仁、海正濤、一九〇二―四六）であった［楊嶺多吉 二〇〇二：一―三］。ただし、ゴンボ・ツェリンは一九四六年に他界しており、ヤンリン・ドジェの記憶違いと思われる。

ヤンリン・ドジェは一九三一年に現在の四川省甘孜州巴塘県に生まれ、一九四四年国立巴安師範学校に学んだ。この頃彼はプンツォク・ワンゲルやガワン・ケゾン、シャゴ・トゥデンらが共産党活動に従事していることを知り尊敬の念を抱いたという。一九四九年九月、シャゴ・トゥデンの紹介で同盟に加入し、十一月中国共産党への入党申請を行った。その後、同盟第三支部副書記、第四党小組組長となり、積極的に共産党の理論を学んだ。こうして彼は中華人民共和国成立前夜、中国共産党の地下組織が指導するチベット人活動組織の青年幹部になったのである［楊嶺多吉 二〇〇二：一一―一三］［沢仁鄧珠 二〇〇二：二三―二四］。

図3-9　東チベット民主青年同盟設立大会（1949年10月）

彼ら同盟員は、解放軍のチベット進攻（一九五〇年）とチベット解放（一九五一年）、康蔵公路（四川とチベットを結ぶ道路、後に川蔵公路と改称）の建設（一九五四年完成）を積極的に援助したことにより、党と軍の歴史に大きな足跡を残した。第十八軍先遣部隊や進攻部隊に加わり前線で銃を握る者もいれば、後方で食糧確保や情報収集、翻訳や通訳、道路建設に奮闘する者もいた。一九五〇年十月のチャムド（昌都）戦役にも従軍し活躍した。とりわけチベット進攻の過程で、各地域の土司や首領、寺院の高僧への統一戦線活動や党の民族政策、宗教政策の宣伝活動で、同盟員は主導的役割を果たした［楊嶺多吉 二〇〇二：八―九］。共産党が建国直後の時期にチベット政策を有利に進めた背後には、ヤンリン・ドジェら同盟の活動家による献身的な働きがあったことは間違いない。

チベット解放を指揮していた党西南局第一書記の鄧小平や解放軍総司令の

朱徳は後に、彼らを共産党の有能な片腕として高く評価した。一九五〇年代以降、二百人を超える地下組織や同盟のメンバーが、共産党のチベット政策を支える地方民族幹部として重用されたことがそのことを如実に物語っている。ただし共産党の戦略的行動を援助した同盟員に不満を抱くチベット人も多数存在しており、チベットと中国の間に横たわる敏感な歴史問題ともなっている。

印経院の保護を訴えるヤンリン・ドジェの嘆願書が周恩来に届いたことが仮に事実だとすれば、周恩来の判断と行動を引き出したのは、彼が地下活動を通じて党中央との間に築いた信頼関係であると筆者は考える。周恩来が文化大革命中にチベットの宗教施設、指導者、軍人を保護した事実も間接的な証拠と言える［何虎生 二〇〇四：一四四―一四五］［降辺嘉措 一九八九：一五〇―一六〇］。保護した施設はチベット仏教と縁が深い雍和宮（北京市）と外八廟（河北省承徳市）、チベット仏教の経典を多数所蔵する禅寺の宝光寺（四川省成都市）である。批判闘争から救出した人物は宗教指導者のパンチェン・ラマ十世、民族幹部の天宝とアポ・ガワン・ジグメ（a phod ngag dbang jigs med、阿沛・阿旺晋美、全国人民代表大会副委員長、一九一〇―二〇〇九）、パパラ・ゲレ・ナンジェ（phags pa lha dge legs rnam rgyal、帕巴拉・格列朗傑、中国人民政治協商会議副主席、一九四〇―）、そしてチベット進攻を指揮した西南軍区軍人の張経武（一九〇六―七一）である［西蔵自治区党史辦公室 一九九八：五三八―五四七］。

文化大革命終結後、ヤンリン・ドジェがチベット自治区党書記や四川省政府副省長等、党と政府の要職を歴任したことから考えると、党中央にとって彼は信頼の厚い民族幹部であったと言えよう。二〇〇〇年三月、当時の胡錦濤国家副主席が成都のヤンリン・ドジェ宅を表敬訪問したことも、彼と党中央の密接な関係を裏付けている［沢仁鄧珠 二〇〇二：二〇―二一］。

こうして二人の書記と周恩来の努力が実を結び、印経院は被害を最小限に抑えることができた。しかし、印経院が狂乱政治の刃から受けたのはかすり傷程度ではなかった。筆者は徳格での調査で、「紅衛兵は何度も印経院を襲い、版木を持ち去ったり焼き捨てたりした」「素手で抵抗した診療所の医師（僧侶）は負傷し、版木を守りきれなかった」という話も聞いた。ただし彼らの証言には、自らの見聞と第三者からの伝聞が入り交じっており、要領を得ない部分もある。その後の報道には次のような記述が見られる。

一月十七日午前、数人の「造反派」が印経院を襲撃し版木を奪ったが、診療所の医師がそれを阻止した。昼頃複数の「造反派」が集まり、午後に印経院を襲い院内のすべての「四旧」をたたき潰す相談を行った。事態が最も緊迫したまさにその時、軍隊が出動して直ちにデルゲ印経院を保護した。(8)

当時県委員会第一書記が紅衛兵のやり方に抗議しつつ、内部ルートを用いて周恩来総理に状況を報告した。デルゲ印経院は最終的に県「人民武装部」の出動により、今日まで概ね良好に保存されてきた。(9)

印経院は文化大革命中に、建物にも版木にもある程度の被害が出たことは間違いないが、当時のヤンリン・ドジェ書記から周恩来総理への働きかけが功を奏し、総理が軍の出動を命じたことにより被害を小さくとどめることができたと考えられる。当時の詳細な状況は依然として不明であり、今後も調査が必要である。

七　程徳美「進蔵長征隊」の証言

二〇〇五年に新たな資料が公開された。『高山反応——程氏一家四代的西蔵情結』［程徳美 二〇〇五］は、首都継

図 3-10　徒歩でラサへ向かう紅衛兵の程徳美たち（1966 年）

紅進蔵長征隊（以下、長征隊と略す）が目撃した解放軍出動前夜のデルゲ印経院の様子が描かれている点で価値のある資料である。

長征隊は、文化大革命初期に行われた「大交流」（大串連）の潮流の中で誕生した紅衛兵の一組織である。一九六六年九月五日、党中央と国務院が地方の学生や教職員に、文化大革命運動を見学し、革命経験の交流のために上京するよう呼びかけたのが「大交流」の始まりである。「大交流」は北京の紅衛兵運動を全国に飛び火させる役割を果たしたが、数千万人を無料で輸送したため国家財政の大きな負担となり、鉄道輸送の混乱で生産にも重大な影響が出た。そのため一九六六年十月末以降、一九三〇年代の紅軍長征にならい、徒歩による移動が奨励された［土田　一九九九：六八四］。このような社会情勢の中で長征隊は結成されたのである［程徳美　二〇〇五：五五—六七］。

彼らは一九六六年十二月六日に四川省成都を出発し、翌年三月三日にチベット自治区ラサへ到着した。川蔵北路二千四百キロメートルの内、約千九百キロメートルを徒歩で移動した。構成員は程徳美を含めて七人（漢人五人、チベット人二人）であった。チベット自治区四川連絡所より入境許可証を得た他、四川省党委員会より生活費、医療費、宣伝費、食糧切符、毛主席像、老三篇、語録カード、「十六条」手冊等を受け取った。「老三篇」とは毛沢東の講演記録をまとめた三つの文献（「為人民服務」「愚公移山」「紀念白求恩」）の総称である。雅安、康定、甘孜を経て、程徳美が徳格に入ったのは一九六七年一月十三日の夜であった。彼は先に町に入った兄弟から届いた連絡メモの一件を著書に書いている〔程徳美 二〇〇五：一一四〕。

柯鹿洞で徳格方面から来た車が運んできた手紙を受け取った。その手紙は兄が書いたものであり、彼と弟はすでに徳格に到着していた。手紙の大意は次のとおり。ラサから来た紅衛兵と県城〔更慶鎮〕の紅衛兵がデルゲ印経院を襲撃した。大変な状況なのでわれわれには一刻も早く徳格に来てほしい。

程徳美はすぐに村長を訪ね電話を借りて徳格と連絡をとると、紅衛兵がゴンチェン寺の経堂と仏殿を襲ったことがわかり、馬を借りて徳格まで走らせた。到着した翌日に状況を確認すると、兄と弟が洗面器一杯の宝石を預かっていた。宝石は紅衛兵がゴンチェン寺を襲撃した際に仏像から剝ぎ取ったものであり、その後の処置に困り北京から来た紅衛兵である兄と弟に託したのである。ラサの紅衛兵と相談し、宝石は軍と県党委員会に預けることにした。その後、寺院に行くと建物の被害は小さかったが、その他のものはことごとく押し倒されていた。床には一面にチベット文字を刻んだ版木が投げ出され、仏像が倒れていた。階上には十数歳の僧侶が一人いた。彼はゴンチェン寺の高僧であり、政府から生活費の支給を受けて暮らしていることがわかった。

程徳美は「一九六七年一月、紅衛兵が徳格に押し寄せたため、印経院は有史以来の大惨事に見舞われた」と書いている〔程徳美 二〇〇五：五五―六七〕。兄からの手紙にも「ラサから来た紅衛兵と県城の紅衛兵がデルゲ印経院を襲撃した」とあり、一月に印経院が大きな被害を受けたことは間違いない。「床には一面にチベット文字を刻んだ版木が投げ出され、仏像が倒れていた」のは、印経院である。印経院はゴンチェン寺に隣接しており、開設以来ゴンチェン寺の僧侶が管理運営にあたってきた。床に版木が投げ出されていたということは、版木の一部は紅衛兵に略奪されたと考えられる。

程徳美が徳格に到着したのは一月十三日夜であり、十四日は徳格に滞在し、十五日に出発し崗托に向かった。造反派が印経院を襲い、解放軍が鎮圧にあたったのは二日後の十七日であった。『徳格県志』には文化大革命中の被害状況が次のように記されている〔四川省徳格県志編纂委員会 一九九五：四三二〕。

解放後、党と政府は印経院の版木を保護する活動を重視したため、これまで「民主改革」と「四反運動」を経験したが、印経院の建築物及び版木には全く被害はなかった。ただし、「文革」の「四旧」打破の時期には印経院は版木の一部を失ってしまった。一九七九年文物管理事務所の調査により、「文革」中に失った二百枚余りの版木は県、区、郷政府が職員を動員し宣伝活動を行った結果、民衆は次々と百十五枚の版木を返却した。

一方、徳格の政治と宗教に詳しい沢爾多傑は、文化大革命中に「印経院に保管されていた資料や文献の一部は造反派に持ち去られてしまった。そして民主改革においても少数の者の極「左」行為により、印経院の貴重な文物の一部が国外へ運び出された」と述べている(10)が、民主改革時期の版木盗難の被害については明らかでない。

八　結　論

デルゲ土司にとってデルゲ印経院は権力の象徴であり、歴代土司は印経院の運営を通じて宗教面での指導力を発揮し、領民や信徒の支持と信頼を獲得した。そして印経院は土司一族の重要な収入源でもあった。印経院の歴

第3章関連年表

甘孜州における民主改革・文化大革命とデルゲ印経院の動向	
1953.7	第4回全国統一戦線工作会議→「民主改革の基本方針を決定」
1956.4	甘孜州民主改革の「布告」を発表
1956.5	毛沢東の指示「ラサの訪問団を歓待し，党の政策を説明せよ」
1956.7	周恩来の指示「高僧や土司と協議し，チベット人幹部を活用せよ」
1957.3	毛沢東の指示「甘孜州の民主改革を継続し完遂させよ」
1958.8	民主改革により印経院閉鎖
1959.1	チェンラウ書記，印経院に診療所を開設
1966.7	徳格で文化大革命開始
1967	ヤンリン・ドジェ書記，周恩来に連絡？ 周恩来の指示で印経院を保護？

史の中で最も大きな転機は中華人民共和国の誕生である。中国共産党は徳格での統治基盤を固める目的で首領のシャゴ・トウデンと最後のデルゲ土司（摂政）ジャンヤン・ペーモに対して統一戦線活動を行い、共産党への協力を取り付けることに成功した。

その後、民主改革（主に一九五六年―五八年）を経て土司制度は解体され、一九五八年に印経院は活動停止に追い込まれた。共産党は民主改革を通じて、信教の自由、寺院の保護、高僧との協議を訴えたが、チベット人の理解は得られず、暴力行為を伴った宗教政策は失敗に終わった。毛沢東と周恩来は甘孜州の改革の行方を注視して具体的な指示を出したが、強引な奪権闘争はラサのダライ・ラマ十四世や貴族の不信感を買い、悪影響は中央チベットにまで及んだ。

中華人民共和国成立後、印経院は幾度か政治の動乱に巻き込まれたが、幸いにも致命的な被害を免れた。その背後にはチェンラウとヤンリン・ドジェという二人の徳格県党書記の働きがあったことが判明した。一九五九年、チェンラウは閉鎖された印経院にチベット医学の診療所を開設し、医師に版木の管理を命じた。文化大革命が始まると、一九六七年にヤンリン・ドジェは造反派の印経院破壊計画を知り、周恩来総理の力を借りて軍を動員し計画を阻止した。印経院の保護はチベット人居住地区における共産党政権の安定につながると、周恩来は判断したからであろう。当時、周恩来が発した指示は今でもチベット人の間で好意的に語られることがあり、共産党のチベット政策・宗教政策の中で重要な役割を果たしている。ただし、ヤンリン・ドジェと周恩来の関係を示す一次資料は特定されておらず、史実を明らかにするには今後の調査を待たなければならない。

ヤンリン・ドジェの要望が周恩来に聞き入れられたのが事実だとすれば、その背景には、ヤンリン・ドジェが建国直後に参加した東チベット民主青年同盟での活動実績があったと考えられる。ヤンリン・ドジェと周恩来の「連携」により印経院は破壊を免れたが、全く無傷であったわけではない。一九六六年に徒歩でラサを目指していた北京の紅衛兵程徳美と兄弟は、造反派に荒らされ解放軍が動員される直前の印経院を目撃していた。

文化大革命終結後、中国共産党の実権を握った鄧小平は周恩来の判断を尊重し、再び徳格で積極的な統一戦線活動に乗り出した。チベット人にとってデルゲ印経院は文化の中心であり宗教の聖地でもある。そのことは次章で論じるチベット亡命政府視察団が、文化大革命後の印経院の状況を案じて真っ先に徳格を視察したことが何よりの証拠である。一方、共産党にとって印経院の価値は、チベット人を味方に付けるための統一戦線活動の対象としてであった。

（1）　本章は［川田　二〇〇五a］、［川田　二〇〇八d］を再構成し加筆したものである。

（2）　土司制度に関しては［王柯　二〇〇六］、［王柯　二〇〇七］を参考にした。

（3）　リメ運動の解釈には折衷主義、総合化、不偏等がある。詳細は［別所　二〇一二］の注二十六を参照されたい。

（4）　孫明経は西康省主席劉文輝（一八九五—一九七六）に招かれ、川康科学考察団に参加した。現在の四川省甘孜州の写真と動画を撮影した。政府機関や宗教活動に関する貴重な作品を多数残した。映像は後に「西康シリーズ」として八本の短篇映画に編集され（『西康一瞥』『雅安辺茶』『川康道上』『省会康定』『金礦鉄礦』『草原風光』『康人生活』『喇嘛生活』）、映像の一部は『DVD世紀長鏡頭』に収められた。写真は二冊の写真集［孫明経　二〇〇三］と［孫明経　二〇一〇］にまとめられた。

（5）　ジャンヤン・ペーモが建国後に歴任した党と政府関係の職務は以下のとおり。西康省チベット族自治区人民政府委員、昌

都解放委員会副主任、西南民主婦女聯合会委員、全国民主婦女聯合会執行委員、中国人民政治協商会議西康省委員会副主席、西康省婦女聯合会副主任、甘孜州人民代表大会副主任、甘孜州副州長、中国人民政治協商会議四川省委員会副主席、全国人民代表大会委員等。

（6）　徳格県を含む甘孜州の民主改革に関する資料を以下に示す。[中共甘孜州党史研究室 二〇〇〇]、[阿部 二〇〇三]、[秦和平・冉琳聞主編 二〇〇七]、[根旺主 二〇〇八]、[鄭長徳・劉暁鷹 二〇〇八]、[四川民主改革口述歴史課題組 二〇〇八]、[秦和平編 二〇〇八]、[楊正文 二〇〇八]、[秦和平 二〇一二]がある。

（7）　東チベット民主青年同盟及びプンツォク・ワンゲルについては[阿部 二〇〇六]、[Goldstein, Sherap and Siebenschuh 2004]、[小林 二〇一四]に詳細な論及がある。小林の論文はチベット人共産主義者プンツォク・ワンゲルと地域・民族・国家の関係を論じたものである。

（8）　「雪域香巴拉文化宝庫——徳格」(http://tour.515see.com/fengsu/yishu/200701/outdoor_20070108194811_142039.html 二〇〇八年四月九日閲覧)。

（9）　「掲開西蔵謎底——蔵医蔵伝仏教及土司制度」(二〇〇六年十月二十日)(http://www.wutaishan.cn/fojiao/fjnews/jjdt/200610/678_11.html 二〇〇八年四月四日閲覧)。

（10）　「掲開西蔵謎底——蔵医蔵伝仏教及土司制度」(二〇〇六年十月二十日)(二〇〇八年四月四日閲覧)。

第四章　文化大革命後のデルゲ印経院と統一戦線活動

一　はじめに

一―一　問題の所在

中華人民共和国成立後、東チベットの政治と宗教に二度激震が走った。それは民主改革（主に一九五六年―五八年）と文化大革命（一九六六年―七六年）である。その結果、東チベットの宗教信仰と経済活動は壊滅的な打撃を被った。民主改革を通じてチベット仏教寺院が持っていた政治的特権や経済活動の権利が中国共産党と政府に奪われ、抵抗する僧や民衆は政府の治安部隊と激しい武闘を繰り広げ、多くの犠牲者が出た。経堂や仏塔はことごとく破壊され、僧尼が寺院から放逐されたため、東チベットの宗教活動は混乱状態に陥り、民衆の間に社会不安と政府への不信感が充満した。治安部隊と民衆の双方に多数の犠牲者を出した後、民主改革の余波はラサにも飛び火し、一九五九年ダライ・ラマ十四世がインドへ亡命するという事態に発展した。その直後、東チベット各地の高僧も次々とインドへ逃れていった。法王の亡命から数年後、今度は文化大革命が始まると、民主改革で被害の少な

図 4-1　民主改革，ラサ郊外にて領主との契約書や借用書を焼却

かった寺院も破壊され、出家者は自宅へ追い返された。共産党の方針で農作業への従事を命じられた者や還俗を強制された者も少なくなかった。

　民主改革時期に展開された闘争の記録は『甘孜蔵族自治州民主改革史』〔中共甘孜州党史研究室 二〇〇〇〕や「民主改革与四川民族地区研究叢書」を通じて知ることができる。[1] ただし、これらの学術書や資料集は中国共産党の歴史観と民族政策、宗教政策に沿って書かれたものであり、民主改革に抵抗した僧院や民衆が自ら残した記録はこれまで確認されていない。

　文化大革命に関する図版資料集『文化大革命博物館』〔楊克林 一九九五〕が香港で出版されたが、少数民族居住地区で撮影した写真は収録されていない。チベット人居住地区における文化大革命関連の資料は、長らく中国共産党によって封印されてきたが、台湾で出版された写真集『殺劫』〔唯色 二〇〇六〕が、チベットの文化大革命を白日の下にさらし世界を驚かせた。写真は解放軍幹部のツェリン・ドルジェ（唯色の父）が主にチベット自治区ラサで撮影したものである。伝統文化の打破やダライ・ラマ批判のスローガンを掲げた紅衛兵、高僧を糾弾する民衆の姿を生々しく伝えている。東チベットで撮影した作品も一部収録されているが、文化大革命時期の甘孜州を知るには不十分である。

　一九七六年に周恩来と毛沢東が相次いで死去し、江青ら「四人組」が逮捕されたことにより、十年に及んだ文化大革命はようやく幕を閉じた。その後、中国共産党は一九七八年第十一期三中全会にて文化大革命を清算し、改革開放路線の推進へと舵を切った。鄧小平を核とした党指導部は階級闘争から経済建設へと指導方針を転換し

図4-2　文化大革命(批判大会に連れ出される高僧，ラサ)

たのである。党の路線変更は、甘孜州内の政治と経済に変化をもたらしたが、宗教活動は依然として壊滅状態にあり地域全体に閉塞感が充満していた。

本章は前半で、文化大革命終結後における甘孜州の社会と宗教活動の動向を『中国共産党甘孜州歴史大事記』〔中共甘孜州委党史研究室 二〇〇四〕から概観し、共産党の基本政策の変化を確認する。後半は、第三章で扱ったデルゲ印経院が文化大革命後に活動を再開し修復作業を急いだ理由を、チベット亡命政府の印経院視察(一九七九年、一九八〇年)とパンチェン・ラマ十世の甘孜州訪問(一九八六年)という事例から明らかにし、鄧小平が推進した統一戦線活動と宗教政策の目的を探る。

一―二　先行研究と関連文献

甘孜州における統一戦線活動、宗教政策、文化大革命後のデルゲ印経院を対象とした先行研究と関連資料を以下に掲げる。

(1)『班禅大師在四川蔵区』〔扎西沢仁 一九八九〕
(2)『徳格県志』〔四川省徳格県志編纂委員会 一九九五〕
(3)『甘孜州志』〔甘孜州志編纂委員会 一九九七〕

図4-3 パンチェン・ラマ10世の四川省視察(1982年，1986年)記念誌

(4)『雪域康巴文化宝庫——徳格』〔沢爾多傑 二〇〇二〕

(5)『中国共産党甘孜州歴史大事記』〔中共甘孜州委党史研究室 二〇〇四〕

(6)『西部現代化境域中的四川少数民族宗教問題研究』〔閔麗他 二〇〇八〕

(1)は一九八九年パンチェン・ラマ十世圓寂を記念して編まれた冊子であり、一九八二年阿壩州と一九八六年甘孜州の視察内容を知るための唯一の図版資料である。(2)はチベット亡命政府の視察団が徳格県を訪問した際の足取りに言及した政府系の地方誌である。(4)は亡命政府の訪問調査とパンチェン・ラマの視察がデルゲ印経院の修復事業に与えた影響を記した現地報告を収めている。徳格県出身のチベット人研究者による証言記録であり、本章後半で述べる宗教復興政策とパンチェン・ラマ十世の関わりを論じる上で重要な文献である。(5)は中国共産党が編集発行した公式記録であり、一九三五年から二〇〇〇年の甘孜州内の党と政府の動向、宗教に関する会議や条例、事件等の概要が掲載されている。ただし、文化大革命時期に関する記述はない。(6)は四川省内民族地区の諸問題を経済改革の視点から論じた専門書である。宗教問題の発生理由を掘り下げたのではなく、地域開発の推進が宗教と民族をめぐる軋轢解消の有効手段であることを強調した内容である。共産党の立場から民族・宗教政策と経済政策のプラス面を論じている。

二　一九八〇年・一九八一年甘孜州の宗教状況

一九七八年に決定した中国共産党の改革開放路線は、文化大革命後の宗教政策にも変化をもたらした。『中国共産党甘孜州歴史大事記』によれば、甘孜州では一九八〇年に宗教復興への取り組みが始まったことが確認できる。甘孜州党委員会は宗教政策に関する会議（六月二十三日）にて、「一部の幹部や民衆は、党が実施している宗教信仰の自由に関する政策に消極的であり、反発の感情を持っている」と問題点を指摘した〔中共甘孜州委党史研究室 二〇〇四：八〇〕。この「宗教信仰の自由に関する政策」とは、一九八〇年三月に共産党中央書記処が北京で開催した第一回チベット工作座談会（一九八〇年）での決定を受けたものである。「消極的」「反発の感情」を持った党幹部の存在は、文化大革命がもたらした極左政治の悪影響が甘孜州にも残っていたことを意味している。同時に、甘孜州党委員会は文革犠牲者への名誉回復と職務復帰という課題にも取り組んだ。

甘孜州では座談会の結果を踏まえて、「甘孜州統戦・接待（含僑務）工作会議」（一九八〇年十二月二十二日―二十八日）を康定（四川省甘孜州州都）で開き、宗教政策の指針を確認した〔中共甘孜州委党史研究室 二〇〇四：八一〕。会議では「宗教信仰の自由に関する政策を正しく全面的に実行し、宗教活動に対する管理を強化する」「ダライ集団を味方に引き入れ、国外のチベット同胞を受け入れる活動を積極的に展開する」ことを決定した。そして州内十三県で統戦部の活動再開を指示し、州党委員会は二十五人の幹部を派遣した。あわせて、民族幹部・宗教関係者が関わった文化大革命による冤罪六十五件、文化大革命以前の冤罪三十二件に対して名誉回復が行われた。「ダライ集団」と国外の同胞に対する愛国的統一戦線活動の実施も座談会の決定事項である（第一章参照）。この時、徳格県ではすでに具体的な動きが始まっていた。

　座談会の翌年、甘孜州党委員会は「甘孜州宗教工作会議」（一九八一年九月一日—四日）を康定で開き、以下の五項目を審議し承認した［中共甘孜州委党史研究室 二〇〇四：八五］。
(1)民族宗教政策の宣伝教育を徹底して行う
(2)党の指導を強化し、「宗教問題を総合的に解決する」方針を貫く
(3)信徒民衆が宗教活動を行う場所を計画的に整備していく
(4)宗教工作を行う部署の機能を速やかに回復させる
(5)甘孜州仏教協会、各県仏教協会の活動を再開させる
　一九八〇年から八一年にかけて党中央は宗教施設の再建と宗教活動の再開を支援する政策を打ち出したが、甘孜州においては、宗教事務部署の機能停止、幹部の冤罪、復興資金の不足、民衆の政治不信などの難題が複雑に絡み合い、宗教復興支援の動きは鈍かった。しかし、党と政府の新たな政策は、甘孜州の宗教活動に小さな変化をもたらした。それは一九八〇年に高僧ジグメ・プンツォが、約三十八人の弟子とともにチベット仏教ニンマ派を中心とするラルン仏教講習所（後のラルン五明仏学院）を色達県に開設したことである（第五章で詳述）。

三　宗教復興政策と条例による管理

三—一　新宗教政策が東チベットに播いた種

一九八二年三月、党中央は宗教政策に関する通達「中共中央一九八二年十九号文件」を出した。第一章で紹介したとおり、「十九号文件」は文化大革命終結後の宗教政策の指針とも言える重要な文献である。政策の柱の一つは「活動拠点の整備等を積極的に行う」ことであり、民族の団結を促し社会の安定をはかることが狙いであった。「十九号文件」の第六章冒頭には、「宗教活動を行う場所を適切に整備することは、党の宗教政策を実行することであり、宗教活動を正常化させるための重要な物質的条件である」と記されている。建国当初、宗教活動を行う施設は約十万ヶ所を数えたが、文化大革命終結後は三万ヶ所に減少した。「とりわけ少数民族地区では、計画的に段階を追って寺院、道観、教会を修築していかなければならない」ともある。ただし、寺院の修築・再建には「国家が認めた資金以外を使ってはならない」「農村では廟や祠を無制限に造らせてはならない」等の制限が加えられた。信徒が自己資金で再建する場合も「指導を加え、できる限り建造数を減らし、大規模な工事を避ける」等の具体的な指針が定められた〔中共中央文献研究室・中共西藏自治区委員会 二〇〇五：三四七―三四八〕。

甘孜州党常任委員会（一九八二年十一月二十七日）は、「十九号文件」を受けて、二つの決定を下した〔中共甘孜州委党史研究室 二〇〇四：九二〕。一つはすでに開放されているチベット仏教十六寺院に加えて、新たに二十六寺院を開放すること。もう一つは各県の宗教関係者と民衆が協議してマニ堂・仏塔・経堂など簡易宗教活動拠点の新たな設置を認め、地域に根ざした信仰の場を確保すること。委員会はその成果をまとめて、「一部の寺院開放の通知」（十二月八日）(3)を発し、同時に宗教活動への管理監督を強化するよう各県に伝達した〔中共甘孜州委党史研究室 二〇〇四：九二〕。

それから二年後、北京で第二回チベット工作座談会（一九八四年）が開かれ、「通常の宗教活動を行いたいという信徒の願いを叶えるために、八〇年代末までに約二百ヶ所の寺院を再建することを目指し、簡易宗教活動拠点の設置も認める」ことが決まった〔中共中央文献研究室・中共西藏自治区委員会 二〇〇五：三六七〕(4)。座談会では、「十九号文件」の主旨を堅持し、チベットの特殊性を考慮した支援を行うことが確認された。

一九八四年の時点で、当局が再建を認めたのは、長い歴史を持つ著名な寺院であり、中小規模の寺院については具体的な復興計画はなく、高僧が新たに寺院を興すことも認められなかった。しかし、第二回座談会の決定は、甘孜州の宗教活動にもう一つの小さな変化をもたらした。それは、アチュウ・ラマが一九八五年に、甘孜州白玉県にヤチェン修行地を開いたことである。当初、修行者は数十人程度であり、草原に築かれたバラックは、暫定的な簡易宗教活動拠点の一つと見なされていた。後に修行地が一万数千人規模に発展することを、当時主宰者自身も白玉県党委員会も予測することは不可能であった（第六章で詳述）。

三―二　甘孜州の宗教条例と寺院定員制

「十九号文件」は第七章で、寺院など宗教組織の「経済的自立」（自辦自養）問題に触れている。宗教活動の再開と活性化には、当然多額の運営資金が必要となる。今後は寺院が自助努力により資金を確保していく必要があるため、運営資金確保による自立を促す政策が準備された［中共中央文献研究室・中共西蔵自治区委員会 二〇〇五：三四九―三五〇］。この件に関して四川省民族事務委員会は一九八五年に通達を出し、甘孜州と阿壩州に対して「寺院の経済的な自立に向けた取り組み、例えば農業や商業活動による収入確保」を提唱している(5)。このような経緯から、一九八八年に「甘孜チベット族自治州仏教寺廟民主管理条例（試行）」（以下「甘孜州寺廟条例」と略す）が制定された(6)。

ポイントは第四十条の寺院定員制度である。「寺院管理委員会は実情と経済力により登録定員数と居住定員数を定め、県仏教協会の審査を経て、政府の宗教事務部署で認可を得る」とある。寺院収入の方法として農業、林業、牧畜、社会公益事業を行うことが認められ（第三十六条）、寺院が独自または合同で企業運営に携わることも可能になった（第三十七条）。こうして甘孜州では、各寺院が経済的自立を目指した活動を実施する必要に迫られ、運輸、牧畜、農業、商店経営、旅館経営、診療所開設、薬材販売等に取り組んだ(7)。ただし、政府が認める寺院定員には上限があり、必ずしも経済力と定員数が連動しているわけではない。定員の増加を認めてもらうには、寺院は地元の党委員会、政府の宗教事務局と良好な関係を築くことが何より大事である。

一九八〇年代における甘孜州の宗教政策の中心は、破壊された大寺院の再建であり、多額の費用の大半を中央政府や四川省政府が負担した。もう一つの重要政策は、寺院に商業活動を通じた経済的自立を促し、寺院の経済力を出家者の定員数を決める指標の一つに定めたことである。その結果、寺院間に経済格差が生じたため、規模の小さな末寺は信徒の布施に頼った運営を余儀なくされ、復興から取り残されていった。

三―三　「二つの登録」政策の影響

一九九〇年代に入ると、各寺院の修築と運営に格差が広がり始めた。大寺院は商業活動を活発に展開し多額の運営資金を得るようになった。経済力のある寺院には新たな出家者が集まり、経済活動はより広範囲に及んでいった。ただし、寺院の定員を無制限に増やすことは許されず、地方政府は通常二百人から三百人を上限の目安にした。しかし、地元の政府と良好な関係を維持する大寺院は定員を超えて出家者を受け入れ、収益の一部を帳簿から除外することもあった。中央政府からの監視が届きにくい僻地の宗教活動は、現地の県宗教事務局や公安局の裁量により比較的柔軟に運営されていた。ただし、甘孜州や四川省の宗教管理当局は不定期に引き締め政策を強行し、徐々に管理強化策を打ち出していった。

甘孜州白玉県にあるニンマ派の名刹カトク寺の例を示す。カトク寺は一九九二年七月、政府の許可を得る前に宗教行事の実施計画を立てていた。隣接するチベット自治区、青海省、甘粛省、雲南省から数千人の僧尼や信徒が集う予定であったが、計画を知った甘孜州政府は手続の不備及び省外の組織と連携した大型行事であることを理由に中止に追い込んでしまった。その後、直ちに緊急通知を発令し、「甘孜州寺廟条例」第三十三条「大型宗教行事の制限」、第三十四条「宗教活動区域の制限」を厳守するよう指示した〔中共甘孜州委党史研究室 二〇〇四：一二四〕(8)。

カトク寺騒動の翌年、一九九三年四川省政府は省内の宗教組織を対象に「二つの登録」事業〔双登工作〕を実施した〔甘孜蔵族自治州仏教協会 二〇一一：七三〕。一つは宗教活動を行っている団体を調査し、違法行為がなければ政府認定の宗教活動許可証を発行した。もう一つは許可証を発行した組織に在籍する宗教関係者を登録し、顔写真付きの宗教者身分証明書を発行した(9)。この「二つの登録」作業は四年間毎年行われた。この調査を通じて、地方政府は各寺院の定員と登録者数〔身分証明書発行枚数〕及び出身地のデータを一括管理することができた。中国共産党の宗教政策が引き締めに転じた時は、状況に応じて他県出身の僧尼を寺院の登録から除外することも可能になった。政府に都合のよい定員制と登録制による管理は、若い出家者にとっては厳しい内容であった。定員超過や他県出身を理由に寺院に籍を得られない者が急増したのである。行き場を失った出家者が目指した場所は、簡易宗教活動拠点として新たに誕生した色達県のラルン仏教講習所や白玉県のヤチェン修行地であった。講習所と修行地は寺院定員制の対象外であったからだ。

四　文化大革命後のデルゲ印経院復興政策

四－一　チベット亡命政府視察団

文化大革命終結直後、徳格は近隣の他県と同様に経済活動が停滞し、主要寺院は壊滅状態にあり、民心は極度に疲弊し町全体が重苦しく沈んでいた。その一方で、四川省政府と徳格県政府は、党中央の指示によりデルゲ印経院の復興計画を大至急具体化する必要に迫られていた。

第三章の中で、チェンラウ書記が民主改革の期間、印経院内に診療所を設置し、医師に版木を守らせた一件を紹介した。その診療所は一九七八年に徳格県チベット医院が完成した後、印経院を引き払った〔四川省徳格県志編纂委員会　一九九五：三七、四三五〕。

一九七九年五月、徳格県革命委員会と県政府は徳格県文物管理所を開設し、印経院の管理と保護にあたらせ、同時に経典印刷の再開を許可した〔四川省徳格県志編纂委員会　一九九五：四三五、四三七〕(10)。印刷再開は実に二十一年振りであったが、印刷可能な文献は全体の一部にすぎなかった。民主改革と文化大革命を経て、版木の一部は失われ、残った大部分の版木も手入れされることなく、保管状況は良好とは言えなかった。そのため、試験的に印刷された文献は大学、研究機関、檔案館（公文書館）等へ贈られ、僧院向けに販売されることはなかった〔四川省徳格県志編纂委員会　一九九五：四三七〕。

建物本体は柱や梁に深刻な損傷が見られ、土壁は広範囲に亀裂が走り、壁画や塑像も壊されていた。被害の程度が判明すると、四川省政府は即座に二万元の予算を投じて緊急に補修を命じた〔四川省徳格県志編纂委員会 一九九五：四二四〕。ただし、傷みの激しい柱と梁を交換し、外壁に化粧直しを施しただけの応急的な処置であった。

一九七九年に仮補修を行い準備が不十分なまま印刷を再開した理由は、インドのチベット亡命政府と鄧小平の間で和解交渉が始まったからである。一九七八年、鄧小平はギャロ・トゥンドゥプ（ダライ・ラマ十四世の次兄）との事前交渉で、「ダライ・ラマの代表団は、チベットの現地を視察できる」という見解を表明していた〔西蔵自治区党史資料徴集委員会 一九九五：二一九―二二〇〕〔浦野 二〇〇六：六二五〕。一九七九年三月十二日、鄧小平はギャロ・トゥンドゥプと公式に面会し、ダライ・ラマ十四世帰還の条件について意見を交わした。交渉は進展し、一九七九年と八〇年に視察団が三度チベット視察を行った(11)。

『徳格県志』には、一九七九年十月末、第一次視察団五人が徳格を視察したという記述がある〔四川省徳格県志編纂委員会 一九九五：三七―三八〕。具体的な視察場所は不明であるが、徳格へ来た目的はチベット人の誇りである印経院の現状視察と考えるのが自然であろう。続いて一九八〇年九月十三日、第三次視察団が徳格に到着した。一行は十四日に徳格中学、城関小学、印経院、チベット医院、金沙江大橋を視察した。四川省政府は第一次視察団来訪前に印経院の補修と印刷再開、チベット医院の開設を行い、第三次視察団来訪前の一九八〇年七月七日に印経院を「古建築及び歴史記念建築物」と「四川省重点文物保護単位」に指定した〔四川省徳格県志編纂委員会 一九九五：四三五―四三六〕。

この一連の早急な復興支援の目的は、中国共産党がチベット亡命政府を意識して行った宗教保護政策の宣伝活動である。ダライ・ラマ十四世の亡命後、印経院の職人の中には法王の後を追ってインドへ逃れた者もいる。チベット文化圏にある仏典や文献の約七割がデルゲ印経院に収められている事情から、視察団は印経院の被害状況に強い関心を示したのである。それに対して共産党は、文化大革命中に行った印経院の保護と今後の復興政策を通して、チベット文化とチベット仏教を重視する政治的姿勢を鮮明に打ち出し、亡命政府との軋轢を弱め交渉を有利に進めようとしたのである。同じく第三次視察団の来訪の直前に（一九八〇年九月）、四川省政府は徳格中学にチベット人クラス（四十人、四年間）を新設し、チベット語教材を用いてチベット語による授業を開始した［四川省徳格県志編纂委員会　一九九五：三八］。学費と生活費はすべて政府が負担した。印経院と中学の事例はともに、共産党の対外的な政治宣伝の一環として行われたのである。

一九八〇年に第一回チベット工作座談会が開かれたのは、第二次視察団がやって来る直前の時期であった[12]。座談会で「視察団を歓待する」「亡命関係者の子女の教育と就業を支援する」「革命的愛国的統一戦線を展開する」ことを決定した理由はここにある。第二回チベット工作座談会（一九八四年）でも同様に、愛国的統一戦線の重視が議論されたことから、鄧小平がダライ・ラマ十四世の帰還を視野に入れたチベット政策の構想を練っていたことがわかる。

図4-4　パンチェン・ラマ10世（後列左から2人目）とチベット亡命政府第1次視察団（北京）

四―二　パンチェン・ラマ十世の徳格視察

次にデルゲ印経院本体の補修計画について説明する。徳格で党と政府の活動に長年従事し、チベット学に詳しい沢爾多傑（カルマ・サンテン・チュンペー、karma bsam gtan chos 'phel、噶瑪・桑登曲批、一九四五―）によると、概ね次のような経過をたどった［沢爾多傑　二〇〇二：五五］[13]。

【一九七九年十二月三十一日】徳格県文教局は徳格県革命委員会にデルゲ印

経院の補修に関する報告書を提出した。

【一九八一年九月十六日】徳格県政府は甘孜州党委員会と甘孜州政府に対して補修計画書を提出し、その後、四川省政府に報告を行った。

【一九八四年四月十八日】四川省政府は補修計画を認可した。

【一九八四年九月】徳格県政府は印経院補修事業の内容を通知した。

こうして補修計画は認可されたが、同時に二つの難題に直面した。一つは予算の確保であり、もう一つは補修方法をめぐる議論の調整であった。躯体の取り替えや外壁の新調も含めた大規模な補修を望む声もあれば、内装補修に限定する声もあった。チベット仏教の叡智を収めた聖なる場所であるため、一切の補修を禁じる要望も出されていた〔沢爾多傑 二〇〇二：五五―五六〕。議論が百出する中、具体的な計画がまとまらず、地元は疲弊の色が濃くなっていった。

図 4-5　パンチェン・ラマ 10 世の甘孜州視察(1986 年)

一九八五年のある日、徳格に吉報が届けられた。中央政府が徳格の仏教復興資金として百七十万元の支出を決定し、印経院に五十万元が割り当てられたのである(ゴンチェン寺、ペープン寺、グズ(俄支)寺、ケサル記念堂の修復に計百二十万元)〔四川省徳格県志編纂委員会 一九九五：四〇〕。印経院をはじめ甘孜州各地にもたらされた復興資金は、中央政府がパンチェン・ラマ十世に託した贈り物であった。パンチェン・ラマはチベット仏教ゲルク派の化身ラマであり、ダライ・ラマ十四世の亡命後も中国に留まった。中国共産党の統一戦線活動を通じて「愛国的宗教指導者」という役割を演じていたが、一九六二年に中国共産党のチベット政策を批判する「七万言上書」を国務院に提出したことにより投獄された。文化大革命終結後に名誉回復がなされ、政府の要職を歴任した。

パンチェン・ラマは甘孜州の要請を受け、一九八六年に各県を視察してまわった。八月二十七日に一行が徳格に到着した〔四川省徳格県志編纂委員会 一九九五：四〇〕。彼が最も心配していたのは印経院の現状であった。五日間の滞在中、彼は各方面の責任者に意見を求め精力的に動き回った〔楊嘉銘 二〇〇〇：三五〕〔沢爾多傑 二〇〇二：五六〕。パンチェン・ラマの強い意向も働き、二年後の一九八八年、印経院の大型補修計画がようやくまとまった。彼が印経院の修復に注いだ熱意は、大きな遺産として今も徳格で語り継がれている。補修が完了したのは一九九一年であった。

図 4-6　パンチェン・ラマ 10 世のデルゲ印経院訪問（1986 年）

十月一日国慶節（中華人民共和国建国記念日）の日に竣工式が行われた際、式典で祝辞を述べたのは、建国後の動乱から印経院を守ったかつての書記ヤンリン・ドジェとチェンラウであった〔沢爾多傑 二〇〇二：五六―五七〕。この時ヤンリン・ドジェは中国人民政治協商会議四川省委員会副主席として、チェンラウは同甘孜州委員会主席として講話を行った（中国人民政治協商会議は全国統一戦線組織である）。多額の資金を投じた印経院の復興事業は、中国共産党の宗教政策と統一戦線活動の成果を内外に示すためのものであった。対内的には民主改革と文化大革命で傷ついたチベット人の誇りを守り、対外的にはチベット亡命政府に対して、党の宗教保護政策をアピールする狙いがあった。「民族分離主義者（チベット亡命政府）のデマと誹謗をはねのけた」という徳格のチベット人学者・沢爾多傑の言葉がそのことを物語っている〔沢爾多傑 二〇〇二：六〇〕。

五　印経院の管理運営と世界文化遺産

五−一　文物管理所の開設

一九七九年五月印経院の業務再開に伴い、県文物管理所が新たに印経院を管轄することになった。その後一九八五年十一月、四川省政府と甘孜州政府の指示により徳格県印経院文物管理所へと名称変更され、同時に行政面は宗教事務局が指導し、業務面は文教局が指導する新体制に移行した〔四川省徳格県志編纂委員会 一九九五：四三五―四三八〕。土司時代、印経院の財務管理はゴンチェン寺から選出された高僧が行っていたが、一九八五年以降県の宗教事務局と文教局が担当し、政府当局が運営に対する発言力を強めていった。経典販売による事業収入は政府が管理するため、印経院とゴンチェン寺は自主的な運営と宗教活動に一定の制約を受けることとなった。

二〇一四年現在、印経院の院長を務めるのはツェワン・ジメ（tshe dbang 'jigs med、沢旺吉美、一九七一―）である。彼は仏教伝来以前から存在したボン教の高僧であり、ターデ（塔徳）寺（thar sde dgon pa、四川省徳格県）第十七代の化身ラマである[14]。若いツェワン・ジメが院長に抜擢されたのは、ボン教はチベット亡命政府の主流派であるチベット仏教ゲルク派との関係が比較的希薄であり、彼自身が共産党の宗教政策にも「適応」していると判断されたからである。

彼の経歴の中で最も注目される点は、一九九五年二十四歳の時に徳格県、甘孜州、四川省の審査を経て、建国後四川省チベット地区で初の政府認定の化身ラマになったことである。その後、一九九七年から九九年まで北京の中国チベット語系高級仏学院で、仏教学の他に漢語や政治経済、共産党の宗教政策を学んだ。一九九八年以降、中国人民政治協商会議徳格県委員会副主席、徳格県仏教協会副会長、中国人民政治協商会議四川省委員会委員を歴任した。高僧を政府の要職に登用することは、中国共産党の統一戦線活動にとって重要な任務であり、宗教に社会主義社会への適応と貢献を求める狙いがある。彼は共産党の政策に協力する宗教指導者の役割を担うことを求められており、苦悩の日々を送っている。

五―二　世界文化遺産と当局の思惑

二〇〇五年デルゲ印経院では世界文化遺産申請へ向けての取り組みが始まった。それに伴い伝統的技法への回帰も検討中である。例えば、印刷に用いる紙は長年白玉地方の農家が自分で漉《す》いたものを土司に納めていたが、印経院が閉鎖された約二十年の間に紙漉き農家は大幅に戸数を減らしたため、四川省雅安県の製紙業者から買い付けざるをえなくなった。雅安の紙は印刷が不鮮明な上、目が疲れやすいと僧侶の不評を買った。

二〇〇〇年にアメリカのある財団が印経院の現状を憂えて、伝統的な紙漉きを復活させるための助成金提供を申し出た(15)。このことが契機となり、印経院ではチベット式製紙法が再開され始めた。外部委託に頼っていた墨や朱砂、各種工具類も現在本格的な伝統技法へ回帰する方向に進みつつある(16)。印経院が目指す新たな取り組みは、チベット仏教と地域の伝統文化を継承していく上で有利に働くことは間違いない。

『活きている文化遺産デルゲパルカン』の共著者である中西純一は、印経院の価値を「木版による手刷り印刷のハードウエアが現存するばかりでなく、印刷に必要なすべての工程とシステムが今も活きて運営され続けている」点に置いている［池田・中西・山中 二〇〇三：一一三］。そして印経院を動態保存する方策として、世界遺産への

図 4-7　世界遺産申請を目指すデルゲ印経院ツェワン・ジメ院長（中央）

図 4-8　伝統工法で紙を漉くデルゲ印経院の少年僧（1939 年）

登録申請を提案している。申請手続は困難な状況にあるが、「地元の声を代弁する政府や地域社会での信頼が厚く大きな発言力を持つ活仏や僧侶といった寺院関係者に加え、地域開発の専門家と管理当事者であるデルゲパルカン管理事務所との間で協議を重ね、長期的な復興計画書を作成する方向で共同研究を進める」必要性を訴えている［池田・中西・山中 二〇〇三：一二〇］。

文化遺産としての価値を認め、印刷活動や宗教行事を継続するための方法を模索する提言に異論はない。ただし、世界遺産への申請活動は貴重な文化を保護するという理念を掲げつつも、実際の狙いは観光を中心とした地域開発にあることは、九寨溝（世界自然遺産、四川省阿壩州）の例を見れば明らかである。徳格県を統轄する甘孜州政府は、「手つかずの自然とチベット伝統文化」をキャッチフレーズに複数の観光ルートを整備中である[17]。その拠点になると考えられているのが、デルゲ印経院と丹巴《ロンダ》（rong mi brag 'go）の石塔群である。世界遺産に関しては二〇〇七年に国内の申請手続を終えたが、二〇一四年現在登録される見通しは立っていない[18]。仮に登録が実現すれば、甘孜州観光開発の起爆剤となるであろう。現在申請活動と並行して、成都から徳格に至る幹線道路（川蔵北路）の大改修工事が行われており、沿線に広がるチベット人民家に立ち退きを迫っている。各地で無計画な再開発事業が進められ、鉄筋コンクリートのホテルや商業施設が、周囲の景観を大きく損なっている。世界遺産登録実現に向けたインフラ整備という大義名分を掲げて、今後も乱開発に拍車がかかることは間違いない。

六　ツェワン・ジメ院長訪問（二〇一〇年八月一日）

筆者は二〇一〇年夏に徳格を再訪した際、ツェワン・ジメ院長との面会が実現した。世界遺産申請状況と今後の計画について行ったインタビューの概略を示す。

図4-9　ツェワン・ジメ院長（自宅, 2010年8月筆者撮影）

印経院は一九九六年に国の重要文化財に指定された後、にわかに国内外の注目を集めるようになった。そして、閉ざされた神秘的宗教空間から、外部に開かれた印刷工房へと変貌していった。長らく印経院内部は撮影を禁じていたが、世界遺産の話題が出た後は一般の見学者にも撮影を許可している。内外から注目されることはうれしいが、運営資金の確保は頭痛の種だ。世界遺産への申請は国内関係部署の承認は得られているが、見通しは明るくない。院長として努力は続けるが今後のことは国務院に任せている。将来計画として、博物館、美術館、研究所を新設し、国内海外の研究者や技術者を招聘しシンポジウムを開催したい。外国人研究者の来訪と調査を歓迎する。四川省政府・甘孜州政府との関係は良好である。印経院の歴史と伝統を守りつつも新たな価値と魅力を理解してもらえるよう宣伝活動に尽力したい。

印経院の開設と運営にはデルゲ土司とゴンチェン寺の僧が密接に関わってきたことは第三章ですでに述べた。宗教と政治の関係、漢人観光客に関する質問内容を以下に示す。

川田「世界遺産登録との関係で、今後印経院の活動からゴンチェン寺の宗教行事が除外されるのか」
院長「印経院とゴンチェン寺の関係は今後も不変であってほしいが、難しい問題だ」
川田「党・政府の印経院管理が強化される心配はあるか」
院長「しっかり話し合いを続けることで解決できる」
川田「漢人観光客の増加を歓迎するのか」
院長「歓迎する。彼らが異なる宗教や文化を学び尊重する態度を持つことを強く期待する」

ツェワン・ジメ院長は、宗教と政治の問題について、幹部としての立場上口を濁したが、「北京の中央政府や四川省政府との間にしっかりした人脈を築いている」「外国人研究者の来訪と関心の高まりは今後の印経院の財産になる」という点を強調した。中国共産党がボン教の高僧を院長にすえ、世界文化遺産申請を模索する方針は、胡錦濤時期のデルゲ印経院を舞台にした新たな統一戦線活動の展開であると考える。

筆者は近い将来信仰心を持たない漢人観光客が次々と印経院を訪れ、印経院の管理運営から宗教色が薄められ、中央政府や四川省政府の意向を反映した運営がなされることを強く危惧する。観光価値を高めるための形式的な伝統継承がなされ、形骸化した博物館となってしまうことも心配だ。印経院は中国政府の文化遺産ではなく、国境を越えたチベット人全体の宝物である。中国共産党がチベット亡命政府への政治宣伝や経済振興の道具に利用

第4章関連年表

文化大革命後の北京と甘孜州の宗教政策		デルゲ印経院と統一戦線活動	
1980. 3	第1回チベット工作座談会→「正しい宗教活動の推進」	1979. 3	鄧小平がダライ・ラマ14世の兄と協議
1980. 6	甘孜州宗教工作会議→「極左的政策の否定」	1979. 5	印経院の業務再開
		1979. 10	亡命政府第1次視察団が徳格視察
1980. 12	甘孜州統戦・接待工作会議→「亡命政府への統一戦線活動」	1980. 9	亡命政府第3次視察団が徳格視察
1981. 9	甘孜州宗教工作会議→「宗教事務部署の回復」	1981	甘孜州仏教協会が活動再開
1982. 3	「中共中央1982年19号文件」→「寺院の経済的自立」	1985	国務院が印経院補修費を支出
1982. 11	甘孜州党委員会→「寺院の開放，宗教活動地点の新設」	1986. 8	パンチェン・ラマ10世が印経院視察
1984. 2	第2回チベット工作座談会→「チベットが持つ特殊性への配慮」	1991	印経院補修完了，竣工式にチェンラウとヤンリン・ドジェが出席
1988	甘孜州寺廟条例→「寺院の定員制」	2003	ツェワン・ジメが印経院院長に就任
1993	四川省政府が寺院の登録制度，出家者の登録制度を実施	2005	印経院の世界遺産登録準備開始

するのではなく、世界各地のチベット仏教徒や国内外の非営利組織が資金援助を行い、運営に参画する道が開かれることを筆者は期待する(19)。

七　結　論

鄧小平時期のチベット政策の課題は、民主改革と文化大革命の後遺症から立ち上がることであった。その課題の中に、愛国的統一戦線活動の一環としてチベット亡命政府との関係修復を探る動きが含まれていた。鄧小平は一九七八年に、ギャロ・トゥンドゥプとの交渉を通じて、亡命政府視察団の受け入れとダライ・ラマ十四世の帰還条件を話し合った。視察団が希望した視察地の中には甘孜州徳格県が含まれており、視察団の狙いはデルゲ印経院の被害状況を確認することであった。この視察を契機に、民主改革と文化大革命により固く閉ざされた印経院の門がようやく開かれたのである。つまり、印経院の復活は地元の自助努力や文化政策によるものではなく、亡命政府に対する政治と宗教政策の宣伝活動、つまり愛国的統一戦線活動がもたらしたと言える。

次に、党中央は印経院の緊急補修と経典の印刷再開を指示し、党の宗教保護政策が順調であることを視察団に誇示した。そして、一九七九年と八〇年に視察団が二度徳格を訪問した後、新たな統一戦線活動に打って出た。それは一九八五年印経院への補修費支出と一九八六年パンチェン・ラマ十世の印経院視察であった。一九八〇年代、印経院の補修計画をめぐって徳格は紛糾していたが、補助金と視察の効果により、地域の宗教と経済はようやく復興事業が軌道に乗り始めた。党の統一戦線活動とパンチェン・ラマの尽力により、印経院の修復が実現し、チベット人の誇りと文化遺産が守られたのである。同時に、共産党の宗教政策の成果を亡命政府に宣伝する結果となった。

文化大革命終結後の中国共産党の宗教政策を考える上で、鄧小平のチベット外交戦略と党中央の通達「中共中央一九八二年十九号文件」は極めて重要な位置を占める。一九八〇年代に共産党は宗教活動の正常化に向け、宗教施設の開放と復興資金の援助を約束する一方、宗教組織に経済的自立を促した。一九九〇年代には「宗教団体の登録と活動許可制度」「宗教活動従事者の登録制度」(「二つの登録」)が始まり、寺院の財務状況に応じて定員が決められた。この制度により甘孜州内の寺院は経済活動が活発になったが、定員制の制約により若い出家者全員を収容することはできず、新たな活動拠点として、ラルン仏教講習所やヤチェン修行地に注目が集まった。

二十一世紀に入り、東チベット各地で観光を柱とする経済振興策が活発化してきた。印経院では二〇〇五年から世界遺産登録を目指し事務手続が始まった。中国政府は申請理由に伝統的印刷技法の保護を謳っているが、同時に、チベット仏教、チベット文化への管理統制を強め、亡命政府を牽制する意図も持っている。ボン教出身のツェワン・ジメ院長の就任と世界遺産への申請方針は、胡錦濤が推進する「宗教と和諧」政策を背景にした新たな統一戦線活動の一環と位置づけられる。

最後に、パンチェン・ラマ十世は東チベットの甘孜州と阿壩州を視察した際、大きな土産を置いていった。それは次章で述べるラルン仏教講習所への支援であった。

（1）日本の研究では、松本高明が青海省尖扎における土地改革の事例を紹介している［松本　一九九六］。
（2）「関於貫徹執行党的宗教政策的意見」。
（3）「関於開放部分寺廟的通知」。
（4）「中共中央関於印発《西蔵工作座談会紀要》的通知」（一九八四年四月七日）、「西蔵工作座談会紀要」（一九八四年三月二十八日）。
（5）「四川省蔵伝仏教工作的主要情況和今後意見」、「蔵伝仏教寺院〝自養〟及政策問題初探――以四川蔵区為例」（http://202.115.32.32/ftp_teacher0/rangr/lwt.htm　二〇〇七年九月十八日閲覧）。
（6）「甘孜蔵族自治州仏教寺廟民主管理条例（試行）」［甘孜蔵族自治州仏教協会　二〇一一：二二八―二三三］。
（7）「甘孜蔵族自治州仏教寺廟民主管理暫行辦法」、「蔵伝仏教寺院〝自養〟及政策問題初探――以四川蔵区為例」（二〇〇七年九月十八日閲覧）。
（8）「関於做好当前有関宗教工作的緊急通知」。
（9）余孝恒「四川省宗教法制建設工作的実践与思考」（http://www.taoism.org.hk/religious-studies/9903/gb/art14.htm　二〇〇七年九月十八日閲覧）。
（10）［楊嘉銘　二〇〇〇：三七］には一九七五年五月に印刷と販売が再開されたとあり、『徳格県志』の記述と異なっている。文化大革命の終結時期と亡命政府視察団訪中の時期を考えれば、一九七九年再開と考えるのが妥当であろう。
（11）ダライ・ラマ法王日本代表部事務所（http://tibethouse.jp/international/beijing.html　二〇〇五年六月二十日閲覧）。
（12）ダライ・ラマ法王日本代表部事務所（http://www.tibethouse.jp/international/beijing.html　二〇一三年三月十五日閲覧）。
（13）「璀璨奪目的民族文化宝庫重放光彩――維修徳格印経院工程親歴記」。
（14）「沢旺吉美活仏」（http://www.zcfj.net/index1.aspx　二〇〇八年四月九日閲覧）。
（15）「紙文化的時光之旅」（http://202.108.249.200/geography/news/20020927/24.html　二〇〇五年四月十一日閲覧）。

(16)「掲開蔵区最古老神秘印経院面紗」(二〇〇五年三月十八日)(http://www.ebud.cn/new-news/culture/new-news_culture_20050514_2.html 二〇〇五年五月二十日閲覧)。

(17)「後来居上看康巴——甘孜州州長暢談旅游発展」(http://www.gzznet.com/tour/infomation/200405/20040530103615.html 二〇〇五年五月三十日閲覧)。

(18)曽江「徳格印経院考察記」『中国社会科学報』二〇一二年四月十七日(http://theory.people.com.cn/GB/17676772.html 二〇一三年六月二十七日閲覧)。

(19)デルゲ印経院とボン教の関係については小西賢吾氏の意見を参考にした(二〇一四年)。

第五章　ラルン五明仏学院粛正事件

一　はじめに

一―一　問題の所在

文化大革命の終結から四年後の一九八〇年、高僧ジグメ・プンツォ（jigs med phun tshogs、晋美彭措、一九三三―二〇〇四）が甘孜州色達県《セルタ》（gser rta）に、主にチベット仏教ニンマ派の教義を伝授するラルン仏教講習所を開設した。当初、講習所はラルンの谷あいにバラックとテントが点在するだけであり、一九五〇年代から七〇年代に吹き荒れた民主改革と文化大革命という二つの政治の嵐を生き延びたジグメ・プンツォのもとに、三十人ほどの僧が集まっていた。(1) 一九八〇年に甘孜州政府は宗教事務局を、一九八一年に仏教協会を復活させ、州内四百三十八寺院の活動再開を許可したが、当時大半の寺院は破壊され出家者は途方に暮れていた〔甘孜州志編纂委員会 一九九七：八三〕〔甘孜蔵族自治州仏教協会 二〇一一：四〕。講習所開設の噂はしだいに広まり、ジグメ・プンツォを慕って東チベット一帯から各宗派の僧が集まり始めた。学僧は近隣住民の手を借りて僧坊と経堂を建て、修行と学問の場を築き上げていった。この講習所が十数年後に一万数千人を擁するラルン五明仏学院へと発展していったのである。

一九八〇年代、講習所に大きな転機が二度訪れた。一つは第一章と第三章で紹介した「中共中央一九八二年十九号文件」の通達から三年後の一九八五年、色達県政府が講習所の創設を正式に認可したことである(五月十九日)。(2)「十九号文件」と第二回チベット工作座談会の決定「簡易な宗教活動地点の設置を認める」が追い風となり、ジグメ・プンツォは色達県の党と政府の指導を仰ぎながら、仏教理論の探究と民族文化の継承を掲げて講習所の基盤整備に尽力していった。

もう一つは一九八六年夏に、パンチェン・ラマ十世が甘孜州を視察したことである〔中共甘孜州委党史研究室 二〇〇四:一〇四〕。当時パンチェン・ラマは全国人民代表大会常務委員会副委員長という要職にあり、北京に居住し中央とチベット地区の橋渡し役を任されていた。還俗後もチベット仏教ゲルク派の「化身ラマ」として、ダライ・ラマ十四世のインド亡命後、中国国内におけるチベット仏教徒の精神的支柱でもあり続けた。パンチェン・ラマが色達県を訪問した際にジグメ・プンツォと面会し、講習所が東チベットの宗教復興と教義継承に大きな役割を果たすことを確信して支援を約束した。

図5-1 初期のラルン仏教講習所(1980年代)

図5-2はジグメ・プンツォが一九八七年に北京を訪問した時のものであり、パンチェン・ラマは講習所を「ラルン五明仏学院」(lnga rig chos grwa chen mo、以下、仏学院と略す)と正式に命名した。そして色達県政府に書簡を送り、仏学院への全面的な支援を要請した。ラルン(bla ma rung)は仏学院を設置した場所の地名であり、五明と

は古代のインドから伝わった学問の枠組みである。(3) つまり工巧明《くぎょうみょう》（美術工芸、暦学）、医方明《いほうみょう》（医学）、声明《しょうみょう》（言語学）、因明《いんみょう》（論理学）、内明《ないみょう》（仏教学）という五つの分野から構成される。内明以外はいわゆる世俗の学問であるが、パンチェン・ラマは出家者に対して五明に通じることでチベット文化を総合的に学ぶことを求めたのである。

ジグメ・プンツォはチベット仏教ニンマ派の高僧であるが、仏学院はニンマ派の教義を中心としつつ、五明をバランスよく習得することを目指した。四大宗派（サキャ派、カギュ派、ニンマ派、ゲルク派）すべての学僧を受け入れ、宗派主義に縛られない柔軟な運営は現在も維持されている。仏学院が持つ理念は、東チベットに伝わるリメ運動（第三章参照）という超宗派運動の流れをくむものである。つまり、宗派間での対立や批判をやめ、互いの伝承を尊重し守る姿勢を重んじたのである。仏学院の高僧シェーラ・ゾンボ（shes rab bzang po、希阿栄博、一九六三—）は著書『静寂之道』の中で、仏学院にはチベット仏教各宗派の僧が集っているが、互いに相手を誹謗したり軽視したりすることはないと記している［希阿栄博 二〇一二b：一七八］。

図 5-2　北京のパンチェン・ラマ 10 世（左）を訪問したジグメ・プンツォ（1987 年）

チベット仏教の中で現在最大規模のゲルク派は、戒律を厳格に守ることを重視しており、顕教をしっかり修めた後に密教修行に入ることを定めている。しかし、仏学院はゲルク派の学問様式にとらわれず、各師僧のもとで比較的自由な学問と修行が許されていた。ニンマ派は宗派としての組織力が弱く外部に対して開放的な面を持っており、学院長の方針により漢人の出家者や在家信徒の受け入れにも柔軟に応じた。

その後、学院長は一九八八年に北京を再訪し、中国チベット語系高級仏学院（一九八七年創設、初代学院長パンチェン・ラマ十世）で講義を行った後、パンチェン・ラマと交流を深めた。[4] ジグメ・プンツォの二度の北京訪問は、チベット仏教に関心を寄せる漢人に信仰の種を播く役割も果たした。この時、大きく心を揺さぶられた二人の在家信徒陳暁東と呉玉天は、後に色達の仏学院を目指すこととなった（第七章で詳述）。

パンチェン・ラマの設立認可から六年後の一九九三年、中国仏教協会会長の趙僕初（一九〇七―二〇〇〇）が学院名を扁額に揮毫し、仏学院の発展を祝福した。そして一九九七年に甘孜州宗教事務局の申請を四川省宗教事務局が認可したことにより、ラルン五明仏学院が正式に誕生した。[5]

その後、仏学院はチベット東部のカム地方を中心に強い影響力を持つジグメ・プンツォの指導下で急速に発展し、世界最大規模の仏学院となった。ところが、活発な活動は宗教政策を管轄する中国共産党中央統戦部に不安を抱かせる結果となり、二〇〇〇年と二〇〇一年に仏学院は尼僧の放逐、僧坊の撤去、学院長への監視強化といった粛正を受ける事態に見舞われた。二〇〇〇年と二〇〇一年の弾圧行為を本章では「ラルン五明仏学院粛正事件」（以下、仏学院事件と略す）と呼ぶ。

一―二　先行研究と関連文献

仏学院と仏学院事件に言及した報道、論文、文献資料を以下に示す。

(1)「『宗教弾圧』をビデオで告発――中国「信仰の自由」の真相」［清水 二〇〇二］
(2)「宗教からみた中国国家――「世俗権力の合理性」とその限界を中心に」［平野 二〇〇四］
(3)「チベット最古の宗派――ニンマ派」［石濱 二〇〇四 a］

(4)「全民信教」『天梯のくに　チベットは今』〔堀江　二〇〇六〕
(5)「中国共産党によるチベット仏教弾圧の歴史」〔石濱　二〇一〇a〕
(6)「東チベットの新しい慣習法「ゲワチュ」の実践とパラドックス――四川省ガンゼチベット族自治州セルタ県を事例に」〔北原　二〇一二〕
(7)『法王晋美彭措伝』〔索達吉堪布　二〇〇一〕
(8)「色達喇栄五明仏学院」〔丹珠昂奔他　二〇〇三〕
(9)「末法時代――蔵伝仏教的社会功能及毀壊」〔王力雄　二〇〇三〕
(10)『心中燃起的時代明灯』〔色達喇栄五明仏学院　二〇〇七a〕
(11)「晋美平措」〔堪珠・貢覚丹増仁波切　二〇〇八〕
(12)『不離』〔晋美彭措　二〇一四〕
(13)"Tibetans"〔Simons 2002〕
(14)*Buddhism in contemporary Tibet: religious revival and cultural identity* [Goldstein and Kapstein 1998]
(15)*China's Great Train: Beijing's Drive West and the Campaign to Remake Tibet* [Abrahm 2008]
(16)*Tragedy in crimson* [Johnson 2011]

(1)―(5)(9)(13)(15)(16)は仏学院事件に言及した報道記事・論文と現地報告である。(1)は仏学院を訪問した日本人が持ち帰った事件の映像（チベット僧が撮影）を紹介し、事件の背後にある学院長のカリスマ的指導力や漢人信徒の存在を指摘している。(15)はラストガーテン・アブラム（アメリカのジャーナリスト）の著書であり、仏学院の収容人数と政府の管理方法について述べている。「仏学院は僧院ではない」という指摘は、仏学院の規模拡大の理由を探る上で重要であるが、事件発生の解釈は筆者と異なる。(16)はティム・ジョンソン（アメリカの『マクラッチー』紙記者）の著作であり、二〇〇九年の現地調査に基づき漢人信徒との関係に触れ、事件の原因を解明した優れた報告である。その他は現地調査を行っていないため、仏学院と事件に関する断片的な記述に終わっている。

(6)は仏学院が位置する色達県における信仰と遊牧の関係を調査した文化人類学の論文である。(7)は学院長の側近ケンポ・ソダジが著したジグメ・プンツォの評伝である（内部刊行物）。(8)は中国の政府系出版社が発行した辞典の項目であり、仏学院事件には触れていないが、地名ラルンの由来、仏学院と漢人僧尼やアジア各国の信徒との関係に関する記述は重要である。(9)は作家兼民主活動家の文章であり、仏学院事件とテンジン・デレク事件（序章参照）に言及している。(10)は学院長圓寂三周年を記念して仏学院と漢人信徒が作成した図版資料集である（内部刊行物）。仏学院の草創期、インド訪問、葬儀等の貴重な写真が収録されている。その他に、アメリカ政府が作成した「二〇〇一年人権報告・中国」があり、仏学院事件発生の事実と理由が記されている。

過去にジグメ・プンツォ及び仏学院に関するまとまった情報は、漢人信徒組織が運営する「ニンマ・インフォメーション」（寧瑪資訊）のウェブサイト上に掲載されたことがある（二〇一四年現在サイトは閉鎖中）。中国国内では仏学院に関する研究は不許可であり、日本を含む外国においても研究の蓄積はほとんどない状況にある。

本章はケンポ・ソダジの著書とニンマ・インフォメーション上の資料に依拠して仏学院の組織と教育課程を紹介した後、(7)(16)及びアメリカ政府のレポートを踏まえ、過去六回の現地調査と新出資料に基づき仏学院事件の原因と背景に新たな解釈を導き出す。[7]

二　甘孜州内の仏学院とラルン五明仏学院の名称

図5-3　ラルン五明仏学院正門（2012年8月筆者撮影）

仏学院の正式名称は『甘孜州仏教協会志』によれば、「喇栄《ラルン》寺五明仏学院」である〔甘孜蔵族自治州仏教協会 二〇一一：七六〕。ところが仏学院の正門には「色達喇栄五明仏学院」と記されており、喇栄「寺」の文字は見えない。『色達県志』では「喇栄五明仏学院」の名称（喇栄寺に相当と注記）が用いられ、宗教活動を行うことが許された民間教育機関と記されている〔四川省色達県志編纂委員会 一九九七：一四六、四二四〕。

整理すると、五明仏学院はラルン（喇栄）寺に附属する宗教教育機関であるが、「喇栄寺五明仏学院」はあくまでも形式的な名称である。ラルン寺がいつ創建され、座主が誰なのかといった基本的な情報を確認することはできない。したがって、ラルン寺は一九九七年五明仏学院を正式に認可する際に設置された書類上の存在である可能性が高く、両者の組織上の関係は明確ではない。一般的な名称はあくまでも「喇栄五明仏学院」である。筆者は一万人を超す出家者と信徒は五明仏学院に所属すると考えている。一般の寺院は宗教事務局により、僧尼の定員が厳しく制限されているが、宗教教育機関である仏学院に明確な定員は設けられていない。

現在甘孜州内にはラルン五明仏学院の他に、セルシュ（色須）寺仏学院（石渠県）、タンカー（丈卡）寺仏学院（康定県）、ペープン（八邦）寺仏学院、ゾンサ（宗薩）寺仏学院、ゾクチェン（佐欽）寺仏学院、テンチェン（丁青）寺仏学院（以上徳格県）、ペユル（白玉）寺仏学院、カトク（嘎托）寺仏学院（以上白玉県）が存在する。学僧数はラルン五明仏学院が最多であり、他の仏学院は数十人である。甘孜州内に多数の仏学院が開設された理由は、文化大革命後の宗教復興政策の他に、一九八〇年代にインドへ越境し修行を志す青年僧が増加したからである。民主改革と文化大革命の影響によ

図5-4　ゾクチェン寺仏学院（四川省徳格県，2009年8月筆者撮影）

り、州内の僧院は指導僧の育成を継続できなくなった。そこで甘孜州政府は、青年僧の不法出国を防止する目的も兼ねて各仏学院の開設を許可したのである［甘孜蔵族自治州仏教協会 二〇一一：七六］。

三　ラルン五明仏学院の組織・学制・構成

かつてニンマ・インフォメーションのサイトには、仏学院の組織と学制の案内（一九九八年七月作成）が掲載されていた(8)。筆者は学院長側近の漢人僧尼や信徒が執筆したと推測する。全十三章からなる資料は四川省宗教事務局に提出した認可申請書類に基づいており、認可当時の仏学院の教学体制を記した詳細な内容である。概要を以下に示す。

三―一　学院組織

【学院長】ジグメ・プンツォ
【副学院長】テンジン・ジャンツォ他三名
【本　部】主任一名、副主任三名、秘書三名、政治宣伝員二名
【教務課】課長一名、副課長二名、各学科に主任一名、各部に部長一名

共同文化学科（語言部・歴史部・小五明部）
顕教学科（中観部・倶舎部・因明部・戒律部・智慧度部）
密宗学科（加行部・続部部・竅訣部）
漢僧部

【事務局】局長一名、副局長二名
財務会計課：課長一名、会計一名、出納一名、管理員三名
医務課：課長一名、医師二十名
庶務課：課長一名、保管員三名
安全管理課：課長一名、副課長二名

仏学院は三学科と漢僧部より構成されている（学科内の各部名称は原文の表記のままに留めた）。共同文化学科は仏教学を含むチベット文化全般を学ぶことを目的としている。顕教学科は論理的に仏教教理を学ぶチベット仏教ゲルク派の学問様式を応用している。密宗学科は実際的な儀礼を重視するチベット仏教ニンマ派の学問を重視している。漢僧部には漢人の僧尼と信徒が在籍している。学院長のジグメ・プンツォはニンマ派を代表する高僧であるが、仏学院の教育課程には、ゲルク派の教理研究も採用されている。申請書類上は学科構成となっているが、実際は各学科に分かれて教育が行われているわけではなく、教学内容はケンポやラマと呼ばれる各指導僧の裁量に委ねられている。したがって、仏学院は各指導僧が主宰する私塾の集合組織と表現することも可能である。

三－二　学　制

正規生の在学期間は六年、特殊な学位取得には十三年を要する。入学時の学力が一定の水準に達しない場合は、先に予備班に編入しなければならない。定められた課程を修了し、試験に合格した者には卒業証書が与えられる。更に論文と口頭試問に合格した者には、仏学院におけるケンポ（学堂長）の学位が与えられる。必要に応じて一―二ヶ月、もしくは一―二年の短期研修も実施する。研修終了者には修了証書が与えられる。ただし、仏学院への入学に際して特別な条件はなく、指導教員の許可が得られれば入学が許可されるのが実態である。在籍年数も特定の規則に縛られることは少なく、学僧個人の状況に合わせて自由に設定することができる。色達県公安局と宗教事務局は、仏学院の学僧を短期滞在の「流動人口」と見なしている。

筆者は二〇一三年八月にコンヤプ（公雅）寺（gong yab dgon pa、青海省嚢謙県）を訪問した。この僧院はカルマ・カギュ派であり、ケンポ・カルツェ（カーマ・ツェワン、skar ma tshe dbang、尕瑪才旺）が教学の責任者である。聞き取り調査を行った際、彼はラルン五明仏学院で八年間学んだ後、コンヤプ寺に戻ったと語った。

三－三　構成と設備

図5-5は二〇一一年八月に北西側の丘から撮影したものである。谷の主に東側（写真奥）が僧の居住区、西側（写真手前）が尼僧の居住区である。写真には仏学院全体の約七十パーセントが収められている。谷の中心部には学院本部、男女別の大経堂、商業施設（売店、食堂、市場、郵便局、銀行ATM、携帯ショップ）、診療所が集中している。

北側の丘の上（写真左）には、巨大な仏塔と宿泊施設（二〇一一年ラルン賓館開業）が見える。本部棟、大経堂、宿泊所は二〇〇八年から一二年の間に新築されたものである。丘の上の仏塔南側には、漢人信徒の住居が集まっている。電気（二〇〇一年確認）と携帯電話（二〇〇四年確認）は全域で使用可能であるが、パソコンのインターネット回線は閉鎖されている。飲料水は井戸を使用し、プロパンガス（二〇〇一年確認）も提供されている。乗り合いワゴンタクシーは色達、甘孜、馬爾康《バルカム》行きがある（二〇〇四年から〇七年は許可されたタクシーのみ入構可能、二〇一一年以降入構制限廃止）。

図 5-5　ラルン五明仏学院全景（2011 年 8 月筆者撮影）

四　ジグメ・プンツォ評伝

図5-6は学院長の側近であり仏学院の運営を支える高僧ケンポ・ソダジ（ソナン・タージェ、bsod nams dar rgyas、索朗達吉、一九六二―）が著した『法王晋美彭措伝』（以下『法王伝』と略す）[9]である（漢人信徒組織の協力を得て印刷した内部刊行物）。『法王伝』によると、ジグメ・プンツォは一九三三年、現在の青海省班瑪《パンマ》県（pad ma）に生まれ、二歳でニンマ派高僧レーラプ・リンパ（列繞朗巴）の転生者と認定された。六歳でチベット語の読み書きを習得し、一種の予知能力を備えていたと伝えられている。十六歳の時に中華人民共和国の成立を迎えた後、四川省

図5-6 ソダジ著『法王晋美彭措伝』(2001年)

石渠県《セルシュ》（ser shul）のチャンマ（江瑪）寺（lcang ma dgon pa）などで高僧の指導を受け、学問と修行の青年期を送った。一九五〇年代から七〇年代は民主改革や文化大革命という政治の混乱に直面し苦難の日々を送ったが、その頃の詳しい足取りは不明である。

一九五九年にダライ・ラマ十四世が亡命した後、ペユル（白玉）寺（四川省白玉県）のペーノー・リンポチェやキルティ（格爾登）寺（四川省阿壩県）のキルティ・リンポチェ（kirti rin po che、一九四二―）等、東チベットの僧院から高僧たちが相次いでインドへ逃れた。国内のチベット仏教徒を精神的に支えていたパンチェン・ラマ十世も一九八九年に円寂した。一九九〇年代に入り、各寺院の再建が進み、宗教活動が徐々に活発化する中で、ニンマ派に限らず東チベット広域の僧侶や信徒の心を束ねていったのがジグメ・プンツォであった。仏学院の発展とともに彼の名声は年々高まり、その影響力は東チベットのみならず、山西省の五台山や広範囲の漢人僧尼や信徒にまで広がり始めた。一九九九年末カルマパ十七世のインド亡命後、ジグメ・プンツォは中国のチベット仏教圏で強いカリスマ性を持った数少ない宗教指導者となった。

東チベットでは商店内や車のフロントガラスに高僧の写真がよく飾られているが、甘孜州一帯で最もよく見かけるのはジグメ・プンツォである。民主改革と文化大革命を生き抜いた履歴、ニンマ派の奥義である大圓満法の成就者、僧俗を魅了する巧みな説法、そして一九九〇年インドでダライ・ラマ十四世に灌頂を授けた実績（後述）などが彼のカリスマ性を高めていった。ソダジの『法王伝』には、ジグメ・プンツォの宗教的熱狂を示す逸話（誇張あり）が紹介されている。例えば、一九八七年に山西省の五台山を訪問した際、学院長を慕う約一万人の僧俗がトラックの荷台に乗り同行した［索達吉堪布 二〇〇一：一一三］。一九九三年に仏学院で極楽大法会が催された時には、十五日間に計四十三万人もの僧侶や在家信徒が集まり、熱心に学院長の説法に耳を傾けたという［索達吉堪布 二〇〇一：一八二］。

二〇〇一年十二月、筆者は学院長に面会する目的で初めて仏学院を訪問したが、やはり不在であった。その年の夏、インターネット上では「学院長、当局の指示で成都にて療養」「当局の狙いは学院長の指導力低下と仏学院の規模縮小」というニュースが流れていたからだ。二〇〇一年のレポートには、公安当局の指示で学院長は教学活動を禁じられ、夏に四川省馬爾康県の解放軍病院に入った後、秋に成都へ転院したと記されている[10]。ジグメ・プンツォに対する隔離と監視は仏学院事件の深刻さを物語っていた。

図5-7　極楽大法会（1993年）

五　仏学院事件（二〇〇〇年、二〇〇一年）

五－一　二つの報告

第十六回中国共産党大会の開催を間近に控えた二〇〇二年十月、四川省統戦部は、会議で民族政策・宗教政策の指針と成果を確認した。会議録の中に「チベット族居住地区では愛国主義教育を実施し、五明仏学院に対する管理強化と粛正は大きな成果が見られた」という一文があった[11]。仏学院は二〇〇〇年から〇一年にかけて、四川省統戦部の強硬な「指導」を受けて大惨事に見舞われた。数回にわたり退去命令が下された結果、数千人もの僧尼や信徒が学院を追われ、推定千戸の僧坊が解体撤去された。これが統戦部の行った「管理強化と粛正の成果」であったが、実際に指導を行った戸数と学僧数は公表されていない。

『蔵伝仏教愛国主義教育工作読本』によれば、一九九六年に始まったチベット仏教寺院に対する愛国主義教育の柱は、「ダライ集団が画策する祖国分裂活動への批判」と「チベット仏教と社会主義社会の適応」である［朱暁明編 二〇〇七：一三九―一四二］。後述するが、仏学院事件は前者の内容と関連している。一方、アメリカ政府が作成した「二〇〇一年人権報告・中国」には、次のような記述がある(12)。

六月、中国当局は数千人の僧尼に対して、四川省甘孜チベット族自治州にあるセルタ仏学院から退去するよう命じた。政府は健康と衛生面を理由に、中国で最多数の学僧を抱える仏学院の規模縮小を強行した。外国の観測筋によると、当局が学院にとった措置の原因は、学院の規模とカリスマ性を持った創始者ケンポ・ジグメ・プンツォの影響力によるものであるという。年末になってもケンポ・ジグメ・プンツォはまだ学院に戻っていない。

二つの報告が公表されたのはともに二〇〇二年であった。共産党は国家の安定と民族の団結を守るために愛国主義教育を行い、過熱した宗教活動に適切な「指導」を実施したことを力説している。一方、アメリカ政府は宗教保護と人権擁護の立場から、中国の行き過ぎた宗教政策は信教の自由と宗教者の人権を脅かす弾圧行為だと非難している。二つの報告には、両国政府の宗教と人権をめぐる立脚点の相違が鮮明に表れている。ただし、アメリカ政府は独自に現地調査を実施したわけではなく、チベット亡命政府やチベット支援組織が発する情報に基づいて報告を作成した。

二〇〇一年六月に実施された僧坊破壊を中心とする仏学院事件は、管見の限り日本で報道されていない。理由は報道機関による事実関係の確認が不十分であり、政治と宗教という中国政府にとって敏感な問題を報じることで、他の重要な取材に支障が出ることを懸念したためである。インターネット上では、欧米やインドのチベット支援団体が活発に記事や写真を掲載した。ダライ・ラマ法王日本代表部事務所は、『ワシントン・ポスト』掲載のニュース「中国、仏教徒センターを弾圧」(二〇〇一年六月二十一日)をはじめ計九篇の記事とレポートを転載した。速報性を重視したため固有名詞の記述に正確さを欠くが、日本で公表された数少ない情報であった[13]。

五―二　破壊の傷跡(二〇〇一年十二月)

二〇〇一年十二月、筆者は事件の現状を把握するために仏学院を訪問したが、そこで見た光景は目も当てられないほど悲惨なものであった。仏学院入口付近の西側斜面では、おびただしい数の僧坊がことごとく破壊されていた(図5-8)。柱や壁に用いられた木材はすべて撤去され、土台と土壁、そしてゴミが残されていただけであった。東側斜面にも、僧坊解体の跡が広範囲に確認できた(図5-9)。ただし東側斜面の一画は、解体後の木材や生活用品、ゴミや土台に至るまでほぼすべてが取り除かれ整地されていた。面積から判断して、撤去総戸数は約一千と推測される。解体された一画には強固なレンガ塀が築かれ、部外者の進入を妨げていた。

チベット・インフォメーション・ネットワークのウェブサイトには、武装警察部隊の指示で僧坊を解体する作業員の写真(図5-10、二〇〇一年六月―七月)と当時の状況を報告したレポート(二〇〇一年八月十九日発表)が掲載された[14]。二〇〇二年四月のレポートは被害にあった尼僧の証言を詳しく紹介している[15]。解体作業に雇われた漢人作業員には、一戸あたり二百五十元の報酬が支払われ、木材の私物化が許されたという情報もある(16)。チベット亡命政府（日本事務所、台湾事務所）や海外支援組織の資料集にも解体現場の写真が掲載されているが、資料の入手先は不明である［ラクパ・ツォコ 二〇一〇：七二］［跋熱・達瓦才仁暨雪域智庫 二〇一一：七五］［国際声援西蔵組織 二〇一三：口絵］。

僧坊群は仏学院の経堂や管理棟を取り囲み、谷の四方の斜面を隙間なく埋め尽くしている。その数は八千とも一万とも言われているが、筆者が現場を確認したところ、解体された僧坊は全体の約六分の一であった。

二〇〇一年十二月に筆者が調査を行った際、解体跡を除けば、学院内では日常に近い生活が営まれていた。八百屋、肉屋、果物屋、雑貨屋、食堂、各種修理屋が営業し、高僧の写真やポスターを売る露店が出ていた。仏学

図 5-8　ラルン五明仏学院入口付近西側斜面（2001 年 12 月筆者撮影）

図 5-9　ラルン五明仏学院入口付近東側斜面（2001 年 12 月筆者撮影）

図 5-10　僧坊を解体する作業員（2001 年 6 月—7 月）

院滞在中の十二月二十五日には、大きな市が開かれた。僧侶の話では、毎月チベット暦の十日に市が立つそうだ。近隣の村人たちは、早朝から商品を背負って仏学院に通じる坂道を上っていた。大経堂をはさんで東側が僧、西側が尼僧のための会場であった。尼僧の売場は芋を洗うような混雑ぶりで、絨毯、布団、コンロ、鍋、靴、ラジカセ、カセットテープ、書籍など、ふだん学院内で入手困難な商品に人気が集まっていた。ただし中古品も多数含まれていた。この時、物々しい警戒が行われている様子は感じられなかった。

一見、平穏な生活が送られているかに見えたが、学僧たちは次なる魔の手の襲来を予感して心を痛めていた。本来、数百人いるはずの漢人僧尼や信徒の姿はまばらであった。身の危険を感じて自ら避難した者もいれば、強制的に退去させられた者もいると聞く。仏学院の入口には、「観光客立入禁止」「学院内撮影禁止」と漢語で書かれた立て札があった。学院内で店を出す漢人の主人は、「私服の公安関係者が常に目を光らせているので撮影の際は注意するように」と語った。

被害にあった僧坊の大部分は尼僧のものであった。各種ウェブサイト上の情報を整理すると、僧坊の大規模な解体と撤去は二〇〇〇年十二月、二〇〇一年六月―七月、二〇〇二年十二月に実施された[17]。筆者が現地で確認した入口付近東側斜面は二〇〇〇年十二月、西側斜面は二〇〇一年六月―七月に撤去されている。四川省の管理当局は僧坊を解体後、学僧に仏学院から即刻退去し帰郷するように命じた。対象となったのはほとんどがチベット人の尼僧であるが、漢人僧尼や在家信徒、シンガポールや台湾から来た者も含まれていた。郷里に戻り農作業に従事した者もいれば、ラサ近辺に身を隠した者もいる[18]。二〇〇二年十二月の解体時には、当局と尼僧の間に衝突が生じ双方に負傷者が出た他、僧尼に逮捕者も出た[19]。僧坊は住居でもあり、瞑想修行の場でもある。生活と修行の基盤を奪われた尼僧の多くが、近くの山中や近隣の民家に身を隠したという[20]。

五―三　破壊の爪痕（二〇〇四年八月）

二〇〇四年八月に筆者は仏学院を再訪した。二〇〇一年十二月に調査した区画は、その後どうなったのであろうか。西側斜面は土壁がすべて取り除かれていたが、斜面が急なため階段状の基礎土台跡はそのまま放置されていた（図5―11）。うっすらと草が生えていたものの、破壊の爪痕は生々しく残されていた。東側斜面一帯は青草が生い茂っていたが、基礎跡から以前そこに僧坊群があったことが判別できた（図5―12）。そして、その東隣も小規模ながら新たに撤去されており、柱として使われていた立派な木材が一部放置されていた。

図5-11　ラルン五明仏学院入口付近西側斜面
（2004年8月筆者撮影）

他の居住区も無傷ではなく、全体の規模から見れば目立ちはしないが、撤去跡が点々と確認できた。僧尼の数は明らかに大きく減少しており、夜間は灯りがともらず、早朝も炊事の煙が立ち上らない僧坊が増えていた。現地で複数の僧尼に聞き取り調査を行ったところ、以下のことが明らかになった（二〇〇四年八月二十日、二十一日）。

僧A「事件は二〇〇〇年と二〇〇一年に発生した。破壊の規模は二〇〇一年が大きかった」

僧B「二〇〇〇年に当局の指示で、シンガポール、マレーシア、台湾の尼僧と信徒が仏学院から追われたまま帰ってきていない」

僧C「二〇〇二年に女性漢人信徒の住居が狙われて十数戸が撤去された」

尼僧D「二〇〇三年に青海省や甘粛省出身の尼僧が公安の調査を受けた」

尼僧E「二〇〇一年以降、仏学院本部が経済的困難を抱える尼僧に支給していた補助金が減額された。漢人信徒を放逐した後、仏学院の収入が減少したためだ」

漢人信徒女F「二〇〇三年に広東省から来た。学院内に共産党の派遣チーム（工作組）があり、漢人信徒の動向を注視している。私は滞在八ヶ月目であるが、特にトラブルは発生していない。二〇〇三年春以降、漢人信徒の数が増え始めたと聞いている」

図 5-12　ラルン五明仏学院入口付近東側斜面
（2004 年 8 月筆者撮影）

六　県政府・公安局の通達

中国共産党は仏学院に対して「愛国主義教育、管理強化、粛正」を実施したと報告しているが、仏学院事件は間違いなく宗教弾圧であった。では、共産党はいかなる理由により粛正を行ったのであろうか。筆者は二〇〇一年と二〇〇四年の現地調査の際、当局が発行した二つの通達を発見した。

図5-13は二〇〇一年九月三日に色達県政府が出した通達である。宗教事務局の「喇栄寺及び五明仏学院への管理方法強化について」と題する通知に、県政府が指示を加えて関係部署へ転送したものである（以下「通知」と略す）[21]。転送先は「県委、県人大常委会、県政協、県紀律、県法院、県検察院、県人武部」と記されている。筆者は二〇〇四年八月に仏学院付近の掲示板でこの

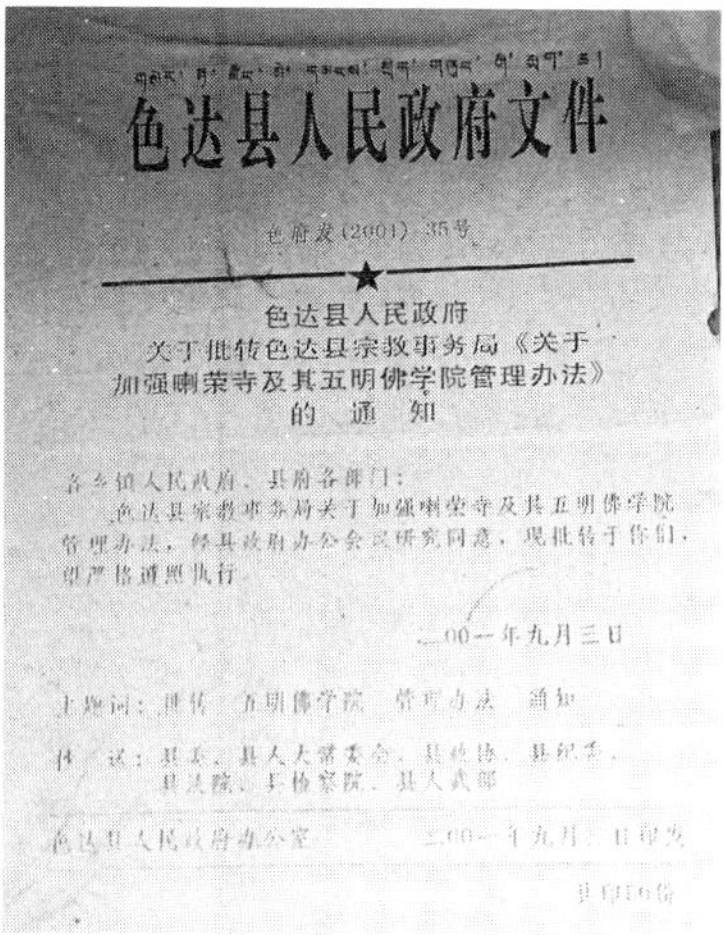

図 5-13　色達県政府による管理強化通知(2004年8月筆者撮影)

「通知」の存在を確認した。この通達を受けて、色達県公安局は十月二十四日に喇栄寺・五明仏学院及び周辺地区に対する「管理強化規定」を発表した(以下「規定」と略す)[22]。筆者は二〇〇一年十二月に同じく仏学院付近の掲示板でこの「規定」を確認した。

仏学院で最も大規模な破壊活動が行われたのは二〇〇一年六月から七月にかけてである。「通知」はその二ヶ月後に、「規定」は三ヶ月後に出されている。「通知」と「規定」には、当局が仏学院に対して行った行為は宗教弾圧ではなく、地域の安定と秩序を維持するための「適切な」指導であったことを示す意図が込められている。そのことを裏付けるために、「規定」七項目の内容を簡潔に整理し、以下に示す。

(1)常住人口管理

・「中華人民共和国戸籍登記条例」に基づき、喇栄寺、五明仏学院、阿交村、喇栄村を対象に家屋及び住民登録調査を実施する。
・各戸に地番札を与えるが、勝手に偽造や売買を行ってはならない。
・僧尼、信徒、村民は洛若郷派出所にて住民登録を行うこと。
・戸籍簿を派出所に提示した洛若郷の住民には、新たな戸籍簿(居民戸口簿)を発行する。
・色達県の他の地区に戸籍を持つ洛若郷の住民は、当面定住者として管理する。
・喇栄寺の定員を四百人とする。

(2)流動人口管理

・喇栄寺への巡礼者、五明仏学院の受講生、旅行者、商業関係者は身分証を提示し、派出所で手続を行うこと。

・一ヶ月から六ヶ月間の居住者には、派出所で手続の上、短期居住証(暫住証)を発行する。

・六ヶ月以上滞在する者は、色達県宗教事務局の許可を得た上で、派出所で短期居住証の発行を受けること。

・仏学院に在籍する学僧には、寺院民主管理委員会が作成した名簿に基づき、各年度ごとに審査した上で短期居住証を発行する。

(3)境外人員管理

・境外人員(外国人、香港・マカオ・台湾住民、外国に居住するチベット人)は、ビザがあれば色達県を旅行できる。

・喇栄寺や五明仏学院を訪問する者は、色達県宗教事務局の許可と洛若郷派出所の審査が必要である。

・寺院や仏学院に宿泊する際には、事前に届け出が必要である。宿泊所の責任者は二十四時間以内に派出所に連絡しなければならない。

(4)治安管理

・洛若郷派出所・寺院民主管理委員会・阿交村委員会が協力して、地域の治安維持に努める。

(5)特別商業管理

・旅館業を営む場合は、派出所に申請し許可を得なければならない。

・コピー機・パソコン・プリンターを設置する場合は、派出所に申請しなければならない。

(6)消防管理

・五明仏学院は多数の僧坊が密集し、電線が無秩序に張り巡らされ、消防管理上危険な状態にある。寺院民主管理委員会・阿交村委員会は火災発生を未然に防ぐための措置を講じなければならない。

⑺交通管理

・地区外の車輌が進入する際は、寺院民主管理委員会と阿交村委員会の許可を得なければならない。

「規定」によれば、色達県の戸籍を持つ者は、期間の制限なく仏学院に在籍することが可能である。学僧への聞き取り調査（二〇〇一年十二月二十五日）によれば、県外に戸籍を持つチベット人僧尼への公安局の対応はまちまちであった。仏学院への滞在が許された者もいれば、退去処分を下された者もいた。とりわけ経済力の弱い尼僧に厳しい処置がとられていた。「規定」にある「流動人口」とは、主に県外出身の仏学院在籍者を指している。短期居住証発行の権限を握っているのは県の公安局であり、「規定」を過度に厳しく運用して発行数を抑えることも可能である。つまり政府は、急増した「流動人口」の適正な管理を名目にして学僧数を大幅に削減することで、仏学院の弱体化をはかったのである。その上、居住者不在となった僧坊は、火災や盗難の発生と治安の悪化を防止する理由で、行政が公費で解体撤去を行った。

被害にあった尼僧は「突然の退去命令は仏学院で学ぶ権利の剝奪である」「僧坊の解体撤去は本人の同意を得ていない蛮行である」と反論したが、公権力に立ち向かう術はなかった。尼僧の大半は四川省内の甘孜州・阿壩州各県から来ている。青海省や甘粛省、チベット自治区、内モンゴル自治区出身者も少なからずいる。おそらく尼僧の約半数が県外出身者である。ただし仏学院の入口近くの僧坊全体が解体されている状況を見ると、尼僧一人一人の身元調査をきちんと行った上での措置ではなく、狙い定めた区画の僧坊を強引に撤去し、居住を許可した者を他の僧坊へ移したと考えられる。尼僧の大半が農村出身であり、初等教育をきちんと受けていない。したがって漢語の読み書きが不自由であり、張り出された通達を読むことができない。十分な情報や説明が得られないまま、若い尼僧は仏学院を追われていった。満足な現金を持ち合わせていないため、知り合いを頼って他県へ移動した者が多いと聞く。

江沢民時期の宗教政策の柱は第一章で紹介した「三原則」(後に「四原則」)である。その中に「法に基づく宗教事務の管理強化」という項目がある。四川省統戦部の見解では、「通知」と「規定」に基づいた仏学院「流動人口」の適正化は、法に基づいた「正しい」管理である。しかし、筆者はあくまでも当局が考えた口実にすぎないと考える。その理由は、先に紹介した四川省統戦部の報告に登場した「愛国主義教育」という文言に、粛正の本当の理由が隠されているからだ。チベット政策における愛国主義教育の目的は、法令遵守、愛国愛教、そして「ダライ集団の祖国分裂活動」への徹底した非難である。

七　ダライ・ラマ十四世との交流

七－一　海外歴訪(一九九〇年代前半)

一九九〇年代に入り仏学院の運営が軌道に乗ると、ジグメ・プンツォの活動範囲は漢人信徒が居住する内陸部や沿海部の都市(漢地)のみならず、外国にまで広がっていった。一九九〇年にインド、一九九三年に日本、アメリカ、カナダ、イギリス、フランス、ドイツ、オランダ、台湾、香港、一九九五年にシンガポール、マレーシア等東南アジア各地を歴訪した[索達吉堪布 二〇〇一：一八一―一二七]。

一九九五年四月、東南アジア訪問の際、四川省政府に三ヶ月間有効のパスポートを申請したところ、実際に発行されたのは五年間有効のものであった。最終判断を下したのは北京の国務院宗教事務局であり、[23]六月に帰国し成都へ戻った時、ジグメ・プンツォを出迎えたのは当時の四川省長・肖秧(一九二九―九八)であった。その年の冬、

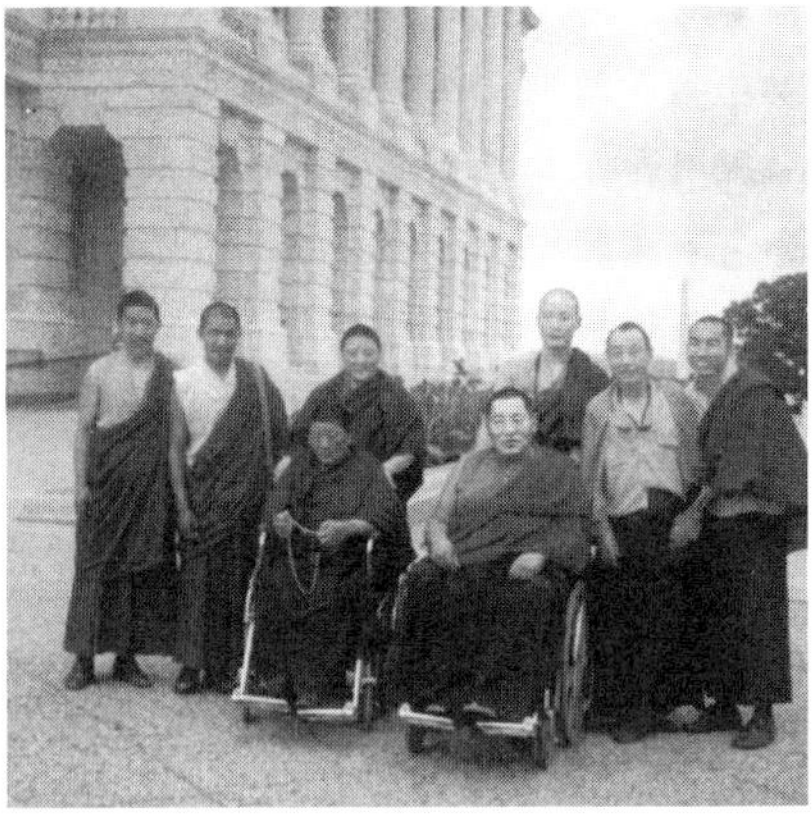

図5-14　ホワイトハウスを訪問(1993年)

二ヶ月余りの台湾行も問題なく許可された。こうしたエピソードが示すように、一九九〇年代前半、仏学院と党・政府の関係は良好であった。仏学院が東チベットの安定と団結を支えるために重要な役割を果たしており、ジグメ・プンツォはニンマ派の高僧であることを当局は理解していたからだ。しかし、好事魔多し。インド訪問から十年後、ジグメ・プンツォと仏学院は激しい政治の逆風に苦しめられることとなった。

七-二　ダラムサラ訪問(一九九〇年)

一九九〇年、ジグメ・プンツォはペーノー・リンポチェ(ニンマ派ペユル寺座主)の招請を受けてインドを訪問した。その際、ダライ・ラマ十四世に招かれ、ダラムサラのチベット亡命政府を訪れた。『法王伝』に基づき、インド訪問の行程と滞在記録を以下に示す[索達吉堪布 二〇〇一：一五二―一五六]。

【五月二十日頃】ダライ・ラマがニューデリーでジグメ・プンツォを出迎え、ダラムサラへ案内。

【五月二十四日】ダラムサラのナムゲル(rnam rgyal、南嘉)学堂に到着。ダライ・ラマも出席して歓迎式典を開催。ダライ・ラマは先代の銀貨と黄金マンダラをジグメ・プンツォに献上し灌頂を受けた。

【五月二十五日】ダライ・ラマとジグメ・プンツォは、レーラプ・リンパの「金剛橛極密宝剣」に基づき、ナムゲル学堂で盛大に法会を開催。

【五月二十六日】ダライ・ラマとジグメ・プンツォは会食の席で先代の宿縁について語り、ダライ・ラマが長寿仏を贈った。ジグメ・プンツォはダライ・ラマに「文殊大圓満」の灌頂を行った。

【五月二十七日以降数日間】ジグメ・プンツォはダライ・ラマに、「文殊大圓満」と「大圓満三要訣」の講義を連日行った。

ジグメ・プンツォがダライ・ラマに灌頂と講義を行った理由は先代の宿縁、つまり「ジグメ・プンツォの先代にあたるレーラプ・リンパがダライ・ラマ十三世の導師を務めた関係」を指している［索達吉堪布 二〇〇一：四九―五二］。ダライ・ラマ十四世はジグメ・プンツォに特別の敬意を払いながらも、二人は旧知のごとく打ち解けていたと伝えられている。図5-15はダライ・ラマへの灌頂儀式の場面である。ここで、チベット仏教ゲルク派に属するダライ・ラマ十四世が、ニンマ派のジグメ・プンツォから教えを受けていることに注目しなければならない。このようなニンマ派とゲルク派の交流はダライ・ラマ五世や七世の時代にも確認できたが、当時は批判も多く軋轢が存在した。今回ジグメ・プンツォはダラムサラ滞在中、セラ寺（ゲルク派）のゲシェ（チベット仏教学博士）の前で、そしてカダム派やサキャ派の僧院においてもニンマ派の講義を行い、大きな反響を巻き起こした［索達吉堪布 二〇〇一：一五七―一五八］。こうした宗派を超えた積極的な交流はリメ運動の流れをくむものであり、ジグメ・プンツォがラルン五明仏学院で日々実践してきたことである。

図5-15　ダライ・ラマ14世（右）に灌頂を行うジグメ・プンツォ（左）

学院長が一九九〇年にダライ・ラマ十四世を訪問したことを、中国政府はもちろん把握していた。ダラムサラへ向かう前、ジグメ・プンツォ一行はインドの中国大使館で手続を行ったことを側近のケンポ・ソダジが記している［索達吉堪布 二〇〇一：一五一］。一九九〇年と言えば、ダライ・ラマがノーベル平和賞を受け（一九八九年）、「チベット問題」が世界の注目を集めた翌年である。中国政府はジグメ・プンツォの行動を「チベット亡命政府の「祖国分裂活動」と関わる政治的意図あり」と問題視することも可能であったが、直ちに圧力や制裁を加えることをしなかった。その理由は、当時民主化運動を制圧した第二次天安門事件（一九八九年）を経て、中国政府は西側諸国から人権弾圧を非難され、国際社会からの孤立に直面していたからである。国内の事情としては、中国共産党が「愛国的統一戦線活動を推進する」という鄧小平時期の宗教政策とチベット政策（第一回及び第二回チベット工作座談会の方針）の中で、ジグメ・プンツォは東チベットの安定に寄与し、宗教を通した民族の融和（漢人のチベット仏教信仰を援助）を宣伝する上で重要な存在であった。そして、チベット人に信頼の厚い「愛国宗教人士」パンチェン・ラマ十世が、仏学院が担う重要な役割を訴えて認可に尽力した実績が、学院長と仏学院を守ったと考えられる。その他、ニンマ派は組織力が弱く、中国共産党への抵抗の姿勢を示さないことも有利に働いた。仮にジグメ・プンツォがダライ・ラマと同じゲルク派の僧であったなら、このように何度も海外渡航を行い、インドを訪問することは認められなかったと考えられる。

八　事件の真相

八―一　仏学院事件と党中央統一戦線工作部

アメリカのメディアは仏学院事件に関わった政治家は陰法唐であると伝えている[24]。陰法唐はかつてチベット自治区党委員会書記を務めた大物政治家であるとともに、一九五〇年解放軍のチャムド進攻、一九五九年チベット民族蜂起(チベット動乱)、一九六二年中印国境軍事衝突を前線で指揮した「輝かしい」軍事実績を持ち、党のチベット政策に大きな発言力を持っている人物である[25]。

彼は一九九九年に仏学院を視察した際、谷の四方をびっしり埋め尽くした僧坊と学僧を見て驚愕した。当時、仏学院は一万人を超す出家者と信徒を抱えていた。これほど大規模な仏学院はチベット自治区内には存在していない。チベット自治区で民族政策と宗教政策に辣腕を振るってきた陰法唐は、仏学院の現状を放置し黙認することはできなかった。そこで、直ちに江沢民総書記に視察内容を報告し、「仏学院に制裁を加え、四川省の宗教政策をチベット自治区なみに強化する必要性」を訴えた。彼はこの時、仏学院が祖国統一を脅かし、チベット独立運動の温床となる危険性を感じたからである。一九九〇年にジグメ・プンツォ学院長がダライ・ラマ十四世と接触したことも知っていた。陰法唐が仏学院の急成長と学院長のインド訪問を結びつけ、過敏に反応したのも無理はない。ただし、陰法唐の仏学院視察及び江沢民への進言を裏付ける一次資料は見つかっていない[26]。

陰法唐から江沢民への進言は、中国共産党内で宗教政策を担当する党中央統戦部(当時の部長：王兆国)へ伝えられた。統戦部はチベット政策を担当するシタル(srid thar、斯塔、一九五三―)を仏学院へ派遣し調査を命じた[27]。シタルは四川省徳格県出身のチベット人幹部であり、仏学院の規模拡大と宗教活動の過熱を是正するよう四川省統戦部(当時の部長：肖光成)へ指示を出した。

一九九二年のチベット仏教工作座談会(第一章参照)では、「大規模で活仏の影響力の強い寺院を重点的に管理する」という方針が決まった。そして二年後の第三回チベット工作座談会(第一章参照)では、亡命政府と関係を持つ等、「大きな問題を抱えた寺院に対して制裁を科す」という方針が確認された。この二つの会議の方針が、数

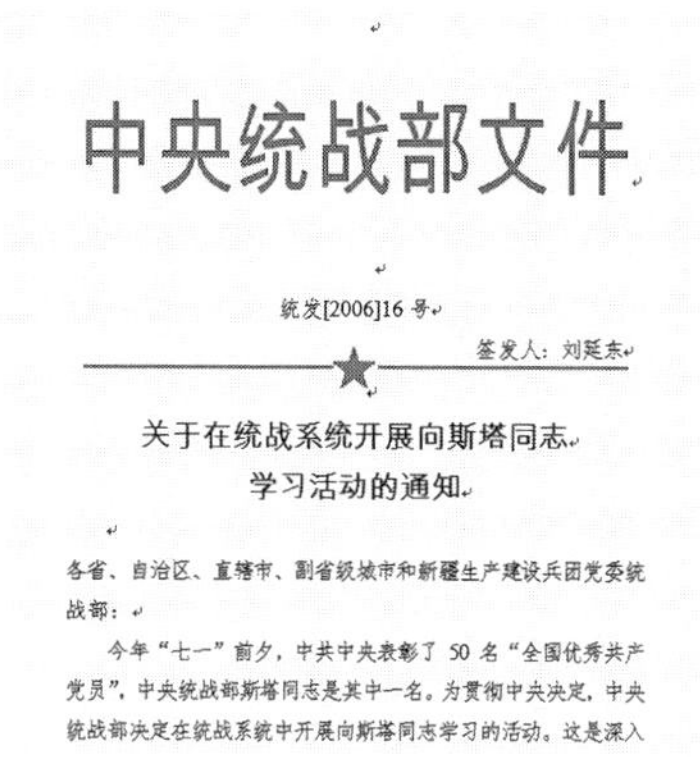

中央统战部文件

统发[2006]16号

签发人：刘延东

关于在统战系统开展向斯塔同志
学习活动的通知

各省、自治区、直辖市、副省级城市和新疆生产建设兵团党委统战部：

今年"七一"前夕，中共中央表彰了50名"全国优秀共产党员"，中央统战部斯塔同志是其中一名。为贯彻中央决定，中央统战部决定在统战系统中开展向斯塔同志学习的活动。这是深入

図5-16　シタルが仏学院事件を指導したことを示す統戦部の文書

年後に仏学院を粛正へと追い詰めていったのである。江沢民が党中央総書記を務めたのは一九八九年から二〇〇二年である。二〇〇二年の退任は既定路線であり、権力交代の前にチベット関係の不安な要素を排除するという判断は党の論理にかなっている。仏学院事件の発生は、江沢民の退任と党中央の体面を重んじた結果でもある。

もう一つの理由は、党中央統戦部が推進していた愛国主義教育との関連である。チベット仏教に対する愛国主義教育の柱の一つは、亡命政府の活動を批判し祖国統一を守ることである。共産党は一九九〇年に行われた学院長のダライ・ラマ訪問を、愛国主義教育推進の成果にも利用したのである。

八-二　四川省統一戦線工作部の指令

四川省統戦部は仏学院に対して学僧の大幅削減を幾度も命じたが、学院長は信仰の自由と教育の重要性を盾に命令を拒否してきた(二〇〇〇年)。そこで統戦部は仏学院内に「工作組」と呼ばれる党の管理事務所を設置し、仏学院の運営と学院長の行動に一段と目を光らせ始めた。その後、統戦部は学院長の学外での宗教活動を禁止し、在籍する学僧数を千四百人(僧千人、尼僧四百人)に減らすよう指示した[28]。しかし学院長が再び拒否したため、業を煮やした当局は二〇〇〇年から〇一年にかけて、僧坊破壊と尼僧放逐という強硬手段に出たのである[29]。そして二〇〇一年秋、色達県公安局は学僧の戸籍と居住証の管理を強化する「規定」を出し、尼僧が再び学院へ戻るこ

とを防ぐ措置を講じた。この仏学院事件には、広西チワン族自治区の統戦部も応援に駆けつけていたことがわかった。南寧市政府ウェブサイト上の報告「違法宗教活動の取り締まり」（二〇〇一年）に記されている。[30]
窮地に追い込まれた仏学院はなす術もなく、事態が落ち着くのを待つしかなかった。心労と持病の悪化が重なった学院長は、当局の命令により約七百キロメートル離れた成都での治療を命じられた。一年間にも及ぶ成都での療養生活には、ジグメ・プンツォを隔離・監視することで宗教的指導力の低下を狙った統戦部の思惑が見え隠れしていた。仏学院事件発生当時、四川省党委員会は省内のチベット仏教への管理を強化し、同時に法輪功メンバーの摘発にも熱心であった。[31]中国政治の世界では、チベットやウイグルといった民族地区での統治実績を高く評価する傾向がある。胡錦濤総書記がチベット自治区党委員会で書記を務めていた一九八九年、ラサで戒厳令を敷き、僧侶や民衆による大規模デモを制圧し実績を上げたことは有名である。[32]筆者が二〇〇四年に色達県を訪問した際、色達県宗教事務局の元職員（漢人）は、「二〇〇三年以降、仏学院は徐々に平穏な日々を取り戻しつつある」と語った（八月二十二日）。

八-三　ティム・ジョンソンの調査報告

仏学院事件に関する先行研究の中で最も重要なのはティム・ジョンソンのレポートである。彼の分析と筆者の調査の共通点は「パンチェン・ラマ十世の仏学院設立関与」「四川省統戦部による事件の指揮」「学院長のインド訪問と事件の関係」である。ただし、彼が指摘する次の三項目は事実と異なっている[Johnson 2011 : 201-211]。

（1）「パンチェン・ラマによる認可が学僧を仏学院に引きつける要因になっている」
学僧が集まった理由はあくまでもジグメ・プンツォ学院長が持つ宗教指導力への期待であり、学僧の大半はパンチェン・ラマの設立関与という事実を知らない。

(2)「事件は二〇〇〇年に成立した「反邪教」法を根拠に正当化された」「反邪教」法とは、法輪功対策として一九九九年に制定された「邪教組織の取り締まり、邪教活動の防止・処罰に関する決定」を指すと思われる(第一章参照)。仏学院への「指導」の根拠に用いられたのは、先に示した「通知」と「規定」であり、法輪功対策法とは直接関係がない。

(3)「ダライ・ラマを批判する文書に署名させた上で数千人の尼僧を強制退去させた」署名を強制した事実は、筆者のこれまでの調査では確認できない。当局が恐れたのはダライ・ラマの存在ではなく、あくまでもジグメ・プンツォ学院長の宗教的力量である。

九　ジグメ・プンツォの圓寂と遺言

九-一　圓寂をめぐる報道

二〇〇四年一月七日(チベット暦二〇〇三年十一月十五日)、ジグメ・プンツォが成都で圓寂した。訃報が伝わると、仏学院には大きな衝撃が走り、一気に緊張が高まった。体調不良は一九九〇年頃には深刻化し、一九九五年に成都で治療を受けたが、病状は回復しなかった[索達吉堪布 二〇〇一：二一八]。そして二〇〇三年末、成都の病院で心臓手術を受けた一週間後に容態が急変し、側近の僧に見守られながら七十年に及ぶ生涯の幕を閉じた。手術は成功と伝えられていただけに、治療を装った暗殺説も流れた(33)。

訃報をその日のうちに伝えたのはインターネットであった。インドのチベット亡命政府は、ダライ・ラマ十四世の特使ギャリ・ロディ（rgya ri blo gros、一九四九―）が弔辞を発表した[34]。

ケンポ・ジグメ・プンツォの遷化は、チベットにとっても中国にとっても大きな損失である。それは彼が中国の漢人僧尼に仏教を伝授し、漢人とチベット人の相互理解と親交を促したからにほかならない。

図 5-17　ジグメ・プンツォ学院長の訃報を伝える海外の支援組織

ジグメ・プンツォが仏学院で漢人に仏教を伝授したことは確かである。漢人僧尼や信徒がチベット仏教への理解を深めたことは、彼の大きな功績であり仏学院の財産でもある。当時、チベット亡命政府は中国共産党と関係改善の協議を進行中であり、「漢人とチベット人の相互理解と親交」という文言には、ジグメ・プンツォの遺業を讃えるとともに、協議を進める糸口を探る期待も込められていたはずだ。

中国の漢人信徒はニンマ派の支援ネットワークを利用して、台湾の信徒はダライ・ラマ代表部を通じて訃報を伝えた[35]。中国国内でチベット亡命政府関連のサイトを閲覧することは不可能であるが、チベット仏教の漢人信徒が運営する各種サイトの閲覧は可能である。ニンマ・インフォメーション（寧瑪資訊）のウェブサイト内に設けられた「ニンマ論壇」（寧瑪論壇）には、学院長圓寂の夜、信徒の悲痛な叫びが続々と書き込まれていった。日本では翌日、チベット情報のメーリングリスト「リンカ」にニュースが載せられた[36]。

一方、中国政府は新聞、テレビ、ラジオ等、各種メディアで訃報を伝えた形跡はない。確認できた範囲では、党中央統戦部がウェブサイト上に短信を発表したのみである(「新華網・成都・一月十三日電」)[37]。死後六日目の報道は明らかに不自然であり、四川省統戦部は仏学院の状況を見極め、混乱を回避するために発表を遅らせたと考えられる。四川省公安局は学院長の容態と側近の行動を把握していたため、仏学院へ通じる道に交通規制を敷き僧侶や信徒の動きを封じ込めた[38]。

図5-18　学院内に安置された火葬前の遺体

九-二　学院長の遺言

二〇〇三年頃よりジグメ・プンツォは身体の不調を深刻に受けとめていた。チベット暦九月の極楽法会の際に、「これが最後の大きな法会になるかもしれない」と側近に語っていた[39]。糖尿病、高血圧、心臓疾患が重なり、古稀を迎えた肉体は悲鳴を上げていた。仏学院の運営に対する当局の監視が続く中、学院外での宗教活動は厳しく制限されていた。加えて、十一月に妹(美珠空行母)が他界し、学院長は心身ともに疲労の極に達していた[40]。

ジグメ・プンツォが成都の病室で過ごした最後の三日間の様子と遺言が公開された(二〇〇四年一月二十三日)[41]。テンジン・ジャンツォ副学院長の名前で出されており、学僧と漢人信徒を安心させ混乱を最小限にとどめたいという学院執行部の意図が感じられる。圓寂から二日後の一月九日、「ニンマ論壇」に仏学院のメッセージが掲載された。要約すると「仏学院は平静を保っている。ケンポ・ソダジの講義は通常どおり行われている。学僧は落ち着いて学問と修行に励みなさい。今後数ヶ月間は学院から離れないように」という内容であった(42)。「私がこの世を去っても、そのことで皆が仏法への信心を失わないことを切に願っている。五明仏学院は何としても存続していかねばならない(43)」。これは公開された遺言の一部であり、学院長の追い詰められた心境の一端がうかがえる。同時に、政府の圧力に屈することなく今後も仏学院を守り抜くという学院幹部の並々ならぬ決意も込められている。

遺体が成都の病院から仏学院へ運ばれた後、公安局は再び交通規制を敷き、長距離バスの運行を停止した。僧侶や信徒は長い道のりを徒歩で移動し、裏山を越えて仏学院を目指したが、当局は遺体との対面を禁じた。学院葬に関する具体的な情報は把握できないが、学院長の居室前に安置された棺の写真を二〇〇四年八月に仏学院で入手した。アメリカのメディアは「圓寂から二週間後に火葬された」と伝えている(44)。通常チベット仏教の高僧の遺体は火葬せず、特殊な処理を施して寺院に安置される。仏教儀式を経た遺体は仏となり、永く信仰の対象となる。火葬が事実であるならば、それは政府の指示であり学院長の影響力を弱める狙いがあると考えられる。

一〇　副学院長テンジン・ジャンツォの苦悩

筆者は仏学院で調査を行った際、二〇〇一年と二〇〇四年にテンジン・ジャンツォ副学院長（bstan 'dzin rgya mtsho、丹増嘉措、一九六八―）と面会する機会に恵まれた。彼は四川省阿壩州紅原県出身、ソナン・ゴンポ（bsod nams mgon po、索倫貢布）の転生者である。一九八七年山西省の五台山でジグメ・プンツォ学院長と出会い、メワ

（美洼）寺（rme ba dgon pa、四川省紅原県）から仏学院に招聘された[45]。以後、副学院長としてジグメ・プンツォを補佐する任務についた。

【一回目の訪問（二〇〇一年十二月二十四日）】

従者に案内されたのは、寝室を兼ねた執務室であった。多数の経典や書籍に囲まれ、部屋の隅にはパソコンもあった。副学院長は日当たりのよいテラスで身体を横たえていた。仏学院に降りかかった混乱による心労から、体調を崩していたのである。筆者が事件の経過と仏学院が直面している問題について質問すると、流暢な漢語で対応してくれた。以下に要約して示す。

図5-19　テンジン・ジャンツォ副学院長（2001年12月筆者撮影）

政府から強い指導があり、二〇〇〇年と二〇〇一年に僧坊の一部が撤去されたのは事実である。放逐された尼僧の今後の生活については大変心を痛めている。指導期間中、多くの学僧は抵抗することなく、指導教師の教えを守り冷静な態度をとった。学院長の方針により、私も嵐が過ぎ去るのをじっと待った。僧は読経と瞑想を欠かすことなく、修行に励んだ。今回の騒動は決して動乱ではない。私たちは抵抗していないのだから。仏学院が存続するためには、政府との関係を慎重に考えなければならない。現在学僧の生活は落ち着いており、仏学院の運営に問題はない。一人一人が動揺することなく、しっかり修行することが何よりも大切である。外国人の修行状況については答えることができない。

彼は学院の責任者として、外国人に不用意な発言をすることは許されない立場にある。事件を引き起こした直接の原因を尋ねたが、返事はなかった。言葉を選びながら丁重に応対するその表情には苦渋が満ちていた。「トラブルに巻き込まれないうちに、早く成都へ戻るように」、これは帰り際に従者から伝えられた副学院長の言葉であった。

【二回目の訪問（二〇〇四年八月二十日）】

僧坊の入口には「健康上の理由により、面会は正午と夕方に限る」という貼り紙があった。正午に訪問すると寝室で食事中であった。三年前と比べて頬が少しこけたように感じられた。学院長の片腕としてこれまで仏学院の運営に奔走してきたが、ここ数年の仏学院を取り巻く緊迫した状況は彼の心に重くのしかかっていた。二度目の訪問であることを告げてあいさつをした後、仏学院の現状について質問してみた。以下に要約する。

学院長圓寂直後に複数の情報が交錯し、学僧たちに混乱が見られたのは確かである。半年余りを経た現在、仏学院の状況は落ち着いており大きな問題はない。新たな学院長は就任しておらず、複数の高僧が知恵を出し合い集団指導体制をとっている。これまでどおり各部署の責任者が指導力を発揮することで、仏学院の運営は安定するはずだ。仏学院へ戻ってきた尼僧もいるが、新たな僧坊を建てることは許されていない。私と同様、体調不良の尼僧が多いのが気がかりだ。運営資金は多くの信徒に支えられているので大丈夫だ。仏学院が今後も発展することを確信している。

筆者は「仏学院は現在大きな問題を抱えていない」という言葉を文字どおりに受けとめることはできなかった。仏学院に通じる村の入口に色達県公安局が検問所（流動人口管理所）を設けていることが、何よりも事態の深刻さを物語っているからだ。学僧以外の者はここで身分証明書を提示して登録を行い、カメラ等の撮影機材を預けることが義務付けられている。(46) 外国人の訪問はもちろん禁止されている。仏学院への車の乗り入れも指定車輌のみに限定されている。ただし、蟻のはい出る隙もないほど厳重な警戒をしているわけではない。チベット人の警官の多くは信仰を持っているため、党や政府の指示に対して時として面従腹背の姿勢を見せることもあるからだ。

続いて学院長追悼行事について質問した。すると、「大がかりな行事は予定していない。理由は経済的な問題と、もう一つの複雑な問題があるからだ。次回あなたが仏学院へ来訪した際には、記念アルバムを贈れるといいのだが」と答え、お茶を濁した。もう一つの問題については具体的な内容を一切語らなかった、いや語れなかったのである。それは明らかに政治上の敏感な問題であり、学院長の圓寂を機に仏学院の更なる規模縮小を進めたい当局の思惑が、追悼行事を邪魔していた。最後に少し踏み込んだ質問をしてみた。それは近い将来、外国人信徒が仏学院で学ぶことが許されるか否かについてである。「それは時の運が決めること」と明快に答えた。「時の運」とは党の宗教政策の動向である。監視が緩やかであれば可能性はあるし、厳しければ不可能である。外国人が色達県公安局で滞在許可を得られる可能性はない。

二〇〇四年八月、学院内外の個人商店では、学院長の姿を収めた映像ソフトが複数発売されていた。アメリカや東南アジアへの歴訪、国内の漢人居住地区での法要と説教、色達の夏祭りを見学する姿等、在りし日の貴重な映像である。秘書や漢人信徒が撮影した映像をパソコンで編集した内部発行であるため、色達県や隣接する壤塘《ザムタン》県(dzam thang)の個人商店でのみ販売されていた。目立ちはしないが、学院が関わったささやかな追悼である。

図5-20　圓寂3周年記念のVCD(2007年)

図5-21　圓寂3周年記念のアルバム(2007年)

その後、二〇〇七年に圓寂三周年を記念したVCD(図5-20)とアルバム(図5-21)が発行された。ともに内部発行であり、仏学院の高僧と漢人信徒が編集に携わったことは間違いない(漢人信徒が提供した映像や写真が含まれている)。「甘孜州寺廟条例」(一九八八年)第三十八条には、「政府宗教事務部門の許可を得て、寺院は仏教経典を印刷し流通させることができ、宗教用具と宗教工芸品を販売することができる」とある〔甘孜蔵族自治州仏教協会 二〇一一:二三二〕。仏学院側が当局の許可を得たか否かは不明であるが、東チベットにおいて、僧院や漢人信徒が内部発行の書籍や写真集・資料集を印刷発行する事例は珍しくない(47)。

二　結論

一九八〇年代以降、甘孜州内にラルン五明仏学院を含めて九校の仏学院が相次いで誕生した。これらはチベット仏教寺院が行った開学申請を甘孜州政府が認可したものであり、各仏学院の学僧数は数十人である。こうした仏学院新設の背景には、秘かにインドへ修行に出る青年僧が後を絶たないという事情が隠されている。ラルン五明仏学院の場合は設立過程が異なり、一九八〇年にジグメ・プンツォが開設した小規模な仏教講習所が、後にラルン五明仏学院へと発展した。一九九七年四川省政府が正式に認可する際、事務手続上、ラルン寺に附属する五明仏学院となったが、ラルン寺の実態は現在もなお不透明であり、書類上の存在に近いと考えられる。したがって、ラルン(寺)五明仏学院は、州内の他の八校と位置づけが異なり、寺院の附属という形式をとりつつも、実態は独立した宗教教育機関であると筆者は考える。

「甘孜州寺廟条例」は第四十条で、「寺院の実情と経済力により定員を定める」とある。そして二〇〇一年色達県公安局の「規定」では、「ラルン寺の定員は四百人」と示されているが、ラルン寺と仏学院の間に在籍者の明確な区分は存在していない。二〇〇二年以降、仏学院の入口に色達県公安局が「流動人口管理所」を設置し、外

第5章関連年表

ラルン五明仏学院の動向		中国共産党の宗教政策	
1980	ラルン仏教講習所開設	1980	甘孜州宗教事務局が活動再開
1985	色達県が講習所を認可	1981	甘孜州仏教協会が活動再開
1987	学院長が北京訪問／パンチェン・ラマ10世が五明仏学院と命名	1982	「中共中央1982年19号文件」
		1986	パンチェン・ラマ10世が色達県訪問
1988	学院長が北京訪問		
1990	学院長がインド訪問	1992	チベット仏教工作座談会→「影響力の強い寺院を重点管理」
1993	学院長がアメリカ，日本等訪問		
		1994	第3回チベット工作座談会→「問題のある寺院に制裁を科す」
		1996	チベット仏教寺院への愛国主義教育→チベット亡命政府の祖国分裂活動を批判
1997	四川省が仏学院を認可		
2000—2001	仏学院事件		
2001. 9	色達県「通知」発行	1999	陰法唐が仏学院視察？
2001.10	色達県「規定」発行	2002	四川省統戦部が仏学院に対する愛国主義教育の成果を報告／アメリカ「2001年人権報告・中国」
2004	学院長圓寂		
2014	学院長口述書『不離』出版		

部からの訪問者に登録を義務付けた。一万人を超す仏学院の学僧と信徒の大多数は、寺院の在籍者ではなく、宗教管理の上では数年間の短期滞在者つまり流動人口と見なされている。以上の理由から、ラルン五明仏学院は寺院定員制に縛られることなく学僧や信徒の滞在が認められているのである。

　仏学院が認可される過程で追い風となったのは、「中共中央一九八二年十九号文件」による宗教復興政策とパンチェン・ラマ十世による支援活動であった。ラルンの独自性は、ジグメ・プンツォとパンチェン・ラマ十世という二人の高僧が設立に尽力したことである。そして、仏学院が大規模な教育機関へと成長した理由は、学院長が有する強力な宗教指導力と宗派を問わない教学方針であった。東チベットの有力寺院は登録僧の数に大きな制約があり、小規模寺院は運営資金の不足に悩まされているため、所属先を確保できない僧尼たちが一定数存在している。仏学院と第六章で紹介するヤチェン修行地は、彼らの受け皿の役割も果たしている。つまり、仏学院は甘孜州のみならず東チベットの宗教バランスを維持する上でも必要な存在なのである。

　二〇〇〇年から〇一年に発生した仏学院事件の発端は、中国共産党のチベット政策に実績のある陰法唐（元チベット自治区党委員会書記）が一九九九年に行った仏学院の視察と言われているが、この点については今後の継続調査が必要である。実際には、学院長のインド訪問（一九九〇年）とダライ・ラマ十四世との交流（一九九〇年）を口実にした愛国主義教育、陳奎元（チベット自治区党委員会書記）の宗教引き締め政策（一九九二年―二〇〇〇年）の影響、江沢民から胡錦濤への政権移行時期（二〇〇二年）における不安定要素の排除といった複数の要因が関係している。仏学院の実態調査を行ったのは党中央統戦部のチベット人幹部シタルである。その後、四川省統戦部が中心となり、広西チワン族自治区統戦部の応援を受けて、学院入口付近の尼僧居住区が解体撤去され、尼僧の一部が放逐された。色達県政府は県公安局の「規定」に基づき、流動人口の管理強化と治安消防上の理由から適切な指導を行ったと主張しているが、実態は共産党が主導した仏学院に対する宗教弾圧であった。

図 5-22　ジグメ・プンツォの口述書『不離』

筆者は二〇〇一年以降、仏学院の動向を観察してきたが、その間に学院内でダライ・ラマ十四世の肖像を見かける機会はほとんどなかった（二〇〇一年に商店で確認）。それは公安当局による監視強化の成果ではない。仏学院の学僧は中国共産党への抵抗の象徴として、ダライ・ラマを利用することはしない。彼らの心の支えは故ジグメ・プンツォ学院長と各自の師僧だからである。二〇一二年八月に学院内を歩いて気づいたことは、これまで以上にジグメ・プンツォの大型肖像が増えていることであった。圓寂から十年近くが経過したが、学僧の心には今も学院長の教えが生きていることを実感した。仏学院の存続が危ぶまれる時期もあったが、二〇一四年現在、ムンツォ（mu mtsho、門措、ジグメ・プンツォの姪、ムメ・イェシェ・ツォモ、mu med ye shes mtsho mo、一九六六―）新学院長及び高僧による集団指導体制により、仏学院は危機を乗り越え再び安定の軌道に乗ってきたと感じる。二〇一四年一月にジグメ・プンツォの口述書『不離』が出版された。長年側近を務めたケンポ・ソダジが学院長の教えを漢語でまとめたものである。同書の出版は共産党の仏学院評価が転換したことを示しており、仏学院はかつての粛正事件を乗り越えたと筆者は考える。

最後に、仏学院事件の際、共産党が仏学院の状況に危機感を抱いた理由がもう一つある。それは漢人僧尼と漢人信徒の急増である。この点については次章で紹介するヤチェン修行地の状況と合わせて、第七章で論じたい。

（1） 一九八〇年開設当初、ジグメ・プンツォの私塾という性格が強く、組織的な教育機関ではなかった。本章で用いる「ラルン仏教講習所」という名称は、これまでの文献調査や聞き取り調査を総合して、川田が便宜上付けたものである。「色達県喇栄寺五明仏学院簡介」(http://www.nmzx.com/nmcl/wmfx.htm 二〇〇三年九月十日閲覧)。

（2） 「色達県喇栄寺五明仏学院簡介」(二〇〇三年九月十日閲覧)。

（3） 五明の説明については小林守「チベット仏教文化へのプロローグ」を参照した(http://www.t-komazawa.ac.jp/column/net/backnumber/01/index.html 二〇一三年九月十六日閲覧)。

（4） 「色達県喇栄寺五明仏学院簡介」(二〇〇三年九月十日閲覧)。

（5） 「色達県喇栄寺五明仏学院簡介」(二〇〇三年九月十日閲覧)。

（6） 「ラルン」は「高僧と認められる」を意味するチベット語「ラマルンワ」が縮まった言葉であり、現在は仏学院とその周辺を指す地名となっている[丹珠昂奔他 二〇〇三：六七八]。

（7） 本章は［川田 二〇〇三］、［川田 二〇〇四c］、［川田 二〇〇七a］を再構成し加筆したものである。

（8） 「色達県喇栄寺五明仏学院簡介」(二〇〇三年九月十日閲覧)。以下の十三章より構成される。一、簡介、二、宗旨、三、管理機構、四、学制、五、教師隊伍、六、学員構成、七、課程設置、八、教学方式、九、学校設備、十、文物、十一、仏事活動、十二、経済管理、十三、畢業去向。末尾に「色達県喇栄寺五明仏学院一九九八年七月」と記載されている。

（9） インターネット上には、以下の「評伝」が掲げられていた。「聖者法王如意宝晋美彭措勇列吉祥賢略伝」(http://buddha.

nease.net/browse/zhuanji/fawang.htm 二〇〇三年九月十日閲覧）。「如意宝晋美彭措法王簡伝」（http://www.buddhanet.idv.tw/board8/see.asp?oneid=189&passed=&upd=14&sql1 二〇〇四年十一月十三日閲覧）。

（10）「チベット仏教僧院長強制退去続報　文化大革命以来最大規模の文化破壊が目的」（二〇〇一年九月二十七日）（http://www.tibethouse.jp/news_release/2001/Khenpo_Jigme_Phuntsok_Sep27_2001.html 二〇〇三年八月二十日閲覧）。

（11）「四川省委統戦部召開形成報告伝達会」（二〇〇二年十月十日）（http://www.zytzb.org.cn/dfxx/sichuan/tzdt/80200210160149.htm2 二〇〇三年九月十六日閲覧）。

（12）*Country Reports on Human Rights Practices* 2001 *China (Includes Hong Kong and Macau) Released by the Bureau of Democracy, Human Rights, and Labor*, March 4, 2002 (http://www.state.gov/g/drl/rls/hrrpt/2001/eap/8289.htm 二〇〇三年十月十五日閲覧）。

（13）ダライ・ラマ法王日本代表部事務所のウェブサイトに掲載された仏学院関連の記事一覧（http://www.tibethouse.jp/news_release/2002/index.html 二〇〇三年八月二十日閲覧）。

（1）二〇〇一年六月二十一日「中国、仏教徒センターを弾圧」（ワシントン・ポスト）

（2）二〇〇一年八月二十一日「武装警官隊がチベット仏教尼僧院を略奪」（ＩＴＮニュース）

（3）二〇〇一年八月二十三日「中国のチベット僧・尼僧迫害に、アメリカ懸念」（ワシントンＡＦＰ）

（4）二〇〇一年八月二十三日「二人のラマ僧の話」（アジア・ウィーク）

（5）二〇〇一年九月二十七日「チベット仏教僧院長強制退去続報　文化大革命以来最大規模の文化破壊が目的」（カトマンドゥ）

（6）二〇〇一年九月二十八日「チベット仏教指導者が軍病院に拘留」（ニューヨークタイムズ北京）

（7）二〇〇一年十一月八日「ケンポ・ジグメ・プンツォク師、成都に」（チベット・インフォメーション・ネットワーク最新ニュース）

（8）二〇〇一年十一月十四日「チベット東部で拡大する僧院の破壊」（カトマンドゥ、インターナショナル・キャンペーン・フォー・チベット）

（9）二〇〇二年四月十八日「新世紀の「宗教活動」　四川省における党政策の実施」（チベット・インフォメーション・ネットワーク特別レポート）

(14) Work teams in the process of demolition of homes at Serthar, July 2001 (http://www.tibetinfo.net/reports/trel/sr5.htm 二〇〇三年八月二十日閲覧)。Expulsions of nuns and students survival of important Tibetan Buddhist institute (http://www.tibetinfo.net/news-updates/nu190801.htm 二〇〇三年八月二十日閲覧)。西蔵即時新聞にも写真「中共摧毀五明仏学院」が掲載されている(http://www.xizang-zhiye.org/gb/xzxinwen/zhaopian.html 二〇〇三年九月十日閲覧)。

(15)「新世紀の「宗教活動」 四川省における党政策の実施」(http://www.tibethouse.jp/news_release/2002/religious_work_Apr18_2002.html 二〇〇三年八月二十日閲覧)。

(16)「チベット仏教僧院長強制退去続報 文化大革命以来最大規模の文化破壊が目的」(二〇〇一年九月二十七日)(二〇〇三年八月二十日閲覧)。

(17)「西蔵尼姑与公安人員発生衝突」(http://www.xizang-zhiye.org/gb/xzxinwen/0301/index.html#030107.2 二〇〇三年十月十五日閲覧)。「ケンポ・ジグメ・プンツォク師、成都に」(http://www.tibethouse.jp/news_release/2001/Serthar_teacher_Chengdu_Nov08_2001.html 二〇〇三年八月二十日閲覧)。「新世紀の「宗教活動」 四川省における党政策の実施」(二〇〇三年八月二十日閲覧)。

(18) http://www.voanews.com/chinese/archive/2002-04/a-2002-04-19-22-1.cfm 二〇〇六年九月二十六日閲覧。

(19)「中共又在色達五明仏学院逮捕了四名蔵人」(http://www.xizang-zhiye.org/gb/xzxinwen/0306/index.html 二〇〇三年九月十二日閲覧)。

(20) http://www.voanews.com/chinese/archive/2002-04/a-2002-04-19-22-1.cfm 二〇〇六年九月二十六日閲覧。

(21)「色達県人民政府関於批転色達県宗教事務局《関於加強喇栄寺及其五明仏学院管理辦法》的通知」。

(22)「色達県公安局関於在喇栄寺和五明仏学院及周辺地区加強管理的規定」。

(23)「聖者法王如意宝晋美彭措勇列吉祥賢略伝」(二〇〇三年九月十日閲覧)。

(24)「四川喇栄寺挑戦宗教禁令」(二〇〇四年三月十五日)(http://www.buddhismcity.net/newsall/general/details/5443/ 二〇〇四年十月十二日閲覧)。

(25) 雷風行「為青蔵鉄路鼓与呼――訪原自治区党委書記陰法唐」(二〇〇一年六月三十日)、中国西蔵新聞網(http://www.chinatibetnews.com/GB/channel99/119/122/200208/16/1778.html 二〇〇四年九月二十七日閲覧)。

(26) 陰法唐の著作集『陰法唐西蔵工作文集』(上・下)[陰法唐 二〇一二]に仏学院視察に関する文章は掲載されていない。今後の調査が必要である。

（27）「関於在統戦系統開展向斯塔同志学習活動的通知」（中央統戦部文件、統発二〇〇六―十六号）（http://www.jaxtzgc.com/wjhb/tf_0616.doc 二〇一一年九月十日閲覧）。

（28）馬強「強烈抗議中共四川当局封鎖五明仏学院併駆逐進修僧衆」（二〇〇一年十二月二十六日）（http://www.epochtimes.com/gb/1/12/27/n159709.htm 二〇〇四年九月二十四日閲覧）。

（29）「中共継続圧制西蔵色達喇栄五明仏学院」（二〇〇四年八月九日）（http://www.tibet.org.tw/hotnews-2/hotnews-194.htm 二〇〇四年九月二十四日閲覧）。

（30）「取締非法宗教活動」（http://www.nanning.gov.cn/2226/2004_7_2/2226_26683_1088737643385.html 二〇〇四年九月二十四日閲覧）。

（31）当時の四川省党委員会書記は周永康（一九九九年十二月―二〇〇二年三月）であった。その後、周永康書記は第十六回党大会を経て、党中央の指導組織である政治局委員に抜擢された（二〇〇二年十一月）。引き続き全国人民代表大会では公安部部長に就任し、警察を統轄する部署のトップに立った（二〇〇三年三月）。

（32）一九八九年三月九日―一九九〇年五月一日。直接的には、三月五日僧侶のデモに端を発し、群衆がラサ市城関区の役所を襲撃したことに伴い発令された。

（33）「堪布晋美朋措圓寂中共行動異常」（二〇〇四年一月八日）（http://www.xizang-zhiye.org/gb/xzxinwen/0401/index.html#040108.2 二〇〇四年十月十二日閲覧）。

（34）「西蔵知名仏教領袖堪布晋美朋措逝去」（二〇〇四年一月七日）、INTERNATIONAL CAMPAIGN FOR TIBET（http://www.savetibet.org/Chinese/Chinese.cfm?ID=2246&c=71 二〇〇四年九月二十七日閲覧）。

（35）「西蔵仏教大師堪布晋美彭措仁波切圓寂」（二〇〇四年一月七日）、達頼喇嘛西蔵宗教基金会資訊網（http://www.tibet.org.tw/hotnews-2/hotnews-169.htm 二〇〇四年十月十二日閲覧）。

（36）[Linka：1026]「【訃報】ケンポ・ジグメ・プンツォク師逝去」（発信者長田《おさだ》幸康）（二〇〇四年一月八日閲覧）。

（37）「甘孜州色達県喇栄寺五明仏学院堪布牛麦彭措去世」（http://www.zytzb.cn/zytzbwz/religion/xxdl/80200402051007.htm 二〇〇四年九月二十四日閲覧）。

（38）「堪布晋美朋措圓寂中共行動異常」（二〇〇四年一月八日）（二〇〇四年十月十二日閲覧）。

(39)「法王如意宝晋美彭措圓寂経過教言」(二〇〇四年一月二十三日)(http://www.57go.com/sichuan/Html/2004123123718-1.Html 二〇〇四年十月十二日閲覧)。

(40)「普渡衆生」(http://buddha.nease.net/neirong/index_r.htm 二〇〇四年十月十二日閲覧)

(41)「法王如意宝晋美彭措圓寂経過教言」(二〇〇四年一月二十三日)(二〇〇四年十月十二日閲覧)。

(42)「寧瑪論壇」(http://nmzx.rswh.com/showthread.php?s=116c2e902def0996991923a918429633&threadid=12721 二〇〇四年一月十六日閲覧)。

(43)「法王如意宝晋美彭措圓寂経過教言」(二〇〇四年一月二十三日)(二〇〇四年十月十二日閲覧)。

(44)「四川喇栄寺挑戦宗教禁令」(二〇〇四年三月十五日)(二〇〇四年十月十二日閲覧)。

(45)「丹増嘉措活仏略伝」(http://buddha.nease.net/browse/zhuanji/hf_dzjc.htm 二〇〇三年九月十日閲覧)。

(46) 二〇〇四年六月に仏学院を訪れた台湾人の報告による(http://travel.mook.com.tw/explorer/explorer_16/diary_252.php 二〇〇四年十月十二日閲覧)。

(47) 仏学院は二〇〇二年に『見益略伝』という書名でジグメ・プンツォの写真資料集を内部発行した。

第六章　ヤチェン修行地の支配構造と宗教NGO

一　はじめに

一—一　問題の所在

甘孜州白玉《ペユル》県(dpal yul)に、ヤチェン(ya chen)と呼ばれるチベット仏教の修行地がある。修行地という言葉から呪力を獲得するための山籠もりや荒行を連想しがちであるが、ヤチェンはチベット高原の東端、海抜約三千九百メートルの大草原に位置している。

漢語の名称は「亜青鄔金禅修聖地」(ya chen o rgyan bsam gtan gling)である。漢人は一般に「亜青寺《ヤーチン》」(Yaqingsi)という俗称を用いているが、ヤチェンは寺院ではなく、あくまでも修行地にすぎない。本書では「ヤチェンという場所にあるチベット仏教の修行地」という意味で、「ヤチェン修行地」という名称を用いる。

正式な修行者数は公表されていないが、高僧の話では「流動的だが最大で僧約三千人、尼僧約一万人」を数える(二〇一一年八月確認)。筆者が最初にヤチェンを訪問した二〇〇三年八月当時、電気と水道の設備はなく、野放

図 6-1　北京王府井に掲げられたヤチェンのパネル（2009 年 12 月筆者撮影）

し状態のチベット犬約二千匹から手荒い歓迎を受けた。一万人を超す宗教コミュニティが存在するにもかかわらず、ヤチェンはこれまで中国で発行された地図、地方誌、研究書、報告書への記載が確認されていない。中国政府がチベット仏教への管理を強化する中、東チベットの奥地に広がる巨大な僧坊群と尼僧を中心とした大集団は、筆者の目に「尼僧の解放区」「現代中国社会の異界」と映った。

ところが、二〇〇九年十二月に筆者は北京で思いがけない写真に出くわした。図6-1は北京市の王府井《ワンフーチン》に展示されたヤチェン修行地の写真である。王府井は北京の目抜き通りであり、中国政府が管理する「政治と経済のショールーム」とも言える特別な場所である。ここでは「建国六十周年」「改革開放政策三十周年」「西部大開発政策の成果」「対アフリカ外交の進展」等、政治宣伝を目的とした大型のパネル展示が不定期に行われている。今回は四川新聞撮影学会による「中国新聞撮影写真パネル展」が開催されていた。プロパガンダの展示空間に、政府が神経を尖らせるチベット仏教関連のパネルが、しかも政府にとって外部に存在を知られたくないヤチェンが登場したことは、まさに驚天動地の大事件であった。この作品展示は、宗教難民キャンプの役割も担うヤチェン修行地を取り巻く状況に、大きな変化が到来していることを告げる何よりの証拠である。

筆者はこれまで計六回の短期調査を通じて、当初閉鎖性が強く社会との接点が少なかったヤチェンに、新たなヒトとカネの流れが形成されつつあることを確認した。「ヤチェンはなぜ誕生したのか」「なぜその存在が秘匿されてきたのか」「なぜ突然北京の王府井で紹介されたのか」「ラルン五明仏学院と連携しているのか」、これらの疑問に対し、チベット仏教から見たヤチェンの支配構造と中国共産党の宗教政策という視点から考察を行う（1）。ヤチェンに集った漢人信徒の動向は第七章で改めて論じる。

一九八五年の開設以来、修行僧を束ねてきたのはアチュウ・ラマ（a chung bla ma、阿秋、一九二七—二〇一一）と呼ばれる強大なカリスマ性を持った宗教指導者である。資料集『増信妙薬』によれば、アチュウ・ラマは一九二七年生まれ、法名はルント・ジェンツェン（lung rtogs rgyal mtshan、龍朶加参）。八歳にしてチベット語の読み書きを会得し、出家してドコ（多科）寺（rdo kho dgon pa、四川省白玉県）で学んだ。ロンサル・ニャンポ（klong gsal snying po、龍薩娘波）の化身ラマであり、十八歳の時、母親の勧めでアリ・ドジェンチャン（a rig rdo rje 'chang、昌根阿瑞）の侍者となり、以後四十三年間師弟関係を結んだ。その後、セラ・ヤントゥル（se ra yang sprul、色拉陽智）導師から指導を受け、更にラルン五明仏学院のジグメ・プンツォから秘法を伝授され、ニンマ派の密教秘法大圓満法を極めた成就者として高い評価を得た［亜青寺 二〇〇二：一二一—一二五］。経歴は不明な点が多く、一九六〇年代から七〇年代にかけての政治の混乱期は、アリ導師とともに投獄され辛酸をなめたと伝えられている。ヤチェンの所在地はかつてアリ導師が修行した場所であり、アチュウは師の勧めを受け、一九八五年に修行地を開いた。開設当初から一九九〇年代までの状況を記した文献や写真は公開されておらず、修行地の発展過程を知る手がかりは見つかっていない。

図6-2　ヤチェン修行地開設時のアチュウ・ラマ（1985年）

二〇一一年七月、筆者が五回目の調査に訪れた時、ヤチェンではアチュウ・ラマの葬儀が執り行われていた。修行地に蓄えられてきた原始的とも言える宗教的熱狂は、主宰者の死を契機にどのような化学変化を起こすのであろうか。そして修行地の支配構造にどのような変革をもたらすのであろうか。

一―二　先行研究と関連文献

中国ではこれまでヤチェン修行地とアチュウ・ラマが、新聞、書籍、テレビ等で紹介されることはなかった。同様に筆者は国内外でヤチェンに関する学術論文を目にしたことがない。ただし、宗教活動の監視と治安維持を目的として、四川省や白玉県の統戦部、公安局、宗教事務局が作成した資料や報告書が存在する可能性は十分にあるが、宗教管理に関する内部文書は原則として非公開である。「党や政府の役人と公安関係者はヤチェンへ行きたがらない」という話を修行者からこれまで幾度も聞いてきた。その理由は明らかに凶暴な犬の存在である。外国人研究者がヤチェンを調査する際、公安当局とのトラブル、チベット犬への恐怖、宿泊施設の不備という高い壁を乗り越えなければならない。ただし、地元政府が定期的に野犬狩を行っているため、減少傾向にある。二〇一一年八月、修行地の高僧に確認したところ、「これまで外国人がヤチェンを本格的に調査したことはない」ということだ。

次に関連文献について説明する。

(1)「知られざるチベットの巨大寺院」〔長岡　二〇〇五〕

(2)「康巴千里供万僧」〔徐栄沢　二〇〇三、二〇〇四〕

(3)『天鼓妙音――深恩無比大成就者龍朶加参略伝』〔亜青寺　二〇〇〇〕

(4)『増信妙薬——救護主・成就自在降陽龍朶加参心要略伝』〔亜青寺 二〇〇二〕
(5)『三信蓮敷妙月——殊勝化身松阿丹増略伝』〔亜青寺 二〇〇九〕
(6)「寧瑪資訊」（ニンマ・インフォメーション）ウェブサイト
(7)「亜青鄔金禅林」（ヤチェン修行地）公式ウェブサイト

(1)は写真家の長岡洋幸が二〇〇五年にヤチェン修行地を撮影した作品である。長岡がヤチェンを寺院と捉えている点は筆者の考えと異なる。(2)はアメリカ仏教会（BAUS）の機関誌（『美仏慧訊』漢語版）に掲載されたルポルタージュであり、漢人信徒・華人信徒とヤチェンの関係、香港の宗教NGOによるヤチェン支援活動に関する情報が得られる。(3)(4)はヤチェン修行地と主宰者アチュウ・ラマに関する公式資料集である。(5)はアソン・リンポチェ（新主宰者）に関する公式資料集である。(3)(4)(5)は非売品（内部刊行物）であり、編集・印刷及び資金提供には漢人信徒の組織が大きく関わっている。(4)は全十五章百四十四頁からなり、印刷も鮮明である。[2]「アチュウ・ラマ略伝」や修行地の近影が多数収録されており、後継者となる少年の化身ラマや漢人居住地区での弘法活動を把握するための貴重な資料集である。

(6)は趙本勇居士（ハンドルネーム「寧瑪福勝」、広西チワン族自治区南寧市出身）が運営する宗教NGOであり、サイトは二〇〇一年二月に開設された。[3] チベット仏教ニンマ派関連の情報では草分け的存在であり、電子掲示板（仏教聯盟社区）を運営し、多くの信徒から支持を得た。[4] ヤチェン修行地公式サイトが開設されるまでの間、ヤチェンの情報を豊富に掲載して漢人信徒の交流サロンとして大きな

図6-3　ヤチェン修行地ウェブサイト(2005年)

図6-4　ヤチェン修行地全景

役割を果たした。[5]⑺は二〇〇五年十一月に開設された。サイトの実際の運営者は成都在住の漢人信徒と思われる。漢語の正式名称は「亜青鄔金禅林」であり、修行地内の動向や各種行事が紹介されている。図6-3は二〇〇五年開設当初のトップページである。[6]

二　ヤチェン修行地の構成とインフラ整備

四川省成都市からヤチェン修行地まで、長距離バスを乗り継ぐと二日を要する。成都から川蔵北路（四川省とチベット自治区を結び、甘孜を経由する幹線道路）と甘白公路（甘孜と白玉を結ぶ道路）に沿って、約八百七十キロメートルの地点に四川省甘孜州白玉県昌台区阿察郷という村がある。そこから草原の中を約十キロメートル入ったところに修行地が作られた。以下、修行地を本部、僧居住区、尼僧居住区、共用区の四区画（図6-4）に分け、それぞれの規模と特徴及びインフラ整備の状況を説明する。

⑴本　部（ヤチェン民主管理委員会）

修行地は広大な草原となだらかな丘と一本の川からなる。中心部の丘の上にはアチュウ法王院、アソン僧院、閉関修行僧坊があり、修行地の聖域と言える場所である。アチュウ法王院とアソン僧院（二〇〇八年新館完成）がヤチェンの中枢機関であり、対外的にはヤチェン民主管理委員会を構成している。二〇一一年七月アチュウ・ラマ圓寂後、弟子のアソンが新主宰者に就いた。本部に隣接して、プーバ・タシ漢僧経堂とイェシェ・ジャンツォ瞑想道場がある（第七章で詳述）。アチュウ法王院南側斜面に、閉関修行僧坊があり、幹部候補の僧や若い化身ラマが瞑想修行に励んでいる。『増信妙薬』所収の写真によれば、二〇〇〇年当時十四室（十四人）が確認できるが［亜青寺 二〇〇二：一一〇］、二〇〇五年八月の調査では二十室に増築されていた。筆者は二〇〇三年と二〇〇五年の調査の際、アチュウ・ラマの筆頭侍者であるチュダ宅に滞在し、その後の四回はアソン僧院で世話になった。

(2) 僧居住区

本部東側の丘の斜面に広がるのは僧の居住区である。二〇〇三年八月初回調査時は約二千人であったが、その後約三千人に増加した（二〇一一年八月）[7]。僧の出身地は甘孜州白玉県、甘孜県、新龍《ニャロン》県（nyag rong）が多いが、阿壩州やチベット自治区のチャムド地区出身者もいる。僧の大半が漢語による日常会話を理解している。

図 6-5　アソン僧院（右）とアチュウ法王院（左）
（2011 年 8 月筆者撮影）

(3) 尼僧居住区

川の対岸に広がる平地は尼僧の居住区である。『増信妙薬』所収の二〇〇〇年頃当時の写真（図 6-6）と筆者が撮影した二〇一一年八月の写真（図 6-7）を見比べると、約十年間で僧坊数が急増していることがわかる。その間に尼僧の数は三千人から一万人に達した。二〇〇六年に尼僧大経堂が完成し、修行環境は大幅に改善された。居住区内には小さな商店が数軒開かれており、公衆電話も設置された（二〇〇五年確認）。飲料水は尼僧居住区内の井戸を利用する（二〇〇七年確認）。トイレとゴミ捨て場も新設されたが、衛生環境の改善には至っていない（二〇〇七年確認）。尼僧居住区は僧坊の増加により年々過密となり、立錐の余

図 6-6　尼僧居住区(2000 年頃)

図 6-7　尼僧居住区(2011 年 8 月筆者撮影)

地もないほどである。僧は尼僧居住区への立ち入りが禁止されている。

(4) 経堂・広場・マニ塚他

本部南側の広場周辺は共用エリアである。広場では早朝にアチュウ・ラマの講義が行われ、修行者の大半が出席する。長年、各種法会もこの広場で開催されてきた[8]。広場の西側には僧尼共用の大経堂(大殿圓満光明宮)が建っていたが〔亜青寺 二〇〇二：一一二〕、軀体の不具合により二〇〇六年に解体後、二〇〇九年に新築された。新大経堂は一階を僧が使用し、二階を漢人の信徒や出家者が主に使っている(二〇一一年確認)。工事期間中に使用されたテント型の簡易経堂は撤去されることなく、近隣の信徒や法会開催時に活用されている(二〇一一年確認)。

現在、新大経堂前の広場では、朝八時からアソン・リンポチェの講義が行われる(二〇一二年確認)。閉関修行僧坊横の小経堂は「漢僧経堂」とも呼ばれ、アソンが漢人を指導する教場として使用されている。アソンが主宰する阿弥陀仏法会は尼僧居住区西側の広場で開催される(二〇一〇年確認)。大経堂の西隣に白い仏塔(チョルテン)三基と巨大なマニ塚がある。マニ塚は真言、経文、仏像などを刻んだマニ石を積み上げた立体的な集合体であり、僧尼や近隣の在家信徒が真言を唱えながら塚を時計回りに歩く。

広場に面した川辺一帯は商業区域である。二〇〇三年、二〇〇五年当時は数軒の個人商店が野菜、果物、生活雑貨を商い、荷台に雑貨を満載したトラックや歯科技工士も不定期に出入りしていた。二〇〇七年にヤチェン民主管理委員会が経営する商業棟が完成した。僧衣や僧坊の内装材が豊富に品揃えされており、修行者の生活水準が向上してきたことを物語っている。現在、野菜、果物、肉類は尼僧居住区北西側の商業エリアで販売されている（二〇一〇年確認）。広場北側には診療所と白玉県亜青管理局（公安局分室）がある。広場の東側と西側にはチベット人の一般居住区があり、家屋数は漸増している。

(5) インフラ整備

図6-8　新大経堂前で行われるアソン・リンポチェの講義（2012年8月筆者撮影）

修行地の生活環境は年々向上しており、整備に要する資金源はチベット人や漢人からの布施、宗教NGOからの支援に頼っている。以下にインフラ整備の状況を説明する。

【電気】各僧坊が個別に太陽光蓄電パネルを設置しており、ローソクも使用する。二〇〇九年、白玉県亜青管理局の完成に伴い、管理局と本部のみに電気が供給されるようになった。近い将来、修行地全体で電気の使用が可能になる。

【ガス】二〇〇三年当時、高僧及び比較的裕福な出家者がプロパンガスを使用していた。一般の修行者は薪ストーブを兼ねたコンロを用いて炊事をする。燃料用の木材や固形着火材も販売されている。概ね二〇〇七年以降、プロパンガスの普及が始まった。

【井戸】尼僧居住区に井戸が数ヶ所掘られた。それ以前は川の水を飲料用に

図6-9　ヤチェンと甘孜を結ぶ東風トラック
（2003年8月筆者撮影）

使用していた。洗濯は川辺で行う。上水道と下水道の設備はない。

【橋】本部と尼僧居住区を結ぶ橋が二本ある。尼僧数の急増により、二本目の橋が二〇〇九年に架けられた。

【医療】広場北側に診療所がある（二〇〇三年確認）。本部脇のプーバ・タシ漢僧経堂横に漢人信徒のための簡易診療所がある（二〇〇七年確認）。広場にラルン五明仏学院から派遣されたチベット人医師の医療テントが設置されている（二〇一〇年確認）。漢人出家者の話では、現在チベット僧数人が成都でチベット医学と西洋医学の教育を受けており、近い将来新たな診療所が建設される予定である。

【交通】ヤチェンと甘孜を結ぶ交通手段の変化を紹介する。二〇〇三年は修行地が所有する東風トラック（図6-9）の荷台を利用して乗客と荷物を運んでいた（隔日運行）。二〇〇五年に民間業者がバスの運行を開始した。並行してタクシーのチャーター便が始まり、東風トラックは荷物専用となった（二〇〇五年確認）。漢人信徒の増加に伴い、ワゴン型乗り合い個人タクシーの運行が始まった（二〇〇七年確認）。

【通信】二〇〇三年高僧が携帯電話（中国移動通信）を使用していた。二〇〇七年頃から修行地内で携帯電話が普及し、二〇一〇年スマートフォンが登場。二〇〇七年以降、携帯メールを利用して日本との通信が可能になった。パソコンによるインターネット接続は不可能である（二〇一一年確認）。

三　楊洪と慈輝仏教基金会

二〇〇三年八月、筆者は修行地で赤い布団を背負い笑みをたたえた尼僧の姿を多数見かけた（図6-10）。布団の贈り主は、香港とアメリカに活動拠点を置くＮＧＯ慈輝仏教基金会（会長：楊洪、以下、慈輝会と略す）であった。慈輝会は東チベットの寺院を対象に息の長いボランティア活動を行っており、筆者がヤチェンを訪れたのは彼らが去った翌日であった。慈輝会のヤチェンにおける二〇〇三年の活動は、徐栄沢のルポルタージュ「康巴千里供万僧」（カムの各地であまたの僧を救う）から知ることができる［徐栄沢　二〇〇三、二〇〇四］。

図6-10　香港慈輝会がヤチェンの尼僧に贈った布団（2003年8月筆者撮影）

慈輝会一行（団長黄瑞瓊を含む七人）はヤチェン滞在中（八月二十五日―二十九日）、アチュウ・ラマを表敬訪問し支援活動の趣旨と内容を説明した。一行の宿泊と食事を世話したのはアソン・リンポチェであった。慈輝会は今回、布団と支援金（各修行者に十元）をアソンに贈った(9)。慈輝会はこれまで、尼僧経堂の建設、共同トイレの設置、井戸掘り、診療所への医師の常駐、橋の建設等に資金を提供し、修行者の生活基盤整備に貢献してきた。

自慢の診療所は、大経堂前の広場の片隅にある（図6-11）。診察室、薬局、病棟の建設、医師の招聘と維持費等、すべての費用を慈輝会が負担した。簡単な処方であれば、チベット医学、西洋医学ともに可能である。薬局内を見わたすと、内服薬は種類が豊富にそろっていた。筆者はこの診療所で狂犬病のワクチンを接種してもらったことがある。電気も水道もない修行地内では、衛生管理に強い不安を感じたが、未使用の注射器が常備されており、漢語を理解するチベット人医師(僧)が常駐していることに安堵した。診療所内には若い尼僧が二十人ほどいた。薬を受け取りに来た者が半数、点滴を受けている者が半数であった。壁の釘に点滴の瓶を掛けて地面に坐ったまま輸液する者もいれば、傘の柄をうまく利用して歩きながら輸液する者もいた。看護士の話によれば、栄養の偏りと貧血が重なり体調を崩す尼僧が増えているとのこと。

こうしてテント、布団、靴、米、小麦粉、保存食等の生活必需品が、毎年慈輝会からヤチェンの出家者一人一人に手渡されていることは驚きであった。同様にヤチェン民主管理委員会(本部)には、コピー機、電灯、簡易発電器、太陽光蓄電器等の機材が贈られている。「一万人の修行者に笑顔と安心を届けることが、香港慈輝会にとって最高の功徳である」、この確固とした信念と旭日集団からの潤沢な資金が、慈輝会の継続的な活動を支えている。

慈輝会のスポンサーは、楊洪(一九四六―)が経営する香港及びニューヨークの旭日集団である。中国都市部では「JEANS WEST・真維斯」という服飾店をよく見かける。経営母体は楊氏四兄弟が率いるニューヨーク旭日集団であり、次男楊洪はグループの総裁を務めている。広東省恵州市出身の楊氏兄弟は、敬虔な仏教徒としてもアメリカでは知られた存在である。楊洪は事業のかたわら香港慈輝会を主宰し、チベット仏教への支援活動に熱

図6-11 香港慈輝会が資金を出し完成したヤチェン診療所(2003年8月筆者撮影)

意と資金を注いできた。楊洪が四川省チベット地区への支援を開始したのは一九九六年であり、特にヤチェン修行地を重要拠点に定めている[10]。会長は「知識青年として過ごした文化大革命時期の農村体験が慈輝会の結成（一九九九年）と支援活動に影響を与えた」と語っている[11]。なお、慈輝会の中国活動拠点は、会長の出身地・広東省恵州市であり、支援対象地域は国内の広範囲な貧困地域にまで及んでいる。

ニューヨークの摩天楼で名を成した起業家とチベット高原の片隅にある名もなき修行地を結びつけたのは根造上師（一九一三―九二）（図6-12）と呼ばれる漢人僧であった。楊洪兄弟は一九七〇年代に香港で服飾関係の旭日公司を設立し、フィリピンやインドネシアで事業を拡大した後、一九八五年にニューヨークへ進出した。楊洪は一九八〇年代の初めに香港で仏教徒となり、渡米後、ニューヨークの根造上師のもとでチベット密教を学んだ[12]。

図6-12　慈輝会とヤチェンを結びつけた根造上師

根造上師は一九五四年にニンマ派のアンゾン（安章）寺（a 'dzom dgon pa、四川省白玉県）で大圓満法の極意を授けられた。アンゾン寺はアチュウ・ラマとの交流が深いことでも有名である。一九八六年にアメリカ仏教会の招きでニューヨークに渡り、ニンマ派の瞑想修行センター（美国大圓満心髄研究中心）の設立に奔走した。根造上師の漢語による熱のこもった説法は、またたくまに在米華人の間で評判を呼んだという[13]。国境を越えて多国籍化するチベット仏教支援活動の一端をここに見ることができる。

四　アチュウ・ラマへの謁見と早朝講義

四–一　アチュウ・ラマへの謁見（二〇〇三年七月三十日）

アチュウ法王院を中心とする本部は、修行地内の小高い丘の上にある。アチュウ・ラマは一日の大半を瞑想と読経に費やしている。ヤチェン修行地内で出会った複数の漢人信徒から「高齢であり側近以外の面会は極めて困難」、ただし「夕刻が唯一の面会チャンス」であるという情報を得た。本部の門を入ると、広い庭の一隅に三十人ほどのチベット人が列を作っていた。彼らはヤチェンの僧侶や近隣の村々からやって来た在家信徒であった。列の先頭には大人一人が入れる大きさの受付小屋があった。小屋の中で来訪者に応対していたのは、アチュウの筆頭侍者を務めるチュダ（chos grags）であった。僧と信徒は各々、カタという白い布（相手に敬意を示す）に十元から百元札を結わえてチュダに献じた後、相談事をもちかけていた。後ほどチュダに確認したところ、誕生した子供への命名依頼とか、体調を崩した家族の健康相談、ラルン五明仏学院で学ぶ縁者へのことづけなどであった。アチュウの甥にあたるチュダは、こうして秘書として毎日相談窓口役を担当している。

アチュウへの面会をチュダに申し出たところ、幸運にも了承が得られた。案内された場所は、アチュウの執務室に隣接した狭い箱状の空間であった。先ず五体投地の礼を行って敬意を示した後、布施を結わえたカタと日本から持参したカメラのフィルムを数本献じた。アチュウは返礼として筆者の首に新しいカタを掛け、遠方からの来訪をねぎらった。

図 6-13　講義を終えたアチュウ(左)と侍者のチュダ(右)(2005 年 8 月筆者撮影)

椅子に坐ったアチュウの両脇で、従者役の僧二人がアチュウの足に薬を塗っていた。面会には先ほどのチュダが立ち会った。筆者は修行地へ来る前日、ペユル(白玉)寺仏学院で高僧トゥテン・パソン(thub bstan pa sangs、土登巴絨、一九三六―)から教えを受けたことを報告した後、徳格、色達、新龍など四川省甘孜州内の各県で行った調査内容及びチベット仏教の現状と課題について私見を述べた。アチュウは「日本での密教修行の方法」と「日本でのチベット仏教の受容」という二点に強い関心を示した。そして、これを機に筆者がヤチェンでしっかり修行することを勧めてくれた。最後に、修行地での滞在許可を求め、宿泊先を相談したところ、チュダの客間を使うようにとの指示があった。チュダが差し出した名刺には「阿秋《アチュウ》法王侍者・曲扎《チュダ》」と記されていた。

　アチュウはふだんチベット語ペユル方言を話し漢語は解せない。一方、筆者が用いるのは漢語である。先ず筆者の発言を漢人僧が要約してチュダに伝え、チュダはそれをチベット語でアチュウに伝えた。しばらくやりとりが続いた後、アチュウはチュダに指示を与えた。チュダはそれを手帳に控えた後、面会の終了を私に告げた。面会で最も驚いたことは、アチュウの身のまわりの世話を任されている従者の一人が、漢人僧であったことだ。彼の存在は、漢人修行者や漢人支援者とヤチェンの結びつきが強まっていることを示していた。また、宗教事務局や公安局、統戦部等の機関が発する情報を敏感にキャッチするアンテナ役も兼ねていた。

　チュダはアチュウの指示で、筆者をダジェの僧坊へ案内した。ダジェは漢人修行者への教育を担当する若い高僧の一人である。年齢は三十歳前後、端正な顔立ちで知的な雰囲気を備えていた。漢語が堪能であり、語彙が豊富な上、発音は極めて標準的であった。彼はイラク戦争に日本が「加担する」というラジオニュースの真相を筆者に質問した。

ダジェの僧坊はアチュウの住居から五十メートルほど離れた傾斜地にあった。この一画には閉関修行僧坊があり、アチュウが指名した若手の僧が僧坊に籠もり、読経と瞑想に専念している。彼らはアチュウから直接指導を受けることが許されている、いわゆる若きエリートたちである。ダジェの僧坊内には、プロパンガス付きの厨房が設けられており、小型の太陽光蓄電板も備わっていた。ダジェは瞑想と読経を一日に四回行っていた。

四―二　アチュウ・ラマの講義（二〇〇五年八月二十六日、二十七日）

朝七時、銅鑼の音が修行地の隅々にまで力強く響きわたった。それは「本日アチュウ・ラマが講義を行う」という合図であった。約十五分後、大経堂前の広場に僧が現れ始めた。尼僧たちは敷物や傘を手に一列に並び、二十分ほどかけて川向こうの僧坊から歩いてきた。整然としたその様は、さながら蟻の行列のようであった。修行地開設から二十年を経た今も七十八歳（当時）のアチュウは、早朝から数千人の修行者の前で講義を行っていた（図6―14）。

当日広場に集った僧尼はおよそ五、六千人、近隣の村々から駆けつけたチベット人信徒も二百人ほどいた。八時前、アチュウを乗せたジープが到着すると、皆一様に頭を垂れ神妙な面もちでアチュウを出迎えた。講義はマイクとスピーカーを通して広場全体に流された。電源はガソリン式発電器や太陽光蓄電器である。講義は両日とも二時間から三時間にわたって行われた。二十七日は青海省の囊謙《ナンチェン》県（nang chen）から来た五十人を超すチベット僧の一団が滞在していたこともあり、アチュウの説法には気迫がこもっていた。何度も力説していたのは、

図6-14　アチュウ・ラマの早朝講義（2005年8月筆者撮影）

「密教が重視する神秘釈、つまり物事の本質を見抜く力」と「瞑想体験から得られる智力」に関することであった。途中退席する者もなければ私語をする者もなく、聴衆は食い入るようにじっとアチュウの方を見つめていた。彼らにとって直接肉声を聴くことは、アチュウの霊性に触れ啓示を受けることを意味している。そしてこのような講義を通じて、修行地を主宰する宗教指導者への全人格的な帰依と信仰の絆を確認するのである。

四-二　アチュウ・ラマへの謁見（二〇〇五年八月二十五日）

チュダに案内されたのはアチュウ・ラマの居室であった。彼は日々ここで読経と瞑想を行い、弟子を指導し来客をもてなす。身のまわりの世話をする侍者と側近の弟子を除き立ち入りは許されていない。アチュウへの謁見が許されているのは、主に漢人在家信徒や外国人来訪者、そして視察にやって来た党や政府の幹部である。筆者は筆頭侍者を務めるチュダ宅に滞在していたため、夕刻に単独での謁見が許可された。甥のチュダはアチュウがヤチェンで最も信頼している人物である。

四畳半ほどの狭い居室の棚には経典や仏像仏具が収められており、テーブルには信徒から贈られた菓子や果物が並んでいた。今回もチュダが通訳を務めてくれた。二度目の訪問であること、日本の雑誌にヤチェンを紹介したこ

図 6-15　アチュウが客人や弟子と応対する居室。手前の２人はヤチェンの少年化身ラマ

と、甘孜州内の宗教事情を調査研究していること、漢人信徒の修行動向に関心があること、昨年ラルン五明仏学院を再訪したこと等を報告し、三日間の滞在許可を願い出た。アチュウは拙文（［川田 二〇〇四 b］）の写真をしげしげと眺めながら祝福してくださった。漢人への指導については弟子のアソンや現在滞在中のプーバ・タシに相談することを勧めてくれた。右手の指紋を押した紙片を手渡しながら、「研究も大事であろうが、これを機にしっかり修行しなさい」と諭された。そして最後にジャンバ・イェシェ（byams pa ye shes）というチベット名をくださり面会は終了した。その日アチュウに謁見したのは、上海、福建省、遼寧省等からやって来た漢人信徒八人であった。そのうち女性三人はヤチェンでの出家と長期修行を願い出ていた。

五　アチュウ・ラマのカリスマ的支配

五－一　マックス・ウェーバーのカリスマ論

二〇〇三年に筆者が初めてヤチェン修行地に足を踏み入れて驚いたのは、修行地内各所にアチュウ・ラマの肖像があふれ、スピーカーからアチュウの講話が流れていたことである。そして、チベット人の出家者や近隣の在家信徒の多くは、首にアチュウ・ラマやアソン・リンポチェのメダルを掛け、胸にバッジを付けていた。各僧坊や商店にはアチュウのポスターが飾られ、タクシーやトラックはフロントガラスと車内にアチュウの肖像を貼っていた。筆者はヤチェンを訪問する以前の二〇〇一年頃から、漢人信徒が「寧瑪資訊」というウェブサイトにヤチェンの擬似空間を構築していることを知っていた。筆者は当初、漢人信徒はアチュウとアソンの肖像写真を掲げ、履歴と宗教活動を詳細に紹介することを通じて、ヤチェンの精神世界を過度に讃美しているという印象を受けていた。しかし、自分の目でヤチェン修行地を確認した結果、リアリティを持った信仰の高まりとその底流にあるアチュウ・ラマの宗教的カリスマ性を強く感じ取った。

カリスマ（Charisma）の語源は、「神が与えた力」を意味する古代ギリシア語であり、マックス・ウェーバーが支配の類型化論を発表した後、社会学の用語として一般化し定着した。一万数千人の修行者が依りどころにしているのは、指導者アチュウの人格である。巨大な宗教集団の秩序を形作っているのは、ウェーバーの概念を借りればアチュウを中心とした「カリスマ的支配」である。ウェーバーのカリスマ論を援用し、ヤチェン修行地の支配構造について考えてみる。[14]『支配の諸類型』の中でウェーバーはカリスマについて次のように述べている。

(1)「「カリスマ」とは、非日常的なものとみなされた（元来は、予言者にあっても、医術師にあっても、法の賢者にあっても、狩猟の指導者にあっても、軍事英雄にあっても、呪術的条件にもとづくものとみなされた）・ある人物の資質をいう」［ウェーバー　一九七二：七〇］。

修行者がヤチェンへ来た理由は各人各様であるが、アチュウ・ラマに畏敬の念を抱き、優れた指導者として承認（評価）している点は共通している。アチュウは個々の修行者の前にその姿を容易にさらすことはない。そして個々の修行者が日々の修行において、直接アチュウから教えを受けることはありえない。ヤチェンにおけるアチュウは、修行者個人にとって極めて非日常的な存在なのである。

(2)「その資質が、カリスマ的被支配者、すなわち「帰依者《アンヘンガー》」によって、事実上どのように評価されるか、ということだけが問題なのである」［ウェーバー 一九七二：七〇］。

ウェーバーは「天与の資質」の具体例として「呪術的能力、啓示や英雄性、精神や弁舌の力」をあげている［ウェーバー 一九六〇：四七］。また、ほぼ同義で用いている「非日常的な諸能力」の一例として、祈禱師の雨乞い術を示している［ウェーバー 一九八二：四］。アチュウと修行地の関係を考える上でウェーバーの理論を参考にした理由は、彼のカリスマ性を構成する重要な概念の一つが「呪術的な力」であるからだ。アチュウ（支配者）と修行者（帰依者）の支配関係を成立させている要素の一つは、ニンマ派の大圓満法を修めた卓越した「学問や修行の完成度」と「呪術的な力（霊性）」である。アチュウが有する学問と呪力は、チベット仏教ニンマ派の教義に支えられたものである。そして、ニンマ派の成就者と認められているラルン五明仏学院のジグメ・プンツォ学院長との親交もアチュウのカリスマ性を構成する重要な柱である。

図6-16 ヤチェン修行地を訪問したラルン五明仏学院のジグメ・プンツォ学院長（左）とテンジン・ジャンツォ副学院長（右）

五-二　ニンマ派の秘法

ニンマ派は、サキャ派、カギュ派、ゲルク派と合わせてチベット仏教四大宗派の一つを構成している。ニンマ派の開祖パドマサンバヴァ（蓮華生）は、チベット各地で弟子たちに文献を主とした教義（カーマ）を授けた後、読心術、千里眼、神通力等の秘法を伝授し、その教えを仏像や岩石、湖沼に隠したと伝えられている。そして彼は将来自分の弟子が生まれ変わり、隠した教えを取り出して、その教えで多くの者を救済するだろうと予言した。隠された教えはテルマ(埋蔵経)、啓示を受けて教えを発掘した者はテルトン(埋蔵経発掘者)と呼ばれている。埋蔵経の種類は多数あり、「死者の書」と呼ばれる有名なニンマ派経典もその一つである。これらは指導者の主観と神秘性に基づく「偽りの教義」であるという批判が一部にあることも確かだ。そのため、歴代ダライ・ラマが属するゲルク派を含む主要三派は、埋蔵経に否定的な態度をとっている。(15) 山口瑞鳳(仏教学)もテルマの持つ虚偽的な要素を厳しく批判している[山口 一九九四：一五四―一六二]。

アチュウは啓示を受けて埋蔵経を発掘した一人である。そして瞑想や読経によって自らの指紋に変化を生じさせたり、岩石に経文や仏像を浮き上がらせたり、自在に虹を出現させたりといった超自然現象にも通じるとされている。修行者の間では「アチュウ・ラマは人の来世を見通す力を持つ」と信じられている。二〇一〇年にヤチェンで筆者が漢人信徒と議論した時、彼らは「アチュウ・ラマへの謁見はすなわち解脱である」と力説した。(16) 漢人信徒はアチュウの呪術的な力が科学的な説得力を持つか否かを問題視しない。類いまれな「天与の資質」を持つアチュウのもとで瞑想修行に励むことにより、災難を遠ざけ自己意識の変革を確認することを望んでいるからだ。チベット人修行者と漢人修行者一人一人がアチュウの人格を認めることにより、修行地におけるカリスマ的支配の秩序が保たれてきたのである。

六　師資相承と化身ラマによる相続

六―一　権威の委譲と師資相承

ヤチェン修行地は出家者や在家信徒がアチュウを熱狂的に崇拝することで、急速に規模を拡大してきた。開設当初、アチュウは修行者全体の状況を把握しつつ、選抜した少数の弟子を指導するという直接的な支配を行っていた。しかし、年を追うごとにアチュウの持つ資質、つまり学問の力と呪力が多くの修行者を引き寄せ、修行地は膨張していった。修行者数がアチュウの指導可能な範囲を超えてしまうと、人格的帰依の関係を保つことが困難になってきた。その結果、開設からわずか十年足らずの間に、アチュウは自らの権威を弟子へ部分的に委譲し始めたのである。委譲に踏み切った背景には、高齢と体調不良という自らが抱える事情にも起因していた。検査と治療のため、二〇〇一年には北京で、二〇〇三年には上海で療養生活を送ったこともある。[17] その際、石家荘（河北省）と普陀山（浙江省）他で法会を開き放生（捕獲した魚や鳥獣を野に放し殺生を戒める宗教儀式）を行ったことがインターネット上で紹介され、広範囲の漢人信徒とアチュウの距離を縮めることになった。

権威の一部を譲り受けたのは一番弟子のアソン・リンポチェ（a gsang rin po che、阿松）であった。ヤチェン本部が発行したアソンの資料集『三信蓮敷妙月』の「継承」という章の中に重要な記述がある［亜青寺 二〇〇九：四六］。「後継者をアソンとする」というアチュウ・ラマの指示が明記されていることだ。アチュウは自ら発掘した埋蔵教やニンマ派の秘儀をアソンに直接伝授したのである。チベット仏教ではこのように弟子が師から正法を受け継ぐことを師資相承と呼ぶ。この決定はすでに既定の方針であり、ヤチェン幹部及び修行者の中で合意形成がなされていた。アチュウ存命中にあえて後継者を指名した理由を、筆者は「カリスマ的権威の不安定さ」を回避するためであると考える。

アソン・リンポチェ（サンガ・テンジン、gsang sngags bstan 'dzin、桑昂丹増）は一九七四年甘孜州新龍県に生まれ、十二歳の時、アリ・ドジェンチャン（アチュウ・ラマの師）とアチュウ・ラマによりナンカ・ニンポ（nam mkha' snying po、南喀娘波）の化身ラマと認定された。その後、二十歳でラルン五明仏学院のジグメ・プンツォ学院長より灌頂を受け、正式な継承者となる準備を進めていった［亜青寺 二〇〇九：二四―三八］。その他の詳細な履歴に関しては今後の調査を待たなければならない。

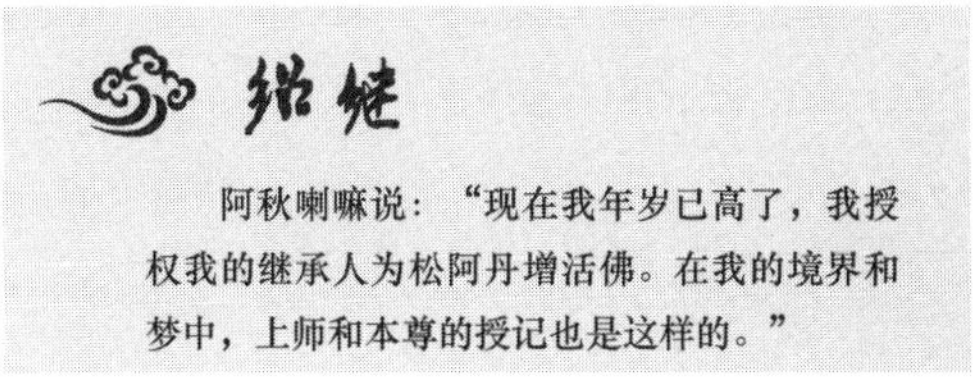
阿秋喇嘛说：“现在我年岁已高了，我授权我的继承人为松阿丹增活佛。在我的境界和梦中，上师和本尊的授记也是这样的。”

図 6-17　アチュウからアソンへの「師資相承」を示す資料

アソンはその後、アチュウの後継者として直接修行者を指導することで、ヤチェン修行地の秩序を維持していった。アソンが担った新たな役割は、教義や修行の指導のみならず、アチュウの学問と呪力そして人格を修行者にきちんと伝達することであった。筆者の観察では、後継者の指名が行われた後もアチュウの権威は依然として保たれており、アソンら側近による権威の多元化には至らなかった。

ウェーバーは「カリスマ的権威の存立は、その本質に照応して、すぐれて不安定《ラビール》なものである」と指摘している［ウェーバー 一九六二：四〇六］。アチュウ自身が肉体の限界を克服することはできないため、支配の形態が直接的であればあるほど、指導者の死は支配の秩序に大きな打撃を与えることになる。そこで、ヤチェンではアチュウからアソンへの師資相承に加え、化身ラマの転生制度による相続を並行して行った。

六-二　化身ラマ制度による相続

図6-18はアソン・リンポチェの下で育成されてきた四人の少年化身ラマの写真（二〇〇一年頃）である。左から名前を掲げる。

ソナン・ジメ bsod nams 'jigs med（ソナン・ニェンダ bsod nams snyan grags の化身ラマ）

リンジン・ワンシュ rig 'dzin dbang phyug（アリ・ドジェンチャンの化身ラマ）

アチュウ・ラマ

テンジン・ニマ bstan 'dzin nyi ma（ジメ・ルンドゥ 'jigs med lhun grub の化身ラマ）

サンガ・テンペー gsang sngags bstan 'phel（セラ・ヤントゥルの化身ラマ）

図6-18　アチュウ・ラマと4人の少年化身ラマ（2001年頃）

彼らはいずれもアチュウ・ラマの導師たちの化身ラマであり、アチュウとアソンに見守られながら指導役の僧の下で日々英才教育を受けている。化身ラマは衆生を涅槃に導くまで何度もこの世に化身として生まれてくるとされている。化身ラマが遷化すると、弟子がラマの遺言などに基づいて転生者を捜索する。その後、ゲルク派もダライ・ラマの後継者に転生制度を採用した。チベット仏教では本来、師資相承が基本であったが、血縁主義の弊害を排除する目的もあり、各宗派に取り入れられていった。先代ラマの僧院で即位し化身ラマの認定を受けた少年ラマは、その後厳しい教育と修行を経て成長していくのである。化身ラマの象徴であるダライ・ラマが属するゲルク派は戒律と教育を重視することで知られている。ヤチェン修行地は開設当初よりニンマ派の色彩が強かったが、後継者育成に関しては現在ゲルク派に代表される化身ラマの制度を採用していることは注目に値する。

七　アチュウ・ラマ圓寂後の支配構造

七―一　アチュウ圓寂と葬儀

二〇一一年七月末、筆者は五度目のヤチェン訪問を果たした。到着するとすぐに、ヤチェンがただならぬ気配に包まれていることに気づいた。百台前後のワゴン型タクシーと自家用車が並び、付近の草原には多数のテントが張られていた。本部前は人であふれ、管理事務所の職員が整理にあたっていた。修行地入口の手前数キロメートルのところに公安局の検問所が設けられ、外国人は立ち入り禁止、修行者以外の者は身分証を提示して登録手続が義務付けられていた。この時、タクシーに同乗していた僧から「アチュウ・ラマが七月二十三日に圓寂した」ことを知らされ愕然とした。今回筆者は七月三十一日から八月三日までアソン僧院に滞在し、葬儀の一部を観察した。

図6-19はヤチェン修行地公式サイトに掲載された告知である。「圓寂から七日間が経過したため、七月三十一日からラマ・リンポチェの遺体を公開する」と書かれている(ラマ・リンポチェはヤチェンにおけるアチュウの尊称)。チベット仏教では高僧の遺体に腐敗防止処理を施すことがある。七月三十一日正午前、アチュウ・ラマに別れを

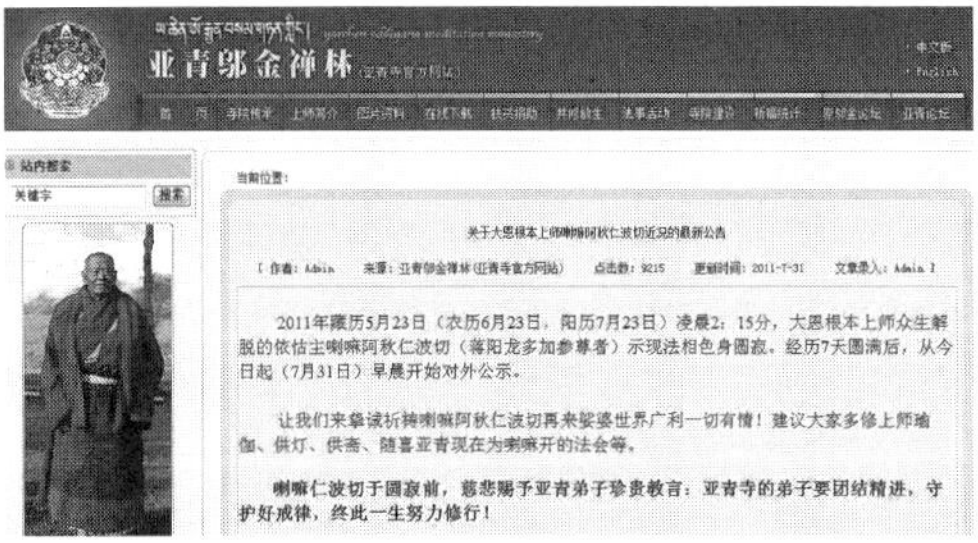

図 6-19　アチュウ・ラマの圓寂を知らせるヤチェン修行地公式サイト(2011 年 7 月 31 日)

図 6-20　葬儀に参列する出家者と漢人信徒(2011 年 8 月筆者撮影)

告げる出家者と信徒約七千人が長蛇の列をなした。八月一日も早朝から夕刻まで、約一万人が参列した。アチュウの居室に祭壇が設けられ、中庭では約百人の尼僧が読経を続けた。葬儀委員長のアソン・リンポチェは、甘孜州のみならず東チベット各地から駆けつけた高僧の接待に忙殺されていた。サイトの告知にはアチュウの遺言「弟子は団結して精進せよ」「しっかり戒律を守れ」「一生修行に努めよ」が掲載された。

筆者は四日間の参与観察を通じて、以下の状況と事実を確認することができた。

(1)白玉県公安局は外国人のヤチェン訪問を禁止したが、漢人の訪問は許可した
(2)参列者の約五パーセントが漢人信徒である
(3)アソン・リンポチェが葬儀委員長を務めた
(4)アソン・リンポチェがアチュウ・ラマの遺言を修行者に伝達した

図6-23　リンジン・ワンシュ

図6-22　アソン

図6-21　アチュウ

(5)八月一日の参列者にリンジン・ワンシュとアリ・ドジェンチャンの肖像写真が配布された

七-二　新主宰者アソンの承認

アチュウ・ラマの葬儀を通じて、アソン・リンポチェが葬儀委員長とアチュウの遺言を伝達する役割を担ったことから、「ヤチェン修行地は改めてアソン・リンポチェを新主宰者と承認した」と判断するのが妥当であろう。

アチュウの葬儀を通じて、今後予想されるヤチェン主宰者の系譜が判明した。

初　代　アチュウ・ラマ（ヤチェン開設者）（図6-21）
二代目　アソン・リンポチェ（アチュウ・ラマの後継者）（図6-22）
三代目　リンジン・ワンシュ（将来の有力後継者の一人）（図6-23）

三代目を想定する上で、八月一日にリンジン・ワンシュとアリ・ドジェンチャンの肖像写真（図6-24）が配布された事実は重い。三人の関係を整理する。

(1)アリはアチュウの導師である
(2)アリとアチュウが「アソンをナンカ・ニンポの化身ラマ」と認定した
(3)リンジンはアリの化身ラマである

ただし、この想定は二〇一一年八月時点のものであり、将来的にリンジンを含む四人の青年化身ラマから、新主宰者アソンの後継者が選ばれるはずだ。チベット仏

図 6-24　アリ（左）とリンジン（右）の肖像写真
（2011 年 8 月 1 日ヤチェンにて配布）

教の世界では、高僧の死後も信徒の畏敬の念は存続する。アソンは当面アチュウのカリスマ性を巧みに利用しながらヤチェン修行地での支配力をより強固にしていくであろう。アチュウは修行地が発展する過程で自らの卓越した呪力を誇示したが、アソン以後の後継者にはもはや呪力は必要でない。師資相承と化身ラマというチベット仏教が持つ二つの制度を組み合わせた支配体系がうまく機能していくと予想される(18)。

カリスマ型支配はやがて伝統化、合理化されたものへと変化していく。ウェーバーはこのような支配形態を「カリスマ的支配の日常化」と名付けた［ウェーバー　一九七二：八〇］。筆者はヤチェン修行地の調査を開始した二〇〇三年当時、アチュウ・ラマの直接的支配は終了し、日常化がすでに始まっていたと考える(19)。

八　二〇〇一年ヤチェン修行地事件

八-一　二〇〇五年の白玉県政府報告

二〇〇五年六月、ヤチェン修行地を管轄する四川省白玉県政府は、宗教管理に関する報告を公表した。報告の骨子は四項目からなる社会秩序の改善策であり、その中にヤチェンに対する「改善」も含まれていた。以下に引用する。「ヤチェンを監督指導する部署を新設し、三十万元の予算を投じて整頓改革を行った。現地に「工作組」を派遣し、法律に違反する建物百十棟を撤去、僧侶百五十六名を放逐した」[20]。「法律に違反する建物百十棟」とは僧坊を指し、「僧侶百五十六名」の大半は尼僧である。「工作組」とは中国共産党が調査や監督を目的として一定期間派遣する暫定的な組織を指しており、党の宗教政策を担当する統戦部が現地の公安局と提携し、ヤチェンの監督指導と治安維持にあたることを任務としている。具体的な粛正時期は示されていないが、政府報告の日時から二〇〇四年から〇五年にかけてと判断できる。二〇〇五年八月、筆者はヤチェンを調査した際、診療所の東隣に工作組事務所が設置されていることを確認した。

八―二　ヤチェン修行地事件（二〇〇一年）

ヤチェンでは二〇〇一年にも党・政府による弾圧行為が行われており、当時の様子を尼僧の証言レポートから知ることができる[21]。この二〇〇一年の粛正を本書では「二〇〇一年ヤチェン修行地事件」と呼ぶ。ヤチェンから国外へ逃亡した尼僧四人の証言を整理して以下に示す。

(1)二〇〇一年七月から九月の間に、白玉県から工作組（五人―九人）が隔週で派遣されてきた。工作組は尼僧居住区の中で本部から最も離れた区画の情報を収集し地図を作製した。

(2)九月初、工作組は整理対象区画の僧坊に番号を振り、「解体撤去対象建築物」を意味する漢語「拆」の文字をペンキで記した。次に工作組は僧尼を大経堂の前に集めて、「白玉県出身の僧と尼僧のみ滞在を許可する」「拆と記された僧坊の持ち主は自ら解体すること」「指示に従わない場合は工作組が僧坊を解体し、二百元の罰金を科す」という通告を行った。

(3)九月初、チベット語と漢語の公示が張り出された。

「対象となる僧坊は二〇〇一年九月十五日までに撤去せよ」

「白玉県出身者以外の者は出身地に戻り、ヤチェンとの関係を断つこと」

「指示に背く者には、四川省宗教管理委員会が戸籍法に基づき法的措置を講じる」

工作組の指示に従い、一部の僧尼が自ら僧坊の解体を行った。指示に逆らうと僧坊内の家財道具を没収され、逮捕される可能性があるからだ。対象区域内で解体されなかった僧坊は、十月十日に工作組の手で破壊された。

第五章で紹介したラルン五明仏学院での粛正事件の時期（二〇〇〇年―〇一年）と関連付ければ、「二〇〇一年ヤチェン修行地事件」は、仏学院事件の余波と考えられる。

図 6-25　撤去前の尼僧居住区南側（2000 年頃）

図 6-26　撤去後の尼僧居住区南側（2003 年 8 月筆者撮影）

尼僧が証言する粛正区域を資料集『増信妙薬』の写真と筆者の調査で確認してみる。図6-25は本部から最も遠い尼僧居住区南側の一画であり、粛正前の写真である。図6-26は筆者が撮影した撤去後の該当区域である（二〇〇三年八月）。木材はすべて片づけられているが、土台跡はしっかりと残っている。その後整地され、爪痕は消えてしまった（二〇一二年八月確認）。

次に、図6-27は本部北側に位置する僧居

図6-27　撤去前の僧居住区（2000年頃）

図6-28　撤去後の僧居住区（2003年8月筆者撮影）

住区であり、写真は『増信妙薬』所収のものである。手前の建物は旧大経堂である。撤去区域は尼僧居住区に架かる橋付近の傾斜地にある。そして図6-28は解体から約二年後に筆者が撮影した写真である。傾斜地であるため整地されることなく放置され、その後この一画は尼僧の瞑想修行の場所として利用されている。

八―三　「工作組」の派遣

筆者は二〇〇五年八月にヤチェンで工作組の動向に注目してみた。到着して最初に目に留まったのは大経堂前の広場にいた公安局（図6-29）のパトロールカーであった。工作組に関する、高僧と女性漢人信徒からの聞き取り調査（八月二十五日）の内容を以下にまとめる。

工作組の主要な任務は二つある。アチュウ・ラマを中心とするヤチェン民主管理委員会を監督指導し、治安維持に努めること。増加の一途をたどる修行者の居住資格を調査し、総数の削減を実現すること。工作組が常駐し

図 6-29　建設中の公安局派出所（2007 年 8 月筆者撮影）

たのは二〇〇四年であり、白玉県の統戦部、公安局、宗教事務局等の人員から構成されている。当初陣頭指揮をとったのは県公安局の幹部であった[22]。工作組の事務所は診療所の東側にあり、各部署の関係者数名が交代で勤務している。大経堂前にパトロールカーを停車させるのは工作組の存在をアピールすることが目的であり、特別厳しい監視態勢を敷いているわけではない。工作組のメンバーの中には、アチュウ・ラマを慕うチベット人も含まれている。ヤチェン修行地側は白玉県党委員会や県政府、そして工作組との衝突や対立を望んでいない。

九　党の宗教政策とヤチェン修行地の役割

九–一　「簡易な宗教活動地点」としてのヤチェン修行地

ヤチェン修行地は宗教事務管理上の寺院ではなく、あくまでも修行地である。筆者は鄧小平の時代に誕生したヤチェンを、中国共産党の宗教政策の中に次のように位置づける。

第一章で紹介した第二回チベット工作座談会（一九八四年）では、「一九八〇年代末までに約二百の寺院の活動を回復させ、簡易な宗教活動地点の設置を認める」ことが決定した。ただし、共産党が活動の再開を認めたのは、比較的規模の大きな寺院であり、新たに寺院を興すことを許可したわけではない。「簡易な宗教活動地点」とは主に、一定地域の信徒が日常の宗教活動で利用する仏塔、お堂、集会所、出家者の瞑想場所等を指している。アチュウ・ラマが一九八五年に開設した修行地は、当初十数人の弟子を従え、川沿いの草原にテントとバラックを敷設したニンマ派僧の瞑想場所にすぎなかった。その後、アチュウ・ラマの指導力が口づてに広まり、修行者は徐々に増えていった。「中共中央一九九一年六号文件」では「法による宗教管理」の重視が決まり、翌年のチベット仏教工作座談会（一九九二年）では、「宗教活動場所の新設は許可しない」ことが確認された。白玉県宗教事務局は、ヤチェンの規模が拡大している状況を見て、新設が認められない寺院でなく、短期滞在者が利用する修行地、つまり「簡易な宗教活動拠点」の延長線上に位置づけて存続を認めたと考えられる。ニンマ派は中国政府に抵抗の姿勢を示さないこともヤチェンの存続に有利に働いた。中央の政策を尊重しつつも、地方政府が地方の実情に配慮した運営を重視した結果である。二〇一四年現在、ヤチェンは甘孜州政府が認める宗教活動場所に指定されているが、いつ指定を受けたのかは不明であり、今後の継続調査で明らかにしたい。

九―二　ヤチェン修行地の運営資金と修行者数

本書第四章で見たように、「中共中央一九八二年十九号文件」は第七章の中で、宗教組織が経済的自立を目指す問題に触れている。それを受けて、一九八八年「甘孜州寺廟条例」第四十条は、寺院の経済力に見合った定員制の実施を求めた。経済基盤の弱い寺院は定員が削減されることもあり、若い出家者が次の所属先を探すことは容易でない。ひとたび寺院を追われると、物乞いをしながら町から町を流浪することもある。筆者はこれまで、民家で生活の世話を受けている僧尼を何人も見てきた。

こうして、特定の宗派を対象としない修行地としてのヤチェンは、さまざまな事情を抱えた尼僧の受け皿という役割が色濃くなっていった。つまり、ヤチェンは甘孜州を中心にした東チベットの宗教難民キャンプという側面も持っている。宗教政策が一時的に引き締めに転じた時は、行き場のない出家者（主に若い尼僧）がヤチェンに流入してくる。「中共中央一九九一年六号文件」と江沢民が一九九三年に打ち出した「三原則」により、「法による宗教管理」の強化が宗教政策の基本方針に定められた。ヤチェン民主管理委員会にとって、次々と修行地に押し寄せてくる尼僧をどのようにして養うのかは頭の痛い問題であった。ヤチェンは寺院ではなく修行地であるため、「甘孜州寺廟条例」第四十条の寺院定員制の制約を受けない。しかし、運営財源の不足は修行地のスラム化を招き、野犬の増加や衛生面の悪化が伝染病を発生させる危険もはらんでいた。

中国共産党の宗教政策を担当する白玉県統戦部が今後の対応を協議していた矢先、二〇〇〇年にラルン五明仏学院で共産党による粛正が始まった。その余波を受ける形で、「二〇〇一年ヤチェン修行地事件」は起こったと考えられる。ただし、仏学院と比べヤチェンの被害の大きさは十分の一程度であった。被害が軽かった理由は、仏学院と異なり、アチュウ・ラマをはじめ高僧とチベット亡命政府との直接的な関係がほとんど認められなかったからである。[23] ヤチェン修行地事件の本質は亡命政府批判を目的とした愛国主義教育ではなく、上級機関の指示に基づいて運営財源と修行者数のバランスの欠如を是正し、宗教活動場所の適正化を行うための措置であったと考えられる。

事件から数年後、ヤチェン居住者の実態把握と管理強化の目的で、白玉県公安局と共産党の工作組は、二〇〇六年に各僧坊の外壁にペンキで番号を記入し、同時に尼僧の出身地や家庭状況の調査を実施した。図6‐30のペンキで書かれた「覚姆」は「尼僧」を意味するチベット語「ジョモ」(jo mo)の音写である。尼僧が整理対象に狙われるのは、僧の三倍から四倍の人数に増加したからである。体力も経済力も弱く、漢語能力が低いという共通した事情も尼僧には不利に働いている。ヤチェンではよく「昨日五人の尼僧が出て行き、今日十人がやって来た」と言われる。尼寺の受け入れ先が見つかった者、病気で帰省する者、公安局の退去命令に従った者、理由が不明な者等、「五人」が抱える事情は一様ではない。

　ヤチェン民主管理委員会も公安局も修行者の実数を把握することを望んでいない。一万を超すチベット仏教の宗教コミュニティが存在すること自体、党や政府にとって好ましいことではないからだ。二〇〇五年に白玉県政府が報告した撤去戸数と放逐者数は、あくまでも政府が行った宗教管理の「成果」を示すものであり、不確かなものと考えた方がいい。一旦放逐された尼僧が、一ヶ月後に堂々とヤチェンへ戻ってくる例も珍しくない。胡耀邦が主導した一九八四年第二回チベット工作座談会では、宗教活動が社会にもたらす公益性を評価することも確認された。ヤチェンの宗教活動が地域社会に与える安定感と信頼感を否定するチベット人幹部はいない。

図 6-30　僧坊管理番号「覚姆四区 4-1064」
（2007 年 8 月筆者撮影）

　アチュウ・ラマは「ヤチェンへ来る者を拒まないし、去る者を引き留めない」という姿勢を保ってきた。工作組の進駐も拒否しなかったし、僧坊の破壊にも抵抗しなかった。「党の宗教政策に対しては、無抵抗と非暴力で向き合うことが肝要である」という教訓を民主改革や文化大革命の経験から学び取ったからである。(24)

九―三　宗教NGOとヤチェン修行地

鄧小平から胡耀邦と趙紫陽を経て江沢民へと権力が移行する時期に、「一九八六年民主化運動」「一九八七年ラサ騒乱」「一九八九年ラサ戒厳令」「一九八九年第二次天安門事件」が相次いで起こった。そして、一九八九年にダライ・ラマ十四世がノーベル平和賞を受賞したことを受け、江沢民は鄧小平時代に掲げられた愛国的統一戦線活動を重視する政策を取りやめ、チベット亡命政府との対決姿勢を鮮明にした。チベット仏教寺院に対して、祖国分裂活動への批判を柱とした愛国主義教育を実施して、各寺院や高僧が中国共産党と対立する外国組織と関係を持つことを厳しく取り締まった。しかし、本章で取り上げた香港の宗教NGO慈輝会と運営資金を支えるアメリカの旭日集団がヤチェン修行地と関わりを持つことは問題視されることはなかった。東チベットにおける宗教NGOの活動は、共産党の宗教政策と甘孜州の条例の中でどのように位置づけられるのであろうか。

「中共中央一九八二年十九号文件」は第十一章の中で、外国の宗教団体や信徒からの援助のあり方を規定している。以下に要約する。

(1)外国の宗教団体や宗教人に財物を要求してはならない
(2)外国の宗教組織が提供する活動資金を受け取ってはならない
(3)外国の信徒、国外の華僑、香港・マカオの同胞からの布施や献金を受け取ってもよい。ただし、多額の場合は政府または中央の主管部門の承認を必要とする

「甘孜州寺廟条例」第十九条第七項は、「寺院は外国の信徒、国外の華僑、香港・マカオの同胞、在外チベット同胞から政治的条件を含まない布施を受け取ってもよい」と書いている。慈輝会は香港信徒の宗教NGO、旭日

集団はアメリカ在住華僑の信徒が経営する民間企業であり、宗教組織ではなく過去に共産党との対立もない。したがって両組織からヤチェンへの布施は問題視されることなく、行動の制限も受けていない。旭日集団は中国国内で衣料品販売の事業展開もしており、筆者は東チベットの四川省康定県炉城鎮で「JEANS WEST・真維斯」の店舗を確認したことがある。そして旭日集団と「JEANS WEST・真維斯」は一九九八年以降、四川省や甘粛省の貧困地区に希望小学校を開設し、大学生への奨学金も提供して慈善公益活動に力を注いできた。旭日集団の商業活動と公益活動は、江沢民が一九九〇年に掲げたチベット政策の指針「経済発展」(「二つの重要事項」)と「人民の生活水準の向上」(「三つの確保」)にも合致している。(25)

一〇　結　論

ヤチェン修行地は一九八五年にアチュウ・ラマが開設した信仰共同体である。修行地の発展は一九八〇年代以降に中国共産党が実施した宗教政策と密接に関連している。ヤチェン開設の道を開いたのは、第二回チベット工作座談会(一九八四年)の決定「簡易な宗教活動地点の設置を認める」と「宗教活動は公益性を発揮せよ」である。その後、修行者数は年々増加し、二〇一一年頃僧約三千人、尼僧約一万人に達したと推測される。増加の理由は政府の宗教管理において修行地は寺院ではなく、経済力に応じた定員制の制約が課されていないからである。二〇〇一年にラルン五明仏学院粛正事件の余波を受け、ヤチェンにおいても尼僧の僧坊撤去が行われた。ただし、チベット亡命政府との関係が薄いため、大きな被害には至らなかった。ヤチェンのインフラ整備を支援したのは、香港の宗教NGO慈輝仏教基金会とアメリカの華人系企業旭日集団である。華僑信徒からの布施と支援活動は、

第 6 章関連年表

	ヤチェン修行地の動向		中国共産党のチベット政策・宗教政策
		1982	「中共中央 1982 年 19 号文件」→「国外華僑，香港同胞からの布施を受けてよい」
1985	ヤチェン修行地開設	1984	第 2 回チベット工作座談会→「簡易な宗教活動地点の設置を認める」「宗教活動は公益性を発揮せよ」
1999	NGO 慈輝仏教基金会結成	1988	甘孜州寺廟条例→「経済力に見合った定員制の実施」
2000	アチュウ資料集発行	1990	江沢民のチベット政策の指針→「二つの重要事項」「三つの確保」
2001	NGO ニンマ・インフォメーション創設／ヤチェン修行地事件（尼僧僧坊撤去）	1991	「中共中央 1991 年 6 号文件」→「法による宗教事務の管理」
2002	ヤチェン資料集発行	1992	チベット仏教工作座談会→「宗教活動場所の新設は許可せず」
2005	ヤチェン修行地ウェブサイト開設	2004	中国共産党の工作組が常駐
2006	尼僧大経堂完成	2005	「白玉県政府報告」公表
2008	新アソン僧院完成	2006	僧坊調査
2009	大経堂完成／アソン資料集発行／北京の王府井でヤチェンの写真パネル展示		
2011	アチュウ・ラマ圓寂／アソンが修行地の新主宰者となる		

「甘孜州寺廟条例」と江沢民のチベット政策の指針（一九九〇年）の「二つの重要事項」と「三つの確保」にも合致していた。

ヤチェン修行地の発展と秩序の維持は、アチュウ・ラマ（支配者）と修行者（帰依者）の間に存在するカリスマ的支配に支えられてきた。彼は大圓満法を極めた成就者としての学問の力とニンマ派教義と関連した呪力を用いて、支配の基盤を築き上げてきたのである。

ただし、ヤチェンはニンマ派の教義を重視しつつも他宗派の受け入れに寛容であり、他宗派の学問を尊重し排除しない姿勢を貫いてきた。ラルン五明仏学院と同様、超宗派的なリメ運動の流れを継承している。アチュウ・ラマの講義は社会に不安を与えるものではなく、修行者の将来に希望をもたらす積極性を有している。二〇一一年七月、アチュウ・ラマが圓寂したがヤチェンは混乱することなく、師資相承相続によりアソン・リンポチェを新たな主宰者に任命し、同時に化身ラマ制度に基づき、次世代を担う四人の青年化身ラマ（リンジン・ワンシュを中心とする）を育成している。現在ヤチェン修行地の支配構造は、このハイブリッド型の相続制度に支えられている。そして、ヤチェンにおける「カリスマ的支配の日常化」は、アチュウの死を契機に大きく進展したと言える。

一九八五年に誕生したヤチェン修行地は、アチュウ・ラマの宗教指導力と修行地という宗教活動形態がうまくかみ合って相乗効果を生み、短期間で多くの修行者を獲得した。共産党の宗教政策の隙間を衝いて発展した点から見れば、ヤチェンは社会性と時代性を帯びた宗教組織という特徴を持っている。ヤチェンのチベット仏教はあくまでも伝統宗教の枠内にあるが、組織的な運営を重視するゲルク派的な僧院とは異なっている。ニンマ派特有の間口の広さは、概ね二〇〇〇年以降漢人信徒という構成員を招き入れ、新たな特色を持った宗教活動が軌道に乗り始めた。次章では、ラルン五明仏学院とヤチェン修行地に集った漢人信徒の潮流と信仰の動向を探っていきたい。

（1）　本章は［川田 二〇〇四b］、［川田 二〇〇五b］、［川田 二〇〇六a］、［川田 二〇〇八c］を再構成し加筆したものである。

（2）『増信妙薬』の章構成を示す。一、蔵文伝記、二、中文伝記、三、英文伝記、四、清浄伝承、五、前世・上師、六、法相荘厳、七、大徳之会、八、大転法輪、九、勝怙弟子、十、亜青掠影、十一、勝跡神変、十二、稀有伏蔵、十三、正法久住、十四、共修放生、十五、祈請住世。

（3）「寧瑪資訊網站(含仏教聯盟社区)正式独立為仏教公益事業公告」(http://bj2.netsh.com/bbs/94063/messages/13241.html二〇〇六年二月二十七日閲覧)。

（4）寧瑪資訊のウェブサイト(http://www.nmzx.com/)は二〇一四年現在閉鎖されている。第七章で論じる金銭問題をめぐるトラブルが原因と考えられる。

（5）寧瑪資訊二〇〇七年九月十八日のサイトに掲載されていたヤチェン修行地関連の資料を以下に示す。

(1)「亜青寺——亜青鄔金禅修聖処」「白玉亜青寺簡介」「喇嘛阿秋仁波切略伝（Ⅰ）」「喇嘛阿秋仁波切略伝（Ⅱ）」「亜青寺伝法特

色之一〈亜青寺大圓満耳伝竅(成熟口訣法)伝承簡介〉」「亜青寺伝法特色之二〈白玉亜青寺毎年一度的定期法事活動簡介〉」「無修成就食解脱――甘露法薬」「関公禱祀所欲賜妙儀軌」「喇嘛阿秋仁波切祈請文匯集」「喇嘛阿秋仁波切相関授記摘録」「喇嘛阿秋仁波切教言及開示匯集」「喇嘛阿秋仁波切相関図片之一　大徳的祥語・金剛印・指紋」「喇嘛阿秋仁波切相関図片之二　法像図片」「喇嘛阿秋仁波切相関図片之三　亜青寺掠影」「《亜青寺》専欄信息」「去《亜青寺》参考路線」「普巴扎西仁波切住世祈請文」「普巴扎西仁波切開示――普巴扎西仁波切対共同外前行的開示」「普巴扎西仁波切開示――《金剛精要・耳悦前行引導文》之上師瑜伽」「普巴扎西仁波切相関図片之一　大徳的祥語・金剛印・指紋」「普巴扎西仁波切相関図片之二　法像図片」「阿松仁波切祈請文匯集」「《金剛精要・耳悦前行引導文》」「願您永具菩提心――《寧瑪資訊》編務組(合十)」。

(2)「亜青寺喇嘛阿秋仁波切系列開示」(二〇〇三年八月十三日)。

(3)「寧瑪資訊――亜青寺扶貧専訪及紀行」(二〇〇三年八月二十五日)。

(4)「呼吁諸位同修以放生祈請阿秋喇嘛長久住世」(二〇〇四年四月十八日)。

(6) 二〇〇五年のアドレス(http://www.yqwjcl.com/)。トップページに以下のリンクあり。「寺院伝承」「図片資料」「在線下載」(未整備)「扶貧捐助」「共修放生」「法事活動」「寺院建設」「法会信息」「鄔金論壇」。

二〇〇七年のアドレス(http://www.yqwjcl.net/)。リンクは以下のように再編され、情報量が増大した。「寺院伝承」「上師簡紹」「図片資料」「在線下載」「扶貧捐助」「共修放生」「法事活動」「寺院建設」(未整備)「祈福統計」「原鄔金論壇」「亜青論壇」。

(7) 二〇一一年八月、複数の高僧に確認したが、修行者数の確定は困難であった。

(8) ウェブサイト亜青鄔金禅林で確認できる法会等の行事を以下に示す(日時はチベット暦)。観音八関西斎戒法会　十二月三十日―一月十七日。破瓦法会　一月十九日―二十五日。伝戒　三月一日―七日。祖師祈供大法会　三月十五日―二十一日。極楽法会　四月四日―十一日。金剛歌舞　五月十二日―二十二日。結夏(安居)　五月三十日―六月十五日。区分有寂修法　八月一日―三十日。『大圓勝慧』灌頂及伝承　九月一日―四日。脱噶百日閉関　九月十五日―約百日間。

(9)「国際圓通網　本次活動活動細則」(http://www.reach-world.net/show.aspx?id=7&cid=12　二〇〇四年五月二十八日閲覧)。

(10)「旭日集団」(http://www.glorisun.com.cn/cindex.htm　二〇〇五年十月十二日閲覧)。「JEANS WEST/真維斯」(http://promote.jeanswest.com.cn/chn-cn/　二〇〇五年十一月二日閲覧)。

(11)「楊洪居士麻州弘法」(http://www.jhoo.com/wwwboard/messagesjh/117.html　二〇〇四年五月二十八日閲覧)。

(12)「天地間有股正気在那里——記香港慈輝基金会会長楊洪先生」(二〇〇四年一月十三日)(http://www.cppcc.gov.cn/rmzxb/cszk/200401130052.htm 二〇〇五年九月三十日閲覧)。「九月二十五日　楊洪居士在深圳会堂演講〝商道〟」(http://fjdh.com/news/news02/200409/4414.html 二〇〇五年九月三十日閲覧)。「旭日集団楊釗、楊勛、楊洪三兄弟与仏教」(http://www.gzgxs.org/INC/News.asp?MaxClass=9&MinClass=52&NewsID=832 二〇〇五年九月三十日閲覧)。「楊洪居士《再談大悲咒》」(http://gzdfs.org/cgi-bin/topic.cgi?forum=1&topic=812 二〇〇五年九月三十日閲覧)。

(13)「根造上師」(http://zcfj.fjnet.com/fmrw/t20050607_10962.htm 二〇〇五年十月十二日閲覧)。

(14) カリスマ論については［脇本 一九七九］、［對島 二〇〇二］、［井上 二〇〇二］を参照した。

(15) 埋蔵経については［豊島 一九九四：一六二―一六三、一七五］を参照した。

(16) 二〇一〇年八月五日、イェシェ・ジャンツォ瞑想道場。

(17)「白玉亜青寺簡介」(http://www.nmzx.com/Dzogchen/zh/jj.htm 二〇〇三年九月三十日閲覧)。

(18) ヤチェンにおける師資相承と化身ラマによる相続について、大川謙作氏と小林亮介氏より教示を受けた(二〇一三年)。

(19) ヤチェンにおけるカリスマ的支配の日常化に関して岡尾将秀氏より教示を受けた(二〇一一年)。

(20)「白玉県〝四抓〟整改見成効」(二〇〇五年六月七日)(http://www.china-ganzi.cn/t/040513zggz/..%5C040513zggz/20040200567164035.htm 二〇〇五年八月十九日閲覧)。

(21)「チベット東部で拡大する僧院の破壊」(http://www.tibethouse.jp/news_release/2001/Destruction_Monasteries_Nov14_2001.html 二〇〇七年九月十五日閲覧)。「新世紀の「宗教活動」　四川省における党政策の実施」(http://www.tibethouse.jp/news_release/2002/religious_work_Apr18_2002.html 二〇〇七年九月十五日閲覧)。

(22) ヤチェン修行地高僧及び漢人信徒からの聞き取り調査による(二〇〇五年八月二十五日)。

(23) ヤチェンの出家者の話では、ヤチェン修行地開設時からアチュウ・ラマを支えたイェシェ・ジャンツォは過去にインドへの渡航歴があり、公安当局からいやがらせを受けたことがある(二〇一一年七月三十一日確認)。

(24) 二〇〇七年八月三日、ヤチェン修行地高僧への聞き取り調査で確認した。

(25)「真維斯希望小学」(http://www.glorisun.com/chs/society/primary 二〇一三年九月二十二日閲覧)。

第七章　漢人・華人信徒の信仰とスピリチュアリティ

一　はじめに

一-一　問題の所在

図7-1は一九九九年に発禁処分を受けた陳暁東のルポルタージュ『寧瑪的紅輝』(ニンマの紅い輝き)である。甘粛民族出版社は六千冊の印刷を終え、販売ルートに乗せる直前であった(奥付一九九九年二月発行)。処分を下した国家新聞出版署は、全刊行物を管理する政府国務院直属の部署である。[1]このニュースをいち早く報じたのは、ワシントンのメディア「小参考 Daily News」(一九九九年五月)であった。[2]

作者の陳暁東は一九五〇年上海生まれ。名門復旦大学を卒業後、政府機関勤務を経て、一九八七年に上海作家協会に加入した。一九九二年四川省彭州市仏山古寺の済塵法師(一九〇二—二〇〇二)に師事し、一九九五年以降、何度も東チベット各地の信仰の現場を訪ねて歩いた。[3]一九九五年と一九九七年にラルン五明仏学院を取材し、ジグメ・プンツォ学院長及び高僧の意見を踏まえて作品を完成させた。その後、一九九七年に上海仏学書局及び青

図7-1　発禁処分を受けた陳暁東著『寧瑪的紅輝』

海人民出版社と出版契約の話が進んだが結局破談となった。(4) トラブルの原因はチベット仏教を信仰する漢人信徒の存在、江沢民そして法輪功事件であった。

次に、図7-2はヤチェン修行地のイェシェ・ジャンツォ瞑想道場に集った漢人信徒が使用するテキストの一部である。非売品の内部刊行物であり、師弟関係を結んだ信徒にのみ頒布される。彼らは漢語音を頼りに導師への祈請文をチベット語で唱和する。道場をゆったりと流れるその声は、しだいに力強さを増していく。瞑想道場を主宰するイェシェ・ジャンツォは、温和な表情と流暢な漢語で信徒に語りかける。神秘的なつながりと非日常的な体験を求めて、漢人信徒は三千九百メートルの高地へやって来る。このテキストには、漢人信徒のチベット仏教とスピリチュアリティへの関心が凝縮されている。

本章ではラルン五明仏学院とヤチェン修行地における漢人信徒の宗教意識を明らかにしていく。そして、カトク(嘎托)寺(四川省白玉県)とゾクチェン(佐欽)寺(四川省徳格県)を舞台に、香港・台湾・シンガポールの華人信徒が行う霊性探究の動向を紹介する。制度宗教の周辺領域を究明するには、担い手である信徒が宗教へどのように接近しているのかを個別に聞き取る作業が重要である。東チベットで展開される漢人・華人信徒のスピリチュアリティを重視するニューエイジ的な宗教行動を、グローバルな文脈の中で把握し、中国共産党の宗教政策との関係を検討する。『寧瑪的紅輝』とイェシェ・ジャンツォが用いるテキストは、自己の内面探究に重きを置く漢人信徒の宗教行動を読み取る上で格好の教材である。

一―二　スピリチュアリティ

本章で論じる「宗教」とは、チベット仏教という伝統宗教の周縁に位置する「宗教的なるもの」つまりスピリチュアリティという概念を内包したものであり、個人宗教的な要素もあわせ持っている。漢人信徒は伝統宗教の延長線上で、新たな宗教意識を育み、スピリチュアリティの潮流を形成しつつある。本章は東チベットの宗教空間を論じる際、漢人信徒の宗教行動が持つ意味に着目する。つまり、チベット問題を中国共産党とチベット亡命政府の政治的確執として捉える枠組みでは把握しきれない宗教状況の変化に焦点をあてることを目的とする。宗教社会学の研究では、スピリチュアリティを次のように定義している。

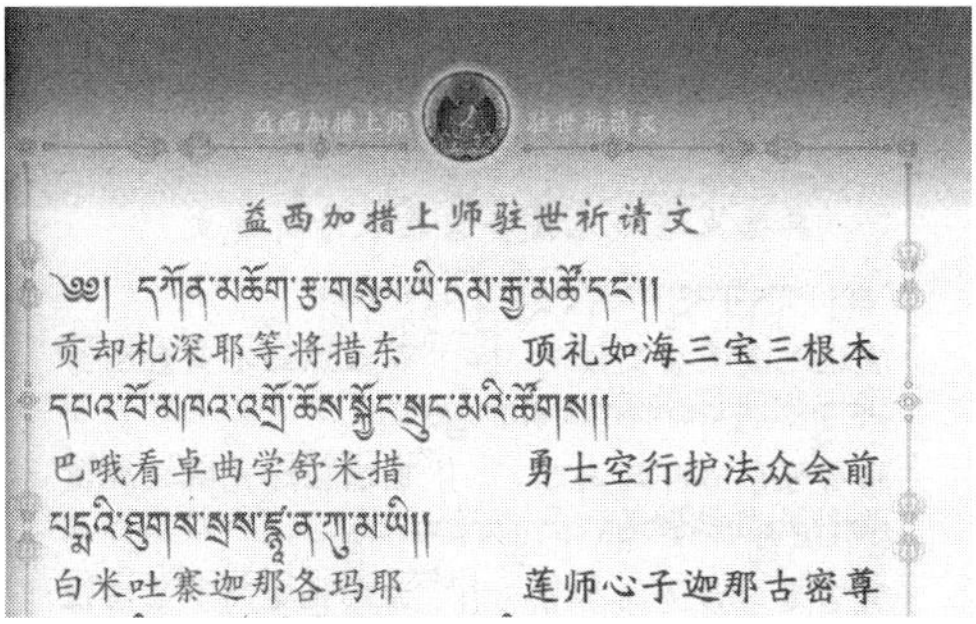
益西加措上师驻世祈请文
贡却札深耶等将措东
项礼如海三宝三根本
巴哦看卓曲学舒米措
勇士空行护法众会前
白米吐寨迦那各玛耶
莲师心子迦那古密尊

図7-2　イェシェ・ジャンツォ瞑想道場で漢人信徒が使用するテキスト

「おもに個々人の体験に焦点をおき、当事者が何らかの手の届かない不可知、不可視の存在（たとえば、大自然、宇宙、内なる神／自己意識、特別な人間など）と神秘的なつながりを得て、非日常的な体験をしたり、自己が高められるという感覚をもったりすること」［伊藤 二〇〇三：ⅱ］。

「自己を超えた何ものかとつながっており、その何ものかが自己の中、および自己と他者との間で働いている感覚（の質）」［伊藤・樫尾・弓山編 二〇〇四：ⅰ］。

本書ではスピリチュアリティという用語を、漢人・華人信徒がチベット仏教の宗教実践を通じて、「自己を超えた何ものかとつながり、自己を高める感覚」と定義する。彼らが探究するスピリチュアリティは、チベット仏教ニンマ派が重視する瞑想体験とゲルク派が重視する教義解釈の要素と関連している。

一―三　先行研究と関連文献

文化大革命終結後、つまり改革開放時期における漢人信徒のチベット仏教信仰を論じたまとまった先行研究は見あたらない。(1)は台湾におけるチベット仏教の受容を論じた研究書である。一九八〇年代以降の弘法活動の記録や台湾人信徒の詳細な分析は大変貴重である。(2)は第三章の中でインドのダラムサラを目指す漢人・華人信徒の潮流を紹介し、その動向を分析している。台湾やダラムサラにおけるチベット仏教信仰の各種事例は、東チベットの宗教状況を考察する上で密接な関わりがある。

次に、本章に関連する資料を以下に掲げる。

(1)『蔵伝仏教在台湾』〔姚麗香　二〇〇七〕
(2)『チベット人の民族意識と仏教――その歴史と現在』〔日高　二〇一二〕
(3)『訪雪域大師――西蔵密宗考察訪談紀実』〔呉玉天　一九九六〕
(4)『寧瑪的紅輝――今日喇栄山中的一塊密乗浄土』〔陳暁東　一九九九〕
(5)『苦才是人生』〔索達吉堪布　二〇一二a〕
(6)『做才是得到』〔索達吉堪布　二〇一二b〕
(7)『浄土教材――菩提仏学院予科班浄土教材』〔索達吉堪布　二〇〇六〕
(8)『加行教材――菩提仏学院予科班加行教材』〔索達吉堪布（出版年不明）〕

(9)『独行川西北高原』〔張華 二〇〇三〕

(10)『天府聖域』〔鄭紅 二〇〇四〕

(3)(4)は漢人信徒が書いたルポルタージュである。一九九〇年代のラルン五明仏学院の状況、仏学院と漢人信徒の関係が記されており、仏学院事件の背景を知るための重要な文献であり資料的価値が高い。(3)はパンチェン・ラマ十世とジグメ・プンツォ学院長が北京で交流する写真を、(4)は一九九〇年代の仏学院の写真を収録している。(5)(6)は二〇一二年に仏学院の指導者ケンポ・ソダジが漢人読者を対象に著した人生読本であり、二〇一二年のベストセラーとなった。(7)(8)は仏学院におけるチベット仏教の教育に関心を寄せる漢人信徒のための教材であり、ケンポ・ソダジの講義録を再編したものである。

管見の限りでは、仏学院の写真を正規の出版物に載せたのは(9)女性カメラマン張華が初めてである。計十二点の中に「漢人を指導するソダジ」と「僧が経典を木版印刷する印経楼」の写真が含まれているが、事件に関する写真と記述はない。張華の主眼はあくまでも深圳という都会に暮らす若者の目に映った異文化体験の紹介にあり、宗教と政治の敏感な関係を報告したものではない。中国では正規の出版物は政府が事前に内容を審査するため、仏学院が直面した政治問題に触れることはもちろん許されない。ただしインターネット上には、この問題に触れた漢人の仏学院訪問記がある。(5) (10)は(9)と同じ主旨のものである。

二　ルポルタージュ『寧瑪的紅輝』

二―一　発禁処分

『寧瑪的紅輝』は仏学院（図7-3）で繰り広げられる漢人の自覚的な宗教活動を描いたルポルタージュである。中国共産党の宗教政策を批判した内容ではなく、ダライ・ラマ十四世への支持を表明したわけでもないが、当局により発禁処分が下された。陳暁東は処分を不服とし、一九九九年七月、北京市第二中級法院（地方裁判所に相当）に提訴したが却下となった。十月に北京市高級法院（高等裁判所に相当）に上訴したが再び却下となった。(6) そこには中国社会の不透明な三権分立及び行政と司法の癒着が見られる。筆者は処分に至った理由が三つあると考える。

(1)作品に都市部の漢人知識層がチベット仏教に傾倒するさまが詳細に描かれているからである。チベット仏教徒である作者は、実例をあげながら共感をもって肯定的に描き出した。党と政府は知識人の出家は社会の損失であり、漢人信徒の増加と連携が宗教管理とチベット政策の土台を揺るがしかねないと判断したのである。

(2)陳暁東には「前科」がある。彼は上海市党委員会に勤務していた頃、同僚の黎洪山とともに発表した文章「我們眼中的江沢民」（われわれの目に映った江沢民）が批判を受けて左遷されたのである。(7) 一九八〇年代に上海市長と上海市党委員会書記を歴任した江沢民の家庭生活に触れたことが原因であった。内容は江沢民の食の嗜好や家計状況、孫の託児所問題、家政婦、夫人の病気等である。江沢民を誹謗中傷したのではなく、上海市長の質素な生活を温かい目で描いた作品であった。しかし、この文章が江沢民の逆鱗に触れ、掲載誌『文匯月刊』は発行後直ちに回収を命じられた。

続いて一九九三年に陳暁東が「八十年代上海文壇内幕」と題する原稿をオークションに出品するため深圳に移動する時、上海駅で身柄を拘束される事件が起こった(8)。公安はすぐに家宅捜索を行い、パソコン、フロッピー、書簡、ノート等を押収した。作品の中に「江沢民総書記のおかげでひどい目にあった」という文章が含まれていたからである。九ヶ月間留置所に収監された後、一九九四年八月国家重要機密漏洩罪により執行猶予一年が言い渡され党籍を剝奪された(9)。一連の事件の真相は不明であるが、『文匯月刊』の一件後、彼の言動が政府の監視を受けたことから、江沢民とのトラブルも発禁処分の一因と考えられる。

図 7-3　陳暁東が撮影したラルン五明仏学院（1995 年）

(3)法輪功問題も間接的に影響している。発禁処分を検討中の一九九九年四月二十四日、法輪功の会員約一万人が北京の天安門と中南海周辺で坐り込みを行い、当時の朱鎔基（一九二八―）総理に面会を求めた。民衆の自発的な大規模抗議デモは党と政府に強い衝撃を与えたため、江沢民総書記（当時）は組織を非合法化し、全国の会員を逮捕するよう指示を出した。法輪功が仏教の要素を取り入れた気功集団であること、李洪志代表の指導力が強大であること、都市部のメンバーが連絡にコンピューターネットワークを活用したこと、組織に知識人・元軍人・元公安関係者等が加わっていること等、仏学院の漢人信徒と法輪功の間には類似点が確認できる。政府は都市部の知識人がジグメ・プンツォ学院長を慕い相次いで出家している事実に敏感になっていた。当局からの圧力はその後も続き、一九九九年と二〇〇二年に台湾の出版社との契約交渉が流れてしまった。二〇〇〇年には武漢の在家信徒（鄧居士・聖威徳公司董事長）から資金援助を受けて、作品の私家版数千冊を無料配布したため、公安局が違法出版の嫌疑で鄧居士の家宅捜索を行い、身柄を拘束した(10)。書名の「寧瑪《ニンマ》」とは、チベット仏教四大宗派の中で最も歴史の古いニンマ派を指している。「紅」は「人気がある」という意味の他に、ニンマ派を表す漢語「紅教」「紅帽派」も兼ねている。作品名からは、「チベット仏教の信仰を通じて、チベット人と漢人の心が通じ合った輝き」というニュアンスも読み取ることができる。

二―二　物理学を専攻した出家者

『寧瑪的紅輝』には仏学院で学ぶ若い有能な漢人僧尼や信徒の熱意と苦悩が描かれている。特に理系の知識人がチベット仏教の教義に関心を持ち、高僧に心酔するという内容は、現代の世相を映し出した刺激的なものである。一九九七年に学院長は出版にあたり「読者への言葉」を贈り、何度も取材に訪れた陳暁東の労をねぎらった。

作品の第二十二章に登場する戒圓と名乗る出家者を紹介する［陳暁東　一九九九：一六五―一七二］。

彼は一九八〇年代前半に北京大学で物理学を学び、母校の研究所に職を得た後、アメリカへの留学を志していた。学生時代から気功という心身鍛練法と仏教の教理に強い関心を持っていた。順調な人生を歩んでいたある日、彼に突然転機が訪れた。仏学院の高僧が北京へ来たことを知り面会に行ったのである。このことがきっかけとなり、彼は休暇を利用して色達県の仏学院へ向かい、ジグメ・プンツォ学院長と再会を果たした。出家を決意するとすぐさま北京へ戻り、職場に休職願を提出した。その直後にアメリカの大学から合格通知を受け取ったが、決意は変わらなかった。仏学院に到着すると、これまでの預金をすべて学院長に捧げて退路を断った。留学先の大学が年間一万四千ドルの奨学金を用意していたことを後で知ったが、彼の決意は揺るがなかった。

作品には彼のような知識人が何人も登場する。作者はチベット仏教への帰依を通して、知識人の新たな思考と行動を描くことに成功した。ところが、政府の公安部門は若い彼らがチベット仏教に傾倒する現実に強い危機感を抱き、作品が話題を呼び布教の種が広く播かれることを懸念したのである。このことは仏学院事件を招いた要因の一つと考えられる。

三　ラルン五明仏学院で出会った漢人信徒

筆者は過去六回の仏学院滞在中、多数の漢人僧尼と信徒に出会った。聞き取り調査の協力が得られた中から、三人の信徒を紹介する。

【事例１】 大連からの信徒（男、五十代、二〇〇一年十二月二十四日）

Ａさんは大連郊外の中学校に務める国語教師である。高等専門学校で日本語を学んだ後、日中貿易に従事することで祖国の発展に貢献する夢を持っていた。大連は日本企業の進出が顕著なため日本語を専攻した。しかし、母方の祖父の経歴が原因で、専門学校から推薦が得られず、夢は叶えられなかった。その後、中学校の臨時講師を経て、教諭として約二十年を過ごした。教師時代の二十年間に政治はまずまず安定し、生活は豊かになったが、過度な学歴信仰と拝金主義の風潮が強まる中で違和感を抱いた。職場の人間関係にもつまずいていた。仏学院のことは付き合いのあった寺の住職から教えてもらった。話を聞くうちに一度訪問して学院長に会いたいと思うようになった。妻と両親から反対されたが、最終的に了解を得て職を辞した。半年間仏学院で仏教の基礎を修めた上で、テンジン・ジャンツォ副学院長に出家を願い出るつもりだ。副学院長宛の紹介状は寺の住職が準備してくれた。娘のことは気がかりだが、すでに高校を卒業して就職している。将来孫が生まれたら、一度大連へ戻るつもりだ。ジグメ・プンツォ学院長が療養のため不在であることは、大連の信徒から聞いて知っていた。

仏学院の丘の上に、学院が管理する三階建ての招待所(簡易宿泊所、焼失後二〇一一年にラルンホテルを新築)がある。部屋数は約百二十あり、外部からやって来た漢人信徒や僧坊を失った尼僧がひっそりと生活している。筆者はこの招待所に滞在中、廊下をはさんだ向かいの一室で共同生活を送る二人の女性信徒と知り合った。

【事例2】 深圳からの信徒(女、二十代、二〇〇四年八月二十日)

Bさんは深圳から来たコンピューター技術者である。三ヶ月間の滞在を予定している。Bさんは学生時代から密教関係の本をよく読んでいた。特に唐代の密教に関心がある。香港人の同僚がチベット密教に興味があり、彼女から仏学院のことを知った。ネット検索をすれば、多くの情報が手に入り、招待所のこともある掲示板の記述から理解していた。心配していたプロパンガスも問題なく購入できた。招待所で面識を得た信徒と現在同居している。食事の時以外はあまり話さないが、お互いストレスは少ないと思う。チベット語は全く理解できないが、短期間での習得は不可能だ。招待所には他の信徒も生活しているが、会話の機会は少ない。三ヶ月後に職場へ戻り、来年チャンスがあれば再び仏学院を訪問したい。

【事例3】 山西省からの信徒(女、二十代、二〇〇四年八月二十日)

Cさんは山西省出身で航空関係の技術者である。半年間の滞在を予定している。仏学院のことは五台山で学ぶ友人から聞いた。五台山の漢僧は四川省や青海省のチベット寺院で短期の修行を積む者もいる。仏学院の高僧も五台山で過去に何度も講義を行っている。相互交流は大事である。実は航空関係者は宗教信仰を持つことを禁止されている。国家の安全保障を担う以上当然のことだ。ただし、Cさんのように仏教やプロテスタントを信仰している者は少なからずいる。今回の半年の休暇は、家庭の事情を理由にしているので、職場はCさんの滞在先を把握していないはずだ。流体力学を究めることは密教に通じるものがあると思う。物理学の神髄は抽象世界への入口でもあるからだ。理論や理屈で宇宙の構造を語り尽くすことはできない。

二人が共同で借りている北向きの質素な部屋(一ヶ月家賃四百元)には、ベッドとプロパンガス、出窓を利用した調理台があった(図7-4)。招待所に電気は通じているが、トイレは建物の外にあり、水は離れた場所の井戸を利用しなければならない。家賃を除く生活費は二人で月に四百元あれば十分とのこと。朝五時に起床し瞑想と朝食を終えた後、漢人への指導を担当しているケンポ・ソダジから講義を受ける。彼女たちはチベット語ができないが、ソダジは漢語訳の教材を用いて漢語で講義を行うため、特に不自由は感じていない。山西省の信徒は出家も視野に入れていた。二〇〇一年の仏学院事件について質問したところ、「ネット上で知った。政治的な問題は今後も起こるだろう。われわれもいつまでここにいられるかはわからない。ただし、漢人信徒の密教やニンマ派への関心を政治が止めることは難しい」と語った。この招待所が建てられる以前、僧坊を持たない漢人は一九九三年に完成した「漢僧顕密経堂」(図7-5)で寝起きしていた。その後、漢人数の増加に伴い経堂は手狭になり、一九九六年頃に学院長の提案で新たな漢経堂が建設され、漢人修行者に月額八十元の生活費が支給された[陳暁東　一九九九：一九七]。筆者が二〇〇一年十二月に仏学院の高僧に確認したところ、事件のさなかに漢経堂は取り壊されたと聞いた。

図7-4　ラルン五明仏学院招待所(旧楼)(2004年8月筆者撮影)

四　ケンポ・ソダジを支えた呉玉天

現在、東チベットの高僧の中で、チベット仏教を信仰する漢人信徒に最も大きな影響を与えているのは仏学院のケンポ・ソダジである。彼は一九六二年に現在の甘孜州炉霍《ダンゴ》県に生まれた。一九八五年二十三歳で出家し、ジグメ・プンツォ学院長の側近となったが、その間の経緯は未公表である。学院長の片腕として、一九九〇年以降インドや日本、欧米各国への訪問に随行し、香港や台湾での弘法活動も積極的である。一九八七年に山西省五台山を訪問後、漢人信徒への指導に力を注ぎ現在に至っている。一九九〇年代、大連や天津など漢人居住地区での講義や放生会への参加を通して、彼の名は信徒の間で急速に広まり、二〇〇四年学院長圓寂後はＤＶＤやインターネットを活用して、広域の信徒に講話や説法を届けた。仏学院で修行を希望する漢人信徒が急増した背景には、ソダジの精力的な活動によるところも大きい。

図7-5　漢人信徒の経堂で講義するソダジ

一九九〇年代にソダジを陰で支えた居士の一人が呉玉天である（呉潜力、一九五四年天津生まれ）。天津紡績工学院（現在の天津工業大学）を卒業後、溶接技師と整体師の職を経て仏教信仰の道に入った。四川省の蛾眉山や五台山で仏法を学んだ後、チベット仏教に傾倒した。成都昭覚寺の清定上師（一九〇三―九九）との縁により一九九二年に仏学院の門をたたいた。仏学院での修行生活を記した『訪雪域大師』（雪国の高僧を訪ねて、初版一万部発行）（図7-6）は評判を呼び、『寧瑪的紅輝』（インターネット版と私家版）と同様、漢人信徒の必読書となった。ソダジは学院長の片腕

図7-6　呉玉天の著書『訪雪域大師』

として、呉玉天はソダジの片腕として、仏学院と漢人信徒の縁を結ぶ役割を果たした。彼は著書の中で、多忙なソダジは「四時に起床して教材準備、六時チベット人に講義、八時漢人に講義、十時学院長の授業を聴講、午後は弟子の指導」という具合に、寸暇を惜しんで日々奔走していたと書いている〔呉玉天 一九九六：九九〕。

ソダジが著した『法王晋美彭措伝』〔索達吉堪布 二〇〇一〕(第五章参照)は、仏学院に関心を持つ漢人信徒のバイブルであり、ソダジが口述し呉玉天が筆記して作品は完成した〔呉玉天 一九九六：四六〕。当初、漢人信徒のウェブサイトで公開された後、内部発行された(非売品)。ネット上で伝記が広まると、漢人信徒の間で仏学院を神聖視する現象が見られ、電脳空間に仏学院信仰の担い手が急増していった。

五　ヤチェン修行地の漢人出家者と信徒

ヤチェンで修行する漢人は約八百人(二〇一二年八月時点)と言われているが、実数は公表されていない。夏季と法会開催時期は短期滞在者が増加するが、厳寒期が近づくにつれ減少していく。定職を持つ信徒は二週間前後、専業主婦は約半年という具合に、滞在期間は各人の状況により異なる。高地がもたらす心臓への負担から、半年に一度低地の成都や蘭州へ戻る漢僧もいる。以下に、二〇〇三年八月筆者がヤチェン修行地で聞き取り調査を実施した僧と信徒の事例を紹介する。

【事例4】 五台山から来た漢僧（男、四十代、二〇〇三年八月三十日）

二〇〇三年に筆者がヤチェンに到着した日、アチュウ・ラマの侍者チュダの配慮により、漢人のDさんが食事の世話をしてくれた。彼は五台山から来た漢人僧侶であり、その風貌は俗塵を避けて山中に籠もる行者然としており、立ち居振る舞いから彼の実直さを感じ取ることができた。Dさんが炊事に使った僧坊は、香港人僧侶が所有するものであったが、政府の通達により香港・台湾及び外国籍僧侶のヤチェン滞在に規制が加えられ、彼はやむなく一時香港へ帰郷していた。Dさんは食事の他にソーセージ、カップ麺、ビスケット、コーラ等を筆者の寝室（チュダ宅の客間）まで届けてくれた。彼は筆者のことを「大喇嘛の客人」（アチュウ・ラマの客人）と呼び、きちんと接待することが最高の修行であると語った。漢人僧尼の修行状況について質問すると、翌日講義へ案内してくれた。

場所は旧大経堂の頂楼（経堂最上階の特別室）（図7-7）、講師はダジェ導師、テキストは『誦修金剛薩埵法』が用いられていた（二〇〇三年八月三十一日）。この講義は漢人の出家者と信徒を対象にしたものであり、講義は漢語で行われた。頂楼に集った漢人は約三十人で、彼らはチベット語が理解できないため、プーバ・タシが漢語訳したテキストを持参していた。出席者はダジェ導師の一言一句を聞き漏らすまいと、真剣な表情でノートにペンを走らせ、持参したテープレコーダーに講義を録音する者もいた。内容は大日如来に関するものであった。普段の参加者は三十人から五十人とのこと。当日の受講者の中に僧衣をまとい剃髪したEさん（事例5）がいた。僧坊の完成とともに、彼女の仏門生活が始まったのである。

【事例5】 広州から来た女性信徒（女、五十代、二〇〇三年八月三十日）

二〇〇三年八月、白玉県の建設という町からヤチェンまで乗り合いジープを利用した際、Eさんという女性信徒と知り合った。車内で話をしているうちに、Eさんは友人から教わったウェブサイトでチベット仏教に触れたことがきっかけで、出家する決心を固めたことがわかった。家族からは強く反対されたという。車内での会話を整理し、Eさんの人物像を以下に示す。

広州市出身で五十代、初級中学を卒業後、繊維関係の国営工場に勤めた。経営の悪化と施設の老朽化により工場は閉鎖となり、退職後は夫と小さな飲食店を経営した。Eさんがヤチェンへやって来たのは二〇〇三年五月であった。八月までの三ヶ月間は、生活基盤の整備と得度の準備に費やした。ジープの荷台には、町で買い求めた中古のストーブ兼コンロ、燃料の薪、当座の食糧、布団と毛布、好物の泡菜(四川特産の漬物)を入れた壺などが積まれていた。ジープの客はEさんと筆者、そして二人の若い尼僧であった。Eさんは尼僧に豚饅《ぶたまん》を分け与えながら、修行地内の様子をあれこれと質問していた。

図 7-7　2006 年に解体されたヤチェン修行地の旧大経堂(2003 年 8 月筆者撮影)

八月にEさんの僧坊が完成した。広さは三畳間程度、床から天井までの高さは約二メートルある。家財と言えるものは炊事兼用の薪ストーブと寝具だけである。床と天井と壁は三センチメートル厚の板を組み合わせた単純な構造であり、入口と採光窓を一つ設けてある。内装は町で購入した厚手の床用ビニールシートだけだ。小屋は職人に頼めば一週間で組み上がる。Eさんの場合、材料費と手間賃を合わせて約二千五百元(当時のレートで約三万二千円)を要した。森林資源に乏しいこの地域では、材木価格は世間相場より高めだ。三ヶ月の生活で彼女の持参金は半分の四千元に減った。僧坊が完成するまでの間、彼女は同郷の尼僧が暮らす小屋に身を寄せていた。その寝床は狭い土間に段ボールとビニールを幾重にも重ね、毛布を敷いただけの簡素なものであった。壁は粘土を固めて積み上げたもので、小屋の内部は昼間でもうす暗かった。ここでのEさんの生活と修行のスペースは、一畳ほどの寝床だけであった。身のまわりのものと言えば、食器と洗面具、密教の入門書（漢語版）だけである。

新築した僧坊は、食事と就寝の場であるとともに、瞑想を中心にした修行の場でもある。ヤチェン修行地は瞑想を重視することで知られている。チベット暦の九月十五日から約百日間にわたって行われる瞑想修行（閉関修行）の期間中、出家者は僧坊や小屋に籠もりひたすら瞑想に励む。その間、身体を横たえず、坐ったまま壁にもたれて睡眠をとる者もいる。寝床は就寝の場であり、読経と瞑想の場でもある。各小屋に電気はなく、夜の灯りはローソクとかまどの火に頼っている。外灯もないため、夜の外出には懐中電灯が欠かせない。日が暮れる前に読経を終え、日没後は寝床で瞑想を行う。その後、数時間軽い睡眠をとり、深夜三時頃再び瞑想が始まる。アチュウ・ラマは修行者に対して、瞑想を厳しく要求している。真っ暗な閉ざされた個の空間で寝床を整えて坐し、静かに呼吸を整えながら身体と言葉と意識を浄化させていくのである。Eさんは「小屋の中に便利なものはないが、目を閉じて瞑想に入れば、満ち足りた世界がそこには広がっている」と語った。

筆者はヤチェン修行地での観察を通して、修行者は「教理の理解を重視するグループ」と「自己変容を体験するグループ」に大別できることに気づいた。前者が集う学舎は信徒の間で「漢僧経堂」、後者の場合は「瞑想道場」と呼ばれている。二〇〇三年以降、ヤチェン内の二つの拠点に集った修行者の特徴を探ってみる。

六　漢人指導の高僧プーバ・タシ

六―一　プーバ・タシ漢僧経堂（二〇〇五年）

二〇〇五年八月、ヤチェン修行地でプーバ・タシ（phur ba bkra shis、普巴扎西、一九六八―）の講義を聴講する機会があった。場所は修行地本部西側の丘の上に建てられた小さな経堂である。ただしバラック風の平屋であり、外観にはチベット式の経堂を連想させる派手な装飾はない（図7－8）。周囲には二十匹ほどの大きな黒い犬が横たわり、外来者を威嚇していた。当日の出席者百数十人はほぼすべて漢人であり、香港人・台湾人も数名含まれていた。目算したところ出家者が約九十人、在家信徒が約五十人であった（図7－9）。広さはおよそ三十畳、百数十人が坐るには手狭であった。ヤチェンに駐留する白玉県の役人は漢僧経堂の存在をもちろん知っているが、漢人に圧力を加えている様子はうかがえなかった。

図7-8　ヤチェン修行地のプーバ・タシ漢僧経堂に集った漢人信徒（2005年8月筆者撮影）

プーバ・タシの講義はすべて漢語で行われていた。少し四川訛りはあるものの、流暢な共通語であった。信徒の多くが講義をカセットテープやMDに録音し、要点をノートに書き留めていた。彼らは導師の教えを頭で

図7-9　漢人に講義を行うプーバ・タシ（2005年8月筆者撮影）

理解し、同時に身体で吸収しているように感じられた。師弟の表情は真剣そのものであり、狭い経堂には学問と修行が渾然一体となった霊妙とも言える空気が充満していた。アチュウ・ラマは漢語を解さないため、漢人修行者にとってプーバ・タシの言葉は、アチュウの言葉であり教えであった。修行者に共通する目的は、ニンマ派の教義内容を直観力を持つ導師から学び取ることなのである。

プーバ・タシは甘孜州理塘《リタン》県出身、コル（柯日）寺（kho ri dgon pa、四川省理塘県）の化身ラマである。中国沿海部の漢人居住地区で漢人信徒に教えを授けており、彼らから大きな支持を得ている。そのことは各種ネット掲示板でのプーバ・タシへの熱狂ぶりを見ればわかる（図7-10）。二〇〇五年当時、彼のヤチェン滞在は不定期であり、ヤチェン専属の指導者ではなかった。ヤチェンに不在の時は、主に漢人居住地区での弘法活動に力を入れていた。彼は漢人信徒から多額の布施を得ているため、「僧衣をまとったビジネスマン」と揶揄されることもある。

講義終了後、使用中の漢語版テキスト四冊をプーバ・タシより譲り受けることができた（『顕密甘露心滴念誦集』『諸宗派精要宝蔵』『「普賢六界続・十六種辯別」講記』『屠夫真言』）。すべて彼が編集・翻訳した非売品であり、修行を許可した者にだけ与えられている。筆者は弟子ではないが、漢人の世話役をしているDさんの協力を得て特別に譲っていただいた。ニンマ派を含むチベット仏教全般の学問を含む内容である。筆者はテキストの内容を論じるだけの専門知識を持っていないが、仏教学専門家がヤチェンでの教学内容を分析する際に、貴重な資料となるに違いない。

六-二　プーバ・タシの漢人門弟

【事例6】漢地仏教からの流れ（男、三十代、二〇〇五年八月二十五日）

Fさんはヤチェンでは古参の僧侶である。山西省五台山の寺院に属していたが、チベット仏教ニンマ派の学問と薬草学を学ぶ目的で、二〇〇〇年に甘孜州にやって来た。密教の奥義に触れるには、ニンマ派の教義が重要な手掛かりになると考えたからである。四川省チベット地区の宗教政策はチベット自治区と比べて政府の監視が緩やかであり、しかも薬草の宝庫でもある。甘孜州内でいくつかの僧院の門をたたいてみたが、受け入れ先を見つけることはできなかった。妨げとなったのは、言葉の壁と公安への届け出であった。失意に沈み半年ほど州内を流浪したあげく、最終的にヤチェンにたどり着いた。

ヤチェンにはFさんのようにチベット仏教に関心を持ち積極的に行動する漢人僧侶もいれば、所属先の寺院で定員削減の憂き目を見て流れ着いた者もいる。現在活動が許されているチベット仏教各寺院は、地元政府の宗教事務局が実施している寺院定員制に苦慮している。その上、宗教事務局は漢僧がチベット仏教寺院に移籍することを認めていない。このような事情から、甘孜州においては、寺院ではなく修行地に漢人僧尼が秘かに流入してきているのである。事情はさまざま

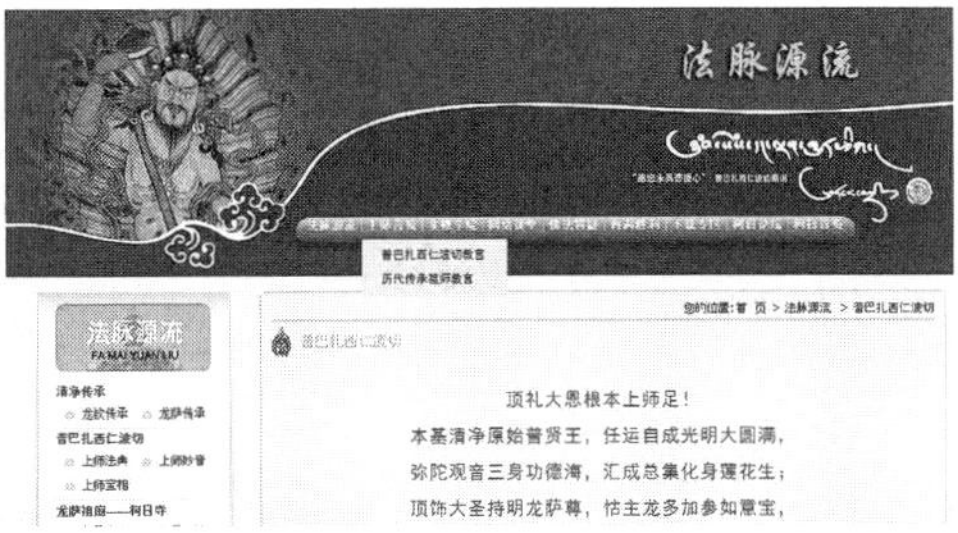

図7-10　漢人信徒が開設したプーバ・タシのウェブサイト

であるが、政府による宗教活動への干渉と半ば形骸化した漢地仏教の信仰と学問に対する不信感、そしてチベット仏教の教義への興味が、漢僧の心を揺さぶっている。漢僧の間にこのような底流が見られることは注目に値する。

【事例7】 ラルン五明仏学院からの流れ（女、二十代、二〇〇五年八月二十五日）

Gさんは四川省成都近郊の尼寺にいたが、ニンマ派の大圓満法を修めるため、二〇〇〇年にラルン五明仏学院に入学した。ところが、その直後に四川省統戦部が仏学院の規模拡大と学僧の増加を問題視して、大規模な引き締め政策を実施したため、やむなくヤチェンに逃れてきた。公安局の摘発を逃れ仏学院に留まった尼僧たちも、ジグメ・プンツォ学院長の圓寂（二〇〇四年）を機に、仏学院を離れてヤチェンに移ってきた者が少なからずいる。

ヤチェンが漢人修行者を本格的に受け入れ始めたのは一九九五年頃であった。一九九四年に学院長がヤチェンで講話を行ったことが契機となり、漢人の間でヤチェンとアチュウ・ラマの存在が知られるようになってきた。一九九八年にはアチュウ・ラマが三千人の弟子を率いて仏学院に赴き大法会に参加した。それ以後、仏学院とヤチェンの間に、確かな信仰の水脈が通じたのである。(11)

【事例8】 新規出家者・在家信徒（女、五十代、二〇〇五年八月二十六日）

Hさんは遼寧省出身、海南島で医師として多忙ながらも充実した日々を送っていた。長年にわたる精神的疲労の蓄積と西洋医学依存への疑念から、しだいにチベット仏教ニンマ派が重視する瞑想体験への興味を深めていった。西洋医学への反省から、論理的思考を大事にしつつも、瞑想体験を通じて心と身体のつながりを考え直すことで現在の医療に欠けているものを補えるはずだと思ったのである。友人から紹介された「寧瑪資訊」のウェブサイトと掲示板を通じて、ラルン五明仏学院とヤチェン修行地の存在を知り在家信徒となった。二〇〇五年の夏、病院を早期退職してヤチェンにやって来た。数週間ここに滞在し、決心がつけば出家し修行生活に入るそうだ。

六-三　プーバ・タシ漢僧経堂（二〇一〇年）

二〇一〇年八月にプーバ・タシの経堂を再訪した（図7-11）。朝七時、スピーカーから彼の読経が流れる。経堂は新築され、二階にロフトが設けられている。当日の受講者は約四百人。すべて漢人であり、出家者が約半数、全体の約七割を女性が占めていた。経堂に入りきれない者は屋外で講義を聴いていた。

プーバ・タシの法座前には、大型と小型のビデオカメラ、そしてノートパソコンが二台設置され、講義の音声はスピーカーを通して屋外にも流されていた（図7-12）。二〇〇五年と比べて、参加者は約二・五倍に増加していた（図7-13）。講義をＩＣレコーダーで録音する姿も見られ、講義環境のデジタル化が進行中であった。録画された動画は、いずれプーバ・タシの公式サイトにアップロードされるはずだ。

図7-11　2010年当時の新プーバ・タシ漢僧経堂（2010年8月筆者撮影）

側近僧の話では、二〇〇八年以降、アチュウ・ラマの指示により、ヤチェンで主に漢人の出家者と信徒への指導に携わっており、アチュウの信頼は厚いという。急増する漢人への対策として、信徒専用の宿舎を建設する必要に迫られている。残念ながら今回、テキストの調査はできなかった。ニンマ派を含めたチベット仏教全般の学説を学ぶ信徒集団は、チベット仏教という伝統宗教に接近することを望んでいる。真剣に講義を聴く信徒の表情には緊張感がうかがえ、経堂内には清廉な雰囲気が漂っていた。経

図7-12　デジタル機器の前で講義を行うプーバ・タシ（2010年8月筆者撮影）

図7-13　新プーバ・タシ漢僧経堂に入りきれない漢人たち（2010年8月筆者撮影）

堂に集った門弟たちはプーバ・タシと個々の師弟関係で結ばれているが、門弟たちの横のつながりは希薄であり、顔は知っているが名前を知らない関係である。教義解釈に重きを置くプーバ・タシの漢僧経堂は、戒律を重視するチベット仏教ゲルク派の学堂の要素を応用した点に特徴がある。アチュウ・ラマ圓寂後、アソン・リンポチェが修行地の主宰者に就任したことにより、アソン自身が漢人を直接指導する機会は少なくなっている。ヤチェンではプーバ・タシが率いる漢人グループがこれまで以上に存在感を見せ始めている。ヤチェン修行地全体の運営に漢人の資金力が必要不可欠だからである。

七　イェシェ・ジャンツォ瞑想道場に集った漢人たち

二〇〇九年ヤチェンに新たな漢人信徒の拠点「イェシェ・ジャンツォ瞑想道場」が誕生した（図7-14）。場所はプーバ・タシ漢僧経堂の西側である。二階建ての洒落た建物は、ヤチェンではひときわ目立っている。ヤチェンの漢人信徒にはもう一つの潮流がある。気功、瞑想、神秘体験といったキーワードに関心を持ち、ヤチェンに導かれてきた人たちである。主宰者のイェシェ・ジャンツォ（ye shes rgya mtsho、益西加措、生年不明）は高僧の一人であり、ヤチェン修行地開設時からアチュウ・ラマと苦楽をともにしてきた。その後、アチュウ・ラマはイェシェ・ジャンツォを大圓満法を修めた成就者と認定し、大連、瀋陽、杭州など漢人居住地区で説法を行うことを命じた。夏季はヤチェンで道場を主宰し、他の季節は中国各地で弘法を行っている。甘孜州新龍《ニャロン》県の出身であるが、詳しい履歴は明らかにされていない。

図7-14　イェシェ・ジャンツォ瞑想道場外観（2010年8月筆者撮影）

筆者はイェシェ・ジャンツォの許可を受けて、二〇一〇年八月と二〇一一年八月に、道場の瞑想会に参加し信徒と食事をともにした。二〇一〇年の参加者は約六十人であったが、二〇一一年は約百二十人に倍増していた（図7-15、図7-16）。二〇一一年の増加はアチュウ・ラマの圓寂が理由と考えられる。寝具の数に限りがあるため、各自が寝袋や毛布を持参して一階のホールと二階の瞑想場で寝起きしていた。別棟に厨房と食堂があり、信徒が交代で食事係を務めた（図7-17）。食材の買い出し、水くみ（水道なし）、清掃、導師の世話等、役割を分担して共同生活が営まれていた。年配の女性が厨房の会計管理を行い、若い信徒にてきぱきと指示を出していた。八十代の高齢信徒は「毛沢東時代の共同食堂を思い出した」と語っていた。二〇一一年の場合は小中学生の子供連れで参加した母親も七、八人いた。コミュニティが醸し出す雰囲気は日本の新宗教のそれと類似する要素が見られた。道場は信仰共同体であるが、内部で閉じた隔離型ではなく個人参加型であり、世俗社会と連続している。参加者同士のつながりは弱く、上下関係もないが、共同食堂での調理や食事を通して互いにコミュニケーションがはかられている。

信徒は道場に到着するとイェシェ・ジャンツォに多額の布施を行い、身の上相談を願い出ていた。具体的には「父親の病気」「息子の大学受験」「職場の人間関係」等、各自の生活に密着した相談が持ちかけられていた。このように現世利益を追求する姿は、現在の中国社会では珍しいことではない。信徒にとってイェシェ・ジャン

図7-15　弟子を指導するイェシェ・ジャンツォ（2010年8月筆者撮影）

図7-16　夕方に開かれる学習会と瞑想会（2011年8月筆者撮影）

ツォは各自の導師であり、ヤチェン修行地を主宰するアチュウ・ラマは超越的な存在である。したがって、彼らにとってインドにいるダライ・ラマ十四世やカルマパ十七世は、影の薄い存在と言わざるをえない。

信徒は食事以外の時間は、各々屋内もしくは近くの草原で瞑想や呼吸法に取り組んでいる。信徒同士の交流は密ではなく、共同生活ではあるが宗教活動は個人を基本としている。彼らにとっての宗教は、チベット仏教という伝統宗教の周縁部に位置するものであり、傾向として教義の理解に重きを置いているわけではない。

彼らの行動を通じて、東チベットに漢人の精神世界が徐々にその輪郭を現し始めていることがわかる。そこには権威的な教義は存在せず、先進国でしばしば話題となる過度な怪奇現象や超能力といった商業的娯楽的要素も見られない。競争社会の中で強いストレスを感じ、「不安」「恐怖」「病」といった苦悩と向き合い、救済を求めている姿が読み取れる。彼らは時間と金銭を費やし、ヤチェン修行地という非日常の場所を訪問することで、「聖なるもの」「宗教的なるもの」を意識の周辺から中心に移動させているのである。このような精神世界への共鳴を肯定的に捉える層が中国で拡大しつつあることは、漢人社会におけるチベット仏教の受容を考える上で注目しておかなければならない。

図 7-17　信徒が運営する共同食堂(2011 年 8 月筆者撮影)

筆者は二〇一〇年と二〇一一年に瞑想道場を見学し、彼らがスピリチュアリティを探究する姿に触れ、島薗進が提起した「新霊性運動・文化」に類似した現象を確認した。担い手の多くは都会に暮らし知的レベルと生活水準が比較的高い層である。共通する特徴として、特定の教団や教義と直接的な関係を結ばない点、覚醒時とは異なる意識の変容を認めている点、人間の心身に内在する霊的なものを尊ぶ点などがあげられる。[12] 彼らは個人の自律性を重んじ、緩やかなネットワークで結ばれている。筆者が瞑想道場で最も強い衝撃を受けたのは、エリート意識に支えられた若い信徒たちが人生の実存的意味を探し求める姿であった。同様の光景はヤチェンに限らず、甘孜州内のカトク寺やゾクチェン寺でも確認できた。

八　電脳空間の聖地と金銭トラブル

八-一　インターネット上の宗教空間

一九七〇年代アメリカでテレビ伝道師が相次いで誕生し、「ブラウン管の神々」と呼ばれたことはよく知られている。アメリカに限らず多くの自由主義国では、教団が教えを広め信徒を獲得するための手段としてテレビ・ラジオ・映画等、各種メディアを有効に活用してきた。教団自身がスポンサーとなり、番組制作に直接携わることも可能であった。[13] 一方、中華人民共和国では、宗教団体がテレビやラジオを通じて布教活動を展開することは許されていない。近年テレビ放送は多チャンネル化と番組の多様化が顕著になってきたが、一九五八年の試験放送開始以来、政府は一貫して放送内容に制限を加えてきた。チベット仏教をテーマにした番組が放送されるとすれば、「中国共産党と政府の保護を受け自由に活動しているニンマ派の僧院」「愛国主義教育を展開し、祖国を分裂から守ろう」といった類の政策宣伝が目的である。テレビに限らず各種メディアは、中国共産党が宗教政策を推進するための宣伝手段でもあり、教団がスポンサーになることも、番組制作に携わることも不可能である。

ところが、二十世紀末にインターネットの時代が到来したことを契機に、中国の信徒組織は、ウェブサイト上にさまざまな神仏を載せ始めた（図7-18）。特に二〇〇〇年から〇五年にかけて、ラルン五明仏学院やヤチェンを対象としたウェブ掲示板「仏教聯盟社区」「大圓満論壇」等が存在し盛況であった[14]。各種掲示板には、「アチュウ・ラマへの謁見方法」「プーバ・タシの講話案内」「僧坊の購入方法と価格」「尼僧への経済的支援」「法会の開催時期」といった多彩な話題が登場した。掲示板に書き込まれた各種情報や個人体験は、短時間のうちに不特定多数の読者が共有することができる。漢人信徒の信仰は、経典の教えや僧侶の説教を通じた直接的なものよりも、他者の宗教体験に共鳴し間接的に育まれてきたという側面が大きい。「私」の宗教体験が広く読み継がれて「私たち」の信仰となり、経典によらない新たな「教義」として共有される状況が生まれている。ただし、信徒間の対話が過熱しすぎると、新たな「教義」はネット上を漂流し無責任に暴走してしまう危険性もはらんでいる［深水 二〇〇二：一三二―一三七］。ところが二〇一四年現在、漢人信徒が利用していた掲示板は閉鎖され、個人のブログや新たなソーシャル・ネットワーキング・サービスを通じて信仰体験が紹介されるようになった。そして、漢人信徒の組織が仏学院のソダジ、ヤチェンのアソンやプーバ・タシといった高僧の公式サイトを運営し情報の共有をはかっている[15]。

図7-18　「ニンマ・インフォメーション」ウェブサイト

八-二　ニンマ・インフォメーションと尼僧支援活動

図7-19はインターネット上に掲載された「ヤチェン修行地困窮尼僧名簿」（二〇〇

三年）の一部である。経済的援助を必要としている一七八五人の氏名と年齢が示されており、漢人信徒が運営するニンマ・インフォメーション（寧瑪資訊）のサイトを通じて支援者を募っていた（二〇一四年現在サイトは閉鎖中）。尼僧の中には親元からの仕送りに頼って生活できる者もいるが、その割合は大きくない。彼女たちは全国の信徒からヤチェンに寄せられた祈禱や祈願に対して読経を行うことで、ヤチェン本部から報酬を受け取ることができる。不定期ではあるが、月額に換算して二百元程度になる。[16] こうして大多数の尼僧は、本部から生活費や食糧を受け取り質素に暮らしている。一万人を超す修行者集団の生活をまかなうには、外部からの資金援助が不可欠である。そこでヤチェン本部はニンマ・インフォメーションと提携し、漢人信徒間のネットワークを通じて尼僧を中心とした修行者全体への支援を訴えることにした。その取り組みは「飢えと寒さに耐え修行に励む尼僧救済活動」と名付けられた。[17]

编号	姓名	年龄	供养人	期限(1年:2003) 半年:(03.1-6月)	金额 (多出广供)
1	加央	33	顶礼		400元
2	尼玛拉毛	30	扎西卓玛	一年	3600元
3	才桑	34	扎西卓玛	一年	
4	才仁拉毛	27	扎西卓玛	一年	

図7-19 「ヤチェン修行地困窮尼僧名簿」

名簿の二番に寄せられた援助内容は次のとおり。「尼僧氏名ニマ・ラモ（三十歳）、支援者タシ・ドマ、期間一年、三千六百元、対象者十名は事務局に一任、支援の継続を予定」。支援者の大半は、中国沿海部に暮らす漢人信徒である。台湾（寧瑪巴喇栄三乗法林仏学会）やアメリカ（ニュージャージー禅浄センター）からも浄財が送られている。[18] 振込先はニンマ・インフォメーションが指定する中国農業銀行の口座である。

活動を支える趙本勇居士の心を衝き動かしたものは、空腹と病に苦しむ尼僧の姿であった。彼は「救済活動」の「縁起文」の中で悲痛な思いを次のように述べている。[19] 一九九八年の夏、趙本勇居士が初めて仏学院を訪問した時、腹部を抱えてうずくまる尼僧に出くわした。通りかかった漢人僧侶の話では、数日前から痛みが続いており、急性虫垂炎が疑われた。仏学院には十分な医療設備がないため、彼女をトラクターの荷台に乗せて二十キロメートルほど離れた町の病院まで連れていこうとしたが、彼女の所持金はわずかであった。別の尼僧が残飯の中から野菜の切れ端を拾い集めている場面も目撃した。ツァンパ(麦こがし)すら満足に食べられない者が黙々と修行に励む姿は痛々しいものであった。年齢に関係なく大半の尼僧が、貧血、栄養不良、下痢、リュウマチ等、体調に不安を抱えている。家族や親戚からの援助を期待できない尼僧たちをいかにして救済すればよいのか。彼は仏学院やヤチェンの財務責任者と解決策を話し合い、漢人信徒に窮状を訴え支援を求める行動に出たのである。図7-20はニンマ・インフォメーションのサイト内で紹介された尼僧である。ヤチェンに来て間もない彼女は知り合いの僧坊で寝起きしているが、満足な寝具すら持っていない。寝床は狭い土間に干し草とビニールシートと羊の皮を敷いただけであり、寒さから身を守るにはあまりにも厳しい状況である。

図7-20　空腹と病に苦しむヤチェン修行地の尼僧

こうしてヤチェン修行地とニンマ・インフォメーションの関係は良好であるかに思われたが、二〇〇五年に入ると、ヤチェンの銀行口座を管理するニンマ・インフォメーションに対して、懐疑や批判の声が相次いで掲示板に寄せられた。「尼僧救援基金や祈禱祈願口座に不透明な財務処理あり」「ヤチェンの名を利用して行き過ぎた宗教ビジネスを展開」といった風評がまたたくまに流れていった。アチュウ・ラマの教えが漢人信徒の心に灯りをともし、信徒からの浄財がヤチェンの尼僧の空腹を満たす。この相互依存関係がうまく機能するように仲立ちをしたのがニンマ・インフォメーションの活動であり、ヤチェンはこれまで広報活動を委託してきた。ところが金銭問題をめぐるトラブルが発生した後、ヤチェンは独自の公式サイトを開設し、信頼回復に努めた。

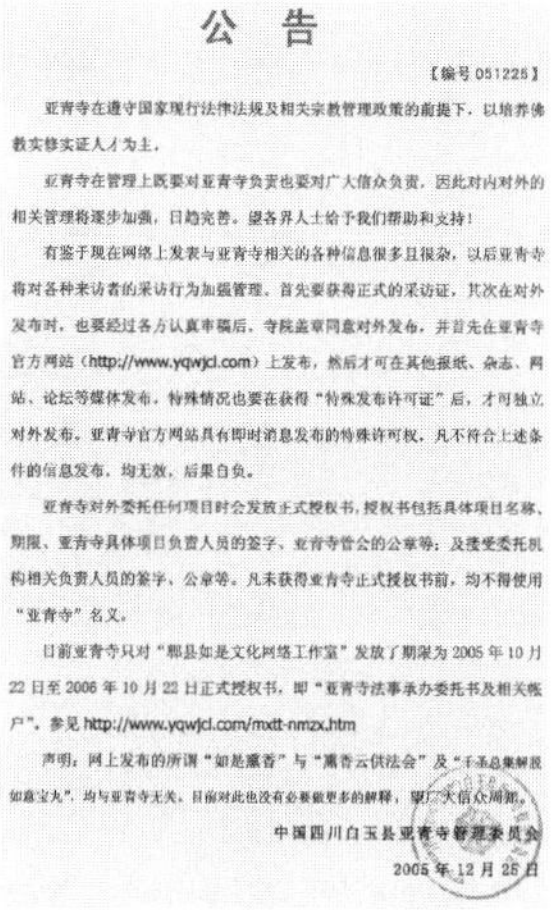

公　告

【编号 051225】

亚青寺在遵守国家现行法律法规及相关宗教管理政策的前提下，以培养佛教实修实证人才为主。

亚青寺在管理上既要对亚青寺负责也要对广大信众负责，因此对内对外的相关管理将逐步加强，日趋完善。望各界人士给予我们帮助和支持！

有鉴于现在网络上发表与亚青寺相关的各种信息很多且很杂，以后亚青寺将对各种来访者的采访行为加强管理。首先要获得正式的采访证，其次在对外发布时，也要经过各方认真审稿后，寺院盖章同意对外发布，并首先在亚青寺官方网站（http://www.yqwjcl.com）上发布，然后才可在其他报纸、杂志、网站、论坛等媒体发布，特殊情况也要在获得“特殊发布许可证”后，才可独立对外发布。亚青寺官方网站具有即时消息发布的特殊许可权，凡不符合上述条件的信息发布，均无效，后果自负。

亚青寺对外委托任何项目时会发放正式授权书，授权书包括具体项目名称、期限、亚青寺具体项目负责人员的签字、亚青寺管会的公章等；及接受委托机构相关负责人员的签字、公章等。凡未获得亚青寺正式授权书前，均不得使用“亚青寺”名义。

目前亚青寺只对“郫县如是文化网络工作室”发放了期限为 2005 年 10 月 22 日至 2006 年 10 月 22 日正式授权书，即“亚青寺法事承办委托书及相关帐户”，参见 http://www.yqwjcl.com/mxtt-nmzx.htm

声明：网上发布的所谓“如是熏香”与“熏香云供法会”及“千圣总集解脱如意宝丸”，均与亚青寺无关，目前对此也没有必要做更多的解释，望广大信众周知。

中国四川白玉县亚青寺管理委员会

2005 年 12 月 25 日

図 7-21　「ヤチェン公告」
2005 年 12 月 25 日

図7-21はヤチェン修行地公式サイトに掲載された「公告」（二〇〇五年十二月二十五日）である。[20] 内容は「ヤチェンは国家の法律と宗教政策を遵守する」「ヤチェンに関する情報は本サイトを確認すること」「ヤチェンは来訪者の取材活動への管理を強化する」「ヤチェンの名を用いた詐欺行為に注意すること」である。詐欺行為とは「アチュウ・ラマへの謁見斡旋を口実に現金をだまし取る」「ヤチェン高僧の名を騙り布施を求める」「無断で教本を販売する」「秘薬を売りつける」といった行為を指している。別の「公告」（二〇〇五年十二月十二日）には、ヤチェン高僧のアソンやイッガ（yig dga'、ヤチェン民主管理委員会責任者）の携帯電話番号を載せて、詐欺行為の通報を求めている。[21] 公式サイトを開設し各種「公告」を通知したことから、「金銭が絡んだ不信感を払拭し、アチュウ・ラマの尊厳とヤチェンの信頼を守りたい」「漢人信徒との信頼関係を再構築したい」というメッセージが読み取れる。

九　華人信徒の霊性探究

ここまでラルン五明仏学院とヤチェン修行地という二つの拠点に注目してきたが、東チベットではその他に概ね二〇〇〇年頃以降、新たにカトク寺とゾクチェン寺が漢人信徒の新たな拠点になりつつある。両僧院は東チベットにおけるニンマ派四大寺を構成する名刹である。甘孜州は東チベットの中でも政府の監視が厳しい地区であり、外国人の訪問や宗教活動の調査をたびたび制限してきた。それにもかかわらず、筆者は二〇〇七年にカトク寺で、二〇〇九年にゾクチェン寺の調査で、香港・台湾・シンガポールを中心とした華人信徒が熱心に宗教活動を行う姿を見て驚いた。彼らの積極的な姿勢は、高僧の海外弘法活動を実現させる原動力にもなっている。聞き取り調査で得られた事例を以下に紹介する。

【事例9】 台湾人（女、二十代、カトク寺、二〇〇七年七月三十一日）

Iさんは高雄の法律事務所に勤め、週末はチベット仏教カトク系の瞑想センターに通っている女性である。漢語で書かれた教義の解説書は難解で、現実から遊離していると感じていた。大陸から弘法に来たケンポ（学堂長）から瞑想指導を受けたこともあるが、日常の雑念を追い払うことができず、妄想を繰り返すのみであった。導師は「妄想の中にこそ寂静への入口が隠されている」と語るが、まるで抽象絵画の世界と同じだ。そこで彼女は職場に休暇を願い出て、台北のカトクセンターの紹介を得てモツァ・リンポチェ（rmog rtsa rin po che、莫扎、一九三〇―）のもとへやって来た。期待と不安が交錯したが、期待の方が勝っていた。

「何と言っても最大の興味は台湾で体験できない低圧低酸素という環境である。そこに身を置くことで自分の知覚や思考にどのような変化が生じるのかを試したいと思った。同時に長時間の瞑想を通して自分の意識の枠を超えることができれば、ニンマ派教義の本質に触れられるだろう。瞑想を通して私は闇の中で幾度か光を見た。夢想の中での錯覚ではなく、それは慈愛の光のように感じられた」。

【事例10】 台湾人（男、三十代、カトク寺、二〇〇七年七月三十一日）

Jさんは台北の心理カウンセラーである。大学の友人に誘われて、二十代の時に数年間、仏光山(一九六七年に星雲大師が台湾高雄市に開設)の各種ボランティアに参加したことがある。しかし、教団宣伝を目的とした医療ボランティアの方針に違和感を持ち、しだいに仏光山の活動から離れてしまった。台北でカトク寺の高僧ロガ・リンポチェの弟子から講義を受けたことが契機となり、カトク寺へやって来た。

「将来、休暇を利用して東チベットの農村を訪ねたい。漢語を話すチベットの若者と交流し、伝統医療の現場を見学したい。寄り道をすることになるが、自らのカウンセリングの幅を広げることにつながるはずだ。薬草にも興味があるので、精力的に収集するつもりだ」。

【事例11】 香港人(女、二十代、ゾクチェン寺、二〇〇九年七月三十一日)

Kさんは税関職員であり、公務員として政府の仕事を担うことに誇りを感じている。彼女の祖父は四川省出身であり、一九三〇年頃、中華民国の時代に父方の曽祖父が親戚を頼って香港へ移ってきた。大学卒業後、現在の職に就いたが、生来虚弱な体質であった。中学から水泳を通じて心肺機能を高め、腹式呼吸を身に付けた。就職後は職場のストレスがたまり、よく体調を崩した。ゾクチェン寺のことは職場の友人を通じて知り、インターネットからも情報を得た。チベット仏教ニンマ派の教えは頭で理解するものではなく、体験を通して身体で感じ取るものだと考えている。

「私はゾクチェン寺の先生から教えを請う段階には至っていない。私がここで実践しているのは香港から持参したテキストの音読、一日三回の瞑想、そしてチベット人の先生との面談である。朝は粥、昼は菜食を摂っている。ゆったりとした呼吸法による体質改善も目指している。休暇は二週間であるが、短期でも達成感は得られている。ゾクチェン寺に来てから、四川や東北出身の信徒ともよく話をしている。印象では、彼らは教義に関する哲学的思考を重視している。互いに普段の生活環境が異なるので、思索方法も複数あって当然である。今後、電子メールで交流を続けたい。公安局とのトラブルはない」。

【事例12】 シンガポール人（男、四十代、ゾクチェン寺、二〇〇九年七月三十一日）

Lさんは会社員であり、南米からリチウム等の資源を購入する仕事に就いている。来年中途退職して、中国で本格的な瞑想修行を行うことを考えている。

「シンガポールにはヤチェン瞑想センターがあり、多数の老若男女が参加している。センターの導師から紹介を受け、数日前に白玉県のヤチェン修行地を見学してきた。ゾクチェン寺とラルン五明仏学院を見てから、修行先を決めるつもりだ。三日前からゾクチェン寺に滞在しているが、大変気に入った。ヤチェンは人が多くて学問が不十分だし、衛生面でも不安を感じた。ゾクチェン寺ではチベット人と漢人、外国人が同じ空間で修行しており違和感がない。康定から甘孜、マニカンコを経てここへ来たが、ゾクチェン寺の村人は表情が豊かだ。最終的にはラルン五明仏学院でケンポ・ソダジから指導を受けたいと思っている。ラサは一度観光したが、修行には適さない場所だ。来年から二年間滞在する予定なので、ゆっくりチベット語を習得したい。シンガポールには私のような人間は少なくない。香港で六ヶ月有効のビザを取得できると聞いた。中国での生活に不安はない。今のところインドのダラムサラへ行くつもりはない。心が落ち着く場所はやはりゾクチェン寺だろう。二年後のことは未定だが、社会と新たな接点が持てることを期待している。シンガポールで瞑想道場を開いているかもしれない」。

図7-22　ゾクチェン寺の華人信徒（2009年7月筆者撮影）

図7-22はゾクチェン寺の大経堂であり、手前の男女は漢人・華人信

徒である。鉄筋コンクリート造りの立派な経堂は、主に漢人・華人信徒の寄付で建てられたものである。高僧の説法がビデオで撮影され、同時に液晶プロジェクターで大型スクリーンに映し出されていた。ゾクチェン寺で出会ったオランダ在住の女性華人信徒は、「二度目の訪問であり、密教マンダラの解釈に興味がある。甘孜でタンカ絵師に会ってきた。オランダの富裕層の中には、チベット仏教への関心と支援を社会のステイタスと見なす傾向がある」と語った。東チベットの宗教空間は、異なる宗教意識、社会背景、価値観、人生観を持った信徒を受け入れる方向に動き始めた。その変化の種を播いたのは高僧たちの積極的な弘法活動であり、高僧の活動を活発化させた一因は中国共産党の宗教政策である。

一〇　漢人・華人信徒の宗教活動と中国共産党の宗教政策

一〇-一　漢人、香港人、華僑の宗教活動

チベット仏教は中国共産党が活動の自由を認め保護の対象とする「中国五大宗教」の一つである。それでは、漢人がチベット仏教を信仰することは法的に認められるのであろうか。中華人民共和国憲法（一九八二年）第三十六条は「いかなる国家機関、社会団体、個人も公民に宗教を信仰することまたは宗教を信仰しないことを強制してはならない」と定めている。つまり、公民である漢人がチベット仏教を信仰することは自由である。例えば、漢人が出家してラルン五明仏学院で学ぶことも、ヤチェン修行地でスピリチュアリティの探究を行うことも自由である。ただし、以下の条件を満たさなければならない。

(1)政府が認めた宗教活動場所で活動する
(2)中国共産党が認める正しい宗教活動を行う
(3)共産党員を除く

(2)の「正しい宗教活動」とは、法令を遵守し外国の宗教組織と関係を結ばないことを指している。共産党は、ダライ・ラマ十四世を崇拝し、祖国分裂活動に加担することを、正しい宗教活動とは見なしていない。(3)は共産党が掲げるマルクス主義宗教観による制約である。

次に、香港住民の場合は、「中華人民共和国香港特別行政区基本法」（一九九七年）第三十二条に、「香港住民は信仰の自由を有する。香港住民は宗教信仰の自由を有し、公に布教及び宗教活動を挙行し、それに参加する自由を有する」と定める。マカオ住民も「中華人民共和国マカオ特別行政区基本法」（一九九九年）第三十四条により、同様の信仰の自由が認められている。

シンガポール人の場合は、「中華人民共和国国内における外国人宗教活動の管理規定」（一九九四年）が適用される。第一条で「宗教信仰の自由」を保障し、第三条で「寺院等での宗教活動への参加」を認めている。ただし、第八条では「宗教組織の創設」「宗教事務機構の設立」「宗教活動場所の設置」「宗教院校の開校」「信徒数の拡大」「宗教教職者の任命」「その他の布教活動」を禁じている。第十一条には香港、マカオ、台湾の住民にもこの規定を適用するとある。

筆者の経験上、中国領内のチベット人居住地区（東チベットも含む）では、香港人、マカオ人、台湾人は外国人と同じ制限を受けている。例えば、民族蜂起記念日（三月十日）やダライ・ラマ十四世生誕日（七月六日）、国慶節（十月一日）等、政治的に敏感な記念日の前後は、公安当局が厳戒態勢を敷き、外国人の立ち入りを禁止する。この時、香港人、マカオ人、台湾人、シンガポールの華僑も同じく禁止措置の対象となる。少数民族地区や宗教活動の場では、香港とマカオの住民は、しばしば「内なる外国人」の扱いを受けている。

一〇-二　宗教ビジネスと法による管理

第一章で述べたが、江沢民の時代に宗教政策「三原則」（後に「四原則」）が定められた。宗教組織は経済力に見合った定員を設定し、経済的自立に努めなければならない。そして、党や政府が定めた法令を遵守する義務を負っている。筆者はこれまで甘孜州内で、寺院がホテルやガソリンスタンドを経営し、定期バスを運行させるなど、多様な事業を通じて収入確保に努力している様子を見てきた。

ヤチェン修行地では、一万人を超す修行者の生活資金と運営資金を確保する目的で、イェシェ・ジャンツォやプーバ・タシといった高僧が漢人居住地区に出向いて熱心に弘法活動を行っている。アチュウ・ラマ自身が漢人信徒に招かれて、説法や祈禱を行った時期もあった（図7-23）。ヤチェンでは漢人が依頼する祈禱祈願にも積極的かつ柔軟に対応している。ヤチェンの公式サイトでは、二〇一二年四月にイッガとリンジン・ワンシュ（アソン後継候補の一人）が成都で大規模な放生会（魚や動物を川や野に放す法会）に参加し、読経を行った後に六十万匹の魚を川へ放流した[22]。放生会を企画したのは漢人信徒のグループであるが、漢地仏教の関係者も多数参加しており、チベット色は薄まっている。

ヤチェンは二〇〇〇年前後の時期を中心に、財務管理と広報活動を成都のニンマ・インフォメーションと提携していたが、金銭トラブルが発生した結果、二〇〇五年頃契約を打ち切るという事態に追い込まれた。ヤチェン本部が過熱した宗教ビジネスを軌道修正した背景には、「法に基づく宗教事務の管理」を定めた「四原則」への対応があった。

ラルン五明仏学院でも同様に、イェシェ・プンツォ(ye shes phun tshogs、益西彭措、一九七一―)やシェーラ・ゾンボといった高僧が、漢人居住地区や台湾での弘法活動や放生会に力を注ぎ、漢人信徒の入学や研修への参加を歓迎している。チベット人からの布施のみならず、今や漢人・華人信徒からの多額の布施は、仏学院においてもヤチェンにおいても大きな収入の柱となっている。有力寺院はインターネットを利用した仏具や教本の販売も始めている。この点については、日高俊も「チベット人たちが漢人を受け入れる理由の一つに、彼らが持つ経済力があることは確かである」と述べている[日高 二〇一二：四四]。ただし、日高が用いる「漢人」の概念には台湾人や在外華僑も含まれている。

図7-23　漢人居住地区で説法を行うアチュウ・ラマ

「甘孜州寺廟条例」は第十九条で、外国信徒、海外華僑、香港・マカオの信徒から布施を受け取ることを認めている(ただし政治的条件を付けてはならない)。そして、第三十六条―三十八条で僧院に農業、牧畜、企業経営、仏具や宗教美術品の制作と販売を認めている。第三十九条では、政府が出家者に生産活動への従事を奨励している。

二　北京漢人信徒の活動拠点とケンポ・ソダジ

二〇一二年十二月、北京の雍和宮付近で、「心一堂・彭措《プンツォ》仏縁閣」という小さな店を見つけた(図7-24)。店番の女性から話を聞くと、ここはラルン五明仏学院に関心を寄せる漢人信徒の交流拠点だとわかった。狭い店内には、

図7-24　ラルン五明仏学院漢人信徒の新拠点，北京「心一堂・彭措仏縁閣」(2012年12月筆者撮影)

ケンポ・ソダジの講義を収めた教材三種類約四十巻が販売されていた（図7-25）。これらの教材は一般の書店には出回らない内部発行であるが、「甘孜州寺廟条例」第三十八条は政府の許可を得た後、寺院が経典等を印刷し流通させることを認めている。「心一堂・彭措仏縁閣」の商行為が合法か否かは確認できないが、教本を印刷し全国の漢人信徒に販売していることは事実である。

教材の表紙には「菩提仏学院」の文字が見える。仏学院でケンポ・ソダジから直接教えを受けたいが、仕事や家庭上の制約を抱える者も多数いる。店員によると、「菩提仏学院」は北京在住の漢人信徒が集まるセミナーの総称であり、中国東北部にもネットワークが広がりつつある。インターネット上でソダジの講義を閲覧し、テキストを精読する菩提仏学院生が増加中である。ただし、「菩提仏学院」が開かれている場所、参加人数、教科書の発行部数と販売部数、資金の流れは明らかでなく、筆者は今後も北京での調査を継続する予定である。

二〇〇四年ジグメ・プンツォ学院長の圓寂からすでに十年が経過した。ラルン五明仏学院の運営はムンツォ学院長、テンジン・ジャンツォ副学院長、そしてケンポ・ソダジを中心とした集団指導体制が定着してきた。その中で、ケンポ・ソダジが実質的に「学院長」の役割を担い、チベット人僧尼と漢人信徒の指導においても大黒柱として仏学院を切り盛りしている。ソダジは漢人を指導する主任教師であり、彼を慕って仏学院の門をたたく漢人が後を絶たない。筆者は仏学院と漢人信徒の関係を調べる中で、漢人信徒に対する求心力は故ジグメ・プンツォ学院長からケンポ・ソダジへと移行しており、仏学院を支える中国沿海部の漢人組織として「心一堂・彭措仏縁閣」や「菩提仏学院」が新たな役割を担いつつあることに気づいた。

　そのような状況下で、ソダジの二冊の著書『苦才是人生』（苦しみこそが人生）と『做才是得到』（実践してこそ達成あり）が、二〇一二年に甘粛人民美術出版社より出版された。『苦才是人生』は出荷から四十五日で二十万冊の販売を記録し、大型書店や北京空港内の書店では平積みで売られていた（二〇一二年十二月北京で確認）。同じく仏学院のケンポ・シェーラ・ゾンポは漢人信徒向けに『静寂之道』等、ケンポ・ツティン・ロドゥ（tshul khrims blo gros、慈誠羅珠、一九六二―）は『慧灯之光』等、仏教を論じ人生訓を語った散文集を出版し、生老病死やストレスに悩む都市部の知識人や中間層の間で話題となっている[23]。不安な時代を生きる漢人読者にソダジはどのようなメッセージを送っているのか。「幸福とは」「苦痛とは」という問いかけに、ソダジはどのように答え、どのような実践法を勧めているのか。この課題は「心一堂・彭措仏縁閣」の動向とケンポ・ソダジの著作を十分に検討した上で、別の機会に論じたい。

図 7-25　「心一堂・彭措仏縁閣」で販売されているラルン五明仏学院ケンポ・ソダジの教科書

図 7-26　ケンポ・ソダジが著した人生指南書，自己啓発書

第７章関連年表

仏学院・ヤチェンと漢人信徒の動向		中国共産党の宗教政策	
		1982	「中共中央 1982 年 19 号文件」→経済的自立
1996	呉玉天『訪雪域大師』出版		
1999	陳暁東『寧瑪的紅輝』発売禁止	1988	甘孜州寺廟条例→華僑・香港同胞からの布施，寺院の経済活動，出家者の生産活動従事，印刷物の流通
2004	仏学院学院長圓寂		
2005	ニンマ・インフォメーションに金銭トラブル	1994	「外国人宗教活動の管理規定」→活動の自由と制限
2006	仏学院ソダジが講義教材発行		
2009	ヤチェンにイェシェ・ジャンツォ瞑想道場完成	1997	「香港基本法」→信教の自由
		1999	「マカオ基本法」→信教の自由
2012	仏学院ソダジが『苦才是人生』『做才是得到』出版	2002	「四原則」→経済的自立，法による管理

一二　結　論

二〇一一年八月、ヤチェン修行地の瞑想道場で、女性の漢人信徒が「龍村仁を知っているか」と話しかけてきた。彼女は龍村仁監督の映画「地球交響楽第五番」をＤＶＤで鑑賞して、「日本人の中に秘められた躍動する生命観に感動した」と語った。「地球交響楽」は宗教的メッセージが込められたドキュメンタリー映画である。大自然や宇宙の映像とともに、出演者が自分の生き方を語り、見る者に鮮烈な印象を与える。第五番のテーマは「すべての存在は時空を超えてつながっている」である。漢人信徒が実感した「大いなるものに生かされる感覚」は、ヤチェンでの瞑想体験と共通する要素があるに違いない。

　ヤチェンの漢人信徒は二つのグループに分類できる。一つはチベット仏教ニンマ派を含むチベット仏教全般の教義解釈を学ぶ信徒集団であり、伝統宗教の近くに位置している。彼らはゲルク派の学堂が持つ学問重視の特徴を巧みに応用している。信徒はアソン・リンポチェやプーバ・タシという導師と個々の師弟関係で結ばれている。もう一つは瞑想や坐禅を中心にすえたスピリチュアリティを探究する信徒集団である。瞑想道場の主宰者イェシェ・ジャンツォも信徒と個々に師弟関係を結んでいる点は前者と共通している。ヤチェンは本来チベット人僧尼の修行地であったが、概ね二〇〇〇年以降漢人信徒の数が増え、現在全体の約五パーセントを占めている。ラルン五明仏学院も漢人の信徒と出家者の割合は五パーセント程度である（過去の調査及び高僧の話を総合）。第五章で仏学院事件発生の原因を検討したが、筆者は漢人信徒の急増も原因の一つであると考える。当局が陳暁東のルポルタージュ『寧瑪的紅輝』を発禁処分にしたことが何よりの根拠である。その後、作品はインターネット上で公開されて多くの読者を獲得した。この作品が縁となり、仏学院を目指した信徒も少なくない。

鄧小平は「中共中央一九八二年十九号文件」の中で、宗教組織の経済的自立を呼びかけた。そして二十年後、江沢民は二〇〇二年に発表した宗教政策「四原則」の中で、宗教組織の経済的自立を重視した。中国共産党は宗教組織が経済活動を通じて運営資金を確保することを基本方針としたのである。「甘孜州寺廟条例」も寺院に積極的な商業活動を促している。チベット仏教の高僧が漢人居住地区で弘法活動に励む目的の一つは、漢人信徒からの布施である。困窮する尼僧を助け、大経堂を修築し、インフラ整備を進めるには、香港や華僑の信徒からの支援金も頼りとなる。鄧小平時期の宗教政策が、チベット仏教と漢人信徒を結びつける契機を与えたことは重要である。

高僧の弘法活動の情報は、当初は口づてであったが、やがてインターネット上で共有されると、社会で生きづらさを感じる人や自己啓発に励む者がチベット仏教の教えに共感を抱き始めた。実際に仏学院で研修を受けたり、ヤチェンで瞑想を行ったりする漢人・華人信徒の数は徐々に拡大し、東チベットの宗教空間は多層化が進んだ。宗教の多層化は一方で宗教組織の財務管理を複雑化させた。提携した組織による不透明な会計処理や詐欺行為が発生し、チベット仏教は財務管理という新たな課題と向き合うことになった。

現在、中国の大都市では、仏学院のケンポ・ソダジの書籍が販売好調であり、チベット仏教の人生観と世界観は、ゆっくりと確実に漢人の日常生活の中に入り込んでいる。都市部では「心一堂・彭措仏縁閣」や「菩提仏学院」を通じて講義用の教材が流通し、北京では信徒のセミナーが開かれるようになった。確かに共産党は二〇〇〇年前後に、チベット仏教に入信する漢人信徒の存在を警戒し、引き締め政策を実施した。しかし現在、漢人信徒を対象としたチベット仏教の各種活動は、当局の制限を受けることなく自由化の傾向にある。こうした政策転換を促したキーワードは、第八章で論じる胡錦濤が目指した和諧社会の実現であった。

(1)「陳暁東簡介」(http://www.ncn.org/zwgInfo/0005/47-80.htm 二〇〇三年九月十日閲覧)。
(2)「中共緊急査禁上海陳暁東的長篇報告文学《寧瑪的紅輝》」「小参考 Daily News」第四四〇期(一九九九年五月三十一日)(http://www.bignews.org/990531.txt 二〇〇五年三月十二日閲覧)。
(3)「陳暁東簡介」(二〇〇三年九月十日閲覧)。
(4) 陳暁東「我的人権在哪里?」(http://bjzc.org/bjs/bc/86/32 二〇〇五年三月十二日閲覧)。
(5) 鴻朱「色達之旅」(http://www1.china.org.cn/chinese/TR-c/175327.htm 二〇〇四年十月十二日閲覧)。
(6) 陳暁東「我的人権在哪里?」(二〇〇五年三月十二日閲覧)。
(7)「陳暁東簡介」(二〇〇三年九月十日閲覧)。「我們眼中的江沢民」を発表する際、陳暁東は暁冬、黎洪山は洪山という筆名を用いた。
(8) オークション名は「一九九三首届全国優秀文稿拍売活動」。
(9) 陳暁東「我的人権在哪里?」(二〇〇五年三月十二日閲覧)。陳暁東「可怕的〝内控〟——一個大陸作家刑満釈放後的悲哀」(http://bjzc.org/bjs/bc/64/48 二〇〇五年三月十二日閲覧)。
(10) 陳暁東「台湾出版商的軟骨症」(http://big5.hrichina.org/subsite/big5/article.adp?article_id=5205&subcategory_id=152 二〇〇四年十月十二日閲覧)。
(11)「白玉亜青寺簡介」(http://www.nmzx.com/Dzogchen/zh/jj.htm 二〇〇三年九月十日閲覧)。
(12)「新霊性運動」「新霊性文化」については[島薗 一九九二]、[島薗 一九九四]、[島薗 一九九六]を参照した。

(13) アメリカを舞台にしたテレビ伝道については［生駒 一九九九］が詳しい。［土佐 一九九八］はアメリカの宗教状況を中心に論じている。中国におけるチベット仏教とインターネットの関係を論じた文献は未見である。

(14) 以下の電子掲示板は二〇〇六年から〇八年の間に閉鎖された。
「仏教聯盟社区」 http://www.cbfn.org/
「大圓満論壇」 http://bj2.netsh.com/bbs/94063/
「如是文化社区」 http://bbs.rswh.com/index.php?s=e4856f930fce1239919dbdfe3f653bb4
「鄔金論壇」 http://tw.netsh.com/eden/bbs/713582/
「喇嘛千諾」 http://www.tibetbuddhism.net/lama-chenno/index.asp
「十万虹身聖地」 http://bj3.netsh.com/fcgi-bin/listboard.fcgi?bookname=128667

(15) 「智悲仏網」(ケンポ・ソダジ公式サイト) http://www.zhibeifw.com/cn/
「利楽之源」(アソン・リンポチェ公式サイト) http://www.llzy.org/home.aspx
「法脈源流」(プーバ・タシ公式サイト) http://www.krmzz.org/fmyl.aspx?id=12

(16) 二〇〇五年八月、ヤチェン修行地に滞在する信徒からの話による。

(17) 「慈悲普救——請您救済正在飢寒中刻苦修学女尼活動」(http://www.nmzx.com/cspj/ 二〇〇六年二月二十七日閲覧)。

(18) 「台湾善信発心捐款的帳戸和聯繫地址」(http://www.nmzx.com/cspj/ 二〇〇三年九月十日閲覧)。「北美善信発心捐款的注意事項和聯繫地址」(http://www.nmzx.com/cspj/beim.html 二〇〇三年九月十日閲覧)。

(19) 「慈悲普救——請您救済正在飢寒中刻苦修学女尼活動縁起文」(http://www.nmzx.com/cspj/ 二〇〇六年三月十五日閲覧)。

(20) 「公告」内に示されたアドレスのサイトには、以下の四文書(二〇〇五年十月二十二日)の画像が収められていた。「委託書」「亜青寺慈善公益賬戸」「如是文化法事承辦中心工作」「法事活動委託書詳細説明」(http://www.yqwjcl.com/bzgg-02.htm 二〇〇六年三月十五日閲覧)。

(21) 「公告」ではヤチェン修行地が公式サイトを開設したことを知らせている(http://www.yqwjcl.com/bzgg-01.htm 二〇〇六年三月十五日閲覧)。

(22) 「仁増旺修活仏和益嘎活仏於四月二—四日在成都放生」、亜青鄔金禅林(http://www.yqwjcl.com/Article/ArticleShow.asp?ArticleID=99 二〇一四年三月十八日閲覧)。

(23) シェーラ・ゾンボの著作には［希阿栄博 二〇一二a］、［希阿栄博 二〇一二b］、［希阿栄博 二〇一三］等がある。ツティン・ロドゥの著作には［慈誠羅珠 二〇一〇］、［慈誠羅珠 二〇一三］等がある。

第八章　ラルン五明仏学院の震災救援と宗教の公益活動

一　はじめに

一―一　問題の所在

二〇一〇年四月十四日、夜明けから間もない東チベットの町をマグニチュード七・一の大地震が襲った。場所は青海省玉樹チベット族自治州（以下、玉樹州と略す）の玉樹県一帯である。当日の夕方、中国のテレビ局は一斉に現地の映像を流し始めた。日干しレンガと土塀でできた民家はことごとく倒壊し、住民の多くは自宅で生き埋めとなり息絶えていった。掘り出された遺体は毛布やシーツに巻かれて次々と丘の上のジェグ（結古）寺（skye dgu dgon pa、青海省玉樹県）へ運ばれ、僧侶が対応に追われた。中国政府は最終的に約二千七百人の犠牲者が出たと発表したが、ジェグ寺の高僧は一万人に達すると語っている[1]。

インターネットで中国の動画ニュースを確認していると、ある映像に目が留まった。二〇〇九年八月に筆者が宿泊したジェグ寺賓館（ホテル）が全壊し、大型重機の横で僧侶が素手で瓦礫の山から生存者の救出にあたって

図8-1　セルタ・ラルン慈悲救援隊

いた。[2] 被害は隣接する四川省甘孜州にも及び、被災地の惨状は携帯電話を通じて甘孜州各地へ伝えられた。地理的に近く玉樹出身者が多いセルシュ(色須)寺(ser shul dgon pa、四川省石渠県)、ゾクチェン寺、コンヤプ(公雅)寺(青海省嚢謙県)、そしてラルン五明仏学院は直ちに多数の僧尼を玉樹に派遣した。

図8-1は第五章と第七章で論じたラルン五明仏学院が派遣した「セルタ・ラルン慈悲救援隊」(以下、仏学院救援隊と呼ぶ)であり、宗教者の震災救援活動の中で筆者は最も注目している。第五章では、宗教政策を担当する中国共産党の四川省統戦部が二〇〇〇年と二〇〇一年に仏学院に対して大規模な粛正を実施した事件を紹介し、粛正に至った理由を考察した。第七章では、一九九〇年代以降仏学院がチベット仏教に関心を寄せる漢人信徒の聖地として、新たな役割を担い始めた状況を見てきた。仏学院と言えば粛正事件がクローズアップされることが多いが、その点を強調しすぎると仏学院が有している多様な役割と実像を見失いかねない。

本章では青海地震の救援活動に参加した仏学院の行動と役割に着目することで、胡錦濤政権下の宗教政策の特徴と動向を探っていきたい。[3] 先ず、仏学院が参加した「二〇一〇年青海省大震災救援活動」の内容を、漢人信徒の手記から紹介する。次に、結束型と橋渡し型の両面から、ソーシャル・キャピタルとしての仏学院の存在意義を明らかにする。そして、胡錦濤政権が掲げる宗教政策の特徴を確認し、粛正を受けた仏学院が救援活動に参加した事例を通して、中国における「宗教の社会貢献」の特質を考える。

一―二　ソーシャル・キャピタルと「公益活動」

ソーシャル・キャピタル（社会関係資本）とは、人々の協調行動が活発化することにより社会の効率性を高めることができるという考え方である。具体的には他人に対して抱く「信頼」「お互い様」という言葉に象徴される「互酬性の規範」、人や組織の間の「ネットワーク」の重要性を説く概念である［稲葉 二〇一一：二］。ソーシャル・キャピタルには、同じグループ内での結束を固めるような内向きな「結束型」と、異なるグループの橋渡しをするような水平的ネットワークを形成する「橋渡し型」がある。本章では、仏学院を「結束型」ネットワークの象徴として捉え、震災救援活動を通じたチベット人と漢人・台湾人の協力関係を「橋渡し型」ネットワークの形成と見なして論じる。

章題に用いた「公益」という用語は漢語である。「公益」という概念は胡錦濤政権の「宗教と和諧」政策を読み解くための重要な鍵であり、「宗教の公益活動」は「宗教の社会貢献活動」という概念も内包している。中国は中国共産党の独裁国家であり、党が宗教政策を決定し、政府が宗教管理を行っている。政府が公認した宗教組織といえども自由な宗教活動が認められているわけではない。宗教者は常に政治の動向に敏感でなければならず、政治が許容する宗教活動の範囲を見定めておかねばならない。

仏学院は共産党の統一戦線活動や愛国主義教育という政治的な制約の中で不自由な活動を強いられてきたが、ジグメ・プンツォ学院長は宗派を問わずチベット人の学僧と漢人信徒を受け入れてきた。そして二〇一四年現在の仏学院はすでに粛正の対象ではなく、チベット人社会と漢人社会に自発的な関わりを求める組織へと発展してきた。胡錦濤時期の宗教政策の特徴は、宗教を鳥籠の中に閉じ込め管理するだけではなく、多くの国民が格差に悩み不安を抱える現在の社会に宗教組織が関わることで利他の精神を発揮させたことである。

一―三　関連文献

次に、本章の先行研究と関連文献について説明する。

(1)「「復興元年」を迎えた中国宗教」〔清水 二〇一〇〕
(2)「中国の宗教政策と信教の自由」〔土屋 二〇一〇〕
(3)『中国のＮＰＯ――いま、社会改革の扉が開く』〔王名・李妍焱・岡室 二〇〇二〕
(4)『台頭する中国の草の根ＮＧＯ――市民社会への道を探る』〔李妍焱 二〇〇八〕
(5)『中国都市社会と草の根ＮＧＯ』〔古賀 二〇一〇〕
(6)『中国の市民社会――動き出す草の根ＮＧＯ』〔李妍焱 二〇一二〕
(7)『変わる中国――「草の根」の現場を訪ねて』〔麻生 二〇一四〕
(8)『中国宗教公益事業的回顧与展望』〔張士江・魏徳東 二〇〇八〕
(9)『中国ＮＧＯ――非政府組織在中国』〔若弘 二〇一〇〕

中国におけるチベット仏教の動向を公益活動やソーシャル・キャピタルの視点から論じる試みは本書が最初である。胡錦濤政権の宗教政策を探る上で重要な文献は(8)であり、党・政府・愛国的宗教組織が連携して開催した「第一回宗教と公益事業フォーラム」(二〇〇七年、北京)に関する詳細な資料が掲載されている。(8)のフォーラムで議論された結果を受け、第十七回党大会で党規約が改正され、党の宗教政策に新たな指針が示された。(1)と(2)は党大会と宗教政策の関係に注目したジャーナリストと法学者の論文である。

ソーシャル・キャピタルという概念に着目する上で、(4)(5)(6)の「中国の草の根NGO」、(3)の「中国のNPO」、(7)「中国――「草の根」の現場」という視点は大変有用である。しかし、(3)―(7)には「宗教と草の根」の関係への言及はなされていない。その他、中国の宗教状況と「公益活動」を考える上で、『社会貢献する宗教』［稲場・櫻井編 二〇〇九］及び、タイ・インド・サウジアラビア等の宗教事例を分析した『アジアの宗教とソーシャル・キャピタル』［櫻井・濱田編 二〇一二］は大きな示唆を与えてくれた。

二　玉樹の民族と宗教事情

玉樹県は青海省の中心地である西寧市から南西へ八百二十キロメートル離れた奥地にある。四川省甘孜州の北西部に隣接しカムの文化圏に属している。現在、人口の八割がチベット人であり、漢人とイスラム系住民が二割を占める。町の中心部にあるチベット仏教サキャ派の名刹ジェグ寺とイスラムのモスクが住民たちの信仰の拠点である。

筆者は一九九七年に初めて玉樹県を訪問した際、丘の上にあるジェグ寺から眺めた町は、道路も民家も畑もすべてが茶褐色であった。郊外の畑では農民が牛を使って畑の土起こしを行い、目抜き通りでは屈強な男が数珠を繰りながら絨毯や馬具、仏具を商っていた。路傍では行者風の老人が物乞いをし、蛇を扱う大道芸に人だかりができていた。自動車や馬車が通れば土埃が舞い、馬に跨った遊牧民がわが物顔で町を歩いており、イスラム系住民や漢人の姿はまばらであった。町外れにはジャナマニと呼ばれる巨大なマニ塚があり、真言や経文、仏像が刻まれた石が無数に積まれている。チベット人の老若男女はマニ塚を時計回りに歩き、日々功徳を積んでいる。玉樹は唐と吐蕃を結ぶ唐蕃古道の中継地でもあり、吐蕃に嫁いだ文成公主を記念した大日如来廟もある。

ところが、震災の前年にあたる二〇〇九年に再訪すると、町の姿は一変していた。中心部の通りは拡幅されアスファルトが敷きつめられていた。両脇の民家や商店はすべてビルに建て替えられ、土木建築工事に従事する漢人労働者の姿が目立った。郊外の巴塘《バタン》には空港が完成し、玉樹はチベット文化を体験する漢人観光客を意識した町へと変貌していた。

ジェグ寺は僧坊が増加し、経堂も修復されていた。寺院には少年僧が学ぶ「ジェグ寺利衆学院」が新設され、十歳から十五歳位の少年僧が読経の訓練を受けていた。少年僧は大半が自宅通学であり、政府の方針で寺院に入ることを許されていなかった。地方政府が定めた寺院定員制と出家の年齢制限が理由である(4)。彼らは漢語が流暢であり、休憩時間に話しかけると「早く携帯電話が欲しい」「西寧の映画館へ行きたい」と語る現代っ子であった。ヒトやカネの流入により、かつての茶褐色の町は、十数年の時を経て都会の世俗に染まった町へと変わった。しかし、震災により僧院は経堂も僧坊も壊滅的な被害を受け、多数の僧侶が命を落とした。

玉樹県はチベット人とイスラム教徒が混住する町であり、二〇〇六年県中心部の結古鎮にようやくモスクが完成した(図8-2)。かつて最盛期には三万人のムスリムがこの町で暮らし、運輸や薬材、毛皮の売買で玉樹の経済を支えてきた。しかし、その後何らかの事情でムスリムの数は六千人にまで減少し勢いを失った。中華人民共和国建国以前の時期、玉樹県にモスクが存在したことを確認することはできない。『玉樹蔵族自治州志』にも『玉樹県志』にもこの地域におけるイスラム教とムスリムに関する記述はない。中国建国後もモスクが存在しなかった理由は、玉樹州全域は圧倒的にチベット人の勢力が強く、党や政府の要職はチベット人と漢人が占めている。加えてチベット人とムスリムは不仲であることが原因である。筆者は二〇一三年八月に玉樹州の雑多県《ザドゥ》(rdza stod)で宗教状況に関する聞き取り調査を行った際、県中心部で暮らすムスリムがチベット人の役人に強い嫌悪

図 8-2　震災前の玉樹県結古鎮のモスク（2009 年 8 月筆者撮影）

感を示した。雑多県では現在もモスクの建設が許可されず、筆者は民家を利用してひっそりと礼拝が行われていることを確認した。同様に玉樹州嚢謙《ナンチェン》県でもモスクは見あたらなかった[5]。

玉樹県結古鎮のモスク西側にはイスラム教徒の居住区が広がり、食品や雑貨、金物職人を中心とした個人商店が軒を連ねていた。モスク建設後、玉樹州内の他県から移住したムスリムの例もあり[6]、居住区の商売は賑わいを見せていた。震災により玉樹県では六十五人のムスリムが犠牲となった。モスクは正面の瓦屋根が大きく歪み、内部は床が崩落し全壊となった。震災当日の午後、青海回族サラール族救援隊がハラール（イスラム法で許された）食品と医薬品を準備して現地へ向かった。現在流通している医薬品の多くは豚由来の分解酵素が使用されているため、ムスリムが使用可能な医薬品は限られているからである。緊急時ではあったが、玉樹のムスリムはハラールの到着を待った[7]。

三　青海地震と仏学院の救援活動

チベット高原はユーラシアプレートにインドプレートが衝突した結果隆起してできたものである。高原全体に衝突のひずみが蓄積されたことにより多くの活断層が形成され、各地で頻繁に大小の地震が発生している。甘孜

図 8-3　政府系雑誌『中国宗教』に掲載された僧の救援活動

州内では一九七三年の炉霍地震により、二千人を超す死者が出たことが今も語り継がれている。今回の青海地震を引き起こした玉樹断層は、二〇〇八年四川地震の原因となった鮮水河断層の一部である[8]。チベット高原では消防を中心とした防災対策や災害救助の組織が未整備であるため、近隣の僧院が自主的に地震発生後の初期救助にあたることは珍しくない。

雑誌『中国宗教』によると、青海地震の直後に玉樹県の龍西寺、称多《チンドゥ》県(khri 'du)の竹節寺等、二十以上の僧院から二千人を超す僧と尼が玉樹県に駆けつけたことが報告されている[中国宗教編集部 二〇一〇：二〇][9]。消防、公安、武装警察部隊といった政府の救援態勢が整わない間、僧侶が中心となり犠牲者への読経や障害物の撤去、生存者の救出にあたった。

記事の中では紹介されていないが、現地で救援活動の陣頭指揮を執ったのはラルン五明仏学院のケンポ・ソダジと玉樹一帯で信望の厚いコンヤプ寺のケンポ・カルツェ他である。以下、インターネット上に掲載された漢人信徒の手記を要約して紹介する[10]。

【四月十五日】　震災発生の翌日、仏学院教務課は緊急通知を発令した。「本学院は十六日にケンポ・ソダジを責任者とする慰問医療チームを現地へ派遣する。学院生は広く義捐金の呼びかけを行い、各自の経済状況に応じて寄付を行うこと。被災地に近い漢人信徒グループは救援物資の購入と運搬に、医療関係者は医療救援活動に尽力すること」[11]。午後四時、ケンポ・ソダジは予定を早め、九台の車を連ねて約六百キロメートル離れた玉樹県結古鎮へ向かった。同行したのは医療チームを中心とした四十八人。学院内の診療所には、チベット医学を修めた僧や西洋医学を学んだ漢人信徒が常駐し、医薬品も常備している。学院・僧尼・信徒から寄せられた義捐金は百六十万元（当時のレートで約二千万円）に達した。仏学院幹部も車に医薬品や物資を満載し、約五百人の僧を従えて現地へ向かった（図8-4）。玉樹出身の僧尼約五百人も各々車をチャーターして故郷を目指した。

【十六日】一行は昨夜甘孜で宿泊した後、物資を買い足して午後七時に玉樹へ到着した。ここは海抜四千メートルに位置するため、四月中旬でも日が暮れると気温は零下十度まで下がる。住居を失った被災者は寒風の中、路上に横たわっていた。四川省成都では漢人信徒が寝具、防寒着、食糧等大量の物資を調達してトラックを走らせた。

【十七日】救援隊は持参したテントを設営し、処置室・点滴室・薬局を開いた。仏学院から医療隊がやって来たというニュースが広まると、一日に千人もの患者が列を作った。漢語の不自由なチベット人は仏学院の僧侶や医師に全幅の信頼を寄せた。チベット語を解さない漢人の僧侶や信徒はトラックの荷台にコンロを設置して食事係を務めた。青海省の漢人信徒グループが四台の車で到着した。ケンポ・ソダジは仏学院から個別に駆けつけた約二百人の僧を集めて救援隊を組織し、自ら瓦礫の山を掘り始めた。僧侶は水や食糧を配りながら、必要な者には現金を手渡して歩いた。

図8-4　被災地へ向かうラルン五明仏学院のトラック

午前中、青海省政府の決定に基づき、地元ジェグ寺の僧が約一千の遺体を火葬にした[12]。玉樹では天葬（鳥葬とも言う。遺体を裁断しハゲワシ等に食べさせる）を行うのが普通であるが、多数の遺体を同時に葬る必要があり、かつ感染症の発生を防ぐ目的で政府は火葬の実施を決定した。場所は玉樹の天葬台付近が選ばれ、僧尼が亡骸を丁重にトラックへ運んだ。十五日の政府規定には身元が判明していない場合は写真を撮りＤＮＡを採取し保管すると記されているが、実際の措置は不明である。ゾクチェン寺の高僧テンジン・ルント・ニマ（bstan 'dzin lung rtogs nyi ma）をはじめ数百の僧尼が読経を行った。[13] ケンポ・ソダジも仏学院の僧を率いて天葬台へ駆けつけた。

一方、仏学院では早朝六時にドゥンチェン（チベットホルン）の音が鳴り響いた。約五十の遺体を載せたトラックやタクシーが玉樹から到着していた。遺族は火葬ではなく仏学院での天葬を強く望んでいたからだ。「ラルンで天葬された者は地獄・餓鬼・畜生（三悪趣）に落ちない」という故ジグメ・プンツォ学院長の教えに基づき、仏学院にはこれまでもほぼ毎日青海省や甘粛省から遺骸が運ばれてきていた。数千の僧尼は一斉に読経を行い、死者の魂を鎮めた。

図 8-5 火葬場で読経するケンポ・ソダジ（中央）

【十八日】ケンポ・ソダジは昨日天葬台近くに設けられた臨時の火葬場へ向かい祈りを捧げた（図8-5）。遺族は遺骨や遺灰を受け取ることができなかったが、仏学院のケンポの読経は彼らの心の痛みを和らげた。そして七百人の僧侶はトラック十五台分の物資と三百十万元もの義捐金を渡して歩いた。仏学院では漢人の僧尼と信徒により、震災犠牲者を弔う法会が開かれた（図8-6）。この日も仏学院には多数の遺体が運び込まれ、天葬が執り行われた。仏学院のもう一人の指導者であるケンポ・イェシェ・プンツォがこの日、救援物資と義捐金を持って玉樹を目指した。

【十九日】二人のケンポは玉樹県のチャング（禅古）寺（khri 'gu dgon pa）へ

図8-6　ラルン五明仏学院で祈禱する漢人信徒

向かった。寺院は全壊し、三十一人の僧侶が犠牲となった。ビルの倒壊現場は依然として遺体の捜索が進まず、各地から駆けつけた僧が懸命にレンガ片を運び出した。捜索を中止した政府救援本部の公安局員や武装警察部隊とのトラブルも発生し、僧侶の救援活動はしだいに制限を受け始めた。

【二十日】仏学院救援隊は玉樹から撤退し、石渠を経て色達へ向かった。医療隊も僧侶も疲労の限界に達していた。玉樹に隣接する石渠も被害を受け、死者が出ていた。甘孜へ帰る道中、救援物資を満載したトラック数十台とすれ違った。仏学院では天葬を望む多くの遺体がケンポの帰りを待っていた。

四　ソーシャル・キャピタルとしての仏学院

四-一　橋渡し型のネットワーク

図8-7は甘孜州内を走る路線バスであり、そのフロントガラスに掲げられた肖像は仏学院の故ジグメ・プンツォ学院長である。中国のチベット人居住地区では、自家用車やタクシー、トラックを問わず、車内に地元住民

図8-7　バスに掲げられたジグメ・プンツォの肖像(2005年8月筆者撮影)

や運転手が帰依する高僧の写真が飾られている。肖像には高僧への敬意と交通安全への願いが託されている。甘孜州内で最もよく見かける写真はジグメ・プンツォであり、青海省の玉樹州でも確認できる。

仏学院ではソダジ、イェシェ・プンツォ、シェーラ・ゾンボといったケンポ(学堂長)やラマ(師僧)のもとに学僧が集い指導を受けている。ケンポと学僧から構成された集団は閉鎖的で縦の関係にあり、学僧のケンポに対する学問的人格的信頼は非常に強い。各ケンポは漢人や華人の出家者や在家信徒も抱えており、教師と弟子の間には多層的な結束型のネットワークが確認できる。一方、仏学院のジグメ・プンツォ学院長はニンマ派の高僧であるが、東チベットの広範囲で宗派を超えた信仰の象徴と見なされており、文化大革命終結後、学院長の持つ宗教的指導力が地域の安定と民族の団結を支えてきた。同時に学院長の存在は仏学院内の異なる宗派、複数の学堂、チベット人出家者と漢人・華人信徒を結びつける橋渡し型のネットワークを形成してきた。

震災直後にケンポ・ソダジが多数の学僧を率いて玉樹に到着した際、民衆は歓喜の涙を流しながら迎えた。瓦礫の下に埋まった同胞を献身的に救い出す僧侶の姿は人々に希望と勇気を与え、亡くなった幼児を抱きかかえて読経する尼僧の姿は遺族の心を打った。政府や軍も救護所を開いたが、負傷者は設備の劣る仏学院の救護テントに長い列を作った。震災は仏学院と被災地を結ぶ信頼の絆の強さを改めて浮き彫りにしたのである。ジグメ・プンツォは二〇〇四年に圓寂したが、肖像は今も東チベット各地のニンマ派寺院や商店、車内で見かけることができる。彼が設立した仏学院は民族と宗教が持つ信頼・規範・互恵といった多様な要素を内包しており、今後も東チベットの結束力を強める存在であり続けると言える。

四―二　仏学院救援隊に参加した漢人信徒

二〇一一年八月、筆者は仏学院にて五回目の調査を行った際、救援に参加した漢人信徒（女、四十代、東北地方出身）から話を伺うことができた。以下に要約する。

構成員はケンポ・ソダジ、チベット人僧尼、漢人信徒であった。常時五十から七十人が物資の配給、救護所の運営、食事係を務めた。漢人信徒はチベット語を理解できないため、主に食事係と雑務を担当した（図8-8）。炊事道具や米、穀物、小麦、調味料等は仏学院から持参したものもあれば、甘孜や石渠で購入したものもある。食事は隊員や応援の僧侶たち、そして被災者にも配られた。コンロと鍋の数に限りがあったため、成都や西寧から到着した大量の食材をうまく活用できなかった。途中から台湾人信徒や重慶市から来た尼僧も加わり、負傷者の応急処置や毛布の確保に奔走した。捜索活動や遺族への対応はチベット人僧侶が担当した。隊員すべてが顔見知りではなく、言語の違いからコミュニケーション不足を感じることもあった。興奮し悲嘆の表情の被災者も「仏学院からケンポ・ソダジが駆けつけた」と聞くと、しだいに平静さを取り戻していった。日増しに軍人や公安関係者の数が増え、仏学院の救援活動全般に制限

図8-8　食事係を務めた漢人信徒と僧

が加えられていった。

　仏学院の構成員は九割強がチベット人、一割弱が漢人である。ケンポ・ソダジは漢人の僧尼や信徒を統括する責任者であり、午前中に漢語で講義を行っている。同時にチベット人の弟子も多数抱えており、不定期に少人数を相手に指導を行っている。使用する言語や教材が異なるため、平素学院内でチベット人と漢人が親密な交流を行うことはなく、僧坊を行き来することもない。これまでの状況を踏まえれば、今回両者が協力して震災支援活動に尽力したことは注目に値する。

　救援隊には都市部の漢人在家信徒も加わり、相互の信頼関係が構築され、民族を跨いだ信仰の力が発揮された。つまり、ケンポ・ソダジへの尊敬の念がチベット人と漢人、台湾人を結ぶ紐帯となり、救援活動を通じて橋渡し型ネットワークが一時的に形成されたことは注視する必要がある。しかし、遠隔地の在家信徒や台湾人信徒も加わり多様性を発揮したネットワークは、救援活動の終了とともに、しだいに元の希薄な関係に戻っていった。

五　胡主席・温総理の玉樹慰問と民族・宗教対策

　玉樹州はチベット人の占める割合が高く宗教活動が盛んな地域である。今回の青海地震が二〇〇八年四川地震と大きく異なる点はここにある。中国政府はチベット人居住地区で起こった震災であることを重視し、素早い対応をとった。以下、時系列に沿って説明する。

【四月十四日】地震発生から二時間後、チベット自治区党委員会書記張慶黎と自治区政府主席ペマ・ティンレー（pad ma 'phrin las、白瑪赤林、一九五一―）はチャムド（昌都）地区の消防隊と地震局に緊急出動を命じた[14]。チャムド（海抜約三千二百メートル）と玉樹（同約三千七百メートル）の距離は約六百キロメートル。省都西寧と玉樹を結ぶ幹線道路は寸断されており、玉樹の人口の大半は漢語運用能力の低いチベット人であることから、自治区のチャムドが救援の第一陣を送ることになり、指揮車と救助用大型重機そして医療チームが先遣隊として出動した。玉樹の地理的条件、民族と言語の問題を考えれば賢明な判断であった。その後、成都や蘭州から到着した救援隊員や救助犬は高度順化に苦労し、体調不良を訴える者が続出したからだ。北京から回良玉（一九四四―）副総理が、西寧から青海省トップの強衛（一九五三―）党委員会書記が直ちに玉樹空港へ向けて飛び立った。

【十六日】午後、温家宝（一九四二―）総理が北京から玉樹に向かった。同行者には孟建柱（一九四七―）公安部部長も含まれていた。公安部部長は中国の警察部門の最高責任者であり、被災地で救援策をめぐる不満から民族問題、宗教問題に根ざしたトラブルが噴出するのを未然に防ぐ狙いがあると考えられる。二〇〇八年の四川地震と異なり、青海地震では政府が外国メディアの現地取材を拒否しなかったという事情も背後にある。夜、温総理は救援対策本部を訪問し激励した。

【十七日】総理は引き続き孤児院学校や医療テントを訪問し、被災者を励まし党と政府の強力な支援を約束した。(15)今回の慰問で最も注目される点は、総理がチベット仏教カギュ派チャング寺を訪問したことである（図8-9）。寺院が全壊し僧侶に多数の犠牲者が出たことを踏まえた上での慰問であった。武装警察部隊は埋もれた仏像や仏具を掘り起こし、厳重な管理を行った。総理の行動は現地のチベット人や国内外の宗教関係者に向かって政府が宗教活動を重視する姿勢を見せるためであり、支援を申し出ているインドのチベット亡命政府への間接的なメッセージも含んでいた。そして総理は二十二日からの東南アジア歴訪の予定を延期した。

【十八日】一方、胡錦濤国家主席はブリックス首脳会談に参加するためブラジルを訪問中であったが、急遽帰国し十八日に玉樹へ入った。胡主席は前年七月にも、新疆ウイグル自治区での騒乱発生を受けて、イタリアサミット出席を取りやめて帰国している。「二〇〇八年チベット騒乱」の際、青海省チベット地区では政府に対する激しい抗議行動が各地で行われた。国家主席の緊急帰国は民族問題をめぐる党中央指導部の危機感の表れであり、対応の遅れが国家秩序の大混乱を招くことを強く意識した行動であった(図8-10)。中央軍事委員会主席を兼務する胡錦濤は、今回郭伯雄(一九四二―)軍事委員会副主席を伴って現地入りし、復興作業と治安維持対策を強化する目的で人民解放軍の大量動員に号令をかけた[16]。胡主席の慰問に合わせて、青海省民政庁は見舞金の内容を発表した。家族が死亡した遺族に八千元、身寄りを失った子供・老人・障害者に月額千元、生活困窮者に一日十五元と食糧五百グラムを支給する[17]。これらは胡主席の指示で実現したものである。手厚い援助を拒む者はいないが、四川地震で被災した漢人から「民族問題を抱えた地域への優遇策は逆差別」という反発が当然出てこよう。

図8-9　チャング寺を訪問した温家宝総理

以上、胡錦濤国家主席、温家宝総理、回良玉副総理、孟建柱公安部部長が震災に対して迅速に政治対応を行ったことを確認した。彼らの行動の目的は党と政府による震災救援活動の支援であるが、民族問題と宗教問題を抱えるチベット人居住地区の治安維持に神経を尖らせていたことがわかる。政府の救援隊は不明者の捜索を早々に打ち切り、被災地域の騒乱発生を未然に防ぐための対策を重視したことから、公安と軍幹部の同行は救助よりも治安対策を優先させたことは明らかである。共産党の民族政策と宗教政策には、軍警との緊密な連携が組み込まれていることに注目したい。

これらの政治行動は、中国共産党が第五回チベット工作座談会（二〇一〇年）で定めた「チベット政策の指針」に基づいたものである（第一章参照）。具体的には、二つの重要事項の中の「政治情勢の安定」、四つの確保の中の「治安維持と国家の安全」、五つの擁護の中の「社会の安定」である。「指針」の原型は、一九九〇年に胡錦濤がチベット自治区党委員会書記の時に定めたものであり、江沢民総書記も承認していた。この「指針」は全民信教のチベット地区を対象としたものであり、共産党の宗教政策と関連した事項も含まれている。党の指導部が災害時の視察に宗教施設を訪れることは極めてまれである。それゆえ温家宝総理のチャング寺訪問は、宗教政策に基づく「政治情勢の安定」と「社会の安定」、そしてチベット亡命政府へのメッセージ伝達を意図したものであった。

図8-10　救援部隊を激励する胡錦濤国家主席

六　民衆の願いと招かれざる「愛国活仏」

震災から三日後、ダライ・ラマ十四世は亡命先のインドから被災者と中国政府にメッセージを送った(18)。一部を引用する。

中国指導部が被災地を訪問してくださったこと、とりわけ温家宝首相が被災地の慰問を自ら申し出られ、救援活動を指揮してくださったことに対し、称賛の意を表明します。被災直後にメディアが現地に入り、報道が行なわれたことにも感謝しています。（中略）今回の地震が発生した玉樹（ケグドゥ）は、図らずも、故パンチェン・ラマと私が生まれた青海省にあります。現地の人々の希望をかなえるという意味でも、私は、被災地を慰問したいと切に望んでいます。（小池美和訳）

ダライ・ラマ十四世の故郷は現在の青海省平安県、故パンチェン・ラマ十世は現在の青海省循化県である。玉樹では被害状況が深刻になるにつれ、ダライ・ラマの慰問を望む声が民衆の間で高まっていった。ダライ・ラマの申し出に対して、四月二十日、外交部（外務省に相当）定例記者会見にて姜瑜副報道局長は次のように答えた。[19]

現在、救助の手は足りており、物資は続々と被災地へ運ばれています。被災者は適切な救助と安心を得ています。同時に政府は現地住民の宗教信仰と風俗習慣を十分尊重し、被災者の心理的ケアもしっかり実施し、宗教面での祈りや弔いの活動も順調に行われています。

辛辣な発言と鋭い視線で有名な姜瑜副報道局長は法王の訪問については直接言及せず、中国政府の救援活動が円滑に行われていることを強調することで訪問の受け入れを間接的に否定した。その後、この日の定例記者会見におけるダライ・ラマ関連の報道官発言は外交部のウェブサイトから削除された。[20] 二〇〇九年八月、筆者が玉樹県結古鎮を訪問した際、仏具店や茶館にはダライ・ラマや同じくインドに亡命したカルマパ十七世の肖像写真が堂々と掲げられていた。瓦礫の中からも法王の肖像は多数見つかっており、共産党による一定の規制は存在するが、東チベットに限って言えば肖像をめぐる管理や規制は比較的緩やかである。共産党はダライ・ラマの玉樹訪問を拒否した後、北京に居住するパンチェン・ラマ十一世（ジェンツェン・ノルブ、rgyal mtshan nor bu、一九九〇―）

の派遣を決定した。そこにはダライ・ラマと亡命政府の動きを牽制する共産党の意図が隠されている。

震災からちょうど一ヶ月後の五月十四日、玉樹の七人の化身ラマが玉樹空港でパンチェンの到着を出迎えた。[21] パンチェン・ラマ十一世は一九九五年に中国政府が認定した「愛国活仏」(政府を支える愛国的宗教指導者)であるため、チベット人に受け入れられているとは言い難い。同年にダライ・ラマが認定したパンチェン・ラマ十一世(ゲンドゥン・チューキ・ニマ、dge 'don chos kyi nyi ma、一九八九―)は、中国当局により隔離され現在も行方不明である。ただし、ペマ・ティンレーチベット自治区主席は二〇一〇年三月、「彼は一般市民として生活している」と語っている。[22]

図8-11　政府要人として玉樹を訪問したパンチェン・ラマ11世(中央)

招かれざる「愛国活仏」を乗せた車は、当局に動員された多数の僧と民衆の「祝福」を受けながらジェグ寺に到着した。大経堂が全壊したため、仮設テントの中で法会を執り行い死者を弔った。午後はチャング寺にて同様の法会を行った。パンチェン・ラマ十一世は現在中国人民政治協商会議全国委員会常務委員、中国仏教協会副会長という政治と宗教の要職にあり、北京で暮らしている。図8-11は共産党の統一戦線活動と宗教政策を支える要人として、玉樹の解放軍と武装警察部隊を激励する姿である。共産党がパンチェン・ラマ十一世を派遣した意図は、「チベット政策の指針」五つの擁護の中の「社会の安定」「祖国統一」「民族の団結」を内外に示すためであった。とりわけ、中国政府が認定した高僧が立派に宗教活動を行っていることを亡命政府に誇示する狙いがあった。高僧が解放軍と武装警察部隊を激励する写真を公表したことには、軍警が共産党の宗教政策の一翼を担っていることを示す意図が透けて見える。パンチェン・ラマ十一世が生涯背負い続けなければならない政治的役割は、「愛国活仏」という言葉で片づけられるほど軽いものではない。玉樹のジェグ寺はパンチェン・ラマ九世がチベットに戻る途中、圓寂（一九三七年）した地でもある。このような理由から、玉樹の僧俗は宗派にかかわらずパンチェン・ラマに愛着を持つ者が多いため、今回の「愛国活仏」の視察は震災で大きく傷ついた被災者の感情を逆なでする結果に終わった。

七　国家宗教事務局が主導した震災犠牲者追悼法要

震災発生から四十九日目にあたる六月二日、玉樹県で大規模な追悼法要が営まれた。法要は中国仏教協会が派遣した副会長の学誠法師（一九六六—）が中心となり執り行われた。その概要を雑誌『中国宗教』の報告から紹介する［李凝 二〇一〇：一二—一三］。

中国仏教協会は中国共産党が統一戦線活動を推進する過程で一九五三年に設立した愛国宗教組織の一つであり、漢伝仏教、蔵伝仏教（チベット仏教）、南伝仏教を包括している（第一章参照）。「会則」に「全国各民族仏教徒の愛国愛教を引率し、中国共産党の指導と社会主義制度を擁護する」と記されていることが、何よりもこの組織の性格を示している。(23) 学誠法師に随行した役人の一人は、国家宗教事務局の王哲一・業務一司長である（業務一司は仏教と道教を管轄する部署）。

六月二日、学誠法師を代表とする漢伝仏教の高僧七人とチベット仏教僧約三百人が犠牲者を悼む法要を行い、地元の宗教関係者と政府宗教事務局の幹部に面会した。そして学誠法師と各地の仏教協会代表（河北省、上海市、陝西省、広東省、江蘇省、黒龍江省等）が、甚大な被害を受けたジェグ寺（サキャ派）、チャング寺（カギュ派）、ダンカー（当卡）寺（'dam dkar dgon pa、カギュ派、青海省玉樹県）の民主管理委員会の代表に三百四十万元の義捐金を手渡した（図8-12）。この時点でジェグ寺八人、チャング寺三十一人の死亡が確認されていた（政府発表）。

中国仏教協会の呼びかけにより、当日同じ時刻に、伝印法師（中国仏教協会会長、一九二七―）は広済寺（北京）で、パンチェン・ラマ十一世（同副会長）は雍和宮（北京）で、フーバーロンツォムムン（同副会長、祜巴龍庄勐、一九六〇―）は総仏寺（雲南省シーサンパンナ）で法要を営んだ。更に仏教聖地の五台山（山西省）や普陀山（浙江省）、政府と良好な関係にある玉仏寺（上海）、ラサのトゥルナン寺（チベット自治区）等、全国の主要仏教寺院でも同様な追悼行事が執り行われた。

図8-12　法要終了後，義捐金を玉樹のジェグ寺等の代表らに手渡す学誠法師（中央）

これら一連の宗教行事は中国仏教協会が主催したものであるが、実際に行事を企画し事務的な準備を進めたのは国家宗教事務局である。筆者は学誠法師とともに玉樹を訪問した王哲一が法要運営の責任者であると考える。通常、中国仏教協会を構成する漢・チベット・南伝の三組織はそれぞれ独自の宗教活動を行っており、合同で行事を行うのは国家宗教事務局から政治的な要請を受けた時のみである。したがって、玉樹の合同法要は本来の宗教色が薄れ、政治色の強いものに終わってしまった。このように政治が宗教に社会性を帯びた活動を要請するのは胡錦濤時期における宗教政策の特色である。

八　宗教の「社会貢献」と「宗教と和諧」政策

八―一　第十七回党大会と「中国共産党規約」（二〇〇七年）

ラルン五明仏学院は最盛期の二〇〇〇年頃、一万数千人の学僧を擁していた。年々過熱する宗教状況に業を煮やした中国共産党中央統戦部（宗教政策を担当する部署）が二〇〇〇年から〇一年にかけて大規模な粛正を断行したことは第五章で述べたとおりである。二〇〇二年から〇八年の間、仏学院の入口には公安局の検問所が設けられ、部外者による写真撮影と外国人の立ち入りが禁止された。二〇〇四年に学院長が圓寂した後、二〇〇八年頃から共産党は態度を軟化させた結果、再び仏学院に「自由」の風がもたらされた。

そして、二〇一〇年青海省玉樹州で大震災が発生した。この時、玉樹州に隣接するラルンやゾクチェンの仏学院、セルシュ寺の救援隊が現地入りする際に地元の政府は一定の便宜をはかった。被災地はチベット人の割合が八十パーセントを占め、民族問題と宗教問題が複雑に絡み合った地域だからである。混乱の発生を防ぐには、解放軍や武装警察部隊の力に頼るだけでは不十分である。民衆が信頼する高僧や僧尼の存在と彼らの救援活動が被災地の安定確保に役立ち、「公共の利益にかなう」と地元の政府は判断したようだ。震災の翌月、政府系雑誌『民族』は、「ラルン五明仏学院が義捐金二百万元と三十万元相当の物資を届け、五百人の僧が救援活動に参加した」という内容の記事を掲載し、宗教組織の利他行為を称讃した。(24)

共産党が仏学院への対応を変えた背景には、二〇〇七年に党が宗教政策に新たな役割を加えたことと関係する。

十月に開かれた第十七回党大会で胡錦濤総書記が政治報告を行い、自らが提唱した政治理念「科学的発展観」（経済、社会、環境等、バランスのとれた発展を目指す路線）を中国の経済成長と社会発展のための重要な指導方針と位置づけた。そして科学的発展観を貫徹するために、社会主義の「和諧（調和のとれた）社会」を築くことが必要だと述べた。党や政府幹部の腐敗、医療や教育の格差、失業者や非正規労働者、環境の悪化という社会の負の側面に目を背けることなく、解決の道を探る姿勢を示したのである。その具体策として、社会主義社会における宗教の果たす役割を政治報告の中で、「党の宗教活動に関する基本方針を全面的に実施し、宗教界の指導者と信者に経済と社会の発展を促す上での積極的な役割を発揮させる」と表現したのである。そして十月二十一日の党大会で、改正した「中国共産党規約」を採択し、冒頭の「総則」に新たな宗教政策の文言を追加した。

中国共産党は平等、団結、互助、調和のとれた社会主義の民族関係を擁護発展させ、少数民族の幹部を積極的に養成選抜し、少数民族と民族地区の経済、文化、社会事業の発展を助け、各民族がともに団結奮闘し、ともに繁栄発展することを実現する。宗教事務に関わる党の宗教活動基本方針を全面的に貫徹し、信者たちと結束して経済と社会の発展のために貢献する。［中共中央 二〇〇七］

これまでの党規約（第十六回党大会、二〇〇二年）との違いは、「宗教は将来的に消滅する」と考えてきた共産党が、「信者たちと結束して経済と社会の発展のために貢献する」という文言を加えたことである。これは共産党が科学的発展観に基づく和諧社会を実現するにあたり、「宗教の社会貢献活動」を重視するという姿勢を表明したものである［清水 二〇一〇：三七―四二］［土屋 二〇一〇：三四―三五］。

胡錦濤のこの宗教政策は胡耀邦と江沢民の流れをくんだものである。第一章で紹介したとおり、チベット仏教に慈善活動や生態保護などの社会公益事業への参画を求めることを決定したのは、胡耀邦総書記が主宰した第二回チベット工作座談会（一九八四年）であった。そして、「宗教信仰者が持つ積極的な要素を活用する」という方針は、鄧小平時期の「中共中央一九八二年十九号文件」と江沢民が一九九三年に発表した宗教政策「三原則」の「宗教と社会主義社会の適応」を受け継いでいる。胡錦濤と胡耀邦はともに中国共産主義青年団（共産党の青年組織）の出身であり、胡耀邦は清廉かつ融和的な姿勢を持つ政治家としてチベット人にも受け入れられていたが、一九八九年執務中に志半ばで病に倒れて死去した。江沢民は胡錦濤を後継者として指名した人物である。党内の政治基盤が弱い胡錦濤は、三人の政策理念を継承し発展させて「宗教と和諧」政策にまとめ上げたのである。この新政策は二〇一〇年一月に国家宗教事務局が発表し、貧困扶助、災害救助、身体障害者や高齢者への援助、僻地での教育支援、ボランティア医療などの活動が期待されている。仏学院救援隊の震災支援活動は、「宗教と和諧」政策四項目の中の「宗教と社会の和諧」に位置づけられると考える（第一章参照）。

八―二　「宗教と公益事業フォーラム」（二〇〇七年）

胡錦濤時期の宗教政策を理解する上で重要な概念は「宗教の公益事業」である。党規約が改正される四ヶ月前に北京で、「第一回宗教と公益事業フォーラム」（二〇〇七年六月二十七日―二十九日、中国人民大学）が開催された（図8-13）。主催は中国人民大学宗教学系（政府への政策提言を行う国立大学）と河北信徳文化研究所（政府公認カトリック系ＮＧＯ）、共催は愛徳基金会（政府公認プロテスタント系ＮＧＯ）と進徳公益（政府公認カトリック系ＮＧＯ）である。

フォーラムは宗教指導者と宗教学研究者が三日間にわたり議論を重ねた結果、「宗教の公益事業は時代の要求にかない、われわれが和諧社会を築く上での必要に合致している」という結論を出した〔張士江・魏徳東 二〇〇八：

序二〕。災害援助、貧困救済、就学支援、医療活動等は本来政府が担う重要な施策であるが、経済基盤の弱い少数民族地区や内陸の農村部では行政の対応は極めて遅れている。都市部でも出稼ぎ労働者や非正規労働者が増加し、社会全体に政府への不満と将来への不安感が増幅してきた。政府は宗教活動の不法行為を監視しつつも、一方でキリスト教の慈愛や仏教の慈悲に支えられた自発的な社会支援活動と連携を強めることで、調和のとれた（和諧）社会の実現に努力するという内容である。その後、フォーラムの成果が新たな中国共産党規約に盛り込まれたと考えられる。

図8-13　第1回宗教と公益事業フォーラム（2007年6月27日—29日）

フォーラムを主催・共催した宗教NGOは、政府が設立と運営に関与した「官製宗教NGO」であり、中国仏教協会等の「愛国宗教組織」の系列にあるものが多い。特徴は行政との連携、情報統制や政治的タブーの存在、運営資金の不透明さ、人材育成の遅れ、外国組織との消極的な交流等である。中国では民生部（厚生労働省に相当）の民間組織管理局がNGOを管轄しているため、純粋に「非政府」とは言い難い面がある。

一方、仏学院は一九九七年に四川省宗教事務局が認可した民間の宗教教育機関である。玉樹の震災支援にあたった仏学院救援隊は民生部に未登記の一時的な組織であり、ケンポ・ソダジの門弟により構成された。他の地域の漢人信徒や台湾人が臨時に活動に加わったことから、草の根型の宗教NGOの特徴を兼ね備えている。[25]救援隊の活動は震災発生直後こそ、テレビニュースでも報道され称讃されたが、震災から二週間後、政府は仏学院の活動に関する報道を規制し、漢人信徒がインターネット上に掲げた記事や写真の多くを削除した。[26]中国において「草の根型宗教

NGO」は模索段階にあり、存在も活動も総じて不安定であり、時の政治情勢と社会状況に大きく左右されると言わざるをえない。

八−三　政府主導の「宗教間の和諧」

最後に、一例を示す。

二〇一〇年九月、玉樹ではモスク再建に向けた起工式が執り行われた(27)。政府は七百万元を負担し早期の再建を後押しした。青海省は西寧市と周辺地区を中心にイスラム勢力の強い地域であるが、チベット仏教とイスラム教の関係は必ずしも良好ではない。玉樹では復興事業と今後の経済活動の利権をめぐる両者の対立が火種となり、民族間の騒動に発展することも考えられる。政府は玉樹清真寺のアホン(イスラム教指導者)韓進城とチベット仏教チャング寺の高僧ロド・ニマ(blo gros nyi ma、洛卓尼瑪)が手を携え復興に協力する姿(図8−14)を強調することで、民族と宗教の「融和」を演出しているが、宗教が複雑に絡む被災地の復興は紆余曲折が予想される。実際、玉樹県ではチベット人を対象とした集合住宅の建設が進む一方、イスラム教徒の住宅や就業支援は後回しとなっている(二〇一三年八月筆者現地調査)。チベット系とイスラム系が静かに対立する中、このような政府主導によるチベット仏教とイスラム教の「融和」活動は、「宗教と和諧」政策の中の「宗教間の

図8-14　復興に「協力」するイスラム教指導者(左)とチベット仏教の高僧(右)

和諧」に相当する。

九　結　論

鄧小平時期に発表された「中共中央一九八二年十九号文件」は、「人類の歴史において、宗教は最終的には消滅すべきものである」、ただし「宗教はまたたくまに消滅するという考えは非現実的である」と述べている。前者はマルクス主義宗教観であるが、中国共産党は社会主義社会の現在においては、「宗教は長期的に存在する」という立場にある。そして、場合に応じて「宗教の積極的要素を引き出し、社会主義近代化の建設事業に奉仕させる」と述べている。

胡錦濤は科学的発展観に基づく和諧社会を実現するために、「宗教と和諧」政策を打ち出し、宗教に社会主義社会への貢献を求めた。具体的には「宗教内部の和諧」「宗教間の和諧」「宗教と社会の和諧」「政教関係の和諧」の四本柱を指している。この政策は唐突に提出されたものではなく、「十九号文件」及び江沢民が唱えた「宗教と社会主義社会の適応」（宗教政策「三原則」「四原則」）を踏まえたマルクス主義宗教観の中国化であると考えられる。

本章で論じた仏学院救援隊による震災救援活動は、仏教が本来持っている利他行為によるものであるが、政府が仏学院の積極的な活動を受け入れた背景には、地理的な要因の他に「宗教と社会の和諧」という新たな宗教政策の後押しがあったと理解できる。そして、中国仏教協会の追悼法要は、三つの組織が連携した点で「宗教間の和諧」、国家宗教事務局が主導した点から「政教関係の和諧」という要素を見いだすことができる。

「宗教ＮＧＯ」という観点からは、ケンポ・ソダジを中心とした信徒グループの救援活動は「草の根型宗教

NGO」の要素を備えており、チベット人と漢人、台湾人による民族と地域を超えた「橋渡し型」ネットワークの形成は、中国における宗教的ソーシャル・キャピタルの萌芽と見なすことができる。ただし、報道が規制されネット上から活動内容が削除された事実から、宗教的ソーシャル・キャピタルの形成に共産党は敏感であり、当局が許容する範囲内で活動しているのが現状である。したがって、胡錦濤の「宗教と和諧」政策には、宗教的ソーシャル・キャピタルの中国化という一面が内包されていると言える。

中国共産党の宗教政策は時勢と地域により実施方法と対応が異なるため、他の宗教組織による「草の根型宗教NGO」が、さまざまな「橋渡し型」ネットワークを育む余地は残されており、社会主義社会への適応を意識した「中国式宗教的ソーシャル・キャピタル」の芽を育む可能性がある。

（1）鄭漢良「青海結古寺活仏指死亡人数高達一万」(二〇一〇年四月二十日)、華語RFI（法国国際広播電台）(http://www.chinese.rfi.fr/ 二〇一四年三月三十日閲覧)。

（2）「玉樹結古寺賓館粉砕性垮塌多人被埋」(http://video.sznews.com/content/2010-04/15/content_4533537.htm 二〇一〇年九月六日閲覧)。

（3）本章は［川田 二〇一〇］、［川田 二〇一二］を再構成し加筆したものである。

（4）「中共中央一九八二年十九号文件」では、十八歳以下の者が寺に入ることを禁じている［中共中央 一九八二：六〇］。

（5）二〇一三年八月二十七日玉樹州嚢謙県香達鎮にてモスクが存在しないことを確認した。八月二十八日、二十九日雑多県薩呼騰鎮にてイスラム教徒への聞き取り調査を実施し、民家を利用した礼拝所を確認した。

（6）二〇〇九年八月四日玉樹県結古鎮にて、イスラム教徒から確認した。

（7）「青海玉樹清真寺恢復重建工程開工」(http://dev.gansudaily.com.cn/system/2010/09/02/011678406.shtml 二〇一〇年九月七日閲覧)。「回望玉樹清真寺」(http://www.qhsjzh.com/LYZZ/LYZZ/ESE/201009/695.html 二〇一〇年九月七日閲覧)。「玉樹地震中穆斯林的葬礼」(http://www.mslgyw.com/?action-viewnews-itemid-4458 二〇一〇年九月七日閲覧)。

（8）「二〇一〇年中国青海省の地震」、東京大学地震研究所（http://outreach.eri.u-tokyo.ac.jp/2010/04/201004_qinghai/ 二〇一四年三月二十八日閲覧）。

（9）［中国宗教編集部 二〇一〇：二〇］に記載されている僧院は、玉樹県の龍西寺、当頭寺、幇群寺、ジェグ寺、チャング寺、嘎巴寺、称多県の康嚢寺、竹節寺、歇武多干寺、曲麻莱県の巴干寺、瑪沁県の拉加寺、喇日寺、甘徳県の龍恩寺、夏日乎寺、班瑪県の直欽寺、久治県の白玉寺、徳合龍寺。地震発生の当日、コンヤプ寺のケンポ・カルツェと多数の僧が玉樹に入り救援活動を行った（二〇一三年八月二十七日、コンヤプ寺のケンポ・カルツェより確認）。

（10）「上師仁波切親赴災区動態跟蹤」（http://www.zhibeifw.com/yushu0416.htm 二〇一〇年八月二十八日閲覧）。

（11）「各尽己力　奉献愛心「喇栄五明仏学院倡議」」（http://blog.sina.com.cn/s/blog_564b08a10100hlak.html 二〇一〇年九月六日閲覧）。

（12）「青海省民政庁制定玉樹地震遇難人員遺体処理意見」「青海省玉樹県〝四・一四〟地震遇難人員遺体処理意見」（ともにhttp://www.gov.cn/jrzg/2010-04/16/content_1583243.htm 二〇一〇年九月七日閲覧）。

（13）「青海玉樹強震致一四八四人遇難　遺体集体火化」（http://www.sinonet.net/news/china/2010-04-17/72363.html 二〇一〇年九月七日閲覧）。

（14）「我区多方出動馳援玉樹地震災区」『西蔵日報』二〇一〇年四月十五日、第一面。

（15）「我們一定能夠戦勝這場災難」『西蔵日報』二〇一〇年四月十七日、第二面。

（16）「在抗震救災的関鍵時刻」『西蔵日報』二〇一〇年四月十九日、第一面、第三面。

（17）「青海玉樹地震遇難者毎人補償八〇〇〇元撫恤金」（http://news.sina.com.cn/c/2010-04-18/021620096281.shtml 二〇一〇年九月九日閲覧）。

（18）「青海省地震被災地訪問に関するダライ・ラマ法王の声明」（二〇一〇年四月十七日）、ダライ・ラマ法王日本代表部事務所（http://www.tibethouse.jp/dalai_lama/message/100417_eq.html 二〇一〇年九月九日閲覧）。

（19）「二〇一〇年四月二十日外交部発言人姜瑜挙行例行記者会」（http://www.fonella.net/n104450c24.aspx 二〇一〇年九月九日閲覧）。

（20）「二〇一〇年四月二十日外交部発言人姜瑜挙行例行記者会」（http://www.mfa.gov.cn/chn/gxh/tyb/fyrbt/jzhsl/t683586.htm 二〇一〇年九月九日閲覧）。

(21)「仏光普照、慈悲化雨——十一世班禅喇嘛玉樹行」『中国西蔵』二〇一〇年第四期、四—七頁。

(22)「パンチェン・ラマが中国政界デビュー　ダライ・ラマを牽制」(二〇一〇年三月八日)(http://sankei.jp.msn.com/world/china/100308/chn1003081816006-n2.htm 二〇一〇年九月十一日閲覧)。

(23)「中国仏教協会章程」(二〇一〇年)、中国仏教協会(http://www.chinabuddhism.com.cn/js/zc/2012-03-14/362.html 二〇一四年三月二十九日閲覧)。

(24)「情系青海玉樹　弘揚人間大愛」『民族』二〇一〇年第五期、一一—一二頁。

(25) 現在の中国社会において「草の根NGO」が存在しているか否かの議論を今後しっかり行う必要がある。本章では仏学院の震災救援活動を「草の根型宗教NGO」と表現した。理由は仏学院の活動は「民生部に未登記である」「地元の出家者、広域から来た漢人信徒、台湾人信徒から構成されている」「救援活動終了後、実態が希薄になった」という性格を持ち、「草の根NGO」に成長する過渡期にあると判断したからである。

(26) 震災救援活動に関する報告書と記録集は複数ある。共通点は解放軍・武装警察部隊・公安・消防及び政府主導の「ボランティア」組織を救援の主力として称讃し、僧尼による救援活動を断片的に報じていることである［中共青海省委宣伝部 二〇一〇］［中国新聞社 二〇一一］［阿琼 二〇一一］。ただし、［冶青林 二〇一二］はセルシュ寺の僧やイスラム教徒の救援活動、被災した仏教寺院やモスクの写真を掲げており、バランスのとれた内容である。［張愛軍編 二〇一〇］、［馬福江編 二〇一〇］は党・軍・政府による活動のみを報告。

(27)「青海玉樹結古鎮：阿訇与喇嘛互助渡難関」(二〇一〇年四月二十八日)、仏教在線(http://www.fjnet.com/jjdt/jjdtnr/201004/t20100428_153617.htm 二〇一四年三月二十九日閲覧)。

第九章 「二〇〇八年チベット騒乱」の構造と東チベットの動向

一 はじめに

一―一 問題の所在

二〇〇八年春、チベット各地でチベット人による抗議行動が発生した。チベット自治区及び四川省、青海省、甘粛省のチベット人居住地区では、僧侶や民衆が中国共産党の高圧的な宗教政策を批判し、主に宗教活動の自由とダライ・ラマ十四世の早期帰還を求めた。インドやネパールでも亡命チベット人が抗議行動を行ったが、彼らの主張の中には共産党への批判の他に、チベット亡命政府が掲げる中道路線（中国からの独立を求めないことを骨子とする）への不満も含まれていた。三月末に北京五輪の聖火リレーが各国で始まると、外国のチベット支援組織や亡命チベット人による人権の擁護、信教の自由、言論の自由を訴える活動が報道されたことにより、「チベット問題」の存在と複雑さが改めて世界に示された。

二〇〇八年にチベット騒乱が発生した地域は二つある。

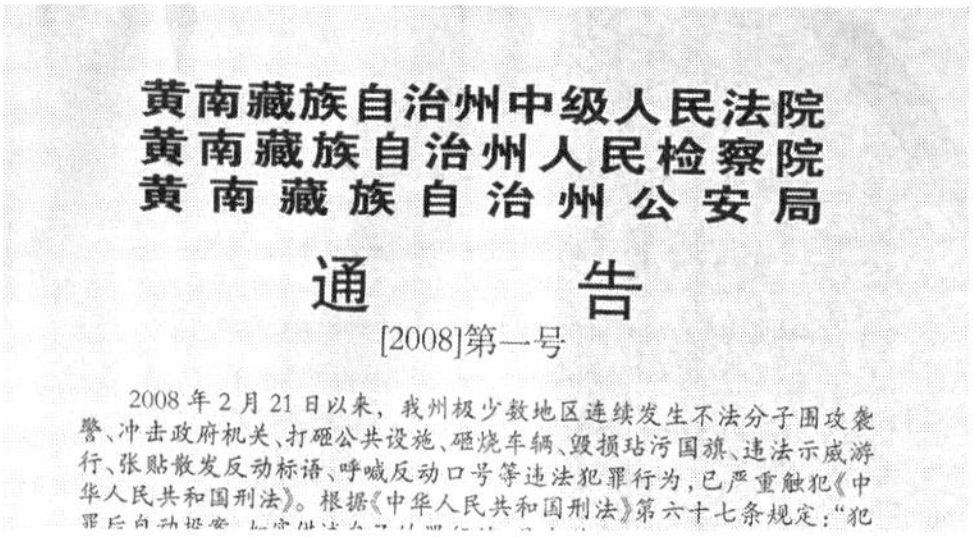
黄南藏族自治州中级人民法院
黄南藏族自治州人民检察院
黄南藏族自治州公安局

通　告

[2008]第一号

2008年2月21日以来，我州极少数地区连续发生不法分子围攻袭警、冲击政府机关、打砸公共设施、砸烧车辆、毁损玷污国旗、违法示威游行、张贴散发反动标语、呼喊反动口号等违法犯罪行为，已严重触犯《中华人民共和国刑法》。根据《中华人民共和国刑法》第六十七条规定："犯

図9-1 「通告2008年第1号」(部分, 2008年8月筆者撮影)

(1)中国チベット自治区のラサ及び周辺地域
(2)東チベット三省(四川、青海、甘粛)内のチベット人居住地区

本書が論じる「二〇〇八年チベット騒乱」は「二〇〇八年に中華人民共和国のチベット人居住地区で発生した一連の抗議行動(一部暴動も含む)」を指しており、主に東チベット(カムとアムドを含む)における騒乱に焦点をあてつつ、二〇〇九年以降の状況も含めて検討する。(1)

図9-1は青海省黄南チベット族自治州(以下、黄南州と略す)同仁県(reb gong)政府の「通告」(二〇〇八年三月二十二日発令)の一部であり、政府は抗議行動への参加者に自首を求めている。事件の発生が二月二十一日であることから、本書では「二・二一同仁事件」あるいは「同仁事件」と呼ぶ。

一般に「二〇〇八年チベット騒乱」と言えば、三月にチベット自治区ラサで発生したチベット人僧俗と治安部隊の大規模な衝突をイメージしがちである。しかし、筆者は「二・二一同仁事件」の発生原因とその後の東チベットにおける抗議行動を視野に入れた上で、二〇〇八年の騒乱を検討すべきだと考える。そこで、「二〇〇八年チベット騒乱」を以下の二つに区分する。

(a)「二〇〇八年ラサ騒乱」(二〇〇八年三月十日が起点)
(b)「二〇〇八年東チベット騒乱」(二〇〇八年二月二十一日が起点)

(a)は三月十日デプン寺僧侶の抗議デモを発端に、十四日の動乱を経て数日後に収束した。(b)は「二・二一同仁事件」から始まり、三月十日を経て青海省、四川省、甘粛省のチベット人居住地区に拡大し、八月北京五輪開幕直前の時期まで断続的に続いた。そして、二〇〇九年二月以降四川省阿壩州を中心に「焼身抗議」が立て続けに発生し百人を超す犠牲者が出た。二〇一四年現在、「東チベット騒乱」は全般的に収束傾向にあるが、四川省阿壩県や青海省同仁県等の一部地域においては六年の時を経た今も種火が残っている。

本章は「二〇〇八年チベット騒乱」をラサと東チベットの両地域から考察することによりその二極構造を示し、ラサとの比較を通して東チベットの宗教空間が持つ特質と課題を明らかにする。そして僧侶や民衆の抗議行動と軍警による治安維持活動を宗教政策の視点から考える。

一―二　先行研究と関連文献

【研究者による先行研究】

(1)「「中国」という国家のジレンマ――チベット問題とは何か」〔加々美 二〇〇八〕
(2)「背景に根深い民族・宗教対立――「チベット暴動」とは何だったのか」〔興梠 二〇〇八a〕
(3)「チベット問題――国際世論と中国の攻防」〔興梠 二〇〇八b〕
(4)「総特集・チベット騒乱」〔現代思想編集部 二〇〇八〕
(5)「特集・多民族国家中国の試練」〔環編集部 二〇〇八〕
(6)「特集・チベット統合をめぐる内外の経緯と言説構造」〔中国研究月報編集部 二〇〇八〕
(7)『チベット問題とは何か――〝現場〟からの中国少数民族問題』〔大西 二〇〇八〕
(8)「少数民族――チベットと新疆の反乱」『中国――巨大国家の底流』〔興梠 二〇〇九〕
(9)「中国少数民族問題――その淵源と病理」〔加々美 二〇〇九〕

(10)「ラサにおける民族内格差とチベット人アイデンティティの行方」〔村上 二〇〇九〕
(11)「チベット問題における経済言説の再検討」〔大川 二〇一一〕
(12)『中国民主化・民族運動の現在――海外諸団体の動向』〔柴田 二〇一一〕
(13)『現代中国政治（第三版）』〔毛里 二〇一二〕
(14)『中国の少数民族問題と経済格差』〔大西 二〇一二〕
(15)『チベット高原の片隅で』〔阿部 二〇一二〕
(16)「党国体制と民族問題――チベット・ウイグル問題を事例に」〔星野 二〇一二〕
(17)「チベット問題の淵源を探る」〔大川 二〇一二〕

先行研究の中に「二〇〇八年チベット騒乱」を「ラサ」と「東チベット」に分けて論じる視点、及び「東チベット騒乱」を重視する論点は見あたらない。(13)や(16)のように、「騒乱はラサから四川省等の周縁部へ飛び火した」というラサ重視の立場が多数である。(15)は「二・二一同仁事件」（二〇〇八年）と「二〇・一九同仁デモ」（二〇一〇年）に触れており、研究者で同仁事件に言及しているのは阿部治平のみである。(11)はチベット騒乱の発生原因を三つの主張「中国政府説」「チベット亡命政府説」「経済言説」から分析している。(6)特集内の平野聡「最近の中国のチベット政策及び現地での緊張」〔平野 二〇〇八〕は騒乱の背景に潜む経済開発や観光化の問題を指摘している。(8)は三月十日から十四日のラサに注目し、「チベット暴動」と呼んでいる。「暴動」発生の内因として、開発の歪み、宗教統制、中国共産党の失政をあげている。(12)はラサのみならず「東チベット騒乱」も含めて中国共産党側の呼称「三・一四事件」を用いている。(17)は騒乱発生の遠因を探る際に鄧小平、胡耀邦、江沢民、胡錦濤の他に地方幹部の陳奎元のチベット政策に注目し、「文化の二分法」（先進と落後）を用いてチベット問題の淵源を詳細に論じている。(10)はラサ騒乱発生の遠因としてラサにおける格差問題を分析し、チベット人の仏教信仰に生じている変化に言及している。

【報道関係者、チベット支援活動者他による報告と分析】

⒅『宗教が分かれば中国が分かる』〔清水勝彦　二〇〇八a〕

⒆「「チベット騒乱」の背景にあるもの」〔清水美和　二〇〇八a〕

⒇「世界に広がる中国語サイト「チベット」「聖火リレー」の報道内容と大論争」〔清水勝彦　二〇〇八b〕

(21)「格差社会の現状」〔清水美和　二〇〇八b〕

(22)「中国「チベット族弾圧地域」潜入記」〔細川　二〇〇八〕

(23)「中国の報道規制とチベット取材」〔鈴木　二〇〇八〕

(24)「長征とチベット暴動――第三回現地調査報告」〔小島　二〇〇九〕

(25)「再訪・中国チベット族自治州にみなぎる緊張」〔細川　二〇〇九〕

(26)「チベット潜伏記」〔西条　二〇〇九〕

(27)「「私は民族主義者」と漢語で語るチベット民族主義者――ツェリン・オーセル」〔福島　二〇一一〕

(28)「チベット僧俗の殉教を考える――民族問題は中国をどこに向かわせるのか」〔福島　二〇一二〕

ジャーナリストの立場から、(23)は騒乱発生直後の四川省甘孜県、(22)は二〇〇八年末甘粛省夏河県、(26)は二〇〇九年三月四川省理塘県の政情と宗教状況を取材し報告した。いずれも現地情報として貴重なものである。⒅は一九九四年から二〇〇七年までの中国の宗教事情を報告している。第一章で三月十日ラサ騒乱を分析し、テンジン・デレク事件（序章参照）等、四川省甘孜州の宗教事情に言及している。

【中国、香港、台湾、インド、カナダから発信された異なる見解】

(29)『拉薩〝3・14〟事件真相』〔辛華文編　二〇〇八〕

(30)『DVD拉薩3・14打砸搶焼暴力事件紀実』〔中国国際電視総公司 二〇〇八a〕
(31)『鼠年雪獅吼——二〇〇八年西蔵事件大事記』〔唯色 二〇〇九〕
(32)『チベットの秘密』〔オーセル・王力雄 二〇一二〕
(33)『境外西蔵』〔朱瑞 二〇一二〕
(34)『太陽を取り戻すために　チベットの焼身抗議』〔中原 二〇一三〕

(29)(30)は「ラサ騒乱」に関する中国共産党の見解を表明した書籍とDVDである。(31)は北京在住チベット人作家ツェリン・オーセル(tshe ring 'od zer、茨仁唯色)が「二〇〇八年チベット騒乱」に関連する抗議行動を時系列に整理し、ブログ「看不見的西蔵」に掲載した後、台湾で出版した資料である(図9-2)。情報源はチベット亡命政府及び海外に拠点を置くチベット支援団体であり、「ラサ騒乱」と「東チベット騒乱」の双方の情報を記述した点で資料的価値が高い。本章でもオーセルの資料を利用したが、抗議行動の発生日時や場所、規模を再検証することは困難であり、騒乱の動向を把握するための指標と位置づけた。(27)はオーセルの履歴を紹介した上で、彼女が

図9-2　チベット人作家オーセルが台湾で出版した「2008年チベット騒乱」に関する資料集

図9-3　中国共産党が公表した「3.14事件」(2008年ラサ騒乱)に関する資料集

共産党のチベット政策の問題点を鋭く衝いた執筆活動の意義を語っているが、中国国内で共産党を批判する言論活動が可能な理由には触れていない。(33)はカナダ在住の華人作家による論考であり、四川省阿壩県における焼身抗議発生の原因を探っている。(34)はインドのダラムサラ（チベット亡命政府所在地）に拠点を置くＮＧＯルンタ・プロジェクトの代表中原博一が、チベット亡命政府及びチベット支援組織に寄せられた情報に基づき、焼身抗議が多発する背景を分析し抗議者のリストを掲載したものであり、亡命政府の主張を代弁した内容である。その他、中国政府他が発行した類書、映像資料は多数ある。[2]

二 「二〇〇八年ラサ騒乱」

二―一 「三・一〇抗議行動」

二〇〇八年三月十日は、一九五九年「チベット民族蜂起」から四十九周年の記念日であった。オーセル（唯色）『鼠年雪獅吼』によると、この日ラサのデプン（哲蚌）寺（'bras spungs dgon pa）の僧が、「宗教活動の自由を守れ」「漢人のチベット移住に反対」「逮捕された僧侶を解放しろ」等の要求を掲げてデモを行った。同日、ラサのセラ（色拉）寺の僧がトゥルナン（大昭）寺付近で「雪山獅子旗」を掲げて「宗教活動の自由」等を叫びデモを行った［唯色 二〇〇九：二二―二三］。そして、デモに参加した僧侶は直ちに公安当局に逮捕された。「僧侶の解放」とは、ダライ・ラマ十四世がアメリカ連邦議会からゴールドメダルを贈られた（二〇〇七年十月十七日、第一章参照）ことを祝福した僧侶が逮捕された一件を指している。「雪山獅子旗」はガンデンポタン（dga' ldan pho brang、チベット政府）が独立を宣言した際に、ダライ・ラマ十三世が制定したチベットの国旗である。中国国内でこの旗を掲げた者はチベット独立主義者と見なされ、国家分裂煽動罪(刑法第一〇三条)等に問われることとなる。

ここで注意すべき点が二つある。一つはセラ寺の一件による逮捕者の中に、東チベットの僧(青海省久治県の隆格寺、四川省石渠県の温波寺)が複数含まれていたことである。彼らは抗議行動に参加する目的でラサに滞在していたと考えるのが自然であろう。もう一つは、三月十日に東チベットにおいても抗議行動が発生したことである。青海省化隆県(徳査寺)、青海省貴南県(魯倉寺)、甘粛省夏河県(ラプラン寺)及び四川省甘孜県での行動が報告されている[唯色 二〇〇九:一二三—一二五]。

二―二 「三・一〇抗議行動」(ラサ)をめぐる報道

三月十日ラサで起こったデモについて、AFP電(三月十一日)が次のように伝えた。(3)

中国外務省は十一日、チベット自治区の中心都市ラサ(Lhasa)で警察当局が僧侶らによるデモを鎮圧し、数人を拘束したことを明らかにした。僧侶のデモは一九五九年のチベット動乱から四十九年を迎えた十日から行われていた。秦剛(Qin Gang)外務省報道官は記者会見で、「十日午後、ラサで複数の僧侶が一握りの民衆にそそのかされて違法行為を行い、社会の安定を乱そうとした」とし、警察当局が僧侶らを拘束したことを明らかにした。拘束された人々への対応については「法に則って対処する」と述べ、詳しくは触れなかった。

外交部の秦剛報道官は、三月十一日午後、定例記者会見を行った。外交部のウェブサイトには、ダライ・ラマ十四世の声明に関する質問は記録されているが、ＡＦＰ電が報じた三月十日のデモに関する発言内容は掲載されていない(4)。中国共産党の機関紙『西蔵日報』も三月十日から十四日の間、デモの発生を全く報じなかった。その理由は二つ考えられる。北京で全国人民代表大会と中国人民政治協商会議が開催中であり、党や政府の威信を守ることを優先したため。そして、三月十日は国内外のチベット人が重視する民族蜂起記念日であるため、共産党と政府は報道を意図的に避けたのである。

二―三　「三・一四事件」の発生と報道

ラサでは十日から十三日にかけて僧侶の抗議行動が続いたため、公安当局はセラ寺、デプン寺など、ラサの主要寺院を封鎖した。そして三月十四日はラサの市街地で僧と治安要員の間で衝突が発生し、やがて僧と民衆による大規模な暴力行為と破壊行為が連続して起こった。ラサ市政府はチベット人の暴力行為をしばらく黙認し撮影した後、大量の治安部隊を投入して騒乱を収束させたと思われる。

「三・一四事件」は「三・一〇抗議行動」に触発される形で発生したものであり、「二〇〇八年ラサ騒乱」の中に含まれる。ただし、「三・一四事件」はラサを支配する漢人経済、貧富の格差、宗教活動への抑圧など、さまざまな不満が混在した中で発生した僧俗による暴動であった。したがって、セラ寺とデプン寺の僧を中心とした「三・一〇抗議行動」とは発生原因が異なっている(5)。

中国中央電視台は十四日の事件を特集した番組を制作し、中国全土で放映した。番組の特徴は、僧や民衆が暴れた場面のみを集めて編集しており、事後の取材やインタビューが多くの時間を占めていることだ。鎮圧に向かった武装警察部隊や公安関係者は映像からカットされ、チベット人の行動を一方的に非難する内容となっている［中国国際電視総公司 二〇〇八a］。

『西蔵日報』が十日以降の事件を報道したのは、三月十五日の「通告第一号」が最初であった。(6) 以下に引用する。

二〇〇八年三月十日以来、ラサ地区において少数の不法な僧尼が連続して騒ぎを起こし、社会を大きな混乱に陥れた。これはダライ集団が入念に計画した策略がチベットを祖国から分裂させ、チベット各民族人民の安定、和諧、日常の生産活動を破壊する政治的画策によるものである。とりわけ三月十四日、一部の不法の輩がラサにおいて組織的かつ計画的な殴打、破壊、略奪、放火、殺害といった暴力的な手段によって、学校、病院、少年活動センター、商店、住宅に火を放ち、党や政府機関、企業を暴力で襲撃し、車輌を破壊炎上させ、商品を略奪し、罪のない民衆を殺害し、治安維持関係者に暴力を加えた。これらの行為は「中華人民共和国刑法」に触れ、刑事犯罪となるものである。このたびの殴打、破壊、略奪、放火、殺害といった犯罪を組織し計画し、犯行に関わった者はすべての破壊活動を停止し自首すること。多くの人民大衆が犯罪者の積極的な摘発に協力するよう要請する。以下に通告する。

(1)三月十七日二十四時までに自発的に公安や司法機関に自首した者は、法によりその処罰を減じる。自首し、かつその他の犯罪者の検挙に協力した者は、法により処罰を免じる。犯罪者が期限を過ぎても自首しない場合は、法により厳罰に処す。

(2)犯罪者をかばったりかくまったりした者は、調査を経た後、法により厳罰に処す。

(3)犯罪者や犯罪行為の検挙摘発に積極的に協力した者には、身の安全を保障し、表彰し褒賞を与える。

二〇〇八年三月十五日

この「通告第一号」は主に三月十四日ラサで発生したチベット人と公安当局の大規模な衝突と破壊行為を対象としており、三月十日以降の一連の抗議行動の具体的な内容には触れていない。ラサ市公安局は「通輯令」（指名手配書）をテレビと携帯ショートメールで公表し、市民に通報を呼びかけた(7)。ラサ市街区には公安局、武装警察部隊（略称武警）及び特種警察部隊（武装警察部隊や公安内の特別組織、略称特警）が緊急配置され、厳戒態勢が敷かれた。治安要員は抗議行動の再発を警戒しつつ、商業施設や学校の被害状況の調査、外国人の救出、負傷者の救護、寺院の閉鎖、交通規制等を行い、ラサは事実上戒厳令を敷いたに等しい状況に置かれた。その後、ラサ市郊外やシガツェ地区でも散発的に抗議行動は起こったが、厳重な警備態勢の中でラサでの活動は完全に封じ込められてしまった。中国共産党はその後「ラサ騒乱」を「三・一四事件」と名付け、「海外のダライ集団が画策した暴力事件」であることを強調した。三月十日から十三日の抗議行動については、その詳細と映像を公開しなかった。

中国共産党が「二〇〇八年チベット騒乱」の中で「三・一四事件」に焦点をあて、チベット人の暴力的行為を映像で配信したことが、中国側との協議を模索していたチベット亡命政府を厳しい局面に立たせる結果となった。村上大輔はこの「暴動」を、「中国内地でのチベット仏教理解者をより多く増やしたいと願っていたダライ・ラマ側にとっては、大きな痛手であった」と論じている［村上 二〇〇九：一八九］。

三　「ロンギュ・アダック事件」（二〇〇七年）と東チベット

ラサでの騒乱（暴動も含む）が約一週間で収束した一方で、四川、青海、甘粛各省内のチベット人居住地区では、激しい抗議活動がその後も断続的に繰り広げられた（雲南省内の行動は未確認）。図9-4はチベットで発生した抗議

図9-4　抗議行動発生場所の図（2008年4月5日）

行動の発生場所を示した図である（二〇〇八年四月五日時点）。東チベットの広域でデモが連続して起こっていることがわかる（本章末の「二〇〇八年チベット騒乱」資料参照）。

東チベットの各都市においても、ラサ市と同様に公安局や武装警察部隊が抗議者を逮捕したが、交通や通信網を全面的に遮断するまでには至らなかった。各省内は道路網の整備が進み定期バス路線も充実しており、漢人やイスラム系住民独自の情報網も存在している。抗議行動発生の情報は携帯電話や電子メールを通じて、インドのチベット亡命政府や海外の支援組織に伝えられた。比較的裕福な民衆や僧はバイクを個人で所有しており、通信網が遮断された場合でもバイクを使って隣町へ行き情報を交換することが可能である。このような状況下で、近隣で起こった抗議行動のニュースは比較的短時間のうちに町や寺院に流れていった。また、時間の経過とともに抗議行動の範囲が拡大し、小さな村々でも発生するなど、当局の対応が後手に回ったことも確かである。「東チベット騒乱」を考える際、筆者が最も注視するのは「二・二一同仁事件」であるが、その前に「ロンギュ・アダック事件」（二〇〇七年）に触れておく。

北京五輪の開催を一年後に控えた二〇〇七年八月一日、甘孜州理塘《リタン》県で大事件が発生した。理塘では一九六四年以降、毎年八月一日（人民解放軍記念日）に馬術、舞踊、伝統劇を中心とした「八一国際競馬祭」が開幕する。[8] 県内各地から民衆や僧侶が集い、会場となる大草原には数百のテントが張られ、飲食や遊興の露店が並び、十日間前後の祭りを盛り上げる。屈強な男たちが繰り広げる馬術を目当てに、国内外から多数の漢人カメラマンや外国人観光客もやって来る。八月一日の開幕式では、甘孜州や理塘県の党、軍、政府、宗教関係者が見守る中で、政府主導のパレード、幹部のスピーチ、そして馬術が盛大に行われる。

二〇〇七年の開幕式では、観客の一人であった理塘県出身の遊牧民兼民主活動家のロンギュ・アダック（図9-5）が突然式典の壇上に上がり、マイクを手に幹部と民衆に訴え始めた。複数の報道をまとめると、以下の内容であった(9)。

(1)ダライ・ラマ十四世の早期帰還
(2)チベットの独立

図9-5　競馬祭の舞台で訴えるロンギュ・アダック（2007年8月1日）

(3)パンチェン・ラマ十一世（チベット亡命政府認定）の解放
(4)トゥルク・テンジン・デレクの釈放
(5)ナグル・テンジン（中国政府の愛国主義教育に関与した僧）への抗議
(6)チベット人の団結

ロンギュ・アダックは現地のチベット語カム方言で数分間訴えた後に連行された。彼の身を案じた多数の民衆が公安局庁舎前に駆けつけ、公安局員と衝突しチベット人二人が重傷を負い、約三十人が逮捕されたと伝えられた(10)。筆者は理塘一帯で信望の厚い高僧テンジン・デレクへの死刑判決が、事件発生の要因の一つであると考える。解放軍幹部、国内のテレビカメラ、外国人観光客のビデオカメラの前で、中国共産党を批判しチベット独立を叫ぶ行動は、明らかに国際世論へのアピールを狙ったものである。

事件後、中国共産党中央政法委員会は極めて重大な政治事件と位置づけ、事件の徹底調査と再発防止に向けた指令を出した[11]。政法委員会は情報、治安、司法、検察、公安などの部門を主管する重要な機構であり、法輪功事件やテロ対策も管轄し治安維持全般に大きな権限を握っている。甘孜州政府は直ちに治安要員を州内各地に緊急派遣した[12]。八月二十七日、ロンギュ・アダックは国家政権転覆罪他の容疑で起訴され、十一月二十日、甘孜州中級法院は被告が過去に二度ダライ・ラマ十四世と面会したこと、親族が事件の経緯を外部に伝えた罪状により、懲役八年の実刑判決を下した[13]。

この事件は東チベットの政情がチベット自治区のラサと異なる面を持つことを示している。甘孜州一帯では公安がダライ・ラマ十四世を常にタブー視しているわけではなく、ラサと比べれば公安の監視は緩いと言える。ゲルク派の僧院や商店、トラックに肖像が飾られ、複製された法話のＤＶＤが販売されることも珍しくない。チベット人の共産党員の中には信仰を持つことを公言する者もいる。ただし、共産党を直接批判する言動は、ラサと同様直ちに公安当局とのトラブルに発展する。

四　「三・二一同仁事件」

四－一　「黄南州通告二〇〇八年第一号」と報道

一般に「二〇〇八年チベット騒乱」の始まりは、「三月十日デプン寺の僧による中国共産党への抗議行動」と考えられている。三月十日はダライ・ラマ十四世が亡命に至ったチベット民族蜂起記念日であることを考えれば、十分に筋は通っている。しかし、それより以前に青海省黄南州同仁県では、二月二十一日に僧侶や民衆と公安当局の間で大きな衝突事件が起こっていた。それを裏付ける証拠は、筆者が二〇〇八年八月三日に同仁県で撮影した「黄南州通告二〇〇八年第一号」（二〇〇八年三月二十二日）である（図9-6）[14]。

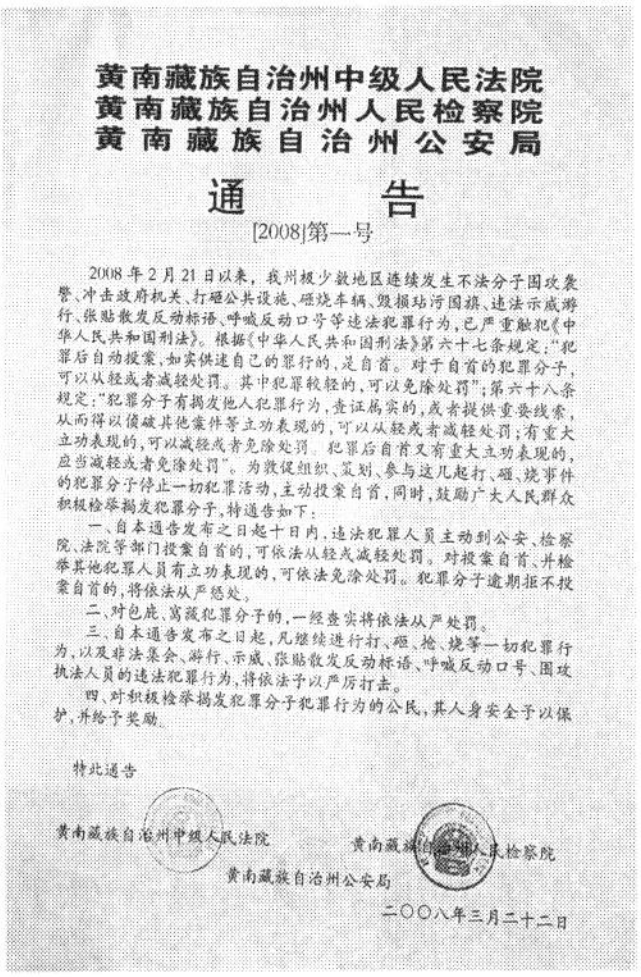
黄南藏族自治州中级人民法院
黄南藏族自治州人民检察院
黄南藏族自治州公安局

通　告

[2008]第一号

2008年2月21日以来，我州极少数地区连续发生不法分子围攻公警、冲击政府机关、打砸公共设施、砸烧车辆、毁损玷污国旗、违法示威游行、张贴散发反动标语、呼喊反动口号等违法犯罪行为，已严重触犯《中华人民共和国刑法》。根据《中华人民共和国刑法》第六十七条规定："犯罪后自动投案，如实供述自己的罪行的，是自首。对于自首的犯罪分子，可以从轻或者减轻处罚。其中犯罪较轻的，可以免除处罚"；第六十八条规定："犯罪分子有揭发他人犯罪行为，查证属实的，或者提供重要线索，从而得以侦破其他案件等立功表现的，可以从轻或者减轻处罚；有重大立功表现的，可以减轻或者免除处罚。犯罪后自首又有重大立功表现的，应当减轻或者免除处罚"。为敦促组织、策划、参与这几起打、砸、烧事件的犯罪分子停止一切犯罪活动，主动投案自首，同时，鼓励广大人民群众积极检举揭发犯罪分子，特通告如下：

一、自本通告发布之日起十日内，违法犯罪人员主动到公安、检察院、法院等部门投案自首的，可依法从轻或减轻处罚。对投案自首、并检举其他犯罪人员有立功表现的，可依法免除处罚。犯罪分子逾期拒不投案自首的，将依法从严惩处。

二、对包庇、窝藏犯罪分子的，一经查实将依法从严处罚。

三、自本通告发布之日起，凡继续进行打、砸、抢、烧等一切犯罪行为，以及非法集会、游行、示威、张贴散发反动标语、呼喊反动口号、围攻执法人员的违法犯罪行为，将依法予以严厉打击。

四、对积极检举揭发犯罪分子犯罪行为的公民，其人身安全予以保护，并给予奖励。

特此通告

黄南藏族自治州中级人民法院　　黄南藏族自治州人民检察院

黄南藏族自治州公安局

二〇〇八年三月二十二日

図9-6　「通告2008年第1号」
（2008年8月筆者撮影）

二〇〇八年二月二十一日以来、わが州の極めて少数の地区で、不法分子による公安当局への包囲攻撃、政府機関への襲撃、公共施設の破壊、車輌の打ち壊し、国旗への侮辱行為、違法なデモ、反動的なスローガンの貼り付けやビラの配布、反動的なスローガンの連呼等、違法な犯罪行為が連続して発生しており、これらはいずれも「中華人民共和国刑法」を著しく犯すものである。「中華人民共和国刑法」第六十七条の規定により、「犯罪後自ら申し出て犯罪をきちんと供述した者は自首と見なす。自首した犯罪者は処罰を軽減する。罪状の軽い者は処罰を免じることもできる」。〔後略〕

二〇〇八年三月二十二日

事件の翌日、インド・ダラムサラの「パユル・コム」（phayul.com）が「二百人のチベット人が逮捕されたことに対する抗議行動発生」と速報を流した[15]。そして、事件発生から二日後、「ノルウェー・チベットの声」[16]がチベット消息筋の情報に基づいて事件のあらましを報じた。以下に引用する。

二月二十一日、チベット仏教新年の法会期間中、チ

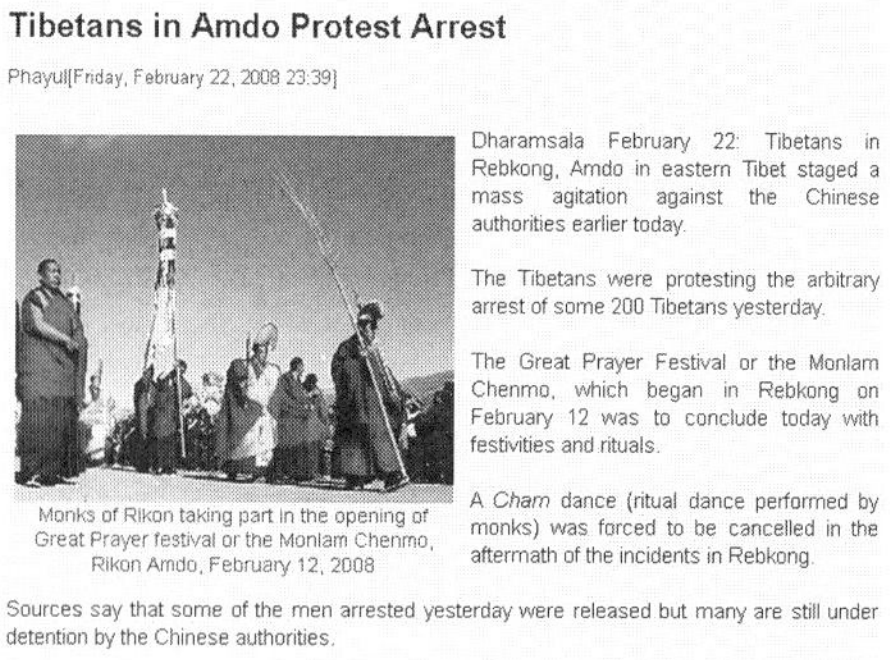
Tibetans in Amdo Protest Arrest

Phayul[Friday, February 22, 2008 23:39]

Monks of Rikon taking part in the opening of Great Prayer festival or the Monlam Chenmo, Rikon Amdo, February 12, 2008

Dharamsala February 22: Tibetans in Rebkong, Amdo in eastern Tibet staged a mass agitation against the Chinese authorities earlier today.

The Tibetans were protesting the arbitrary arrest of some 200 Tibetans yesterday.

The Great Prayer Festival or the Monlam Chenmo, which began in Rebkong on February 12 was to conclude today with festivities and rituals.

A *Cham* dance (ritual dance performed by monks) was forced to be cancelled in the aftermath of the incidents in Rebkong.

Sources say that some of the men arrested yesterday were released but many are still under detention by the Chinese authorities.

図 9-7 「2.21 同仁事件」の発生を報じる「パユル・コム」のサイト(2008 年 2 月 22 日)

ベットアムド地方黄南州の同仁県にて、数百人のチベット人が中国共産党政権に抗議する平和的なデモ行進を行った。その結果、公安当局との間に衝突が起こり、公安は催涙弾を用いてデモを行うチベット人を退散させようとしたが、デモが収束することはなかった。そこで当局は大量の軍警を動員し何百人ものチベット人を逮捕拘束し、そのことが騒動を更に拡大させた。激怒した群衆は公安と言い争いになり、「チベット独立」「ダライ・ラマ万歳」といったスローガンを叫ぶ者も現れ、四台の警察車輌を横転させて火を放ち、三十人余りの公安局員が負傷したと伝えられている。当時公安局員はさまざまな手段でデモを行ったチベット人を殴打し、その内の一人が重傷を負い病院へ搬送されて治療を受けている。現在当局は大部分のチベット人を釈放したが、一部の者は依然として拘置所に収監されたままであると関係者は訴えている。他の情報はこの抗議事件の経緯を次のように伝えている。一人のチベット人と回族商人の間で騒動が発生した際、公安は回族を支持しチベット人に非があるとして逮捕しようとしたため、多数のチベット人の怒りを買い、民族間の衝突がチベット人による当局への抗議活動という政治的行動に転じた。

次に、「西蔵即時新聞」の記事から補足する。[17] 同仁県のチベット仏教ゲルク派ロンウォ(隆務)寺(rong bo dgon pa)の新年祝賀法会に公安当局が何らかの干渉を行ったのが事の発端である。僧と民衆が行った抗議行動を当局は催涙弾を用いて鎮圧し、約二百人を拘束した。翌二月二十二日、逮捕者の解放を求めて、僧侶と民衆数千人がデモ行進を行い、当局は一旦解放に応じた。事態を重く見た当局は、西寧（青海省省都）と鄭州（河南省省都）に応援部隊の派遣を要請した。部隊の宿舎となった黄南賓館には、「鄭州特警を歓迎する」という横断幕が張られた。その後、特種警察部隊は寺院内を巡回し、監視カメラを設置した。

「光華日報電子新聞」（二〇〇八年四月十九日）によると、同仁県ではラサで騒乱が起こった直後の三月十六日から十八日にかけて、再び僧侶と当局の間で衝突があった(18)。僧侶はダライ・ラマ十四世を讃える経を唱えながら市街地を練り歩き抗議行動を行った。この一件で多数の僧侶が新たに拘束された。当局は直ちに治安部隊をロンウォ寺に駐留させ、工作組が愛国主義教育を実施した。三月十六日ロンウォ寺の僧は当局の禁止令を破り、寺院の裏山で香草を燃やし中国政府に対し抗議の意を示した。図9-8は当日の様子を伝えるAP電である(19)。その後、四月十七日、逮捕された僧の釈放を求める大規模なデモが発生し、百人を超す僧が拘束された。その日の午後、西寧からの部隊が警棒と銃を携えて各僧坊の検査を行い、ダライ・ラマのポスターや映像資料を押収した。一時期ロンウォ寺僧侶の約八割が拘束されたとも言われている(20)。「同仁事件」及びその後の騒乱にロンウォ寺の僧が関わったことは、黄南州政府の報告資料の中でも触れられている。

図 9-8　宗教行為を通じて中国政府への抗議行動を行うロンウォ寺（2008 年 3 月 16 日）

四−二　黄南州民族宗教事務局二〇〇八年報告

「二・二二同仁事件」について小島正憲（実業家）は現地調査報告の中で、「〇八年二月の旧正月のときに、夜店で回族の子供が風船を割ったというような小さな事件を発端に、二〇〇〇人規模のチベット人の暴動に発展。他県からの警察も駆けつけてようやく沈静化。一〇人前後の行方不明者あり。その後、九月まで相当数の警察が市内の警戒を続行した」と記しているが、情報源は示されていない〔小島 二〇〇九〕。阿部治平は著書『チベット高原の片隅で』の中で、「回人の射的の屋台に酔払ったチベット人がからんだ。警戒中の警官が酔払いを拘束しようとしたのが発端だという」と記しているが、情報源は不明である〔阿部 二〇一二：二四六〕。チベット人居住地区におけるチベット人とイスラム系住民の感情的な対立はよく知られており、小さな衝突は日常的に発生している。

細川龍二（ジャーナリスト）も取材レポートの中で、「同仁県では、ラサでの騒乱が起きる三週間以上前の中国の春節（旧正月）休暇が終わると同時に衝突が始まり、徐々にエスカレート。十台以上の警察車両が燃やされ、警官も負傷。ラサ騒乱を受けて三月十六日に最も激しい衝突が発生し、同日午後に武装警察隊が寺院を包囲した」と書いている〔細川 二〇〇八〕。細川は四月中旬に同仁県を取材したが、事件に関する情報源はやはり不明である。(21)

その後、筆者が確認した黄南州民族宗教事務局二〇〇八年の報告によると、「同仁事件」には民衆の他に僧侶が関わっていたことがわかる。該当箇所を引用する。(22)

「二・二二事件」発生後、即座に工作組をロンウォ寺、年都乎寺、吾屯上寺、吾屯下寺に派遣し、監視と宣伝活動を実施した。前後して同仁地区の宗教関係者や寺院民主管理委員会主任と三回座談会を開き、活仏、僧官、高僧を十七回訪問し、僧侶総会を三回開き、「二・二一事件」の真相と重大な危険性について繰り返し説明し教育を行った。

ラサ「三・一四事件」後、わが州で一連の不穏当な事件が発生した重大な時期は、州と県の統一戦線工作部及び民族宗教事務局で工作組を作り、常時ロンウォ寺に駐在し、活仏、高僧、寺院民主管理委員会の委員を組織して説得と教育活動を実施した。（中略）北京五輪聖火採火式の日や五輪期間中の社会の安定を確保した。同時に、ロンウォ寺のすべての僧に対して身元調査を行い、身分証を作成した。そして関連部署が連携して警邏隊を組織し、二十四時間交代制で監視にあたり、寺院及び周辺地区への警戒を強化した。

同仁事件に関する政府側の資料として重要なのは、先に紹介した「黄南州通告二〇〇八年第一号」と黄南州民族宗教事務局の報告である。事件にロンウォ寺の僧が強く関与したことから、地元政府は寺院に監視要員を派遣して民主管理委員会の改選を命じた。そして三人の高僧と連携して僧の行動を戒め、事態の収拾をはかった。「二・二一同仁事件」は発生当日に鎮圧されたが、長年にわたる中国共産党の宗教政策に抗議して、「チベット独立」「ダライ・ラマ万歳」と叫ばざるをえなかった僧侶たちの悲痛な思いは、「二〇〇八年チベット騒乱」の原点であると言える。

四─三　「四・三座談会」（二〇〇八年）と「一・一八座談会」（二〇〇九年）

「同仁事件」収束から約四十日後の二〇〇八年四月三日、黄南州の中国共産主義青年団が、社会の治安維持に関する座談会を開いた（主宰者は黄南州共産主義青年団書記の張春生）。座談会では隆務《ロンウォ》地区の青少年が「二・二一同仁事件」のデモや暴動に参加した事実を重く受けとめ、思想道徳と法令遵守の教育をより一層推進していくことを決定した。座談会の報告文書の中に、次のような記述がある。(23)

ラサで起こった「三・一四事件」と同仁地区の「二・二一事件」は、明らかに国内外の「チベット独立」分子が画策実行したものであり、人民及び大衆の生命と財産に甚大な損失を与え、社会秩序を大きく乱し、社会の安定に影響を与えた。

「二・二一同仁事件」を国内外のチベット独立分子の策略とする見解は、この座談会に張文魁（黄南州党委員会副書記）が出席していることを考えれば、党の正式見解と見なすことができる。「二・二一同仁事件」は単独の事件ではなく、チベット亡命政府の関与を強調する点においても、「二〇〇八年東チベット騒乱」の始まりを告げる事件と見なすことができる。次に、ロンウォ寺の事件への関わりを示す資料が、二〇〇九年青海省党委員会の行動から明らかになった。(24)

二月十八日、省委員会書記強衛は黄南チベット族自治州同仁県を特別に訪問し、ロンウォ寺の活仏、寺院管理委員会委員、僧侶の代表を招いて会談を行った。強衛は多数の宗教関係者が愛国愛教、法令遵守、人民の利益、和諧社会の建設を堅持し、宗教が有する積極的な要素を発揮し、社会主義と和諧社会建設の積極的な力となることを希望した。青海省常務委員会委員兼省委員会秘書長の沈何も出席し、省常務委員会委員兼省委員会統戦部部長の多傑熱旦が座談会を主宰した。

「二・二二同仁事件」が発生した直接の原因として、「チベット人と回族商人との紛争」と「ロンウォ寺と公安当局との軋轢」が考えられる。前者がチベット人の民族感情を刺激し事件の発端となった可能性は否定できないが、事件が大規模な騒乱に発展した理由は後者である。ここで言う軋轢の背後には、ロンウォ寺を中心とする同仁県のチベット仏教寺院が中国共産党の宗教政策、とりわけゲルク派に対する執拗な警戒に対する不信感が存在している。

以上のことから、「二・二二同仁事件」とロンウォ寺の関係について次のことがわかる。

(1)事件発生直後に、共産党はロンウォ寺他に工作組を派遣した
(2)事件に関して、党と政府はロンウォ寺への監視と愛国主義教育を強化した
(3)ロンウォ寺民主管理委員会の委員が一新された
(4)事件から一周年を目前に、青海省党委員会書記がロンウォ寺のシャルツァン八世（一九七九―）と会談した。

とりわけ二月十八日に、青海省党委員会書記が自ら現地へ出向いてシャルツァンに面会したことは、事件の重大さを物語っている。訪問日は明らかに二月二十一日「同仁事件」を意識したものであり、青海省党委員会は「二〇〇八年東チベット騒乱」の出発点となった「同仁事件」の解決と再発防止に全力で取り組まなければならなかったのである。二月十八日の座談会に出席したのはロンウォ寺のシャルツァン他三人の化身ラマであった。強い影響力を持つ高僧を前に、強衛書記は和諧社会建設への協力を訴え、チベット暦新年への祝意を表した。書記が座談会を開いた目的は、二〇〇九年二月二十一日「同仁事件」、三月十日「チベット民族蜂起」、三月十四日「三・一四事件」の各記念日を混乱なく乗り切るためであった。筆者は「同仁事件」はロンウォ寺の僧が事前に計画したものではなく、中国共産党が主張する「ダライ集団による画策」とも考えていない。あくまでも当日何

らかの事件が導火線となり、民衆や僧の不満が一気に爆発し抗議行動と動乱へ発展したと考える。

五　「同仁事件」から「二〇〇八年東チベット騒乱」へ

五―一　ラプラン寺への波及

「同仁事件」を考える際、筆者は甘粛省甘南チベット族自治州（以下、甘南州と略す）夏河県のラプラン（拉卜楞）寺(bla brang dgon pa)で行われた抗議行動との関係に注目している。政府の報告によれば、「同仁事件」が収束した直後の三月初、夏河県党委員会は治安維持活動班の組織を強化し、対策会議を四回開いた（三月六日―十三日）[25]。三月十日、夏河県では「チベット独立」と記したスローガンが張り出され、十四日と十五日ラプラン寺門前の大通りにて数百数千の僧侶と民衆が果敢に抗議行動を行った。図9-9は「チベット国旗」を掲げてスローガンを叫ぶ僧の姿である。ラプラン寺では三月十四日と十五日に法会が開催され、近隣から僧や信徒、遊牧民が多数集まっていた。法会参加者の一部が抗議行動に合流したことにより、両日の行動は大規模化していった。夏河県政府は三月十六日に、僧侶の違法行為を戒め法律遵守を訴える「通告」を発表した[26]。

続いて甘粛省甘南州政府は三月十九日に「通告」を発表し、抗議行動が夏河県から隣接する合作《フツィ》市(gtsos)、碌曲《ルチュ》県(klu chu)、瑪曲《マチュ》県(rma chu)、卓尼《チョネ》県(co ne)、迭部《テウォ》県(the bo)に拡大し、商店や車輌の破壊、政府関係機関への襲撃等の暴力行為が連続して発生していることを認め、事態の沈静化を呼びかけた[27]。そして政府は一連の暴動はダライ集団とチベット独立主義者の画策によるものであると発表した。こうして甘南州内一帯は小さな村々に至るまで僧侶・民衆と治安部隊の間で衝突が相次ぎ、死傷者を出す騒乱に発展した。

夏河県ラプラン寺から始まった甘南州における大規模抗議行動は、「ラサ騒乱」の影響も考えられるが、より重要なのは「同仁事件」が発火点となったことである。(28) 筆者は二〇〇八年八月四日、青海省循化県の文都寺（ゲルク派）でラプラン寺の僧三人と出会い、二〇〇八年三月の状況を確認することができた。同仁県出身の僧は「三月十四日、十五日にラプラン寺の僧が主導したデモの中には、同仁事件で拘束されたロンウォ寺の僧を解放する要求も含まれていた」と語ったからである。

図 9-9　ラプラン寺付近での抗議デモ

ラプラン寺はアムド地方ではクンブム寺、ロンウォ寺とともにゲルク派三大寺として知られている。とりわけラプラン寺は中国政府の観光化政策を受け入れつつも、多数の高僧と修行僧を抱えてゲルク派学問の中心地としての役割を果たしてきた。人脈と資金力を背景に非公式ルートによりインドへの留学を経験した僧も一定数いるため、亡命政府関係の情報を入手しやすい環境にある。ロンウォ寺とラプラン寺を隔てる距離は百キロメートル弱であり、同郷や親族関係にある両寺院の僧侶は、情報交換を行っていると思われる。事件後、ロンウォ寺の僧が多数拘束されたニュースは即座にラプラン寺にも伝わった。

五-二　同仁県での調査（二〇〇八年八月）

筆者は二〇〇八年八月三日と四日に同仁県を訪問し、聞き取り調査を行った。先ず同仁県の中心部である隆務鎮の様子を紹介する。北京五輪開幕を目前に控えた八月初旬、青海省果洛《ゴロク》チベット族自治州内各県では、武装警察部隊が随所で検問を実施し、外国人や海外の報道関係者、身分証不携帯者の進入を制限していた。運転手は免許証のチェックと身分証番号の記録が義務付けられていた。州都である同仁県には検問所は設置されていなかった。隆務鎮の中心部では、迷彩服を着用した武装警察部隊三十人余りが隊列を組み、定期的に町を巡回し物々しい警備態勢を敷いていた。街頭には監視カメラが多数設置され、「民族団結」や「五輪成功」を呼びかけるスローガンが掲げられていることを確認した。

町には外国人の姿はほとんどなく、ガイド付きの西洋人を数人見かけたのみであった。「同仁事件」以後、公安局の通達により外国人の宿泊は黄南賓館（同仁県政府招待所）一ヶ所に限定されていた。黄南賓館には外部から派遣された特種警察部隊が駐留していたため、筆者はチベット人が個人経営する旅社に宿をとった。案内された部屋のガラス窓は直径五センチメートルほどの穴が開き放射線状にひび割れていた（図9-10）。同仁県は寒冷地であるため窓は二重ガラスになっており、外側のガラスだけが割れていた。宿の主人の話では、「鎮圧部隊が撃ったゴム弾が命中した」とのこと。窓の外にある電柱には、監視カメラが設置されており、時間帯によってカメラの向きが変わっていた。ロンウォ寺の門前にある仏具店では、意外なことにダライ・ラマ十四世やインドに亡命したカルマパ十七世の肖像写真が販売されていたが、店の主人は「自宅で飾る場合は問題なし」と語った。隆務鎮の町は一見日常生活を取り戻していたが、漢人観光客と僧侶の数が激減したことにより、町の経済活動は大きな打撃を被っていた。

八月三日、事件の舞台となったロンウォ寺を訪問した。門前では小型無線機を持った私服の公安局員が来訪者の様子をうかがっていた。大経堂では教師役の僧が若い僧約二百人を相手に講義を行っていた。僧院内の仏殿にはダライ・ラマ十四世の肖像写真がひっそりと飾られていた。高僧の一人に僧院内の現状を尋ねると、「状況はかなり回復した。後は時間が解決する」と答えた。多くの僧は質問に対して口を閉ざしたが、三人の僧が応じてくれた。

【僧A】二月二十一日以降に政府への抗議行動が行われたのは事実であるが、私は参加しなかった。町は一時狂乱状態に陥り、僧と当局の間で激しい衝突があった。チベット人である以上、二〇〇八年三月十日を意識していた。何らかの抗議行動が行われるという噂が流れていたことは否定しない。

【僧B】事件後しばらくの期間、携帯電話の通話とショートメールが遮断された。情報を把握するためバイクで循化や文都寺へ行き、知り合いの僧から情報を手に入れた。

図 9-10　監視カメラ(左)と弾痕跡(右)(2008年8月筆者撮影)

【僧C】事件後、公安が僧坊内を調べに来た。私はダライ・ラマの写真を所持していたが、チベット人の公安は目で合図して見逃してくれた。抗議行動に参加した僧の中には、摘発を恐れて帰省した者、知り合いの寺へ避難した者もいる。

八月四日、町の食堂でイスラム教徒の主人から話を聞くことができた。「二月から四月の間に大小の衝突が四、五回あった。僧と警察の双方に犠牲者が出た。イスラム教徒の立場から言えば、これ以上の混乱は望まない。イスラムへの締め付けが強化されるのも御免だ。ここ数年町の経済は順調に動いている。上海や広州、外国からも巨額の布施や投資が流れてきている。みんなで金の奪い合いをしている」。

確かに同仁は「レプゴン・アート」(レプゴンは同仁のチベット名)と呼ばれる仏画(タンカ)制作の拠点である。北京や広州の古美術商と組んで一攫千金を夢見るチベット人絵師も現れ始めた。海外の美術商はチベット仏教美術を現代アートの視点から読み解くことで、新たな市場の形成を虎視眈々と狙っている。「少しでも高く仏画を売って、携帯電話の次はホンダのバイクを買いたい」と語る吾屯下寺の僧侶（絵師）にも出会った。一方で仏教美術を利用した拝金主義への反発は依然として強く残っている。地元政府は年々過熱する寺院の経済活動を警戒し監視を強めている。イスラム食堂の主人の話から、宗教と政治の問題に経済が割って入った複雑な構図が垣間見えてきた。中国共産党は各寺院に商店経営や診療所の開設、農業等の経済活動を促す一方で、寺院の財務状況への監視を強めている。「解放軍傘下の企業が仏教美術という新たなビジネスに参入してくる」という噂（真偽不明）が巷に流れていることからも、地域の経済活動をめぐって寺院と共産党の間に軋轢が生じていると見られる。

図 9-11　吾屯下寺に建設中の大仏塔は，過熱する仏教美術ビジネスと新たな信仰の高まりの象徴（2008 年 8 月筆者撮影）

筆者は一九九六年十二月に同仁県を訪問したことがある。当時と比べて同仁と西寧（青海省省都）を結ぶバスの本数は三倍に増加した。現在、隆務鎮の主要道路は拡幅され、タクシーの台数と個人商店の数が著しく増加した。ロンウォ寺の正門前には巨大なレプゴン文化広場が整備され、企業や個人からの布施により立派な緑度母聖像が祭られていた。ロンウォ寺の周辺には仏教美術を扱う店が軒を連ね、五万元もの高価な仏画が商われていた。吾屯上寺と吾屯下寺では、高さ二十メートルほどの大型仏塔（チョルテン）を建設中であった（図 9-11）。同仁県では郭麻日寺の仏塔も含めて、これほど大型で装飾を凝らした三基の仏塔はチベット全域でも珍しく、同仁の仏教美術が活発な経済活動を支えると同時に、新たな信仰の高まりが生まれていることを物語っている。また、僧侶の多くが携帯電話を持ち、通話とショートメールを通して多様な情報が入手可能となった。個人で小型バイクを所有する僧も増え、直接近隣の町や寺院へ出向き情報交換を行っている。

五―三　「一〇・一九同仁デモ」(二〇一〇年)

「同仁事件」から二年後の二〇一〇年十月十九日、同仁県の中心部で数千人の中学生と高校生がデモ行進を行った[29]。学校の授業からチベット語を排除する動きを強める中国政府への批判である。デモの直接の原因は青海省政府による教育改革の通達であり、「二〇一五年までに小学校から高校までの授業は漢語を主体に行う」「現地の民族言語は補助的に用いる」という内容であった[30]。漢語を用いて数学や物理等の教科を指導することを政府が通達したことにより、漢語の運用能力が低いチベット人の生徒と教師は、チベット語による教育の存続とチベット文化の継承を政府に訴える行動に出たのである。図9-12はロンウォ寺前を行進する姿であるが、僧侶がデモに参加したか否かは不明である。当日の抗議行動の様子は、Radio Free Asia のサイト上に動画が公開された[31]。

図9-12　ロンウォ寺の門前で「チベット語教育の存続」を訴える中学生・高校生のデモ行進

デモ発生から二日後の十月二十一日、青海省党委員会の強衛書記が同仁県を訪問し、生徒の代表と座談会を開き、「生徒と保護者の要求を尊重しながら教育改革を推進する」と発言して騒ぎを鎮めた[32]。中学生と高校生が起こしたデモに対して、省の党委員会書記が対応にあたるのは異例の処置であり、二〇〇八年の「同仁事件」を念頭に置いた慎重な対応と考えられる。このデモに関して、青海省で日本語教育に携わってきた阿部治平は、青海省内で暮らすチベット人の漢語能力の低さを熟知しており、党と政府の教育政策には「民族語と民族文化をどう維持・発展させるかという具体策がない」と指摘している［阿部 二〇一二：一九四］。

同仁県で発生したデモは、翌日周辺の共和県(chab cha)、沢庫《ツェコ》県(rtse khog)、興海《ツィコルタン》県(rtse khor thang)にも飛び火し、中学生と高校生が同じ目的で抗議行動を敢行した。デモ拡散の構図は「同仁事件」と類似しており、背景にあるのは中国共産党が信教の自由を制限し、少数民族の言語と文化を蔑視する姿勢である。ただし、同仁県が属する青海省黄南州は、チベット人の他にイスラム系の回族や漢人が混住する地域である。省都の西寧市からの距離は百キロメートル余りしかなく、僧やチベット人の若者は漢語による意思疎通にそれほど不自由はない。高校を卒業した若者が就職する際、一定の漢語能力は今や必須条件となっている。若者は現代社会への適応を拒否していないにもかかわらず、漢人幹部の中には露骨にチベット文化を軽視する者がいる。そこには、大川謙作が指摘する「先進の漢人」と「落後のチベット人」という「文化の二分法」が根底にあることは間違いない［大川 二〇一二］。加えて、寺院への監視強化や僧侶への不敬と暴力行為が日常化していることが、チベット人社会に不満と不信感を蓄積させてきたのである。したがって「二〇一〇・一九同仁デモ」は「二〇〇八年東チベット騒乱」の文脈の中で発生したと考えてよい。

六　甘孜州における抗議行動と宗教政策

六—一　肖像・国旗・ビラ

『二〇〇八年東チベット騒乱』では、本書が主な対象としている四川省甘孜州内で抗議行動が多発した。『鼠年雪獅吼』〔唯色 二〇〇九〕には、以下の行為が行われたと記されている。情報源はチベット亡命政府や海外のチベット支援組織である。

(1)ダライ・ラマ十四世の肖像を掲げる
(2)カルマパ十七世の肖像を掲げる
(3)パンチェン・ラマ十一世（チベット亡命政府認定）の肖像を掲げる
(4)中国国旗「五星紅旗」を引きずり下ろす
(5)チベット国旗「雪山獅子旗」を掲げる
(6)中国政府に宗教活動の自由を要求する
(7)ダライ・ラマ十四世の早期帰還を要求する
(8)具体的な要求事項を記したビラを撒く

(2)のカルマパ十七世（karma pa、ウゲン・ティンレー・ドルジェ、dbu rgyan 'phrin las rdo rje、一九八五—）は二〇〇〇年にインドへ亡命したチベット仏教カギュ派最高位の僧である。当時十四歳の少年僧が中国政府の警戒網をかいく

図9-13 トラックのフロントガラスに飾られたカルマパ17世(2007年8月筆者撮影)

ぐったニュースが公になると、チベット全土は大いに沸き立った。二〇〇七年八月筆者が川蔵北路(成都甘孜間)を調査した際、カルマパ十七世の肖像をフロントガラスに掲げた長距離トラックを多数確認した(図9-13)。血の気の多いチベット人トラック運転手の心をとらえたのは、中国共産党に一泡吹かせたカルマパの勇気ある行動と彼の精悍な顔立ちである。東チベットではカルマパの写真がチベット人個人商店で販売されることは珍しくなく、トラックや個人商店内に飾られたカルマパの写真が公安とのトラブルに発展することは少ない。ただし、トラックや商店から一斉にカルマパが姿を消した時は要注意である。共産党の宗教政策が「放」(柔軟化)から「収」(引き締め)へ転じようとしている兆しと受けとめることができる。

(3)のパンチェン・ラマ十一世は二人いる。一人はチベット亡命政府が認定したゲンドゥン・チューキ・ニマ、もう一人は中国政府が指名したジェンツェン・ノルブである。ニマは一九九五年五月に認定された後、家族とともに行方不明となり現在に至っている。今回青海省黄南州沢庫県では、三月二十日のデモでニマ少年の写真が掲げられたという[唯色 二〇〇九：五八]。筆者はこれまで四川省甘孜州内の複数の寺院でニマ少年の写真を見かけたことはあるが、町中で堂々と飾ることは禁じられている。図9-14は甘孜県の個人商店内に飾られたニマ少年の写真である(二〇〇七年八月)。

筆者はこれら「二〇〇八年東チベット騒乱」に関する情報は以下の性質を持つと考える。

(a)各事件に関する情報は錯綜しており、正確さを欠くものも含まれている

(b)東チベットの発信者自らが確認した情報と伝聞による情報が交錯している
(c)チベット亡命政府や海外のチベット支援組織が「チベット問題」の存在と深刻さをアピールする際、実際の抗議内容が選別され増幅されて伝えられている

もちろん中国政府が発信する情報にも同様のことが言えるため、双方の主張のすべてを額面どおりに受け取ることはできない。ただし、筆者はチベット亡命政府や海外支援団体が発表した内容は大筋において事実を踏まえていると考える。

図 9-14　パンチェン・ラマ 10 世(中央)，チベット亡命政府が認定したパンチェン・ラマ 11 世(左)，ダライ・ラマ 14 世(右)(2007 年 8 月筆者撮影)

六―二　甘孜州公安局「指名手配書」

図9-15は作家のオーセルが二〇〇八年六月七日に甘孜州得栄県《デロン》(sde rong)で撮影した指名手配書(通輯令：甘公輯二〇〇八―〇一号)である〔唯色 二〇〇九：二四四―二四七〕(33)。以下に引用する。

各県公安局、各公安分局、各郷鎮公安派出所：

二〇〇八年三月以来、少数の民族分裂主義者がチベット人居住地区にて、一連の国家安全危害罪を計画、組織、実行した。わが州の一部の地域でも暴力や破壊事件及び国家の安全を脅かす案件が相次いで発生し、死亡事件や重大な財産被害が起こり、国家の安全を著しく損なった。そして

図9-15　2008年5月甘孜州内で確認された指名手配書(漢語版)

政治の安定に大きな影響を与え、社会治安秩序を激しく乱し、人民大衆の生命と財産の安全を脅かした。捜査の結果、ツェリン・ニマ等三十五人に重罪の嫌疑が判明し、現在三十五人は逃走中である。

各地の公安組織はこの通輯令を受理した後、直ちに捜査部局を設置し容疑者の摘発と拘束を行うこと。

情報の提供者、逮捕に協力した組織と人に対して一定の褒賞を行う。

自首を申し出た嫌疑人に対しては、法により寛大な処置を行う。

電話連絡先：〔省略〕

甘孜州公安局

二〇〇八年五月七日

手配書は二種類あり、漢語版には三十五人、チベット語版には三十六人の顔写真、氏名、性別、民族、生年月日、住所、身分証番号、身体的特徴が記されている。オーセルが整理した三十六人の情報は以下のとおり。

(1)僧七人、民衆二十九人

(2)男三十一人、女五人

(3)一九四〇年代生まれ一人、五〇年代五人、六〇年代十一人、七〇年代十人、八〇年代九人

(4)最高齢六十二歳(十八歳以下の者が含まれる可能性あり)

(5)甘孜県五人、炉霍県三人、色達県二十八人

三月から八月の間に、甘孜州の他県でも抗議行動が行われているため、他県の容疑者を掲載した「指名手配書」第二号以降が発行されたと考えられる。

六―二　騒乱と刑法の「国家安全危害罪」

指名手配書には「二〇〇八年三月以来、少数の民族分裂主義者がチベット人居住地区にて、一連の国家安全危害罪を計画、組織、実行した」と記されている。「中華人民共和国刑法」（二〇一一年）第二編第一章が定める国家安全危害罪の中で、「二〇〇八年チベット騒乱」と関係する条項の要点を示す。

第一〇二条　国家反逆罪
　外国と通謀し、主権、領土の保全及び安全に危害を及ぼす
第一〇三条　国家分裂罪、国家分裂煽動罪
　国家を分裂させる、国家統一の破壊を組織し、画策し、または実施する
第一〇四条　武装反乱・暴動罪
　武装反乱または武装暴動を組織し、画策し、または実施する
第一〇五条　国家政権転覆罪、国家政権転覆煽動罪
　国家政権または社会主義制度の転覆を組織し、画策し、または実施する
第一〇六条　通謀の加重処罰
　国外の組織または個人と通謀し、第一〇三条ないし第一〇五条の罪を犯す
第一〇七条　国家安全危害罪の資金援助罪

国内外の組織または個人が第一〇二条ないし第一〇五条の犯罪を経済的に援助する

刑法から見た「二〇〇八年チベット騒乱」の問題点は「国家分裂」と「国家統一の破壊」である。中国共産党は亡命後のダライ・ラマ十四世を「チベット独立を画策する首謀者」「祖国分裂主義者」と名指しして人民の敵と見なしてきた。甘孜州公安局は、中国の公民がダライ・ラマ十四世の肖像やチベット国旗を掲げる行為は国家安全危害罪に相当する疑いがあると判断し、該当者を指名手配したのである。

六–四　集会とデモに関する法律

「中華人民共和国憲法」(一九八二年)第三十五条には「中華人民共和国公民は、言論、出版、集会、結社、行進及び示威の自由を有する」とある。しかし、「中華人民共和国集会游行示威法」(一九八九年、以下「デモ法」と略す)の規定により、公民が行う各種抗議行動は大きな制約を受けている。具体的には、「五日前までに」(第八条)、「公安局へ申請する」(第六条)ことが定められている。そして、「デモの目的に以下の内容が含まれている場合は不許可となる」(第十二条)。

(1)憲法が定める基本原則に反対するもの
(2)国家統一、主権、領土保全を脅かすもの
(3)民族分裂を煽動するもの
(4)申請された集会やデモ行進が直接公共の安全を脅かし社会秩序を著しく乱すと十分な根拠をもって認定できるもの

「憲法が定める基本原則」とは、憲法「前文」の「中国は独立自主の対外政策を堅持し、主権と領土保全の相

互尊重、相互不可侵、相互内政不干渉、平等互恵及び平和共存の五原則を堅持する」を指している。「二〇〇八年チベット騒乱」では、チベット自治区と東チベットにて、僧や民衆が公安局の事前許可を受けていないデモを行い、ダライ・ラマ十四世の肖像と「チベット国旗」を掲げ、ダライ・ラマの早期帰還やテンジン・デレクの釈放を要求した。したがって、公安当局は事前手続の面で「デモ法」に触れ、主張内容の面で「刑法」に違反すると判断し、身柄拘束または指名手配を行ったのである。

ダライ・ラマ十四世亡命直後に制定された「寺廟民主管理試行章程」（一九五九年）には、「寺に住む僧は国家の公民であり、均しく公民の権利を有すと同時に公民の義務を履行しなければならない」（第五条）とある〔曽伝輝 二〇一一：五四六〕。そして、「憲法」（一九八二年）第五十一条は「公民は国家の統一及び全国各民族の団結を維持する義務を負う」ことを定めている。したがって、公民である僧侶はデモの申請を行う権利を持つが、「デモ法」は体制側に有利な内容となっているため、申請が受理される可能性は皆無と言ってよい。中国では個人の言論の自由よりも国家統一や民族団結という党や政府の利益が優先されるため、国民の権利を守るものではなく、公安当局が不穏分子を摘発するための法という側面が強いと言える。

七 宗教政策を支える公安・部隊・武警

七―一 公安の宗教政策

第一章でも述べたが、中華人民共和国は中国共産党が指導する国家である。宗教政策においては党の統戦部が方針を決め、政府の国家宗教事務局が宗教活動を管理している。ただし、宗教をめぐる紛争が発生した際は、公安と部隊が党の宗教政策と政府の宗教管理を側面から支える任務を負っている。任務の柱は祖国の統一、民族の団結、社会の安定を守ることであり、とりわけチベット人とウイグル人の居住地区は治安維持の重点地域に指定されている。

『民族宗教与公安工作』〔郭宝主 二〇〇九〕は、「二〇〇八年チベット騒乱」の翌年に出版された。中国の公安部は日本の警察庁、公安局は警察署に相当する。題名の「公安工作」は警察の任務と活動を意味している。同書に基づき、公安組織と宗教政策の関係を検討する。

公安は平時においては、共産党が宗教政策「四原則」(宗教信仰の自由、法に基づく宗教事務の管理、独立自主自営、宗教と社会主義社会の適応)を推進するための監視活動を行っている。具体的には、外国宗教組織の関与と資金提供に目を光らせ、違法活動場所、違法出版物、違法医療行為、違法な宣教等、「宗教事務条例」に違反した行為を取り締まっている〔郭宝主 二〇〇九:二三六―二三九〕。祖国の統一を破壊する活動に従事したと見なされた僧院は、入口に公安のチェックポストが設置されることもある。今や僧院内で監視カメラを見かけることは珍しいことではない。

そして、情報化社会の進展に伴い、ネットポリス(網警)はインターネット上の情報収集や携帯電話の盗聴といった新たな任務に力を注いでいる。チベットやウイグル等、民族地区では監視と情報収集の他に、宗教活動に関連した突発的なデモや暴力行為の鎮圧にも対応する。公安部が想定している宗教を利用した犯罪行為とは、具体的に次の行為を指す〔郭宝主 二〇〇九:二四一―二四三〕。(1)国家の主権と領土の保全を犯す行為、(2)国家の統一を破壊する行為、(3)国家の政権と社会主義制度を転覆させる行為、(4)武装による反乱と暴動行為、(5)国家機密の窃取と漏洩行為、(6)テロ行為、(7)集会、行進、デモ行為。

七―二　部隊・武警の宗教政策

人民解放軍は中国共産党の軍隊であり、防衛作戦を主とし社会秩序の維持を従とする。社会秩序の維持の中には、党の宗教政策を支える任務も含まれている。第二章では、中国工農紅軍が長征の途上、チベット仏教の高僧に対して統一戦線活動を行ったことを説明した。軍人の朱徳は食糧支援の約束を取り付け、同じく軍人の張国燾は僧院と互助条約を結び、チベット人を主体とした博巴政府の樹立を主導した。チベット解放政策を進める際には、軍幹部の朱徳、彭徳懐、劉伯承は高僧をダライ・ラマ十四世との交渉を担当する使者に仕立てた。そして民主改革を断行した時期、部隊は土地改革や特権剝奪に抵抗する僧や領主の征伐に派遣され、鎮圧作戦を強行した。「党が鉄砲を指揮する」という原則が示すように、共産党は各部隊に政治委員を配置して、さまざまな指令を伝達する。とりわけ全民信教の性質を持つ少数民族地区では、共産党は少数民族の自決権と分離権を認めず、民族区域自治の制度を実施した。部隊の政治委員は民族区域自治、民族政策、宗教政策の実施に責任のある立場にあり、部隊の軍事指揮員より高い位置にいる。

『当代中国的民族宗教問題与軍隊民族宗教工作』〔王志平主編 二〇一二〕は、共産党の民族政策、宗教政策における軍隊の役割を論じたものである。同書は民族地区における部隊の主要任務は、「三つの勢力」の排除であると言っている〔王志平主編 二〇一二：三五―三六〕。つまり、宗教を利用した国家分裂勢力、過激派勢力、テロ勢力との戦いを指している。チベット人居住地区においては、共産党が「ダライ集団」と呼ぶチベット亡命政府及び海外支援組織の影響力を排除することを任務としている。国境警備隊は亡命政府から人や資金が流入するのを防ぎ、亡命政府と有力寺院の動向を探り、紛争が生じた場合は武力で鎮圧する。『部隊民族宗教読本』〔解放軍総政治部群

衆工作辦公室 二〇〇五〕は、部隊が任務を遂行する際に理解しておかなければならない宗教法規、中国五大宗教の知識、少数民族と宗教信仰の関係を把握するための教材である。祖国統一と法令遵守を僧院に徹底させる共産党の愛国主義教育の実施にも部隊は関与している。

中国には公安と人民解放軍の中間に位置する組織として、武装警察部隊（以下、武警と略す）がある。「人民武装警察法」には、国務院と中央軍事委員会の指揮下にあり（第三条）、国家の安全と社会の安定等を任務とする（第一条）と書かれている。党が政府を指導する以上、人民解放軍の指揮を受ける場合も当然ある。チベット人居住地区では僧院と高僧の監視、抗議行動や暴力行為の鎮圧、空港や鉄橋の警備、森林や鉱山の資源管理を行っている。『武警甘孜州支隊志』〔武警甘孜蔵族自治州支隊編史辦公室 二〇〇〇〕によると、甘孜州の武警組織の前身は一九五〇年当時の第一野戦軍十八兵団であり、民族宗教政策も主要な任務としていた〔武警甘孜蔵族自治州支隊編史辦公室 二〇〇〇：七〕。「二〇〇八年チベット騒乱」では、公安と解放軍と武警が宗教政策を含む共産党の独裁政権を支える装置として機能したのである。

八　二〇〇九年以降の抗議活動

八-一　キルティ寺の負の連鎖

二〇〇八年三月十六日、四川省阿壩《アバ》県の市街地で、キルティ（格爾登）寺の僧と民衆が大規模な抗議行動を敢行し、公安当局との間で激しい衝突が起こった（「三・一六阿壩事件」）。軍警が発砲した結果、二十三人の死者（名前判明分)が確認され、騒乱の悲劇は犠牲者の写真とともにインターネットを通じて世界に発信された[34]。負傷者の多くはキルティ寺に運び込まれ、僧が応急処置を施したが、銃弾は民衆の命を次々と奪っていった。その後、公安当局は北京五輪が閉幕するまでの間、外国人や香港人・台湾人の阿壩県訪問を禁止して事態の沈静化をはかった。

この「三・一六阿壩事件」が投じた一石は、その後キルティ寺の僧に波紋を広げ、焼身抗議という負の連鎖を生み出した。二〇〇九年二月二十七日、僧タペが「二〇〇八年チベット騒乱」の犠牲者を追悼し、街頭で焼身抗議を行った(一人目)。彼の手にはダライ・ラマ十四世の肖像と「チベット国旗」が握られていたという。二〇一〇年三月十六日、僧プンツォが「三・一六阿壩事件」とタペを追悼し、焼身抗議を行った(二人目)。司法当局はプンツォの自傷行為に親族が関与したと判断し、親族を自殺教唆罪で懲役十年に処した[35]。亡命中の座主キルティ・リンポチェは、この判決がキルティ寺の僧の心に激しい憎悪の念を抱かせたと語っている[36]。

図9-16は二〇一三年七月までに発生した焼身抗議の発生地点を示した地図である。阿壩県から始まった焼身抗議は、隣接する甘孜州や青海省同仁県など東チベットの広域に広がった。オーセルが示した資料によると、抗議者の数は二〇一一年に十二人、二〇一二年八十五人、二〇一三年二十六人、二〇一四年も断続的に発生しており、中国国内における犠牲者は百三十人余りに上っている[37]。「二〇〇八年東チベット騒乱」の口火を切った青海省同仁県、抗議行動が飛び火した甘粛省夏河県、最初の焼身抗議者を出した阿壩県に発生は集中しており、チベット自治区での件数は少ない。

以上のことを整理すると、「二〇〇八年東チベット騒乱」は北京五輪開催前に一旦収束したが、二〇〇九年二月の焼身抗議を契機に再び東チベットにおける抗議活動が再燃し、現在に至っている。これらの事例から、「二〇〇八年チベット騒乱」における東チベットの役割は極めて大きいことがわかる。二〇一二年五月二十七日にラサで二人の男性が焼身抗議を行ったが、四川省阿壩県と甘粛省夏河県の出身のチベット人であった。

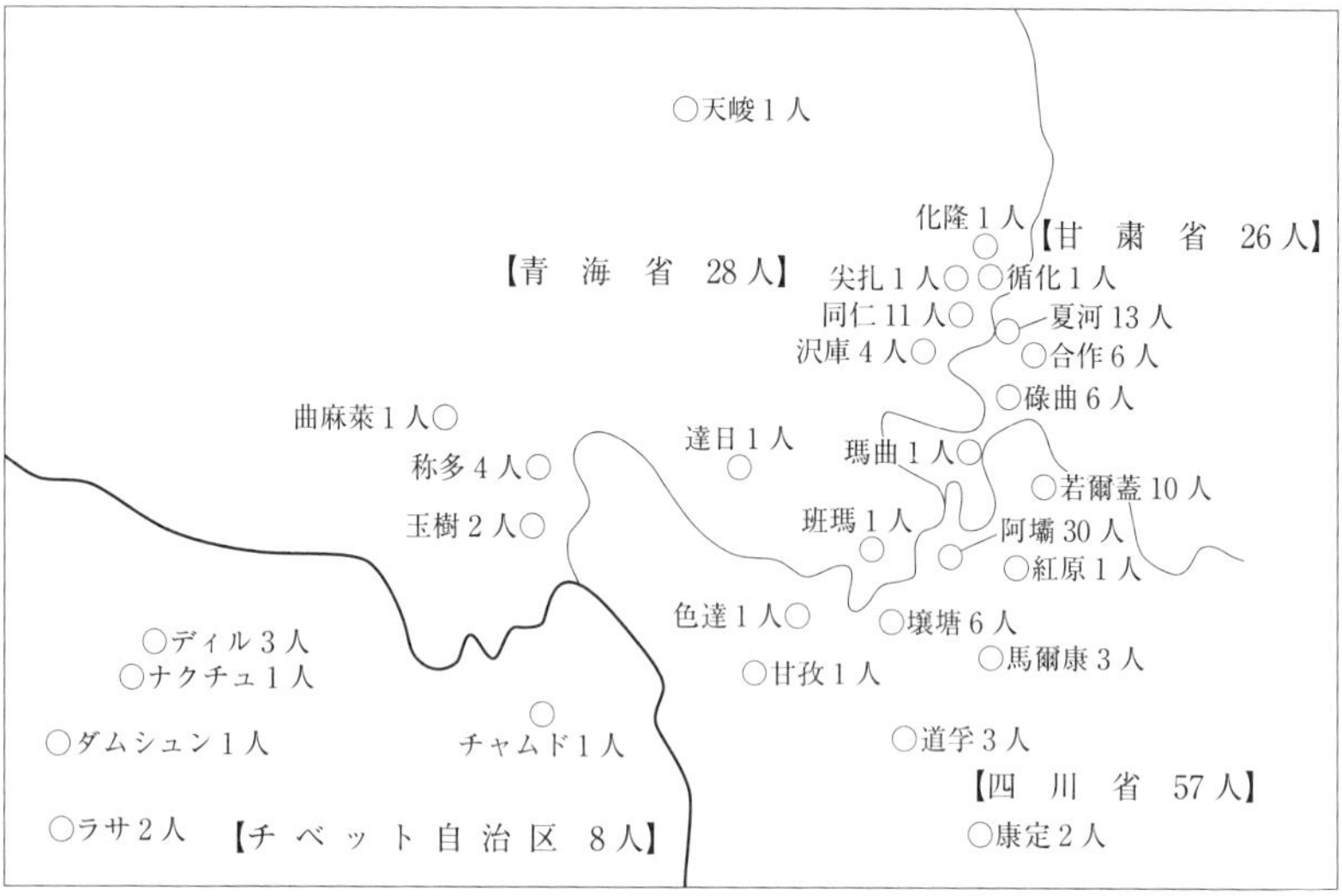

図9-16　焼身抗議の発生場所と人数(2013年7月)

抗議者は僧、尼僧、還俗僧、民衆であり、阿壩県キルティ寺の僧が最多である。携帯電話やスマートフォンで撮影された動画が海外の支援組織へ送信され、YouTube に掲載されることもある。「二〇〇八年チベット騒乱」の特徴は、「肖像」「国旗」「スローガン」「ビラ」であったが、二〇〇九年以降「焼身抗議」が加わった。情報源は主にチベット亡命政府、チベット支援組織、オーセルが発信した資料であり、一部中国新華社ニュースも含む。

八―二　チベット人社会の変質

中国政府は第十二次五ヶ年計画(二〇一一年―一五年)において、二百二十六のプロジェクトを通してチベット全域のインフラ整備や生活改善に力を注ぐことを強調している。東チベット各地でも空港や道路の整備、町の大規模再開発が進み、多額の資金が動いていることが実感できる。しかし、東チベットで生活の豊かさを享受しているのは、個人タクシードライバー、冬虫夏草や骨董・宝石を商う仲買人、成都・西寧・蘭州等の企業と連携し物流や小売に従事する商人など一握りの層にすぎず、多数を占める農民や牧畜民そして日雇い労働者の生活実態は好転していない。町の商業活動をめぐっては漢人やイスラム系住民との摩擦や感情的な対立が存在し、寺院や党・軍・政府が関与する商売との棲み分けにも配慮しなければならない。

図9-17はチベット人居住地区で臨時工を募集する案内である。報酬は「チベット人日給三十元、漢人五十元」とある。[38] 求人者はおそらく漢人であろう。二十元の差は職務内容の違いによって生じたとは考えにくい。漢人のチベット人に対する差別意識の表れであろう。このような民族間による収入格差以外に、村上大輔はラサにおいて民族内格差の問題が存在することを指摘している［村上 二〇〇九］。具体的には、チベット人内部に生じた都市と農村の格差、教育の格差、雇用機会の格差、職業訓練の格差が顕著になりつつある。そして、チベット各地から選抜され中国の内地で漢語による高等教育（チベット班、チベット学級）を受けた青年がチベット人富裕層の形成を促す要因となっていることを重視している。その一方で、現金収入を求めて農村を離れラサに流入してきた労働者の一群は、経済的にも精神的にも不安定であり、小さなトラブルが暴力事件に発展する危険性をはらんでいる。

図9-17　求人案内「チベット人日給30元，漢人50元」

チベット騒乱をめぐって、大川謙作は三つの主張が存在すると指摘している［大川 二〇一一：一六四］。

(1)外部の陰謀である（中国政府説）
(2)民族・宗教・人権問題である（チベット亡命政府説）
(3)経済問題である（経済言説）

外部の陰謀とは「ダライ集団分裂主義者の策略」を指し、中国共産党にとって外部に責任転嫁できる都合のよい理由である。大川は「現体制下においてチベット人の経済状況が改善されることはフリー・チベット運動の存立基盤を脅かす側面がある」「経済言説もまた党派的思考のもとにあり、二項対立の中へ還元される傾向がある」と述べ、「党派的思考によって経済に着目する言論は的外れなものとなりやすい」と指摘している［大川 二〇一一：一七七］。

二〇〇八年三月十日にラサで抗議行動が発生したことは、この日がチベット人にとって民族蜂起の記念日であることに基づいている。ラサや東チベットの僧侶と民衆による三月十日の抗議行動は、国外のチベット人と間接的に連携していたと判断するのは自然なことである。筆者は「二〇〇八年チベット騒乱」が発生し、東チベットで長期化した理由は村上や大川の分析の他に、共産党の宗教政策という外部の要因と僧院内部の宗教状況の変化が影響していると考える。

八―二　東チベット焼身抗議の原因

東チベットにおける焼身抗議は、二〇〇九年二月二十七日キルティ寺の僧タペから始まった。その後、百三十人にも及ぶ「二〇〇九年以降東チベット焼身抗議」拡大の背後には、次に示す複雑な要因が隠されている。

(1)二〇〇八年抗議行動後の疲れと焦り

「宗教活動の自由」と「ダライ・ラマ十四世の早期帰還」を求めたチベット人の果敢な抗議行動は、民族問題、宗教問題、人権問題として外国の注目を集めたが、状況の改善に至らず、公安当局による寺院管理の強化を招く結果に終わった。中国共産党と亡命政府の対話も二〇一〇年一月を最後に途絶えたままだ。チベット人社会全体に閉塞感が漂う中、一部の僧は疲れと焦りを感じて無力感を強めている。

(2)出家者に対する愛国主義教育の実施

二〇〇八年以降、チベット人に対して愛国主義教育が繰り返されている。教育の重点は法令遵守、つまり国家分裂活動への関与を禁じる指導である。とりわけゲルク派の僧院ではダライ・ラマ十四世を「国家分裂主義者」と認めさせる、いわゆる「踏み絵」が強制されることもある。政府は寺院内に監視カメラを設置し、監視員を紛れ込ませ、場合によっては公安局員を常駐させるといった方法で監視態勢を強化している。二〇一一年と二〇一二年は党・政府指導部の交代準備時期にあたるため、「国家の統一、主権、領土の保全」という共産党の核心的利益に関して、政府は一切妥協せず強硬姿勢を貫いた。

(3) 高僧の不在、指導僧の不足、ゲルク派への監視

一九五〇年代から七〇年代の間、政治の混乱と宗教弾圧により指導僧の育成に大きな障害が生じた。焼身抗議が相次いでいる阿壩県のキルティ寺(図9-18)では、座主のキルティ・リンポチェが一九五九年五月ダライ・ラマ十四世の後を追ってインドへ亡命した。キルティ・リンポチェは、一九九二年インドのダラムサラに本山を再建したが、中国国内にある三十余りの末寺を直接指導する術はない。戒律と学問を重んじるゲルク派は、その後中堅指導僧の養成が困難な状況に直面した。ただし、キルティ寺の僧は亡命を決断した座主に異を唱えることは絶対に許されない。筆者はキルティ寺の僧が叫んだ「ダライ・ラマ十四世の早期帰還」には、「キルティ・リンポチェの早期帰還」という悲痛な願いも込められていたと考える。座主不在が続く中、焼身抗議は十分な指導を受けられず将来に希望を持てない出家者たちの声なき声でもある。高僧の不在や中堅指導僧の不足は、ゲルク派の僧院教育にとって大きな痛手である。共産党はニンマ派のペーノー・リンポチェがペユル寺へ一時帰還することは認めたが、ダライ・ラマ十四世の側近を務めたゲルク派のキルティ・リンポチェの帰還は認めなかった。二〇〇八年の騒乱以後、共産党はゲルク派の僧がインドへ越境することを阻止するため、より一層ゲルク派僧院への監視を強めた。ゲルク派の主要僧院がある四川省阿壩県と青海省同仁県で僧の焼身抗議が多発しているのはこの

図 9-18　治安部隊に包囲されたキルティ寺（2011 年 8 月筆者撮影）

ような事情が背景にあるからである。

(4) 情報通信環境の変化

概ね二〇〇〇年以降、東チベット全域で海外通話が可能となり、各県の市街地ではインターネット回線が整備された（ただし、頻繁に接続不能状態となる）。二〇〇五年前後から携帯電話を使用する僧の姿をよく見かけた。今では若い僧はインターネット接続が可能なスマートフォンの操作に夢中になり、修行に身が入らないこともある。問題点は情報リテラシーの未熟さである。情報端末から得られる情報を選択し活用する力は漢語運用能力とも関連している。彼らにとって漢語は情報を獲得し、身を守る道具でもある。漢語力の不足により怪情報に踊らされることもある。また、携帯電話の通話は固定電話に比べて盗聴されやすいという危険にもさらされている。

(5) 公安・部隊・武警による管理強化

筆者は二〇一一年八月七日から十日まで、焼身抗議が連続する阿壩県の中心部を訪問した。目的は町と寺院の現状把握であり、予想どおり町の中心部と主要僧院には武警と公安局員が大量に動員され、厳戒態勢が敷かれていた（図 9-19）。目抜き通りには約三十メートル間隔に銃を持った隊員のグループが配置され、装甲車、放水車が目立つ場所に停車し、僧侶と住民を威嚇していた。町の入口には検問所があり、進入する車輛のチェックが行われていた。武警を荷台に乗せたトラック数台が町を常時巡回し、阿壩県の中心部は事実上の戒厳令が敷かれているに等しい状態であった。

図 9‐19 武警の装甲車が配備された阿壩県の市街地（2011 年 8 月筆者撮影）

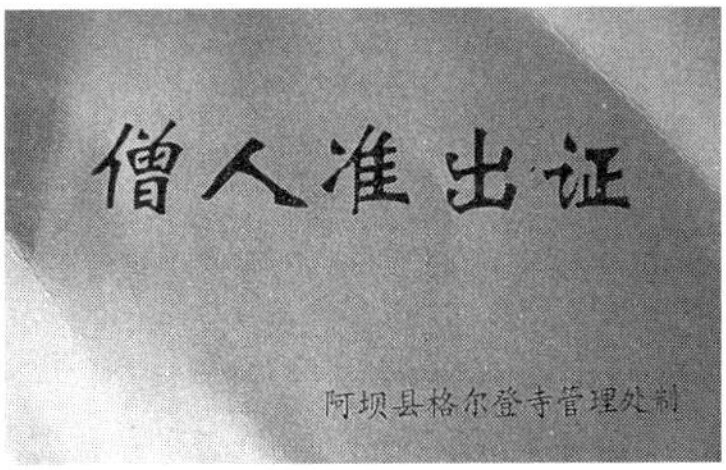

図 9‐20 阿壩県公安当局がキルティ寺の僧に発行した許可証（2011 年 8 月筆者撮影）

滞在中の八月八日にインドでは、ロブサン・センゲのチベット亡命政府第二代首相就任式が挙行された。厳戒態勢の理由は首相就任を祝って、抗議行動が発生することへの警戒であった。キルティ寺は完全封鎖され、僧院の入口と周囲には約百人の武警が陣取り、許可証を提示した僧のみに出入りが許されていた（図 9‐20）。

中国では、党・軍・政府の幹部の中には「民族紛争や宗教紛争への武力弾圧は出世の手柄」と考える者もいる。共産党は公安や武警等による治安維持の強化を宗教政策の一環と見なしている。高僧不在の中、通常の宗教活動すら行えない僧院の現状が、若い僧を絶望の淵へと追い込んでしまったのである。

『人民日報(海外版)』(二〇一一年十一月二十五日)は、二〇〇九年以降東チベットで相次ぐ「焼身抗議」を非難する記事を掲載した。[39] 若い僧尼を陰で操るのは海外の「ダライ集団」であり、彼らに罪はない。犠牲者が続出しているキルティ寺の座主キルティ・リンポチェがダライ・ラマ十四世の側近であることが動かぬ証拠だ。暴動も焼身もすべて「ダライ集団の策略」である。中国共産党は若い僧に罪はなく、外部の陰謀が焼身抗議発生の原因であると主張している。その後、二〇一三年五月十六日に中国中央電視台は、ダライ集団が「焼身指導書」を用いて僧と民衆に焼身を示唆したという内容の報道番組を放映し、共産党はチベット亡命政府との対決姿勢を一層強く打ち出した。[40]

一方、チベット亡命政府は二〇一三年一月に「なぜチベットは燃えているのか」という報告書を発表し、共産党に反論した。[41] その主旨は若者を焼身に追い立てた原因は中国政府の失政であり、彼らの捨て身の行為は政治的抑圧、文化的同化、社会的差別、経済的軽視、環境破壊等に対する憤りであるとしている。

九　結　論

中国共産党とチベット亡命政府の主張は相異なり、両者の対話と協議はストップしたままである。筆者は一方の意見のみに賛同するのではなく、長年東チベットの宗教状況を観察してきた研究者の視点から、本章で「二〇〇八年チベット騒乱」の構造を整理しその発生原因を探ることを試みた。以下に整理する。

(1)「二〇〇八年チベット騒乱」を「二〇〇八年ラサ騒乱」と「二〇〇八年東チベット騒乱」に分ける。

(2)「二〇〇八年ラサ騒乱」は三月十日デプン寺僧侶の抗議デモから始まり、十四日に発生した暴動の鎮圧をもって収束した。

(3)中国政府は三月十日の抗議行動には言及せず、三月十四日に発生したチベット人の暴動に焦点をあて、「三・一四事件」と命名した。

(4)「二〇〇八年東チベット騒乱」は「二・二一同仁事件」に始まり、三月十日民族蜂起記念日にラサと東チベットで同時に発生した抗議行動を契機に四川、青海、甘粛のチベット人居住地区で広範囲に波及し、軍警の圧力により六月末に一旦収束した。

(5)「二〇〇八年ラサ騒乱」と「二〇〇八年東チベット騒乱」は異なる概念であり、前者が後者に影響を与えた面は否定できないが、飛び火したわけではない。

(6)「二〇〇九年以降東チベット焼身抗議」は「二〇〇八年東チベット騒乱」の延長線上に位置する。焼身抗議は四川省阿壩県、青海省同仁県で多数発生しており、二〇一四年は監視強化により減少傾向にある。

東チベットは中央チベットの周縁に位置しているが、ラサを中心とするチベット自治区に従属しているわけではない。東チベットの宗教空間は中国共産党の支配下で、多様な宗教エネルギーを蓄積してきたのである。二〇〇八年に始まった東チベット騒乱は、蓄積された負のエネルギーの爆発であった。騒乱は民族差別、宗教弾圧、人権無視、経済格差等、中国共産党の諸政策への不満が主たる原因であることは間違いない。二〇〇九年以降、焼身抗議に身を投じた者たちは、ダライ・ラマ十四世のインド亡命後に生まれた世代である。彼らは二〇〇八年前半の抗議行動を通じて、信教の自由を守り硬直した事態の打開を期待したが、共産党の治安部隊にことごとく鎮圧されてしまった。

北京五輪閉幕後は海外の関心も弱まり、亡命政府と共産党の協議も進展せず、チベット人社会は疲労と焦燥の色が一段と濃くなった。筆者はこれまでの現地調査を通じて、怒りの声を上げた東チベットの僧侶と俗人は、地元の高僧の不在と指導僧の不足に長年悩まされており、携帯電話を中心とした情報通信環境の変化にも振り回されていることを実感した。そしてゲルク派の主要寺院では「祖国分裂活動を画策した」ダライ集団を批判する愛国主義教育が強要され、僧院の学問と修行の場は政治の刃によって乱暴に引き裂かれた状態にある。そしてチベット人内部に存在する教育の格差、経済状況の格差、雇用機会の格差は年々広がりを見せ、若い俗人の一部は将来を悲観し自暴自棄に陥ることもある。このような状況下で複数の要因が絡み合い、焼身抗議が次々と発生していったのである。

更に付け加えるならば、ニンマ派を柱にしたラルン五明仏学院やヤチェン修行地では、「二〇〇八年チベット騒乱」のさなかも抗議行動や焼身抗議は起こらず、ケンポ・ソダジやアチュウ・ラマを中心に秩序をもって学問と修行が続けられた。そしてニンマ派の高僧は、僧院や仏学院の運営資金を求めて中国の都市部や香港・台湾での弘法活動を行うことを許された。このように、中国共産党のチベット寺院に対する対応は一様ではない。

焼身抗議が多発している阿壩県の中心部とゲルク派のキルティ寺には、公安と武警を中心とした共産党の武装勢力が常駐し、外国人を排除して町や寺院をカメラで監視している。僧院が国外の組織と連携して「祖国分裂活動」に出ることを阻止する目的であるが、実際は公安や武警によるゲルク派の宗教活動への妨害行為である。「二〇〇八年チベット騒乱」を通じて、中国共産党の宗教政策と政府の宗教管理を支える武力装置として公安、部隊、武警が組み込まれていることがより鮮明になった。

（1）　本章は［川田 二〇〇八a］、［川田 二〇〇八b］、［川田 二〇〇九a］、［川田 二〇〇九b］を再構成し加筆したものである。

（2）　騒乱に関する中国政府の資料は［中国蔵学研究中心 二〇〇八］、［直云辺吉 二〇〇八］。北京五輪聖火リレーと騒乱の関係では［新華月報 二〇〇八a］、［新華月報 二〇〇八b］がある。騒乱をチベット問題から整理した映像として［中国国際電視総公司 二〇〇八b］がある。

（3）「中国当局、デモ実施のチベット僧を拘束」(二〇〇八年三月十一日、北京)、AFPBBNews (http://www.afpbb.com/article/politics/2362786/2724036 二〇〇九年五月十一日閲覧)。

（4）「二〇〇八年三月十一日外交部発言人秦剛挙行例行記者会」、中華人民共和国外交部(http://www.mfa.gov.cn/chn/gxh/tyb/fyrbt/jzhsl/t413853.htm 二〇〇九年五月二十二日閲覧)。

（5）村上大輔は「抗議行動」と「暴動」を明確に区別する見解を示している［村上 二〇〇九：一八八］。

（6）「西蔵自治区高級人民法院、西蔵自治区人民検察院、西蔵自治区公安庁 通告第一号」『西蔵日報』二〇〇八年三月十五日、第一面。『西蔵日報』が掲載したのは第一号のみであり、第二号以降の存在は不明である。『達頼集団的滔天罪行――記拉薩〝3・14〟事件真相』［《達頼集団的滔天罪行――記拉薩〝3・14〟事件真相》編委会 二〇〇八：四九―五〇］も第一号のみ掲載している。

（7）「通輯令」は二〇〇八年三月末までに第九号を発行。ラサ市公安局はチベット電視台とラサ電視台を通じて嫌疑者の写真を公表した(二〇〇八年三月二十三日)。中国移動通信西蔵分公司を通じて、同様の内容を記したショートメールをラサ市の全端末に配信した(二〇〇八年三月二十三日)。甘粛省甘南州でも、一連の動乱や抗議行動は国内外のチベット独立派の策略であるという内容のショートメールを配信した(二〇〇八年三月二十三日)［唯色 二〇〇九：六六―六七］。

（8）「八一国際競馬祭」については［川田 二〇〇二］を参照いただきたい。

（9）チベット人権・民主センター「リタン県で男性一名が政治デモにより拘束」(二〇〇七年八月二日)、ダライ・ラマ法王日本代表部事務所(http://www.tibethouse.jp/news_release/2007/070802_lithang.html 二〇〇八年三月二十九日閲覧)。杜林「要求讓達頼回国蔵人被捕引発抗議」(二〇〇七年八月三日)、美国之音中文網二〇〇七年九月九日(http://www.voanews.com/chinese/archive/2007-08/w2007-08-03-voa37.cfm 二〇〇八年三月二十九日閲覧)。「蔵人要求達頼喇嘛回蔵被扣留」(二〇〇七年八月四日)、BBC(http://news.bbc.co.uk/chinese/simp/low/newsid_6920000/newsid_6929100/6929141.stm 二〇〇八年三月二十九日閲覧)。

（10）雪蓮花「支持達頼喇嘛返蔵的栄傑阿扎被中共顛覆罪起訴」(http://www.peacehall.com/news/gb/china/2007/08/200708291333.shtml 二〇〇八年一月十八日閲覧)。

(11) 雪蓮花「支持達頼喇嘛返蔵的栄傑阿扎被中共顚覆罪起訴」（二〇〇八年一月十八日閲覧）。

(12) 雪蓮花「支持達頼喇嘛返蔵的栄傑阿扎被中共顚覆罪起訴」（二〇〇八年一月十八日閲覧）。

(13) 「中共指控理塘蔵人栄傑阿扎涉嫌五項罪名」（二〇〇七年十月三十一日）、西蔵之頁（http://www.xizang-zhiye.org/gb/xzxinwen/0711/index.html#071102.13 二〇〇八年三月二十九日閲覧）。「中共重判栄傑阿扎等四蔵人」（二〇〇七年十一月二十日）、西蔵之頁（http://www.xizang-zhiye.org/gb/xzxinwen/0711/index.html#071120.1 二〇〇八年三月二十九日閲覧）。

(14) 「黄南州中級人民法院、人民検察院、公安局　通告二〇〇八年第一号」。

(15) Tibetans in Amdo Protest Arrest, Phayul.com February 22, 2008（http://www.phayul.com/news/article.aspx?article=Tibetans+in+Amdo+Protest+Arrest&id=19326 二〇一三年三月二十二日閲覧）。

(16) 「中共厳厲鎮圧西蔵安多蔵人」（二〇〇八年二月二十五日）、西蔵之頁（http://www.xizang-zhiye.org/gb/xzxinwen/0802/index.html#080225.1 二〇〇九年五月三十日閲覧）。

(17) 「西蔵安多青海同仁県二〇〇多僧俗被抓」（二〇〇八年四月十八日）、西蔵即時新聞（http://www.51.ca/bbs/showthread.php?threadid=165091 二〇〇八年八月二十七日閲覧）。

(18) 「青海百余僧人示威被捕」（二〇〇八年四月十九日）、光華日報電子新聞（http://www.kwongwah.com.my/news/2008/04/19/71.html 二〇〇九年五月十六日閲覧）。

(19) 「北京大学生校園静坐　西蔵人抗議鎮圧」（二〇〇八年三月十七日）、阿波羅新聞子站（http://www.aboluowang.com/news/data/2008/0317/article_43896.html 二〇〇九年五月十五日閲覧）。

(20) 「西蔵安多青海同仁県二〇〇多僧俗被抓」（二〇〇八年四月十八日）、西蔵即時新聞（二〇〇八年八月二十七日閲覧）。

(21) 「二・二一同仁事件」に関して、長田幸康がブログ「チベット式」の中で「中国当局、チベット僧ら二〇〇人を拘束」という短文を掲載した（二〇〇八年二月二十八日）。情報源はRadio Free Asiaである。『朝日新聞』は二月二十五日にインターネット上のニュースで事件を報じた。長田幸康「チベット式」（http://tibet.cocolog-nifty.com/blog_tibet/2008/02/200_e481.html 二〇一四年四月十二日閲覧）。

(22) 「黄南州民族宗教事務局二〇〇八年工作総結和二〇〇九年工作要点」（http://www.huangnan.gov.cn/html/23/65892.html 二〇〇九年四月三日閲覧）。

(23) 「団州委組織召開隆務地区社会各界各族青年維護社会穏定工作座談会」（二〇〇九年二月二十六日）、中国共青団（http://qh.

gqt.org.cn/huangnz/gzdt/200902/t20090225_152293.htm 二〇〇九年四月三日閲覧)。

(24) 呉彬「強衛希望宗教界人士愛国愛教　守法執戒　利民益生　共建和諧」、人民網西蔵頻道(http://xz.people.com.cn/GB/139197/139211/141080/8843357.html 二〇一三年九月二十九日閲覧)。

(25)「夏河県各級幹部群衆堅決和〝蔵独〟分子作闘争——夏河県各郷鎮、各部門単位召開座談会側記」、夏河県農牧民党員幹部遠程教育在線(http://www.xhzzb.gov.cn/www/ContentsDisp.asp?id=361&ClassId=42 二〇〇九年五月二十五日閲覧)。

(26)「夏河県人民政府関於全力維護社会穏定的通告」(二〇〇八年三月十六日)、夏河県農牧民党員幹部遠程教育在線(http://www.xhzzb.gov.cn/www/ContentsDisp.asp?id=361&ClassId=42 二〇〇九年五月二十五日閲覧)。

(27)「甘南蔵族自治州人民政府告全州人民書」(二〇〇八年三月十九日)、夏河県農牧民党員幹部遠程教育在線(http://www.xhzzb.gov.cn/www/ContentsDisp.asp?id=361&ClassId=42 二〇〇九年五月二十五日閲覧)。

(28) 二〇〇八年四月九日、中国政府は欧米の報道機関にラプラン寺の取材を許可した。その際、ラプラン寺の僧十数人がチベット国旗を掲げて、チベット語と英語で「チベットには信教の自由がない」と訴えた。抗議の映像は YouTube 上で公開された。一年後の二〇〇九年五月九日、その時の僧数人が中国から越境し、インドのチベット亡命政府に到着した。「拉布楞寺五名勇僧流亡抵達印度」(二〇〇九年五月十一日)、瞭望西蔵(http://www.liaowangxizang.net/ 二〇一四年四月六日閲覧)。Labrang Monks Protest in Front of Journalists (YouTube、https://www.youtube.com/watch?v=qEWFy7u8Skc 二〇一四年四月六日閲覧)。

(29) Tibetan students protest, say China is wiping out their culture (二〇一〇年十月二十一日)、CNN(http://edition.cnn.com/2010/WORLD/asiapcf/10/21/tibet.student.protest/ 二〇一四年四月六日閲覧)。唯色「語言的不平等就是民族的不平等」(二〇一〇年十月二十四日)、看不見的西蔵(http://woeser.middle-way.net/2010/10/blog-post_24.html 二〇一四年四月六日閲覧)。Tibet Student Protests Spread (二〇一〇年十月二十日)、Radio Free Asia (http://www.rfa.org/english/news/tibet/protests-10202010175333.html 二〇一四年四月六日閲覧)。

(30)「青海中長期教育改革和発展規画綱要(二〇一〇—二〇二〇年)」(二〇一〇年九月二十三日)、中国教育新聞(http://www.jyb.cn/china/gnxw/201009/t20100923_390109_1.html 二〇一四年四月十二日閲覧)。

(31) Tibetan Students Protest in Qinghai (二〇一〇年十月二十日)、Radio Free Asia (http://www.rfa.org/english/video?param=value&storyId=tibet-qinghai 二〇一四年四月六日閲覧)。

（32）「青海強調尊重蔵民語言教学意願」（二〇一〇年十月二十二日）、ＢＢＣ中文網（http://www.bbc.co.uk/zhongwen/simp/china/2010/10/101022_tibet_student_china.shtml 二〇一四年四月十二日閲覧）。

（33）唯色「甘孜州、五月的通緝令」、看不見的西蔵（http://woeser.middle-way.net/2008/06/blog-post_7380.html 二〇〇九年五月三十日閲覧）。

（34）死者数はキルティ・リンポチェの発言による。「李江琳：阿壩自焚事件的背景」（二〇一一年十一月十六日、ニューヨーク）（http://www.chinesepen.org/Article/hyxz/201112/Article_20111212033002.shtml 二〇一二年八月六日閲覧。）

（35）「李江琳：阿壩自焚事件的背景」（二〇一一年十一月十六日、ニューヨーク）（二〇一二年八月六日閲覧）。

（36）「李江琳：阿壩自焚事件的背景」（二〇一一年十一月十六日、ニューヨーク）（二〇一二年八月六日閲覧）。

（37）唯色「三月十六日自焚抗議的阿壩僧人洛桑華旦昨日犠牲」、看不見的西蔵（http://woeser.middle-way.net/2014/03/316_22.html 二〇一四年四月三日閲覧）。

（38）「王力雄：西蔵的〝新疆化〟前景」（http://woeser.middle-way.net/2011/08/blog-post_05.html 二〇一三年十月十日閲覧）。

（39）華子「也談四川蔵区年軽僧人自焚事件」［華子 二〇一二］。

（40）「従《自焚指導書》看達頼集団怎様操弄自焚事件」、ＣＣＴＶ４中文国際（http://tv.cntv.cn/video/C10447/2ad7a57c2bbb44829a64864761a21f5b 二〇一四年十一月二十六日閲覧）。

（41）Central Tibetan Administration "Why Tibet is Burning. . ." (http://tibet.net/wp-content/uploads/2013/02/Whitepaper-Final-PDF.pdf 二〇一四年四月十三日閲覧)。

「二〇〇八年チベット騒乱」資料

以下の資料はオーセル（唯色）のウェブサイト「看不見的西蔵」に掲載された「鼠年雪獅吼――二〇〇八年西蔵事件大事記」（http://woeser.middle-way.net/2008/05/2008310_30.html、後に『鼠年雪獅吼――二〇〇八年西蔵事件大事記』［唯色 二〇〇九］に転載）を整理し再編したものである。オーセルの資料には、チベットの伝統的な地理区分（アムドやカム）と現在の行政区分（四川省甘孜チベット族自治州等)が併記されているが、以下の資料には便宜上後者のみを示した。僧院名は原文の漢語表記を使用した。オーセルの資料は伝聞に頼った不正確な情報も含むと思われるが、騒乱の日時と場所を再検証することは不可能である。したがって、筆者は本資料を騒乱の傾向を把握するための材料と位置づける。

1．チベット自治区内の抗議行動(三月十一日—三十一日)

【三月十一日】ラサ市(色拉寺僧侶の解放を要求)
【三月十二日】ラサ市(哲蚌寺の僧自傷行為、色拉寺の僧絶食抗議)
【三月十三日】ラサ北部(パルコルで曲桑尼寺の尼僧が行った抗議行動を当局阻止)
【三月十四日】ラサ市(僧を含む多数のチベット人と軍警の間で大規模な衝突、死傷者多数)
【三月十五日】ラサ市達孜県、曲水県、林周県、墨竹工卡県
【三月十六日】ラサ市街、墨竹工卡県、ナクチュ地区那曲県、シガツェ地区(札什倫布寺)、シガツェ地区薩迦県
【三月十七日】ラサ市堆龍徳慶県(丁果寺)、ラサ市墨竹工卡県(仁青寺、蚌薩寺)
【三月十八日】シガツェ地区薩迦県
【三月二十日】チャムド地区芒康県措瓦郷
【三月二十三日】ラサ市(小昭寺の僧自害)
【三月二十四日】シガツェ地区シガツェ市
【三月二十六日】シガツェ市(札什倫布寺)、シガツェ地区薩迦県
【三月二十七日】ラサ市(大昭寺の僧が外国記者団に対して中国政府への批判を行う)
【三月三十日】チャムド地区江達県(瓦拉寺)

2．東チベットの抗議行動(三月十四日—三十一日)

【三月十四日】甘粛省甘南チベット族自治州夏河県(拉卜楞寺)
【三月十五日】甘粛省甘南チベット族自治州夏河県(大規模抗議行動により死傷者発生)、合作市(合作寺)
四川省甘孜チベット族自治州道孚県、甘孜県、理塘県
【三月十六日】四川省阿壩チベット族チャン族自治州阿壩県(格爾登寺、大規模抗議行動、死傷者多数発生)、若爾蓋県(郎木寺)

青海省海南チベット族自治州共和県、同徳県
青海省果洛チベット族自治州瑪沁県（拉加寺）
甘粛省甘南チベット族自治州瑪曲県、夏河県
四川省甘孜チベット族自治州炉霍県
甘粛省蘭州市（西北民族大学）
【三月十七日】青海省海南チベット族自治州共和県、貴南県（塔秀寺）
青海省黄南チベット族自治州同仁県（隆務寺）、河南モンゴル族自治県
青海省果洛チベット族自治州久治県（達龍寺、隆格寺）
甘粛省甘南チベット族自治州合作市（合作衛生学校、合作師範専科学校）、碌曲県、卓尼県、迭部県
四川省阿壩チベット族チャン族自治州馬爾康県（馬爾康県師範学校、阿壩民族高級中学）、紅原県、阿壩県（尼衆寺、嘛弥寺）
四川省甘孜チベット族自治州色達県、甘孜県（大金寺）
四川省成都市（西南民族大学）
【三月十八日】青海省西寧市（青海師範大学民族師範学院）
青海省果洛チベット族自治州久治県（白玉寺）
青海省黄南チベット族自治州同仁県（隆務寺）、尖扎県（民族中学）
甘粛省甘南チベット族自治州夏河県瑪曲県、卓尼県（貢巴寺）、碌曲県
青海省玉樹チベット族自治州玉樹県（民族中学）
四川省甘孜チベット族自治州理塘県、甘孜県、色達県
【三月十九日】四川省阿壩チベット族チャン族自治州紅原県
四川省甘孜チベット族自治州色達県
甘粛省甘南チベット族自治州碌曲県
青海省黄南チベット族自治州同仁県
青海省果洛チベット族自治州久治県
【三月二十日】青海省黄南チベット族自治州沢庫県

青海省海東地区循化サラール族自治県（蔵文中学）
四川省阿壩チベット族チャン族自治州壌塘県
四川省甘孜チベット族自治州色達県
【三月二十一日】四川省甘孜チベット族自治州甘孜県
【三月二十二日】青海省海南チベット族自治州貴南県、同徳県（色羅寺）、興海県（阿却乎寺）
青海省黄南チベット族自治州尖扎県、沢庫県
青海省果洛チベット族自治州達日県、久治県
甘粛省甘南チベット族自治州夏河県（加茂貢寺）
【三月二十三日】甘粛省甘南チベット族自治州卓尼県（貢巴寺）
【三月二十四日】四川省甘孜チベット族自治州炉霍県（哦格寺、覚日寺）
四川省阿壩チベット族チャン族自治州
【三月二十五日】青海省海南チベット族自治州興海県
四川省甘孜チベット族自治州炉霍県（寿霊寺）
【三月二十七日】四川省阿壩チベット族チャン族自治州阿壩県（格爾登寺）
【三月二十八日】四川省甘孜チベット族自治州炉霍県、新龍県
【三月二十九日】四川省甘孜チベット族自治州新龍県（悉瓦寺）
【三月三十日】四川省甘孜チベット族自治州炉霍県
青海省西寧市（青海師範大学民族師範学院）
【三月三十一日】甘粛省甘南チベット族自治州卓尼県（蔵文中学）
【三月下旬】四川省甘孜チベット族自治州石渠県（色須寺、高僧を拘束）

3．甘孜州甘孜県の抗議行動（三月―七月）

【三月十日】「チベット独立」のスローガンを張り出す
【三月十五日】抗議行動により、逮捕者
【三月十七日】大金寺の僧二人を逮捕

【三月十八日】商店主（炉霍県朱倭郷）や僧の少なくとも七人が射殺、四人が殴打絶命
【三月二十一日】僧、尼僧、民衆の抗議行動
【四月四日】軍警と工作組が東谷寺を捜査、夜間に数千人の治安部隊を派遣、十九人射殺
【四月五日】東谷寺の貴重文物に被害発生、当局は箝口令、新華社が発砲事実を認める
【四月十二日】東谷寺で混乱続く
【四月二十三日】扎嘎寺の尼僧が抗議行動
【五月七日】甘孜州公安局が「通輯令　甘公輯二〇〇八―〇一号」を通知
【五月十一日】尼僧二人逮捕
【五月十二日】扎嘎寺の尼僧十数人逮捕
【五月十三日】甘孜寺の僧逮捕
【五月十四日】噶丹曲嶺寺の尼僧五十二人逮捕（愛国主義教育への反発）
【五月十五日】治安部隊が厳戒態勢、商業施設閉鎖
【五月十九日】市街地でチベット人逮捕
【五月二十日】孜倉寺の僧、阿吉尼寺の尼僧逮捕
【五月二十三日】達吉哈堆尼僧院の尼僧、格色尼僧院の尼僧逮捕
【五月二十八日】扎嘎寺の尼僧逮捕、当局発砲
【五月三十一日】チベット人女性抗議行動
【六月九日】康瑪寺の僧逮捕
【六月十一日】大徳郷の民衆逮捕
【六月十二日】大徳郷に二百人の武装警察部隊を派遣
【六月十五日】民衆の抗議行動
【六月十八日】白利寺の老僧、亜甘寺の尼僧逮捕
【六月十九日】白利寺に工作組を派遣、農村で愛国主義教育を実施
【六月二十一日】民衆の抗議行動、軍隊を派遣

【六月二十二日】康瑪寺の僧逮捕、市街地で連続三回抗議行動（催涙弾）、各寺院を封鎖
【六月二十六日】扎嘎寺に百人の治安部隊を派遣、尼僧を調査
【七月一日】甘孜県幹部、公安局員、工作組が康瑪寺で調査、僧を逮捕
【七月上旬】北京五輪対策のため各種宗教行事の実施を規制、治安部隊七万人を増員

終　章　宗教政策、宗教ネットワーク、チベット問題

一　東チベットに刺さったトゲ

本書は主に四川省甘孜州及び周辺地区を対象に、中国共産党の宗教政策という視点から、東チベットの宗教空間の特質を検討したものである。対象時期は第二章のみ一九三〇年代も含んでいるが、主として中華人民共和国建国（一九四九年）から現在までである。東チベットの甘孜州は、一般に中国共産党への抵抗の火種を抱えた「政治的に敏感な地区」と見なされており、公安の警備が厳しいことで知られている。それはこの地域に、中国共産党が一九三〇年代から五〇年代に展開した軍事行動の足跡が色濃く残っていることとも関係している。朱徳と第四方面軍を中心とする「紅軍長征の道」（一九三六年）と「チベット解放の道」（一九五〇年）が交差し重なる地域が、現在の甘孜州甘孜県及び周辺地区である。二つの軍事行動に利用された後、英雄に祭り上げられたチベット仏教の高僧ゲダ五世と中国共産党の歪んだ不自然な関係は、党と軍が積極的に実施した統一戦線活動と宗教政策の副産物であり、そのトゲは東チベットの出家者や民衆の心に今も深くくい込んでいる。

その後、一九五〇年代に土地改革と特権剝奪を目的とした民主改革、一九六〇年代から七〇年代に伝統文化と宗教を否定した文化大革命が勃発し、東チベット全域に新たなトゲが刺さった。東チベットで民主改革による混乱が続き、被害が拡大する中、ダライ・ラマ十四世はインドへの亡命を決意し、東チベット各地の高僧も相次いでインドへ逃れた。長期化した政治の嵐は、僧院を中心とした地域社会の秩序を乱し、宗教活動と経済活動に壊滅的な打撃を与え、僧や民衆が負った傷口に容赦なく塩をすり込んだ。

文化大革命終結後、中国共産党は宗教復興政策及びインドのチベット亡命政府を対象とした統一戦線活動を柱とする通達（「中央文件」）を出し、チベット工作座談会での議論を経て、矢継ぎ早にチベット政策と宗教政策を打ち出していった。その一環として、ダライ・ラマ十四世亡命後も中国に留まったパンチェン・ラマ十世が、一九八六年に東チベット各地を視察して回った。彼はデルゲ印経院の補修問題解決に道筋を付け、ラルン五明仏学院の設立を側面から支援することで、東チベットの宗教復興に尽力し僧俗の傷を癒やす努力を行ったが、無数のトゲを抜くことはできなかった。寺院の定員制、出家年齢や宗教活動地域の制限、政府による化身ラマ制度の管理、国家分裂活動への関与を批判する愛国主義教育の強制、公安組織を用いた僧院の監視など、党や政府が行うさまざまな宗教統制は、僧俗の宗教活動を抑圧する一方で彼らの民族意識と信仰心に火を付ける結果となった。怒りが頂点に達し、瞬時に燃え上がった炎は、一九八七年から八九年のラサ騒乱、そして「二〇〇八年チベット騒乱」へと発展した。二〇〇八年に始まった東チベット各地の騒乱は、二〇〇九年以降「焼身抗議」という形で受け継がれている。

二　東チベットの宗教空間と宗教政策

本書が明らかにした東チベットの宗教空間の特質を宗教政策の観点から以下に整理する。

(1)中国共産党の軍隊が支えた宗教政策（第二章）

長征途上の宗教政策、そしてチベット解放とダライ・ラマ政権との交渉という重大な任務を遂行したのは、中国共産党の軍隊であった。この二つの軍事行動を支援した人物がゲダ五世という化身ラマであり、ゲダ五世を中国共産党と結びつけたのは「建軍の父」と呼ばれる朱徳であった。共産党の宗教政策に尽力したゲダ五世の「英雄」像は、史実に沿いつつも共産党が統一戦線活動とチベット政策を展開するために作り上げた虚像の要素が強いと言わざるをえない。「英雄」像を作り上げた政治的背景として、筆者は鄧小平が第一回チベット工作座談会（一九八〇年）にて、宗教指導者に対する愛国的統一戦線活動を重視する方針を打ち出したことに関連すると考える。「民族団結」と「祖国統一」に尽力した愛国的宗教指導者ゲダ五世という虚像は、東チベットではたびたび「ゲダ五世に学べ」という愛国主義教育の教材として用いられている。現在、後継者のゲダ六世は還俗後、甘孜県で共産党の宗教政策を補佐する中国人民政治協商会議甘孜県委員会の副主席に就いている。

次に、ゲダ五世の死に関して、共産党は「チベット政府に雇われたイギリス人通信員フォードが殺害した」という見解を示してきた。事件の真相は不明であるが、共産党がイギリス人の犯行にこだわる理由は、共産党がチベットを帝国主義勢力から解放するための大義名分であった。つまり、ゲダ五世の「英雄」像は解放軍の宗教政策を助け、解放軍の軍事進攻を正当化し、共産党の愛国的統一戦線活動の成果を讃えるために作られたのである。

⑵チベット人幹部と高僧が支えた宗教政策（第三章、第四章）

デルゲ印経院にはチベット仏教各派の経典、医学や暦学等の専門書、仏教図版等の版木が保管されている。ここはチベット人にとって聖なる場所であり、宗教と学問の拠点である。民主改革と文化大革命の嵐は徳格県でも吹き荒れたが、印経院は中国共産党の隠れた宗教政策と政治判断により、被害を最小限にくい止めることができた。共産党の資料によれば、当時印経院を守ったのはチェンラウとヤンリン・ドジェという二人の徳格県党書記及び周恩来総理であるとされている。共産党がデルゲ印経院を保護する目的は、印経院をチベット政策と宗教政策を推進するための生命線と位置づけているからである。ただしそのことを裏付ける文献は不足しており、史実を明らかにするためには今後の更なる調査を必要とする。

印経院は文化大革命終結後、早期に活動を再開した。その理由は、「中共中央一九八二年十九号文件」に基づく宗教復興政策と鄧小平が推し進めた愛国的統一戦線活動の結果による。共産党はチベット亡命政府との関係修復を探る過程で、亡命政府視察団が徳格県の印経院を見学することを許可した。その結果、共産党は印経院の緊急補修と経典の印刷再開を指示し、党の宗教保護政策が順調であることを亡命政府に誇示したのである。その後、一九八六年に再び共産党の統一戦線の一環として、パンチェン・ラマ十世に東チベットの視察を命じた。彼は印経院を訪問した際、修復方針の決定と復興資金の確保という土産を残した。現在印経院は世界文化遺産への申請をめぐって、管理と運営のあり方を模索している。共産党のチベット政策と宗教政策を把握する上で、今後のデルゲ印経院の動向は重要な指標となる。

⑶強大な宗教指導者を誕生させた中国共産党の宗教復興政策と政府の宗教管理（第五章、第六章）

民主改革と文化大革命により荒廃した東チベットの宗教活動を復興に向かわせたのは、「中共中央一九八二年十九号文件」及び第二回チベット工作座談会（一九八四年）における決定である。宗教活動拠点の整備を進めることを約束した「十九号文件」から三年後の一九八五年、ジグメ・プンツォが創設したラルン仏教講習所（後のラルン五明仏学院）が色達県政府の認可を受け、同年にアチュウ・ラマが白玉県にヤチェン修行地を開いた。その後、カリスマ性を有する二人の高僧の指導力が評判となり、東チベット各地から仏学院とヤチェンに多数の出家者が集まった。共産党は復興政策を進める過程で、一九九二年にチベット仏教工作座談会を開き、「寺院の財務状況に応じた定員制」と「寺院の経済的自立」という新たな指針を定めた。

定員制の実施は経済基盤の弱い寺院に影響を与え、所属先の決まらない僧尼の一部はラルン五明仏学院やヤチェン修行地を目指した。共産党中央の統戦部は、江沢民の宗教政策「三原則」の一つ、「法に基づき宗教事務の管理を強化する」（一九九三年）に従い、宗教活動全般に対する管理を国内全域で強化したが、四川省の宗教事務局は仏学院とヤチェンの構成員を短期滞在者（流動人口）と見なし、定員制の枠外とする特例措置により地域安定の維持を優先させた。

しかし、一万人を超す学僧数の増大とダライ・ラマ十四世との交流を問題視した四川省統戦部は、二〇〇〇年から〇一年にかけて、仏学院に愛国主義教育という制裁を加えて引き締めを行った。そして粛正の余波はヤチェンにも及んだ。紆余曲折を経て、現在仏学院とヤチェンはともに一万数千人規模に発展し、東チベットの宗派を超えたリメ運動を支える二大活動拠点へと成長した。そして、漢人信徒を交えた活発な宗教活動は、地域に経済の振興と社会の安定という効果をもたらした。

(4)「寺院の経済的自立」政策がもたらした漢人僧や漢人信徒の増加（第七章）

東チベットにおいて、漢人僧や漢人信徒が信仰の拠点としているのは主にラルン五明仏学院とヤチェン修行地である。二〇一一年八月の調査では、漢人と華人は仏学院に約千五百人、ヤチェンに約八百人から千人が滞在していることがわかった。人数は季節により流動的であるが、総数は年々増加している。漢人への指導を担当している高僧は、仏学院ではケンポ・ソダジ、イェシェ・プンツォ、シェーラ・ゾンボ、ヤチェンではアソン・リンポチェ、プーバ・タシ、イェシェ・ジャンツォ等である。漢人信徒の陳暁東が著したルポルタージュ『寧瑪的紅輝』は、一九九〇年代に大卒知識人が仏学院で修行に励む様子を詳細に描いたため、発禁処分となった。当時、共産党は法輪功事件の影響により、漢人知識層がチベット仏教に接近することを警戒していたからである。

ヤチェンでの調査を経て、漢人信徒には二つの傾向が見られることがわかった。「仏教教義の解釈」を中心とするグループと「瞑想を通じた自己変容」を重視するグループである。前者はチベット仏教ニンマ派という伝統宗教を強く意識しつつ、ゲルク派が持つ系統的な学問を重視する要素を取り入れている。後者は伝統宗教の周縁に存在する「聖なるもの」「霊的なもの」、つまり広義のスピリチュアリティを個人で探究する緩やかな集団である。両者は教団に所属するのではなく特定の導師との師弟関係を重んじ、インターネットを通じて情報を共有する点が共通している。

文化大革命終結後、一九九〇年代後半から東チベットの仏教に接触する漢人の潮流が確認され、概ね二〇〇〇年以降、漢人信徒の数は急速に増加した。チベット仏教徒に新たな変化をもたらした要因の一つは、江沢民時期の宗教政策である。江沢民は鄧小平時期の「中共中央一九八二年十九号文件」を受けて、二〇〇二年に発表した宗教政策「四原則」の中に、宗教組織の経済的自立を盛り込んだ。共産党は宗教組織が経済活動を通じて運営資金を確保することを基本方針としたのである。その結果、東チベットのカトク寺、ゾクチェン寺、ペユル寺、ゾンサ寺などの高僧は、上海、広州、大連といった沿海部の漢人居住地区や香港、台湾、シンガポールなどの華人社会で弘法活動に励み、漢人信徒や華人信徒から受けた多額の布施を活用し組織の運営に役立てていった。仏学院のジグメ・プンツォ学院長は積極的に海外を訪問し、ヤチェンのアチュウ・ラマも漢人の住む都市部を訪問し法話を行った。急速な豊かさが生み出した社会のひずみの中で、生きづらさを感じる者、自己啓発や霊性探究に熱心な者がチベット仏教の信仰に加わる現象を無視することはできない。こうして、鄧小平の宗教復興政策と江沢民の宗教自立政策が、チベット仏教と漢人・華人信徒を結びつける契機を与えた結果、東チベットの宗教空間では信仰者の多層化が進行していった。

(5)胡錦濤政権の「宗教と和諧」政策がもたらした公益活動(第八章)

二〇一〇年四月、青海省玉樹大震災発生の直後、ラルン五明仏学院、セルシュ寺、ゾクチェン寺、コンヤプ寺等の僧尼が相次いで被災地へ入った。初期の救援活動で大きな役割を果たしたのは、第五章と第七章で論じたラルン五明仏学院であった。仏学院の指導僧ケンポ・ソダジの呼びかけにより、チベット僧、学院内外の漢人信徒、台湾人信徒から構成された救援隊が被災者の救出、医療活動、物資や現金の支給に奔走した。二〇〇〇年から〇一年に粛正を受けた仏学院が、十年後に震災救援活動で中心的な役割を担い、党と政府から称讃されたのである。

仏学院に対する評価が変わった理由は、共産党の宗教政策の変化に起因する。共産党が当時、厳しい粛正を実施した根拠は、チベット亡命政府との関係等「大きな問題を抱えた寺院に対して制裁を科す」という江沢民時期に重視した愛国主義教育の政策(一九九四年第三回チベット工作座談会)であった。二〇〇二年に党総書記に就任した胡錦濤は、江沢民の宗教政策を踏襲しつつも、科学的発展観に基づいた独自の「宗教と和諧」政策を打ち出した。震災救援活動に尽力した仏学院への評価は、胡錦濤政権の「宗教に社会貢献と公益活動を求める」新政策と江沢民が掲げた「宗教と社会主義社会の適応」という原則(宗教政策「四原則」)に裏付けされたものである。ただし、共産党は途中から解放軍や公安の救援活動を優先させたため、仏学院の自発的な救援活動はしだいに制限を受ける結果となった。仏学院が学院外の漢人信徒や台湾人信徒と協力し、地域と民族を超えた「橋渡し型」ネットワークを育んだことは、チベット仏教における中国式宗教的ソーシャル・キャピタルの萌芽と見なすことができる。

(6)中国共産党の宗教政策への抵抗と社会の変容（第九章）

現在のチベット自治区ラサでは、一九五九年、一九八七年―八九年、二〇〇八年に共産党や政府に対する大規模な抵抗運動が発生した。しかし、筆者は「二〇〇八年チベット騒乱」の主要な舞台はラサではなく東チベットの広域であったと考える。第九章では、二〇〇九年以降の動向も踏まえ、「二〇〇八年チベット騒乱」を「ラサ騒乱」と「東チベット騒乱」に分け、後者の起点を「二・二一同仁事件」（青海省同仁県）と定めた。ラサの騒乱は数日で収束したが、東チベットでは北京五輪開催前まで続き、二〇〇九年以降も「焼身抗議」という形で抵抗活動は進行中である。東チベットの宗教空間は、ラサが吸収しきれない宗教エネルギーを代わりに吸収し蓄積した結果、負のエネルギーが東チベット騒乱という形で噴出したのである。東チベットに刺さったトゲはゲダ五世の一件だけではなく、「テンジン・デレク事件」（二〇〇二年）や「ロンギュ・アダック事件」（二〇〇七年）を通じて新たに鋭いトゲが加わり、宗教政策に対する僧俗の不満は激しさを増していった。

中国共産党は一連の騒乱は祖国分裂を狙う「ダライ集団」の画策であると断定している。しかし、騒乱と焼身抗議が起こる原因は亡命政府の謀略ではなく、共産党の宗教統制とダライ・ラマ十四世亡命後のチベット人社会の変化である。社会を覆う疲労と焦燥、経済格差、高僧の不在、指導僧の不足、情報通信環境の変化等が複雑に絡み合う中、若い僧の一部には「焼身抗議」を通じて、自分の心と身体に爪を立てる者も現れ、将来に希望を見いだせなくなっている。そして、騒乱と焼身抗議に対する共産党の対応から明らかになったことは、党の宗教政策を支える装置として公安、部隊、武警がしっかりと組み込まれていることであった。長期化するチベット騒乱は、共産党の圧政が招いたものであるが、同時に中国で生きるチベット人自身の信仰とアイデンティティが大きく揺らいだ結果でもある。

三　漢人・華人信徒の新潮流

ダライ・ラマ十四世の亡命後、中国共産党とチベット亡命政府の対立は激しさを増している。共産党は「チベットは不可分の領土だ」という立場を譲らず、亡命政府は「独立ではなく高度な自治」を中国に要求している。両者の協議は鄧小平による愛国的統一戦線活動により一時的に進展を見たが、一九八七年から八九年に起こった騒乱により、その機運は消滅した。その後、対話は二〇〇二年に再開されたが、二〇〇八年の騒乱と北京五輪の後、二〇一〇年一月を最後に途絶えてしまった。主不在が長期化する聖地ラサ及び周辺地区では、経済開発、インフラ整備、漢人商人の流入、漢語教育の強化が着実に進んでいる。主要寺院は宗教活動の自由が認められているが、実際は共産党が許容する範囲内の「自由」にとどまっている。大規模な僧院は観光客への開放が行われると同時に、治安部隊や消防組織が常駐し、監視カメラが僧や信徒の生活を脅かしている。僧院内では、祖国統一と法令遵守を誓い国家分裂活動を非難する内容の愛国主義教育が繰り返され、修行と学問の場は修羅場の様相を呈している。こうしてチベット自治区ラサの宗教は、共産党の統制と宗教指導者の不在により弱体化が顕著になってきた。

共産党と政府は、漢人の出家者と在家信徒がチベット自治区内で宗教活動を行うことを許可していない。そのことを明確に示す条例は確認できないが、一九八九年ラサ騒乱の際、当時チベット自治区党書記を務めていた胡錦濤がラサに戒厳令を敷き、チベット人の集会や陳情、行進等を禁止した。その後、公安当局はチベット自治区内の宗教活動を大幅に制限し、同時に末端の居民委員会という「自治」組織を通じて、漢人信仰者のチベット仏教への接触を更に厳しく取り締まった。

一方、東チベットはすべての地域が極度な政治的緊張を強いられているわけではない。東チベットにおいても共産党の宗教統制は存在するが、チベット自治区と比べて、宗教管理は全般的に緩やかで柔軟性があると言える。つまり、東チベットの宗教状況は、宗派や僧院により状況は大きく異なっている。例えば「二〇〇八年東チベット騒乱」の起点となったロンウォ寺（青海省同仁県）、騒乱が飛び火したラプラン寺（甘粛省夏河県）、二〇〇九年以降焼身抗議が相次ぐキルティ寺（四川省阿壩県）では、二〇一四年時点で共産党統戦部の指示により、「祖国分裂主義者の関与を排除する」目的で厳しい監視が行われている。三寺院はダライ・ラマ十四世が属するチベット仏教ゲルク派であることも影響している。政治が通常の宗教活動に干渉し規制する不正常な状況は、「二〇〇八年東チベット騒乱」が現在も収束していないことを示している。

一方、本書で論じたラルン五明仏学院とヤチェン修行地は、二〇〇〇年から〇一年の間、一時的に粛正を受けたことは確かであるが、その後、学僧と修行者の数は増加傾向にあり、東チベットの信仰を支える重要な拠点として規模と勢力を拡大中である。その他、カトク寺（四川省白玉県）、ゾクチェン寺（四川省徳格県）、ペユル寺（四川省白玉県）が信仰の勢いを取り戻し、東チベットの宗教活動に新たな潮流を形成中である。これら五つの拠点に共通する特徴は、チベット仏教ニンマ派を中心とし、漢人や華人の信仰者が漸増していることである（仏学院とヤチェンはニンマ派を柱とするが原則として宗派不問）。仏学院では概ね一九九〇年以降、山西省五台山の漢人僧尼や内モンゴル自治区のモンゴル人僧尼が短期あるいは長期の修行を開始した。ジグメ・プンツォ学院長の判断により、一九九五年前後から漢人在家信徒の受け入れも本格化した。ヤチェンでは概ね二〇〇〇年以降、他の三寺院では二〇〇〇年から〇二年以降、漢人や華人の信仰者が集い始めた。このような東チベットの宗教緩和政策を認めているのは共産党中央ではなく、四川省や甘孜州の党委員会と政府である。

文化大革命終結後、東チベットの宗教空間の中で確認される顕著な変化の一つは、漢人・華人信徒の増加である。筆者は東チベットにおけるチベット仏教の担い手を、次の六グループに分ける。

(1)チベット人僧尼（一部モンゴル人僧尼も含む）
(2)チベット人信徒
(3)漢人僧尼
(4)教理の理解を重視する漢人信徒
(5)「超越的な力」とのつながりを重視する漢人信徒
(6)香港・台湾・シンガポールなどの華人信徒

チベット自治区における宗教の担い手は主に(1)と(2)である。(4)は一定の期間を経て出家する者もいる。(5)の信徒の特徴は伝統宗教の周縁部に存在する「宗教的なるもの」への関心であり、宗教の私事化という傾向も見られ流動的である。(6)華人信徒の加入は東チベットの最も新しい宗教潮流であるが、現在は少数派である。二十年余り筆者に東チベットの現地調査を継続させた原動力は(3)―(6)の漢人と華人の存在であった。彼らの宗教活動の特徴は次のとおりである。

(a)宗教活動は制度化されたものではなく個人化されたものである
(b)各信徒は個別の導師（高僧や師僧）との関係で結ばれている
(c)チベット人やチベット文化への感情的な嫌悪感が少ない
(d)傾向として高学歴、高収入の者が多い
(e)東チベットを訪問する信徒は、短期集中講義の受講者が増加している
(f)中国共産党とチベット亡命政府の間に存在する「チベット問題」に関心はあるが、積極的に自分の意見を語る

ことはなく、中立的な立場をとる

(g)共産党に対する抗議行動に加わらず、意見表明も行わない

四　東チベットにおける宗教政策「四原則」

第一章で述べたとおり、二〇〇二年十一月第十六回党大会にて、江沢民は政治報告の中で宗教政策「四原則」の堅持を力説した。党総書記が江沢民から胡錦濤に交代した後も、「四原則」は党の宗教政策の柱であり続けた。誕生直後の習近平政権も「四原則」を基本にすえる方針に変わりはない。東チベットの宗教空間における「四原則」の適応を以下にまとめる。

(1)宗教信仰の自由

中国共産党が中華人民共和国を指導する現状において、宗教信仰の自由は限定的である。ただしラルン五明仏学院やヤチェン修行地に対する定員制の適用除外、数万人規模に及ぶ法会の実施、亡命中の化身ラマへの一時帰還の許可、漢人・華人の信仰活動、香港や台湾への弘法活動など、東チベットの宗教活動はチベット自治区と比べて自由の度合いが大きいことは確かである。ただし、チベット亡命政府の主流であるゲルク派の活動は制限が大きく、共産党や政府と親和的なニンマ派には比較的自由な活動が許されている。宗派により状況は異なるが、筆者は東チベット特有の宗教空間には鄧小平が一九八〇年代に実施した亡命政府に対する愛国的統一戦線活動の影響が残っていると考える。共産党にとって東チベットは、亡命政府との協議や海外のチベット支援組織への対応を行う際の交渉カードとしての役割も兼ねた地域なのである。

(2)法に基づく宗教事務の管理

胡錦濤の時期に「宗教事務条例」(二〇〇四年)、「蔵伝仏教活仏転生管理辦法」(二〇〇七年)、そして「蔵伝仏教寺院管理辦法」(二〇一〇年)が制定された。一九九二年のチベット仏教工作座談会で議論された寺院定員制は「蔵伝仏教寺院管理辦法」第十五条に明記されたが、東チベットにおいては比較的柔軟に運用されている。規則上、定員の基準は寺院の経済力に比例するが、実際は寺院の民主管理委員会と地元の共産党委員会との協力関係の善し悪しが定員数を左右している。一般にゲルク派に厳しく、ニンマ派に寛容な傾向も確認できる。法による管理の中で、共産党が最も重視しているのは僧院や僧侶による共産党批判と亡命政府との連携である。「二〇〇八年東チベット騒乱」を通じて激しい共産党批判を行ったロンウォ寺等ゲルク派の大僧院に対しては、その後厳しい愛国主義教育が実施され、党・軍・政府が相互に連携し、場合によっては四川省阿壩県のように事実上の「戒厳令」を敷くことで宗教活動に大きな制約を課している。

(3)独立自主自営

僧院は海外の宗教勢力との関係を断ち、経済的基盤の強化に努めなければならない。宗教組織の経済的自立については、「中共中央一九八二年十九号文件」がすでに求めており、甘孜州においては一九八八年の「甘孜州寺廟条例」が、チベット仏教全体に対しては一九九二年チベット仏教工作座談会がその必要性と意義を主張している。その議論の流れの中で、ラルン五明仏学院やヤチェン修行地、そしてニンマ派のカトク寺やゾクチェン寺は北京、天津、大連、蘇州、広州などの都市部、そしてハルピン、長春、瀋陽などの東北部を中心に積極的な弘法活動を行い、チベット仏教に関心を寄せる漢人に信仰の種を播いた。高僧自身が台湾、香港、東南アジア、欧米諸国に出向き、信徒との交流を重ねる努力も行った。共産党は東チベットで一大勢力を持つニンマ派の高僧の広範な活動を規制せず、漢人や在外華人が東チベットで宗教活動を行うことを排除しなかった。文化大革命終結後、東チベットにおいて漢人や華人の信仰が活発化した背景には、共産党が寺院に経済的自立を求めた宗教政策が大きく関わっている。

⑷宗教と社会主義社会の適応

共産党が亡命政府を敵と見なす限り、江沢民が提唱したチベット仏教に対する愛国主義教育は今後も継続されると思われる。しかし一方で、胡錦濤は江沢民の「宗教と社会主義社会の適応」という大原則を、科学的発展観に基づき、宗教に社会貢献と公益活動を期待する「宗教と和諧」政策へと発展させた。東チベットでは政策の遂行にあたり、ヤチェン修行地に対するアメリカや香港の宗教ＮＧＯの支援活動や青海省玉樹震災の救援活動のように、漢人や華人のネットワークと資金力そして情報発信力が活用される場面もあった。胡錦濤の宗教政策は東チベットを拠点に、漢人居住地区と東アジアの華人地域にチベット仏教を介した「緩やかな信仰のネットワーク」の形成を促す契機を与えたのである。

五　東チベットと「チベット問題」

中国共産党対チベット亡命政府の対立構図の枠外では、漢人・華人信徒が多様な宗教意識を育み、スピリチュアリティを探究することを通じて、個々人の間に新たな宗教の共同性が創り出される可能性が見えてきた。共産党はチベット独立に反対し、ダライ・ラマ十四世を祖国分裂主義者として非難する姿勢を強める一方で、東チベットに芽生えた「緩やかな信仰のネットワーク」の形成を注視している。本書が重点を置いた四川省甘孜州は、確かに共産党への抵抗の火種を抱えた「政治的に敏感な地区」であるが、ニンマ派を中心とした組織が共産党の

「宗教と和諧」政策に適応を試みる中で、今後は漢人や華人がチベット仏教と向き合う新たな聖地という役割も担っていくと考えられる。

現在中国国内のチベット仏教徒は約千六百万人、その内漢人信徒は百万人弱に達すると言われている。広義のスピリチュアリティに関心を抱き、宗教の支えを必要としている漢人を含めればその数は更に増すであろう。高齢となったダライ・ラマ十四世が圓寂する日は決して遠くない。近い将来チベット問題に激震が走った時、多層化かつ広域化するチベット仏教の担い手が、対立する両者の間で緩衝材の役割を果たすことも期待される。長期化し複雑化する中で着地点を見いだせないチベット問題を論じる際、筆者はこれまでの現地調査を通して、東チベットを拠点とした漢人信徒の裾野の広がりも視野に入れた議論が必要であると確信した。

最後に、今後中国国内でチベット仏教の動向に影響を与える高僧はラルン五明仏学院のケンポ・ソダジであると考える。ソダジは学堂長を意味するケンポであり、化身ラマではない。漢語能力が高く優れた学問を有するソダジはジグメ・プンツォ学院長の右腕として、東南アジアやアメリカ、そして国内の大都市で弘法活動に従事してきた。国外からチベットを見る視点を持ち、「宗教と和諧」政策の中に埋没せず、チベット人と漢人信徒、そして都市部の漢人知識層を味方に付けている点に特徴がある。漢語の仏教理論書や自己啓発書の出版を通じて漢伝仏教の僧尼や一般読者をチベット仏教の世界に引き付け、北京大学や香港中文大学での精力的な講義は若い知識人へのメッセージに富んでいる。ダライ・ラマ十四世の亡命後、チベット亡命政府と中国共産党が対立を続ける中、東チベットの宗派と地域と民族を超えた宗教活動は、主に一九九〇年代以降じわじわと中国の漢人社会に浸透しつつある。ダライ・ラマが属するゲルク派僧院への監視と弾圧が続く一方で、東チベットのニンマ派を中心とした活動が宗教の新たな担い手を獲得し、今後のチベット仏教と中国共産党の関係を握る鍵になりつつある。

参考文献

秋岡家栄　一九七七『チベットの旅』佼成出版社。
足羽與志子　二〇〇三「モダニティと「宗教」の創出」池上良正他編『岩波講座宗教1　宗教とはなにか』岩波書店、八五―一一五頁。
麻生晴一郎　二〇一四『変わる中国――「草の根」の現場を訪ねて』潮出版社。
阿部治平　二〇〇三「カムパ「反乱」の記録について――「甘孜蔵族自治州民主改革史」の検討」『中国21』一六、一六九―一八八頁。
阿部治平　二〇〇六『もうひとつのチベット現代史――プンツォク=ワンギェルの夢と革命の生涯』明石書店。
阿部治平　二〇一二『チベット高原の片隅で』連合出版。
池田巧・中西純一・山中勝次　二〇〇三『活きている文化遺産デルゲパルカン――チベット大蔵経木版印刷所の歴史と現在』明石書店。
生駒孝彰　一九九九『インターネットの中の神々』平凡社。
石濱裕美子　二〇〇四a「チベット最古の宗派――ニンマ派」同編著『チベットを知るための50章』明石書店、三〇―三五頁。
石濱裕美子　二〇〇四b「転生する高僧たち――トゥルク」同編著『チベットを知るための50章』明石書店、一四六―一五一頁。
石濱裕美子　二〇一〇a「中国共産党によるチベット仏教弾圧の歴史」『宗教と現代がわかる本2010』平凡社、一三〇―一三三頁。
石濱裕美子　二〇一〇b『世界を魅了するチベット――「少年キム」からリチャード・ギアまで』三和書籍。
磯部靖　二〇〇一「法輪功事件と中国の社会的安定性に関する一考察」『長崎外大論叢』一、二一―三三頁。
伊藤雅之　二〇〇三『現代社会とスピリチュアリティ――現代人の宗教意識の社会学的探求』渓水社。
伊藤雅之・樫尾直樹・弓山達也編　二〇〇四『スピリチュアリティの社会学――現代世界の宗教性の探求』世界思想社。

稲場圭信・櫻井義秀編 二〇〇九『社会貢献する宗教』世界思想社。
稲葉陽二 二〇一一『ソーシャル・キャピタル入門』中央公論新社。
井上順孝 二〇〇二「カリスマへの怯え」『大航海』四一、一六八―一七五頁。
ウェーバー、マックス 一九六〇『支配の社会学Ⅰ』世良晃志郎訳、創文社。
ウェーバー、マックス 一九六二『支配の社会学Ⅱ』世良晃志郎訳、創文社。
ウェーバー、マックス 一九七二『支配の諸類型』世良晃志郎訳、創文社。
ウェーバー、マックス 一九八二『宗教社会学』武藤一雄他訳、創文社。
ウチラルト 二〇一三「気功と現代中国――河南省における気功師の神格化現象」川口幸大・瀬川昌久編『現代中国の宗教――信仰と社会をめぐる民族誌』昭和堂、一五六―一八四頁。
浦野起央 二〇〇六『チベット・中国・ダライラマ――チベット国際関係史【分析・資料・文献】』三和書籍。
王柯 二〇〇五『多民族国家中国』岩波書店。
王柯 二〇〇六『20世紀中国の国家建設と「民族」』東京大学出版会。
王柯 二〇〇七『「天下」を目指して――中国 多民族国家の歩み』農山漁村文化協会。
王名・李妍焱・岡室美恵子 二〇〇二『中国のNPO――いま、社会改革の扉が開く』第一書林。
大川謙作 二〇〇一「解放のレトリック――チベット・社会主義・民族をめぐる政治的言語の研究」『南方文化』二八、一三九―一五五頁。
大川謙作 二〇一一「チベット問題における経済言説の再検討」『中国21』三四、一六三―一八四頁。
大川謙作 二〇一二「チベット問題の淵源を探る」『アジア記者クラブ通信』二四三、二―一五頁。
大川謙作 二〇一三「チベット仏教と現代中国――包摂と排除の語り」川口幸大・瀬川昌久編『現代中国の宗教――信仰と社会をめぐる民族誌』昭和堂、二四七―二七七頁。
大西広 二〇〇八『チベット問題とは何か――〝現場〟からの中国少数民族問題』かもがわ出版。
大西広 二〇一二『中国の少数民族問題と経済格差』京都大学学術出版会。
奥山直司 二〇一二a「チベット・モンゴルの宗教」川村邦光他編『宗教の事典』朝倉書店、三三一―三四四頁。
奥山直司 二〇一二b「チベット仏教とは何か？」竹本朝之編『ダライ・ラマ法王と日本人』徳間書店、四七―六三頁。

オーセル、ツェリン・王力雄 二〇一二『チベットの秘密』集広舎。
小野田俊蔵 二〇一〇「チベット仏教の現在」沖本克己編『須弥山の仏教世界』佼成出版社、二三七—二六一頁。
外文出版社 一九五九『チベット問題』外文出版社。
加々美光行 一九九二『知られざる祈り——中国の民族問題』新評論。
加々美光行 二〇〇八「「中国」という国家のジレンマ——チベット問題とは何か」『環』三四、一一〇—一二五頁。
加々美光行 二〇〇九「中国少数民族問題——その淵源と病理」『東亜』八、一〇—二〇頁。
角間隆 一九九九『信者一億人法輪功の正体——最高指導者・李洪志直撃インタビュー』小学館。
鎌澤久也 二〇〇〇a「徳格——最後の印経院」『月刊しにか』一一（一二）、巻頭、一〇二—一〇三頁。
鎌澤久也 二〇〇〇b「徳格の印経院」『Front』一三（一）、五九—六三頁。
川口幸大 二〇一三「現代中国における宗教と信仰の諸相」川口幸大・瀬川昌久編『現代中国の宗教——信仰と社会をめぐる民族誌』昭和堂、一—一九頁。
川田進 二〇〇二「天空を駈けるリタンの駿馬——活仏を迎えた大草原の解放区」『火鍋子』五七、四六—五九頁。
川田進 二〇〇三「仏学院と尼僧を襲った党の宗教政策——喇栄五明仏学院の事例から」『火鍋子』六〇、四〇—五二頁。
川田進 二〇〇四a「活仏と共産党を結ぶ「紅い」絆——格達五世と朱徳」『火鍋子』六一、三四—四五頁。
川田進 二〇〇四b「ヤチェン修行地を覆う神秘のベール——アチュウのカリスマ的支配を探る」『火鍋子』六二、四四—六〇頁。
川田進 二〇〇四c「五明仏学院事件の検証——法王を失った学院の現状と苦悩」『火鍋子』六三、六四—七八頁。
川田進 二〇〇五a「デルゲ印経院を守り抜いた書記と医師——周恩来のチベット政策と世界文化遺産・四川省徳格県」『火鍋子』六五、八六—九九頁。
川田進 二〇〇五b「ヤチェン修行地に派遣された「工作組」と「慈輝会」——現代中国の宗教空間を探る」『火鍋子』六六、七六—九〇頁。
川田進 二〇〇六a「ヤチェン修行地とインターネット——チベット仏教に見る「新霊性運動」の芽生え」『火鍋子』六七、七六—八八頁。
川田進 二〇〇六b「電視劇「格達活仏」に見る虚々実々の英雄像——白利寺ゲダ五世の死と再生」『火鍋子』六八、六四—七七頁。
川田進 二〇〇七a「色達喇栄寺五明仏学院事件に見る中国共産党の宗教政策」『大阪工業大学紀要人文社会篇』五一（二）、九—三一頁。
川田進 二〇〇七b「ゲダ五世に見る中国共産党のチベット政策と統一戦線活動」『大阪工業大学紀要人文社会篇』五二(一)、四五—八一頁。
川田進 二〇〇八a「チベット流血、理は我に非は彼に——二〇〇八年ラサ騒乱と東チベットの動向」『火鍋子』七一、九八—一一三頁。
川田進 二〇〇八b「中国「百年の夢」チベット「五十年の悪夢」——二〇〇八年チベット騒乱から北京五輪」『火鍋子』七二、七〇—八三頁。
川田進 二〇〇八c「ヤチェン修行地の構造と中国共産党の宗教政策」『大阪工業大学紀要人文社会篇』五二(二)、二五—六三頁。
川田進 二〇〇八d「デルゲ印経院とデルゲ土司に見る中国共産党のチベット政策」『大阪工業大学紀要人文社会篇』五三(一)、一九—五〇頁。
川田進 二〇〇九a「蜂起・叛乱・文革——チベットを埋め尽くした治安維持部隊と紅衛兵」『火鍋子』七三、八四—九七頁。
川田進 二〇〇九b「チベット周縁地域に築かれた宗教空間——「二〇〇八年チベット騒乱」と四川省甘孜チベット族自治州を中心に」『大阪工業大学紀要人文社会篇』五四(一)、一三—五五頁。
川田進 二〇一〇「玉樹に捧げる鎮魂の祈り——ラルン五明仏学院と三人の政府要人」『火鍋子』七六、一三二—一四五頁。
川田進 二〇一二「中国政府の宗教政策と「公益」活動——チベット系仏学院の震災救援活動を通じて」『宗教と社会貢献』二(二)、一—一六頁。
環編集部 二〇〇八「特集・多民族国家中国の試練」『環』三四、一〇六—一八三頁。
北原奈央 二〇一二「東チベットの新しい慣習法「ゲワチュ」の実践とパラドックス——四川省ガンゼチベット族自治州セルタ県を事例に」(修士論文、二〇一一年十二月筑波大学人文社会科学研究科へ提出)。
現代思想編集部 二〇〇八「総特集・チベット騒乱」『現代思想』七月臨時増刊号、八—一八一頁。
現代宗教研究所 二〇〇四「中濃教篤元現宗研所長(第五代)を偲んで——現代と宗教・平和・人権、中濃教篤師略歴」『現代宗教研究』三八、三八八—四三六頁。
輿梠一郎 二〇〇八a「背景に根深い民族・宗教対立——「チベット暴動」とは何だったのか」『時事トップ・コンフィデンシャル』五月十六日号、二—七頁。

興梠一郎 二〇〇八b「チベット問題――国際世論と中国の攻防」『週刊金曜日』五月二十三日号、三〇―三二頁。
興梠一郎 二〇〇九『中国――巨大国家の底流』文藝春秋。
古賀章一 二〇一〇『中国都市社会と草の根ＮＧＯ』御茶の水書房。
小島正憲 二〇〇九「長征とチベット暴動――第三回現地調査報告」『京大上海センターニュースレター』二五一、四―九頁(http://repository.kulib.kyoto-u.ac.jp/dspace/bitstream/2433/71036/1/251.pdf 二〇〇九年五月三十日閲覧)。
小林亮介 二〇〇八「ダライラマ政権の東チベット支配(一八六五―一九一一)――中蔵境界問題形成の一側面」『アジア・アフリカ言語文化研究』七六、五一―八五頁。
小林亮介 二〇一四「プンツォク・ワンギェル」趙景達他編『講座東アジアの知識人第五巻 さまざまな戦後――日本敗戦～一九五〇年代』有志舎、三五二―三六八頁。
西条五郎 二〇〇九「チベット潜伏記」一―一〇、PJnews (http://news.livedoor.com/article/detail/4071887/ 二〇〇九年三月三十一日閲覧)。
坂田完治 二〇〇二「法輪功事件の政治過程」『中国21』一三、二三一―二五〇頁。
櫻井義秀・濱田陽編 二〇一二『アジアの宗教とソーシャル・キャピタル』明石書店。
澤井充生 二〇一三「イスラームと現代中国――宗教管理機構と清真寺のポリティクス」川口幸大・瀬川昌久編『現代中国の宗教――信仰と社会をめぐる民族誌』昭和堂、一二九―一五三頁。
志賀市子 二〇〇二「香港における「宗教」と「邪教」――法輪功問題の波紋」『アジア遊学』三六、六六―七九頁。
柴田哲雄 二〇一一『中国民主化・民族運動の現在――海外諸団体の動向』集広舎。
島薗進 一九九二『現代救済宗教論』青弓社。
島薗進 一九九四『何のための〈宗教〉か?――現代宗教の抑圧と自由』青弓社。
島薗進 一九九六『精神世界のゆくえ――現代世界と新霊性運動』東京堂出版。
島田政雄 一九七八『チベット――その歴史と現代』三省堂。
清水勝彦 二〇〇二「「宗教弾圧」をビデオで告発――中国「信仰の自由」の真相」『ＡＥＲＡ』二月四日号、七七頁。
清水勝彦 二〇〇八ａ『宗教が分かれば中国が分かる』創土社。
清水勝彦 二〇〇八ｂ「世界に広がる中国語サイト「チベット」「聖火リレー」の報道内容と大論争」『朝日総研リポートＡＩＲ21』

二一七、八〇―九九頁。
清水勝彦 二〇一〇「「復興元年」を迎えた中国宗教」『キリスト教文化学会年報』五六、三七―四三頁。
清水美和 二〇〇八a「「チベット騒乱」の背景にあるもの」『世界』五、二〇―二四頁。
清水美和 二〇〇八b「格差社会の現状」『現代思想臨時増刊　チベット騒乱中国の衝撃』四〇―四七頁。
末木文美士・曹章祺 一九九六『現代中国の仏教』平河出版社。
鈴木暁彦 二〇〇八「中国の報道規制とチベット取材」『朝日総研リポートAIR21』二一八、二一―二七頁。
武田雅哉 一九八四「デルゲ取経記」『北海道新聞』(夕刊)一九八四年三月二十一日、二十二日、二十三日、二十四日、二十六日、二十七日。
多田明子・山口瑞鳳編 二〇〇五『多田等観――チベット大蔵経にかけた生涯』春秋社。
多田等観 一九四二『チベット』岩波書店。
多田等観 一九五八「パルカンについて」『日本西藏學會々報』五、一―三頁。
多田等観 一九八四『チベット滞在記』白水社。
田中公明 二〇〇〇『活仏たちのチベット――ダライ・ラマとカルマパ』春秋社。
チベット亡命政府情報・国際関係省 二〇〇〇『ダラムサラと北京――提唱と往復書簡(一九八一―一九九三)』風彩社。
中国研究月報編集部 二〇〇八「特集・チベット統合をめぐる内外の経緯と言説構造」『中国研究月報』六二(八)、一―四七頁。
對島路人 二〇〇二「宗教組織におけるカリスマの制度化と宗教運動――日本の新宗教を中心に」宗教社会学の会編『新世紀の宗教――「聖なるもの」の現代的諸相』創元社、二四六―二七五頁。
土田真靖 一九九九「大交流」天児慧他編『岩波現代中国事典』岩波書店、六八四頁。
土屋英雄 二〇〇九『現代中国の信教の自由――研究と資料』尚学社。
土屋英雄 二〇一〇「中国の宗教政策と信教の自由」『キリスト教文化学会年報』五六、二三―三六頁。
Deroche, Marc-Henri 二〇一二「チベットにおける折衷主義の価値――十九世紀の Ris med 運動に関する研究」『日本西藏學會々報』五八、一五―二七頁。
土佐昌樹 一九九八『インターネットと宗教』岩波書店。
富坂キリスト教センター 二〇〇八『原典現代中国キリスト教資料集』新教出版社。

豊島泰国　一九九四「チベット密教史」『チベット密教の本』学習研究社、一五一―一八二頁。
長岡洋幸　二〇〇五「知られざるチベットの巨大寺院」『週刊文春』四七（一三）、巻末グラビア全四頁。
中西純一　一九九七「チベット――デルゲパルカン」『季刊民族学』七九、一八―四三頁。
中西純一　一九九九「チベット徳格印経院を調査して」『月刊しにか』一〇（四）、二―五頁。
中西純一　二〇〇一「デルゲ・パルカン（徳格印経院）とそれを支える土地の人々――チベット大蔵経の木版印刷工房」『トヨタ財団レポート』九五、三―五頁。
中濃教篤　一九五八『中国共産党の宗教政策』理想社。
中原一博　二〇一三『太陽を取り戻すために　チベットの焼身抗議』、ＮＧＯルンタ・プロジェクト（https://docs.google.com/file/d/0B6cmrkvyxC23QmhCRTZyeWRrNm8/edit?pli=1 二〇一四年四月十日閲覧）。
莫邦富　一九九九『北京有事――一億人の気功集団「法輪功」を追う』新潮社。
浜勝彦　二〇〇〇ａ「中国における気功活動の展開と法輪功事件」『創大中国論集』三、一―五七頁。
浜勝彦　二〇〇〇ｂ「反法輪功闘争の展開過程とその特色」『現代中国』七四、二三一―二四二頁。
日高俊　二〇一二『チベット人の民族意識と仏教――その歴史と現在』風響社。
平野聡　二〇〇一「「解放」とは何か――「チベット解放」からみた一考察」『中国――社会と文化』一六、三一五―三三五頁。
平野聡　二〇〇四「宗教からみた中国国家――「世俗権力の合理性」とその限界を中心に」『中国――社会と文化』一九、七―三〇頁。
平野聡　二〇〇八「最近の中国のチベット政策及び現地での緊張」『中国研究月報』六二（八）、一―一〇頁。
広池真一　一九九八「活仏転生をめぐる論争――チベット問題に於ける「宗教」概念について」『東京大学宗教学年報』一六、一〇七―一一九頁。
広池真一　二〇〇一「チベットの活仏と中国の宗教政策」『現代宗教２００１』東京堂出版、六六―八〇頁。
広池真一　二〇〇四「活仏転世の政治学――改革開放期中国共産党の宗教政策」『中国研究月報』五八（八）、一―一〇頁。
深水顕真　二〇〇二「インターネット時代の宗教」宗教社会学の会編『新世紀の宗教――「聖なるもの」の現代的諸相』創元社、一〇〇―一三九頁。
福島香織　二〇一一「「私は民族主義者」と漢語で語るチベット民族主義者――ツェリン・オーセル」同『潜入ルポ中国の女』文藝春秋、一六五―一七八頁。

福島香織 二〇一二「チベット僧俗の殉教を考える――民族問題は中国をどこに向かわせるのか」同『中国「反日」デモの真相』扶桑社、九九―一一四頁。
別所裕介 二〇一二『ネパールにおけるリメ系チベット仏教僧院の活動展開に関する報告――「バッファ・ゾーン」としてのヒマラヤ仏教圏という視点から』HiPeC Discussion Paper Series 14。
別所裕介 二〇一三「バッファゾーンのチベット仏教――リメ運動の展開に焦点を当てて」『宗教研究』八六(四)、一一五四―一一五六頁。
星野昌裕 二〇一二「党国体制と民族問題――チベット・ウイグル問題を事例に」加茂具樹他編著『党国体制の現在――変容する社会と中国共産党の適応』慶應義塾大学出版会、一五三―一七五頁。
細川龍二 二〇〇八「中国「チベット族弾圧地域」潜入記」『Foresight』六、一四―一五頁。
細川龍二 二〇〇九「再訪・中国チベット族自治州にみなぎる緊張」『Foresight』一、八四―八五頁。
堀江義人 二〇〇一「チベット語大蔵経、文革逃れ十万枚――中国四川省・徳格印経院」『朝日新聞』(東京版夕刊)二〇〇一年十月二十二日。
堀江義人 二〇〇六『天梯のくに　チベットは今』平凡社。
松本高明 一九九六『チベット問題と中国――問題発生の構造とダライ・ラマ「外交」の変遷』アジア政経学会。
松本ますみ 一九九九『中国民族政策の研究――清末から一九四五年までの「民族論」を中心に』多賀出版。
村上大輔 二〇〇九「ラサにおける民族内格差とチベット人アイデンティティの行方」『中国21』三〇、一七五―一九二頁。
毛里和子 一九九八『周縁からの中国――民族問題と国家』東京大学出版会。
毛里和子 二〇一二『現代中国政治(第三版)』名古屋大学出版会。
八巻佳子 一九九六「チベット語の興亡と出版物の現状」『アジ研ワールド・トレンド』一八、七―九頁。
山口瑞鳳 一九九四「中沢新一氏とＮＨＫが持ち上げる『チベット死者の書』はエセ仏典」『諸君』二六(六)、一五四―一六一頁。
山本博之 二〇一二「地域研究方法論――想定外に対応する「地域の知」」『地域研究』一二(二)、一八―三七頁。
ラクパ・ツォコ 二〇一〇『希望――チベット亡命50年』ダライ・ラマ法王日本代表部事務所。
李妍焱 二〇〇八『台頭する中国の草の根ＮＧＯ――市民社会への道を探る』恒星社厚生閣。
李妍焱 二〇一二『中国の市民社会――動き出す草の根ＮＧＯ』岩波書店。

レーニン　一九六四『レーニン全集』一五、レーニン全集刊行委員会訳、大月書店。
脇本平也　一九七九「カリスマ論の諸局面」佐々木宏幹他編『現代宗教1　特集カリスマ』春秋社、二―一五頁。

阿壩蔵族羌族自治州文化局　一九九六『紅軍長征過阿壩革命文化史料匯編』阿壩蔵族羌族自治州文化局。
阿琼　二〇一一『玉樹大地震』甘粛民族出版社。
跋熱・達瓦才仁暨雪域智庫　二〇一一『魂牽雪域半世紀―図説西蔵流亡史』雪域出版社。
北京社会主義学院　一九九三『中国共産党統一戦線史（社会主義時期）』中国文史出版社。
曹自強・李徳成　二〇〇八『西蔵宗教工作概説』中国蔵学出版社。
陳奎元　一九九四『西蔵的脚歩』中共中央党校出版社。
陳暁東　一九九九『寧瑪的紅輝―今日喇栄山中的一塊密乗浄土』甘粛民族出版社。
程徳美　二〇〇五『高山反応―程氏一家四代的西蔵情結』中国蔵学出版社。
《懲治〝法輪功〞邪教組織適用法律手冊》編委会　一九九九『懲治〝法輪功〞邪教組織適用法律手冊』中国検察出版社。
赤耐編　一九九九『当代中国的宗教工作』（上・下）、当代中国出版社。
慈誠羅珠　二〇一〇『慧光之光』西蔵人民出版社。
慈誠羅珠　二〇一三『慧語蓮灯』浙江古籍出版社。
《達頼集団的滔天罪行―記拉薩〝3・14〞事件真相》編委会　二〇〇八『達頼集団的滔天罪行―記拉薩〝3・14〞事件真相』西蔵人民出版社。
丹珠昂奔他　二〇〇三「色達喇栄五明仏学院」同主編『蔵族大辞典』甘粛人民出版社、六七八頁。
鄧珠拉姆　一九九九『格達活仏』四川民族出版社。
甘孜県志編纂委員会　一九九九『甘孜県志』四川科学技術出版社。
甘孜県志編纂委員会　二〇〇二『甘孜県志続編』四川人民出版社。
《甘孜蔵族自治州概況》編写組　一九八六『甘孜蔵族自治州概況』四川民族出版社。
《甘孜蔵族自治州概況》編写組・《甘孜蔵族自治州概況》修訂本編写組　二〇〇九『甘孜蔵族自治州概況（改訂版）』民族出版社。
甘孜州志編纂委員会　一九九七『甘孜州志』（上・中・下）、四川人民出版社。

甘孜蔵族自治州仏教協会 二〇一一『甘孜州仏教協会志』巴蜀書社。
格勒 一九八四『甘孜蔵族自治州史話』四川民族出版社。
根旺主 二〇〇八『民主改革与四川蔵族地区社会文化変遷研究』民族出版社。
龔学増 一九九〇「堅持以馬克思主義宗教観指導認識和処理宗教問題」王作安主編『面向新世紀的中国宗教和宗教工作』学習出版社、四四―六〇頁。
谷川 一九八七「徳格印経院概述」『西蔵研究』四、一一八―一二三頁。
郭宝主 二〇〇九『民族宗教与公安工作』中国人民公安大学出版社。
国際声援西蔵組織 二〇一三『西蔵文化絶滅六十年――第三方観察家対西蔵局勢全景解析』雪域出版社。
国家宗教局党組理論学習中心組 二〇一〇「宗教和諧――宗教工作的新境界」国家宗教事務局政策法規司編『宗教政策法規文件選編』宗教文化出版社、二〇一二年、三八八―三九二頁。
国家宗教事務局 二〇〇九「関於開展創建〝和諧寺観教堂〟活動的意見」国家宗教事務局政策法規司編『宗教政策法規文件選編』宗教文化出版社、二〇一二年、四〇五―四一一頁。
国家宗教事務局 二〇一二a『蔵伝仏教事務法規規章制度匯編』宗教文化出版社。
国家宗教事務局 二〇一二b「関於全国宗教界開展〝宗教政策法規学習月〟活動的通知」国家宗教事務局政策法規司編『宗教政策法規文件選編』宗教文化出版社、四〇一―四〇四頁。
国家宗教事務局辦公室 二〇一二『宗教活動場所管理経験交流会文集』宗教文化出版社。
国家宗教事務局政策法規司 二〇一二a『宗教政策法規文件選編』宗教文化出版社。
国家宗教事務局政策法規司 二〇一二b『宗教政策法規読本』宗教文化出版社。
国家宗教事務局政策法規司 二〇一二c『宗教団体教規制度匯編』宗教文化出版社。
国家宗教事務局宗教研究中心 二〇一〇『中国五大宗教論和諧』宗教文化出版社。
国家宗教事務局宗教研究中心 二〇一二『加強和創新宗教事務管理研討文集』宗教文化出版社。
国家宗教事務局宗教研究中心 二〇一三「習仲勲同志対宗教工作的卓越貢献」『中国宗教』一〇、四―九頁。
郝桂尭 二〇〇〇『曙光従東方昇起――昌都戦役与和平解放西蔵紀実』四川民族出版社。
何虎生 二〇〇四『中国共産党的宗教政策研究』宗教文化出版社。

"和諧社会的宗教論"課題組 二〇一〇『和諧社会的宗教論』宗教文化出版社。

洪山・暁冬 一九九〇「我們眼中的江沢民」『文匯月刊』三、二一七頁。

胡錦濤 二〇〇六「在全国統戦工作会議上的講話」中共中央文献研究室編『十六大以来重要文献選編』(下)、中央文献出版社、二〇〇八年、五四〇―五六四頁。

胡錦濤 二〇一二「堅定不移沿着中国特色社会主義道路前進為全面建設小康社会而奮闘――在中国共産党第十八次全国代表大会上的報告」『中国共産党第十八次全国代表大会文件匯編』人民出版社、一―五三頁。

華子 二〇一一「也談四川蔵区年軽僧人自焚事件」『人民日報(海外版)』二〇一一年十一月二十五日。

吉柚権 一九九三『白雪――解放西蔵紀実』中国物資出版社。

降辺嘉措 一九八九『班禅大師』東方出版社。

江沢民 一九九三「高度重視民族工作和宗教工作」中共中央文献研究室総合研究組・国務院宗教事務局政策法規司編『新時期宗教工作文献選編』宗教文化出版社、一九九五年、二四九―二五五頁。

江沢民 一九九四「囲繞発展和穏定両件大事、開創西蔵工作新局面」中共中央文献研究室・中共西蔵自治区委員会編『西蔵工作文献選編 一九四九―二〇〇五』中央文献出版社、二〇〇五年、四五七―四六四頁。

江沢民 二〇〇一「促進西蔵実現跨越式発展和長治久安」中共中央文献研究室・中共西蔵自治区委員会編『西蔵工作文献選編 一九四九―二〇〇五』中央文献出版社、二〇〇五年、五四七―五六〇頁。

江沢民 二〇〇二「全面建設小康社会、開創中国特色社会主義事業新局面」『中国共産党第十六次全国代表大会文件匯編』人民出版社、一―五六頁。

解放軍総政治部群衆工作辦公室 二〇〇五『部隊民族宗教読本』民族出版社。

《解放西蔵史》編委会 二〇〇八『解放西蔵史』中共党史出版社。

晋美彭措 二〇一四『不離』(口述:晋美彭措、編訳:索達吉)、華文出版社。

軍事科学院軍事歴史研究所 二〇〇六『中国工農紅軍長征全史(三) 紅四方面軍征戦記』軍事科学出版社。

堪珠・貢覚丹増仁波切 二〇〇八「晋美平措」同『寧瑪派源流』宗教文化出版社、五六八―五六九頁。

拉魯・次旺多吉 一九九五『西蔵文史資料選輯16 拉魯家族及本人経歴』民族出版社。

来作中 一九八四「為西蔵和平解放献身的甘孜格達活仏」中国人民政治協商会議四川省甘孜蔵族自治州委員会編『四川省甘孜蔵族自

治州文史資料選輯』二、中国人民政治協商会議四川省甘孜蔵族自治州委員会、一一―一七頁。
李嶷　二〇一〇「無縁大慈同体大悲――中国仏教協会代表団赴青海玉樹慰問紀実」『中国宗教』六、一二―一三頁。
劉京　二〇一一『中国散財之道――現代公益基金会発展報告』中国社会出版社。
劉先伝・張俊明主編　二〇〇七『北京統一戦線工作手冊』中央編訳出版社。
劉延東　二〇〇四「功烈永垂民族史――紀念五世格達活仏誕辰一〇〇周年」『中国西蔵』二、二―三頁。
馬福江編　二〇一〇『影像的記憶――玉樹』青海人民出版社。
毛勝　二〇一三「論宗教文化性命題的元理論意蘊――基於中国共産党認識宗教与文化関係的思想史考察」『宗教学研究』一、二三五―二四一頁。
毛沢東　一九五六「中央転発中央代表団関於当前西蔵動態和代表団工作情況的批語」秦和平編『四川民族地区民主改革資料集』民族出版社、二〇〇八年、三七―三八頁。
毛沢東　一九五七「関於同意甘孜蔵族自治州継続進行民主改革的批語」秦和平編『四川民族地区民主改革資料集』民族出版社、二〇〇八年、四三―四四頁。
毛沢東　一九九一『毛沢東選集』一、人民出版社。
閔麗他　二〇〇八『西部現代化境域中的四川少数民族宗教問題研究』巴蜀書社。
莫福山・蘇発祥編　二〇〇九『西蔵民主改革五十年変遷』中央民族大学出版社。
寧瑪巴噶陀仏学会（出版年不明）『洛噶法王如意宝簡介』寧瑪巴噶陀仏学会。
潘顕一　二〇一三「論宗教学術研究的当代価値――紀念《関於我国社会主義時期宗教問題的基本観点和基本政策》発表三十周年」『宗教学研究』一、二四二―二四五頁。
普日哇・完瑪冷智　二〇一二「加強和創新蔵伝仏教寺院社会管理的探索和思考」国家宗教事務局宗教研究中心編『加強和創新宗教事務管理研討文集』宗教文化出版社、二三三―二四三頁。
秦和平編　二〇〇八『四川民族地区民主改革資料集』民族出版社。
秦和平　二〇一一『四川民族地区民主改革研究』中央民族大学出版社。
秦和平・冉琳聞主編　二〇〇七『四川民族地区民主改革大事記』民族出版社。
任傑　二〇〇七『中国共産党的宗教政策』人民出版社。

仁真朗加他　二〇〇六『朱徳与格達活仏』四川民族出版社。
若弘　二〇一〇『中国ＮＧＯ――非政府組織在中国』人民出版社。
桑吉悦希（天宝）　一九五六「甘孜蔵族自治州人民委員会布告」秦和平・冉琳聞主編『四川民族地区民主改革大事記』民族出版社、二〇〇七年、二九〇―二九二頁。
色達喇栄五明仏学院　二〇〇七ａ『心中燃起的時代明灯』色達喇栄五明仏学院（内部刊行物、発行年記載なし、発行年はラルン五明仏学院高僧に確認）。
色達喇栄五明仏学院　二〇〇七ｂ『見益略伝』色達喇栄五明仏学院。
盛仁学　一九八二『張国燾問題研究資料』四川人民出版社。
師博　一九九三『西蔵風雨紀実』中国華僑出版社。
四川電視音像出版中心　二〇〇〇『ＶＣＤ徳格巴宮　雪山下的文化宝庫――徳格印経院』四川電視音像出版中心。
四川民主改革口述歴史課題組　二〇〇八『四川民主改革口述歴史資料選集』民族出版社。
四川省徳格県志編纂委員会　一九九五『徳格県志』四川人民出版社。
四川省色達県志編纂委員会　一九九七『色達県志』四川人民出版社。
孫明経　二〇〇三『１９３９年――走進西康』山東画報出版社。
孫明経　二〇一〇『定格西康――科考摂影家鏡頭里的抗戦後方』広西師範大学出版社。
索達吉堪布　二〇〇一『法王晋美彭措伝』喇栄五明仏学院（内部刊行物、発行年記載なし、発行年はラルン五明仏学院高僧に確認）。
索達吉堪布　二〇〇六『浄土教材――菩提仏学院予科班浄土教材』智悲文化中心。
索達吉堪布　二〇一二ａ『苦才是人生』甘粛人民美術出版社。
索達吉堪布　二〇一二ｂ『做才是得到』甘粛人民美術出版社。
索達吉堪布（出版年不明）『加行教材――菩提仏学院予科班加行教材』智悲文化中心。
王超耀　一九九八『雪山草地紅軍人物』西南交通大学出版社。
王貴・黄道群　二〇〇一『十八軍先遣偵察科進蔵紀実』中国蔵学出版社。
王貴・喜饒尼瑪・唐家衛　一九九五『西蔵歴史地位辨』民族出版社。
王懐林主編　二〇〇六『雪域之魂甘孜』四川人民出版社。

王力雄 二〇〇三「末法時代――蔵伝仏教的社会功能及毀壊」、百家争鳴(http://blog.boxun.com/hero/200906/xwziwj/13_1.shtml 二〇一四年四月十日閲覧)。
王衛平・黄鴻山・曽桂林 二〇一一『中国慈善史綱』中国労働社会保障出版社。
王小彬 二〇〇九『経略西藏――新中国西藏工作60年』人民出版社。
王小彬 二〇一三『中国共産党西藏政策研究』人民出版社。
王作安 二〇一〇『中国的宗教問題和宗教政策』宗教文化出版社。
王作安 二〇一二「以実事求是的態度対待宗教――紀念中共中央一九八二年十九号文件印発三十周年」『内蒙古統戦理論研究』三、仏教在線(http://www.fjnet.com/typly/plywzh/201203/t20120327_191856.htm 二〇一三年一月十九日閲覧)。
王作安 二〇一三「重温五十八年前的一次批評」『中国宗教』一〇、一頁。
王志平主編 二〇一二『当代中国的民族宗教問題与軍隊民族宗教工作』中国社会科学出版社。
唯色 二〇〇六『殺劫』大塊文化出版。
唯色 二〇〇九『鼠年雪獅吼――二〇〇八年西藏事件大事記』允晨文化実業股份有限公司。
文化部党史資料徴集工作委員会辦公室 一九九八『長征中的文化工作』北京図書館出版社。
呉玉天 一九九六『訪雪域大師――西藏密宗考察訪談紀実』甘粛民族出版社。
《呉忠追懐録》編写組 一九九三『呉忠追懐録』広東人民出版社。
武警甘孜蔵族自治州支隊編史辦公室 二〇〇〇『武警甘孜州支隊志』巴蜀書社。
希阿栄博 二〇一二a『次第花開』海南出版社。
希阿栄博 二〇一二b『静寂之道』世界図書出版公司。
希阿栄博 二〇一三『生命這出戯』華文出版社。
西蔵自治区党史資料徴集委員会 一九九五『中共西蔵党史大事記(一九四九―一九九四)』西蔵人民出版社。
西蔵自治区党史資料徴集委員会・西蔵軍区党史資料徴集領導小組 一九九五a『和平解放西蔵』西蔵人民出版社。
西蔵自治区党史資料徴集委員会・西蔵軍区党史資料徴集領導小組 一九九五b『平息西蔵叛乱』西蔵人民出版社。
西蔵自治区党史辦公室 一九九八『周恩来与西蔵』中国蔵学出版社。
《西蔵旅游》雑誌社 二〇〇四「雪域香巴拉文化宝庫」『西蔵旅游』三、一〇―三一頁。

暁浩 一九九九『西蔵、1951年――人民解放軍進蔵実録』民族出版社。
肖雅敏・張玉林 二〇〇九『高原江南桃李園』中華詩詞出版社。
新華通訊社 一九五九「西南軍政委員会委員格達慘遭英帝特務分子毒害身死」同『有関西藏問題的文件和材料選集(国内部分、一九四九―一九五九)』新華通訊社。
辛華文編 二〇〇八『拉薩〝3・14〟事件真相』新華出版社。
新華月報 二〇〇八a『擋不住的聖火』人民出版社。
新華月報 二〇〇八b『北京奥運聖火境外伝遞紀実』人民出版社。
辛玉昌編 二〇一二『甘孜史話』甘粛文化出版社。
徐栄沢 二〇〇三、二〇〇四「康巴千里供万僧」『美仏慧訊』八七、八八。
学誠他 二〇一三「習仲勲:宗教工作的卓越領導者――紀念習仲勲同志誕辰一〇〇周年」『中国宗教』一〇、二二―二九頁。
亜青寺 二〇〇〇『天鼓妙音――深恩無比大成就者龍朶加参略伝』亜青寺。
亜青寺 二〇〇二『増信妙薬――救護主・成就自在降陽龍朶加参心要略伝』亜青寺(内部刊行物、発行年記載なし、発行年はヤチェン修行地高僧に確認)。
亜青寺 二〇〇九『三信蓮敷妙月――殊勝化身松阿丹増略伝』亜青寺(内部刊行物、発行年記載なし、発行年はヤチェン修行地高僧に確認)。
堯斯丹編 二〇〇七『甘孜新跨越』四川民族出版社。
厳毓祖 一九八一『徳格印経院』四川民族出版社。
楊光文 二〇一三「不辱使命開拓進取――紀念中共中央(一九八二)十九号文件発表三十周年」『宗教学研究』一、二四六―二四八頁。
楊嘉銘 二〇〇〇『徳格印経院』四川人民出版社。
楊克林 一九九五『文化大革命博物館』(上・下)、東方出版社有限公司、天地図書有限公司。
楊嶺多吉 二〇〇二「喚醒一段蔵族革命歴史的記憶――紀念巴塘地下党和東蔵民青成立五十周年」『四川蔵学研究』五、一―一九頁。
楊正文 二〇〇八『四川民主改革口述歴史論集』民族出版社。
姚麗香 二〇〇七『蔵伝仏教在台湾』東大図書公司。
陰法唐 二〇一一『陰法唐西蔵工作文集』(上・下)、中国蔵学出版社。

玉樹州志編纂委員会　二〇〇五『玉樹蔵族自治州志』(上・下)、三秦出版社。
玉樹県地方志編纂委員会　二〇一二『玉樹県志』青海民族出版社。
冶青林　二〇一一『4・14玉樹地震影像志』青海民族出版社。
沢爾多傑　二〇〇三『雪域康巴文化宝庫――徳格』中国三峡出版社。
沢仁鄧珠　二〇〇二「灑向雪域都是情――訪四川省政協原副主席楊嶺多吉」『四川蔵学研究』五、二一〇―三五頁。
沢旺吉美　二〇一〇『徳格印経院』四川美術出版社。
曽伝輝　二〇一一『20世紀50年代西蔵的政治与宗教』社会科学文献出版社。
曽国慶・郭衛平　一九九六「格達」同編『歴代蔵族名人伝』西蔵人民出版社。
扎西沢仁　一九八九『班禅大師在四川蔵区』《班禅大師在四川蔵区》画冊編輯委員会。
詹石窗　二〇一三「堅持実事求是精神、開拓宗教研究新局面――紀念中共中央一九八二年〝十九号文件〟発布三十周年」『宗教学研究』一、一三一―一三四頁。
張愛軍編　二〇一〇『青海省政法系統玉樹4・14抗震救災摂影紀実』中共青海省委政法委員会・青海省社会治安綜合治理委員会辦公室。
張芳輝　二〇〇五『格達活仏』西蔵人民出版社。
張冠宇主編　二〇〇六『昔日紅軍会師地今朝美麗金甘孜』中国青年出版社。
張華　二〇〇三『独行川西北高原』南方日報出版社。
張慶黎　二〇一〇「奮力推進西蔵跨越式発展和長治久安」『求是』一二、一五―一七頁。
張士江・魏徳東　二〇〇八『中国宗教公益事業的回顧与展望』宗教文化出版社。
張小平　二〇〇五『民族宣伝散論』中国蔵学出版社。
鄭長徳・劉暁鷹　二〇〇八『民主改革与四川蔵族地区経済発展研究』民族出版社。
鄭功成　二〇一〇『当代中国慈善事業』人民出版社。
鄭紅　二〇〇四『天府聖域』湖南文芸出版社。
直云辺吉　二〇〇八『達頼喇嘛　分裂者的流亡生涯(修訂版)』海南出版社。
中共中央　一九五六「中共中央関於西蔵民主改革問題的指示」中共中央文献研究室・中共西蔵自治区委員会編『西蔵工作文献選編　一

九四九—二〇〇五』中央文献出版社、二〇〇五年、一八二—一八四頁。

中共中央 一九八〇「中共中央関於転発《西蔵工作座談会紀要》的通知」中共中央文献研究室・中共西蔵自治区委員会編『西蔵工作文献選編 一九四九—二〇〇五』中央文献出版社、二〇〇五年、三〇—三二頁。

中共中央 一九八二「関於我国社会主義時期宗教問題的基本観点和基本政策」中共中央文献研究室総合研究組・国務院宗教事務局政策法規司編『新時期宗教工作文献選編』宗教文化出版社、一九九五年、五四—七三頁。

中共中央 一九八四「中共中央関於印発《西蔵工作座談会紀要》的通知」「西蔵工作座談会紀要」中共中央文献研究室・中共西蔵自治区委員会編『西蔵工作文献選編 一九四九—二〇〇五』中央文献出版社、二〇〇五年、三五八—三六九頁。

中共中央 二〇〇二『中国共産党第十六次全国代表大会文件匯編』人民出版社。

中共中央 二〇〇七『中国共産党章程』人民出版社。

中共中央 二〇一二「中国共産党章程」『中国共産党第十八次全国代表大会文件匯編』人民出版社、六二—九六頁。

中共中央統戦部 一九九一『民族問題文献匯編』中共中央党校出版社。

中共中央統戦部研究室 一九八八『歴次全国統戦工作会議概況和文献』檔案出版社。

中共中央統戦部・国務院宗教事務局 一九九二「《蔵伝仏教工作座談会紀要》」中共中央文献研究室・中共西蔵自治区委員会編『西蔵工作文献選編 一九四九—二〇〇五』中央文献出版社、二〇〇五年、四四五—四五四頁。

中共中央統一戦線工作部 二〇〇六『当代中国的統一戦線』(上・下)、当代中国出版社。

中共中央組織部 一九九一「中共中央組織部関於妥善解決共産党員信仰宗教問題的通知」中共中央文献研究室総合研究組・国務院宗教事務局政策法規司編『新時期宗教工作文献選編』宗教文化出版社、一九九五年、二〇五—二〇七頁。

中共中央党史研究室第一研究部 一九九六『紅軍長征史』遼寧人民出版社。

中共中央文献研究室・中共西蔵自治区委員会・中国蔵学研究中心 二〇〇一『毛沢東西蔵工作文選』中央文献出版社、中国蔵学出版社。

中共中央文献研究室・中共西蔵自治区委員会 二〇〇五『西蔵工作文献選編 一九四九—二〇〇五』中央文献出版社。

中共中央・国務院 一九九一「中共中央、国務院関於進一歩做好工作若干問題的通知」中共中央文献研究室総合研究組・国務院宗教事務局政策法規司編『新時期宗教工作文献選編』宗教文化出版社、一九九五年、二一三—二二一頁。

中共中央・国務院 一九九四「中共中央、国務院関於加快西蔵発展、維護社会穩定的意見」中共中央文献研究室・中共西蔵自治区委員会編『西蔵工作文献選編 一九四九—二〇〇五』中央文献出版社、二〇〇五年、四七八—四九一頁。
中共中央・国務院 二〇〇一「中共中央、国務院関於做好新世紀初西蔵発展穏定工作的意見」中共中央文献研究室・中共西蔵自治区委員会編『西蔵工作文献選編 一九四九—二〇〇五』中央文献出版社、二〇〇五年、五八一—五八九頁。
中共甘孜州党史研究室 二〇〇〇『甘孜蔵族自治州民主改革史』四川民族出版社。
中共甘孜州委党史研究室 二〇〇四『中国共産党甘孜州歴史大事記』中共甘孜州委党史研究室。
中共西蔵自治区委員会党史研究室 二〇〇五『中国共産党西蔵歴史大事記 一九四九—二〇〇四』第一巻、中共党史出版社。
中共西蔵自治区委員会党史研究室 二〇〇六『天宝与西蔵』中共党史出版社。
中共青海省委宣伝部 二〇一〇『永不放棄同玉樹在一起』四川民族出版社。
中共四川省委統戦部 一九九三『四川統一戦線人物録』四川科学技術出版社。
中国唱片成都公司 二〇〇三『VCD徳格宝地——康巴文化的発祥地 嶺・格薩爾王故里』中国唱片成都公司。
中国国際電視総公司 二〇〇四『DVD世紀長鏡頭』中国国際電視総公司。
中国国際電視総公司 二〇〇八a『DVD拉薩3・14打砸搶焼暴力事件紀実』中国国際電視総公司。
中国国際電視総公司 二〇〇八b『DVD新聞調査——聚焦西蔵問題』中国国際電視総公司。
中国人民政治協商会議四川省甘孜蔵族自治州委員会 一九八二『四川省甘孜蔵族自治州文史資料選輯』中国人民政治協商会議四川省甘孜蔵族自治州委員会。
中国蔵学研究中心 二〇〇八『透視〝3・14〟——中国蔵学研究中心学者深度分析拉薩〝3・14〟暴力事件』中国蔵学出版社。
中国宗教編集部 二〇一〇「用特別的愛為災区撑起一片藍天」『中国宗教』五、一八—二〇頁。
中国新聞社 二〇一一『玉樹震撼——中国新聞社青蔵高原抗震救災紀実』五洲伝播出版社。
周恩来 一九五六「穏歩地実現少数民族地区的民主改革」秦和平編『四川民族地区民主改革資料集』民族出版社、二〇〇八年、五二—五六頁。
周徳倉 二〇〇五『西蔵新聞伝播史』中央民族大学出版社。
周錫銀 一九八四「為西蔵和平解放而献身的格達活仏」『西蔵研究』三、一八—二三頁。
周錫銀 一九八五『紅軍長征時期党的民族政策』四川民族出版社。
周錫銀 一九九六「天宝」「格達活仏」藍宇翔・周錫銀主編『四川少数民族紅軍伝』四川人民出版社、五六—六六、二八一—二九一頁。

朱瑞 二〇一二『境外西蔵』雪域出版社。
朱維群 二〇一一「共産党員不能信仰宗教」『求是』二四、二五—二八頁。
朱暁明編 二〇〇七『蔵伝仏教愛国主義教育工作読本』中国蔵学出版社。

Abrahm, Lustgarten 2008. *China's Great Train: Beijing's Drive West and the Campaign to Remake Tibet*, New York: Henry Holt and Company.
（戸田裕之訳 二〇〇八『チベット侵略鉄道——中国の野望とチベットの悲劇』集英社）
Dalai Lama XIV 1997. *My Land and My People*, Grand Central Publishing.
（別の底本の翻訳として、日高一輝訳 一九七九『この悲劇の国、わがチベット——ダライ・ラマ自伝』蒼洋社）
Ford, Robert 1957. *Captured in Tibet*, George G. Harrap Co., Ltd.
（近藤等訳 一九五九『赤いチベット』新潮社）
Goldstein, Melvyn C. and Matthew T. Kapstein 1998. *Buddhism in contemporary Tibet: religious revival and cultural identity*, Berkeley: University of California Press.
Goldstein, Melvyn C., Dawei Sherap and William R. Siebenschuh 2004. *A Tibetan Revolutionary: The Political Life and Times of Bapa Phüntso Wangye*, Berkeley: University of California Press.
Grunfeld, A. Tom 1996. *The Making of Modern Tibet*, New York: An East Gate Book.
Johnson, Tim 2011. *Tragedy in crimson*, New York: Nation Books.
（辻仁子訳 二〇一一『チベットの祈り、中国の揺らぎ』英治出版）
Kapstein, Matthew T. 2009. *Buddhism between Tibet & China*, Boston: Wisdom Publications.
Simons, Lewis M. 2002. "Tibetans," *National Geographic* 4, pp. 2-37.
Tuttle, Gray 2005. *Tibetan Buddhists in the Making of Modern China*, New York: Columbia University Press.

あとがき

東チベットを歩き始めてから、二十数年が経過した。海抜四千メートル前後の巡礼路を歩くのは、肉体的にも精神的にも少しつらくなってきた。頭痛、脱力感、睡眠障害等に悩まされる中で、時に幻覚と幻聴が起こる。神仏との遭遇ではなく、単なる脳のいたずらである。ただし、通常と異なる空間及び身体感覚が新たな思考のヒントを与えてくれることもある。聖地を歩く快楽を最もよく知っているのは、自分の脳と皮膚である。一方で、私が快楽を貪っている間、家族にはいつも大きな心配をかけてしまった。

現地調査の成果は連載「チベットを歩く」（全三十八回、『火鍋子』翠書房、一九九九年—二〇一四年）に発表しつつ、二〇〇六年以降内容を充実させ詳細な資料を加えて、勤務先の紀要他に掲載した。本書はこれらの拙文を再構成し、大幅な修訂と加筆を施したものである。各章のもとになった論文を以下に示す。

序章　書き下ろし

第一章　「毛沢東から胡錦濤時期における中国共産党の宗教政策とチベット政策」（『大阪工業大学紀要人文社会篇』五九（二）、二〇一四年）を修訂。

第二章　「活仏と共産党を結ぶ「紅い」絆——格達五世と朱徳」（『火鍋子』六一、二〇〇四年）、「電視劇「格達活仏」に見る虚々実々の英雄像――白利寺ゲダ五世の死と再生」（『火鍋子』六八、二〇〇六年）、「ゲダ五世に見る中国共産党のチベット政策と統一戦線活動」（『大阪工業大学紀要人文社会篇』五二（一）、二〇〇七年）を再構成し加筆。

第三章・第四章　「デルゲ印経院を守り抜いた書記と医師――周恩来のチベット政策と世界文化遺産・四川省徳格県」（『火鍋子』六五、二〇〇五年）、「デルゲ印経院とデルゲ土司に見る中国共産党のチベット政策」（『大阪工業大学紀要人文社会篇』五三（一）、二〇〇八年）を再構成し加筆。

第五章　「仏学院と尼僧を襲った党の宗教政策――喇栄五明仏学院の事例から」（『火鍋子』六〇、二〇〇三年）、「五明仏学院事件の検証――法王を失った学院の現状と苦悩」（『火鍋子』六三、二〇〇四年）、「色達喇栄寺五明仏学院事件に見る中国共産党の宗教政策」（『大阪工業大学紀要人文社会篇』五一（二）、二〇〇七年）を再構成し加筆。

第六章　「ヤチェン修行地を覆う神秘のベール――アチュウのカリスマ的支配を探る」（『火鍋子』六二、二〇〇四年）、「ヤチェン修行地に派遣された「工作組」と「慈輝会」――現代中国の宗教空間を探る」（『火鍋子』六六、二〇〇五年）、「ヤチェン修行地とインターネット――チベット仏教に見る「新霊性運動」の芽生え」（『火鍋子』六七、二〇〇六年）、「ヤチェン修行地の構造と中国共産党の宗教政策」（『大阪工業大学紀要人文社会篇』五二（二）、二〇〇八年）を再構成し加筆。

第七章　「ヤチェン修行地とインターネット――チベット仏教に見る「新霊性運動」の芽生え」（『火鍋子』六七、二〇〇六年）、「色達喇栄寺五明仏学院事件に見る中国共産党の宗教政策」（『大阪工業大学紀要人文社会篇』五一（二）、二〇〇七年）、「ヤチェン修行地の構造と中国共産党の宗教政策」（『大阪工業大学紀要人文社会篇』五二（二）、二〇〇八年）を再構成し加筆。

第八章　「玉樹に捧げる鎮魂の祈り――ラルン五明仏学院と三人の政府要人」（『火鍋子』七六、二〇一〇年）、「中国政府の宗教政策と「公益」活動――チベット系仏学院の震災救援活動を通じて」（『宗教と社会貢献』二（二）、二〇一二年）を再構成し加筆。

第九章　「チベット流血、理は我に非は彼に――二〇〇八年ラサ騒乱と東チベットの動向」（『火鍋子』七一、二〇〇八年）、「中国「百年の夢」チベット「五十年の悪夢」――二〇〇八年チベット騒乱から北京五輪」（『火鍋子』七二、二〇〇八年）、「蜂起・叛乱・文革――チベットを埋め尽くした治安維持部隊と紅衛兵」（『火鍋子』七三、二〇〇九年）、「チベット周縁地域に築かれた宗教空間――「二〇〇八年チベット騒乱」と四川省甘孜チベット族自治州を中心に」（『大阪工業大学紀要人文社会篇』五四（二）、二〇〇九年）を再構成し加筆。

終　章　書き下ろし

脱稿後、唯色『自焚蔵人檔案』（雪域出版社、二〇一三年）と色達・慈誠『浴火重生――西蔵五明仏学院盛衰実録』（雪域出版社、二〇一四年）を入手した。焼身抗議とラルン五明仏学院に関する内容であり、チベット亡命政府の立場から書かれたものである。入手に手間取ったため、本書に取り上げることができなかった。

私は学部と大学院では中国現代文学を専攻し、相浦杲先生、是永駿先生から指導を受けた。当時私は文学研究に徹する自覚はなく、騒乱がたびたび起こるチベット文化圏の動向に気をもみながら、潜入方法を考えていた。チベットとの関わりは、拙文「荒涼と豊饒の浄土――迷宮チベットとの出会い」（『火鍋子』六四、二〇〇五年）を参照いただきたい。序章でも触れたが、一九九一年の青海省湟中県訪問を皮切りに、手探りで東チベット各地の探索を開始した。ようやく研究の道筋が見えてきたのは、十年後の二〇〇一年であった。

文学研究から中国共産党の宗教政策を柱にした地域研究へと転じた契機は、今思えば一九九五年阪神・淡路大震災での被災体験のように感じる。その頃よく参加していた中国文芸研究会では、多数の会員から励ましの言葉をいただき勇気付けられた。この場を借りて感謝の気持ちを伝えたい。その後、牧陽一さん（埼玉大学）に誘われ、松浦恆雄さん（大阪市立大学）と一緒に『中国のプロパガンダ芸術――毛沢東様式に見る革命の記憶』（岩波書店、二〇〇〇年）を執筆する中で、徐々に私自身の「復興」が進んでいったように思われる。その時の表象研究の成果は、本書にも受け継がれている。

東チベットというフィールドには、地域研究の「原石」が多数埋まっている。ただし、北京やチベット自治区のラサ、チベット亡命政府の所在地ダラムサラの視点から眺めているだけでは、「原石」は見えてこない。とにかく徹底した現場主義を貫いて、研究資料を探して掘り起こしていくしかない。張り切って足繁く現地に通い収集した資料は、やがて膨大な量となり、頭痛の種にもなった。調査内容をまとめるにあたり、東チベットの情報通という段階から脱皮する必要を感じたが、文献資料を重視する現代中国研究の手法のみでは禁欲的な研究に陥りかねないと思った。

ちょうどその頃、宗教社会学の会編『新世紀の宗教――「聖なるもの」の現代的諸相』（創元社、二〇〇二年）という本に出会ったことで、これまでのもやもやした気持ちが解消された。不安の時代の宗教、インターネットと宗教、宗教的無党派層、宗教カリスマといった概念と調査事例は多くのヒントを与えてくれた。執筆者に知り合いはいなかったが、宗教社会学の会が関西を拠点に活動していることを知り、二〇一一年に思い切って門をたたいた。続いて「宗教と社会貢献」研究会の活動を知り、メンバーに加えていただいた。活発な議論を通じて新たな気づきが生まれ、やがて凝り固まった思考を壊していった。宗教社会学には門外漢の私を温かく受け入れてくれた両研究会の三木英先生（大阪国際大学）、稲場圭信先生（大阪大学）に厚く御礼申し上げる。

原稿を仕上げる段階では、チベットを対象に地域研究、宗教学、歴史学、文化人類学、言語学の研究に取り組む日本の若手、中堅研究者から貴重な助言を賜ったことに深く感謝する。本書が扱う内容の性質上、失礼ではあるが個々の名前をあげることは控えさせていただく。チベット語の固有名詞を表記する際、東チベットで長年言語調査に携わる専門家から丁寧に多くのことを教わったが、私の勉強不足によりいくつか課題が残ってしまった。

これまで現地調査を実施した際、チベット仏教の高僧やイスラム教の指導者、漢人・華人信徒から協力を得られたことはこの上ない喜びであった。二十三年間私のわがままな調査を受け入れてくださった東チベットの皆さんありがとう。事情が許す限り調査を継続することで恩返しとしたい。

本書に収録できなかったラルン五明仏学院、ヤチェン修行地、ゲダ五世、玉樹震災に関する文献や写真は、今後私家版の資料集を作成し保存することを考えている。とりわけ一九九〇年代に撮影した写真や映像、「ニンマ・インフォメーション」(寧瑪資訊)のウェブサイトに掲載された各種資料は価値が高い。

現地調査を行い、文献資料を購入する上で、科学研究費補助金(①二〇〇四年—〇五年、研究課題番号：一六五三〇〇九六、②二〇〇八年—一一年、研究課題番号：二〇五一〇二四〇、③二〇一二年—一五年、研究課題番号：二四五一〇三六一)の助成を受けた。そして、本書の刊行にあたっては、科学研究費補助金研究成果公開促進費(二〇一四年、研究課題番号：二六五一一六)の交付を受けた。記して謝意を表する。

今後のアウトリーチ活動として、公開講座の実施や一般書の刊行を予定しているが、心配事もある。職場の紀要に掲載した拙論がインターネット上に公開された後、日本のバックパッカーがラルン五明仏学院やヤチェン修行地に関心を持ち始めたことである。自分の研究が信仰を持たない訪問者の増加と現地の混乱を招き、誤解に基づく情報がネット上に多数漂流していることは残念でならない。アウトリーチ活動を通して、これらの歪みを正していきたい。

最後に、刊行をご快諾くださった北海道大学出版会理事長の櫻井義秀先生、そして適切な助言で導いてくれた編集担当の今中智佳子さん、円子幸男さんに御礼申し上げたい。

二〇一五年一月

川田　進

川 田　　進（かわた　すすむ）
1962 年　岡山県生まれ
1988 年　大阪外国語大学外国語学研究科修士課程修了
現　在　大阪工業大学工学部准教授
研究領域　中国地域研究，表象文化論
著書に『中国のプロパガンダ芸術——毛沢東様式に見る革命の記憶』（共著，岩波書店，2000 年），『アジア国際関係論』（現代中国論研究会，2013 年），『グローバル化と国際協力』（現代中国論研究会，2014 年）など

現代宗教文化研究叢書 4
東チベットの宗教空間——中国共産党の宗教政策と社会変容
2015 年 2 月 27 日　第 1 刷発行

著　者　川田　進
発行者　櫻井義秀

発行所　北海道大学出版会
札幌市北区北 9 条西 8 丁目　北海道大学構内（〒060-0809）
Tel. 011(747)2308・Fax. 011(736)8605・http://www.hup.gr.jp/

アイワード/石田製本

ISBN978-4-8329-6810-3

索　引

太字の頁は，人名にはワイリー，漢語表記，生没年等が，寺院名等にはワイリー等が付記されていることを示す。

ア　行

カ　行

サ　行

タ　行

ナ　行

ハ　行

マ　行

ヤ　行

ラ　行

ワ 行

図版引用一覧

図 0-1　ダライ・ラマ法王日本代表部事務所(http://www.tibethouse.jp/news_release/2011/110818_hhdl.html 2014 年 2 月 17 日閲覧)。
図 0-2　長田幸康・細井奈緒美編『チベット・デビュー』オフィス・モモ，2000 年，11 頁を参考に作図。
図 0-3　ダライ・ラマ法王日本代表部事務所(http://www.tibethouse.jp/news_release/2002/020803_ttd.html 2012 年 9 月 6 日閲覧)。
図 0-4　辛玉昌編『甘孜史話』甘粛文化出版社，2012 年の所収地図を改編。

図 1-1　「中国五大宗教痛斥法輪功」(http://news.xinhuanet.com/zhengqing/2002-04/27/content_339697.htm 2013 年 3 月 4 日閲覧)。
図 1-4　郭正誼・雪崗主編『拒絶邪教——少年教育読本』中国少年児童出版社，2001 年，表紙。
図 1-5　求是理論網(http://www.qstheory.cn/tbzt/xzhpjf/ 2013 年 9 月 10 日閲覧)。
図 1-6　王小彬『経略西蔵——新中国西蔵工作 60 年』人民出版社，2009 年，228 頁。
図 1-7　『経略西蔵』287 頁。
図 1-8　中国西蔵網(http://tibet.cn/sd2011/xzhpjf60nvjx/blzkdlsjc/zygxqgzy/201107/t20110714_1105186.html 2013 年 9 月 10 日閲覧)。
図 1-9　大紀元・日本(http://m.epochtimes.jp/news.php?doc=9090 2013 年 9 月 10 日閲覧)。
図 1-10　中共四川省統戦部(http://www.sctyzx.gov.cn/web/detail.asp?id=322 2014 年 2 月 21 日閲覧)。
図 1-11　『中国宗教』2013 年第 10 期，4 頁。

図 2-3　鄧珠拉姆『格達活仏』四川民族出版社，1999 年，6 頁。
図 2-5　『格達活仏』9 頁。
図 2-6　姚金果・蘇杭『張国燾伝』陝西人民出版社，2000 年，口絵。
図 2-8　中共西蔵自治区委員会党史研究室『天宝与西蔵』中共党史出版社，2006 年，96 頁。
図 2-9　『格達活仏』21 頁。
図 2-10　黄顥・劉洪記『西蔵 50 年歴史巻』民族出版社，2001 年，口絵。
図 2-11　楊克林編著『達頼喇嘛和西蔵』新大陸出版社有限公司，2006 年，105 頁。

図 2-12　ダライ・ラマ法王日本代表部事務所(http://www.tibethouse.jp/news_release/2013/131216_obituary-mr-robert-ford-tibets-first-radio-operator.html 2014 年 5 月 1 日閲覧)。
図 2-16　『中国西蔵』2000 年第 4 期，38 頁。
図 2-20　『格達活仏』29 頁。

図 3-4　多田明子・山口瑞鳳編『多田等観――チベット大蔵経にかけた生涯』春秋社，2005 年，27 頁。
図 3-5　孫明経『定格西康――科考摂影家鏡頭里的抗戦後方』広西師範大学出版社，2010 年，131 頁。
図 3-6　『定格西康』108 頁。
図 3-8　四川百科信息網(http://sc.zwbk.org/MyLemmaShow.aspx?lid=7122 2012 年 12 月 20 日閲覧)。
図 3-9　肖雅敏・張玉林『高原江南桃李園』中華詩詞出版社，2009 年，口絵。
図 3-10　程徳美『高山反応――程氏一家四代的西蔵情結』中国蔵学出版社，2005 年，表紙。

図 4-1　莫福山・蘇発祥編『西蔵民主改革 50 年変遷』中央民族大学出版社，2009 年，42 頁。
図 4-2　唯色『殺劫』大塊文化出版，2006 年，98 頁。
図 4-3　扎西沢仁『班禅大師在四川蔵区』《班禅大師在四川蔵区》画冊編輯委員会，1989 年，表紙。
図 4-4　http://bloodundersnow.blogspot.jp/2010_02_01_archive.html 2014 年 5 月 1 日閲覧。
図 4-5　『班禅大師在四川蔵区』31 頁。
図 4-6　『班禅大師在四川蔵区』93 頁。
図 4-7　蔵伝仏教(http://www.zcfj.net/index1.aspx 2010 年 5 月 11 日閲覧)。
図 4-8　『定格西康』109 頁。

図 5-1　色達喇栄五明仏学院『心中燃起的時代明灯』色達喇栄五明仏学院，2007 年，16 頁。
図 5-2　索達吉堪布『法王晋美彭措伝』喇栄五明仏学院，2001 年，124 頁。
図 5-7　『法王晋美彭措伝』239 頁。
図 5-10　Work teams in the process of demolition of homes at Serthar, July 2001 (http://www.tibetinfo.net/reports/trel/sr5.htm 2003 年 8 月 20 日閲覧)。
図 5-14　『法王晋美彭措伝』193 頁。
図 5-15　『心中燃起的時代明灯』101 頁。
図 5-16　吉安県統戦光彩(http://www.jaxtzgc.com/wjhb/tf_0616.doc 2011 年 9 月 10

日閲覧)。

図 5-17　「INTERNATIONAL CAMPAIGN FOR TIBET」(http://www.savetibet.org/Chinese/Chinese.cfm?ID=2246&c=71 2004 年 9 月 27 日閲覧)。

図 5-18　『心中燃起的時代明灯』120 頁。

図 5-20, 21　色達喇栄五明仏学院発行。

図 5-22　晋美彭措(口述)・索達吉(編訳)『不離』華文出版社, 2014 年, 表紙。

図 6-2　亜青寺『増信妙薬――救護主・成就自在降陽龍朶加参心要略伝』亜青寺, 2002 年, 48 頁。

図 6-3　亜青鄔金禅林(http://www.yqwjcl.com/main-index.htm 2006 年 3 月 9 日閲覧)。

図 6-4　亜青寺『三信蓮敷妙月――殊勝化身松阿丹増略伝』亜青寺, 2009 年, 2-3 頁。

図 6-6　『増信妙薬』5 頁。

図 6-12　蔵伝仏教(http://zcfj.fjnet.com/fmrw/t20050607_10962.htm 2005 年 11 月 2 日閲覧)。

図 6-15　『増信妙薬』134 頁。

図 6-16　『増信妙薬』58 頁。

図 6-17　『三信蓮敷妙月』46 頁。

図 6-18　『増信妙薬』57 頁。

図 6-19　亜青鄔金禅林(http://www.yqwjcl.com/Article/ArticleShow.asp?ArticleID=89 2011 年 8 月 19 日閲覧)。

図 6-25　『増信妙薬』66 頁。

図 6-27　『増信妙薬』101 頁。

図 7-1　陳暁東『寧瑪的紅輝――今日喇栄山中的一塊密乗浄土』甘粛民族出版社, 1999 年, 表紙。

図 7-2　亜青寺『妙音龍多加参法王如意宝無上瑜伽』亜青寺, 出版年不明, 79 頁。

図 7-3　『寧瑪的紅輝』口絵。

図 7-5　『寧瑪的紅輝』61 頁。

図 7-6　呉玉天『訪雪域大師――西蔵密宗考察訪談紀実』甘粛民族出版社, 1996 年, 表紙。

図 7-10　法脈源流(http://www.krmzz.org/fmyl.aspx?id=12 2013 年 10 月 10 日閲覧)。

図 7-18　寧瑪資訊(http://www.nmzx.com/ 2004 年 3 月 20 日閲覧)。

図 7-19　寧瑪資訊(http://www.nmzx.com/cspj/juemu/yq-1.html 2006 年 2 月 27 日閲覧)。

図 7-20　慈善普済(http://www.nmzx.com/cspj/tupian.html 2006 年 3 月 15 日閲覧)。

図 7-21　亜青鄔金禅林(http://www.yqwjcl.com/bzgg-01.htm 2006 年 3 月 15 日閲覧)。

図 7-23　『増信妙薬』87 頁。

図 7-25　索達吉堪布『浄土教材——菩提仏学院予科班浄土教材』智悲文化中心，2006 年，表紙。

図 7-26　索達吉堪布『苦才是人生』甘粛人民美術出版社，2012 年，表紙。

図 8-1　http://www.zhibeifw.com/yushu0416.htm 2012 年 2 月 11 日閲覧。

図 8-3　『中国宗教』2010 年第 5 期，19 頁。

図 8-4，5，6　http://blog.163.com/amy1969zhou@126/blog/static/3374983320103205322250/ 2012 年 2 月 11 日閲覧。

図 8-8　回向衆生(http://bach666555.blog.163.com/blog/static/1279482362010317932 2433/ 2012 年 2 月 11 日閲覧)。

図 8-9　http://edu.qq.com/a/20100422/000314.htm 2011 年 2 月 11 日閲覧。

図 8-10　『西蔵日報』2010 年 4 月 19 日，第 1 面。

図 8-11　『中国西蔵』2010 年第 4 期，4 頁。

図 8-12　『中国宗教』2010 年第 6 期，12 頁。

図 8-13　首届宗教与公益論壇(http://old.chinacatholic.org/Feature/Charities2007/index.html 2012 年 2 月 10 日閲覧)。

図 8-14　仏教在線(http://www.fjnet.com/jjdt/jjdtnr/201004/t20100428_153617.htm 2014 年 3 月 29 日閲覧)。

図 9-2　唯色『鼠年雪獅吼——2008 年西蔵事件大事記』允晨文化実業股份有限公司，2009 年，表紙。

図 9-3　辛華文編『拉薩“3. 14”事件真相』新華出版社，2008 年，表紙。

図 9-4　絳紅色的地図(http://woeser.middle-way.net 2008 年 4 月 20 日閲覧)。

図 9-5　「現在就釈放栄傑阿扎 from International Tibet Network」(http://vimeo.com/13821383 2010 年 7 月 25 日閲覧)。

図 9-7　Phayul.com (http://www.phayul.com/news/article.aspx?article=Tibetans+in+Amdo+Protest+Arrest&id=19326 2013 年 3 月 22 日閲覧)。

図 9-8　阿波羅新聞子站(http://www.aboluowang.com/news/data/2008/0317/article_43896.html 2009 年 5 月 15 日閲覧)。

図 9-9　大紀元(http://www.epochtimes.com/gb/8/3/15/n2046563.htm 2009 年 5 月 30 日閲覧)。

図 9-12　CNN (http://edition.cnn.com/2010/WORLD/asiapcf/10/21/tibet.student.protest/ 2014 年 4 月 6 日閲覧)。

図 9-15　『鼠年雪獅吼』246 頁。

図 9-16　中原一博『太陽を取り戻すために　チベットの焼身抗議』ルンタ・プロジェクト，2013 年，291-292 頁より作図。

図 9-17　「王力雄：西蔵的“新疆化”前景」(http://woeser.middle-way.net/2011/08/blog-post_05.html 2013 年 10 月 10 日閲覧)。